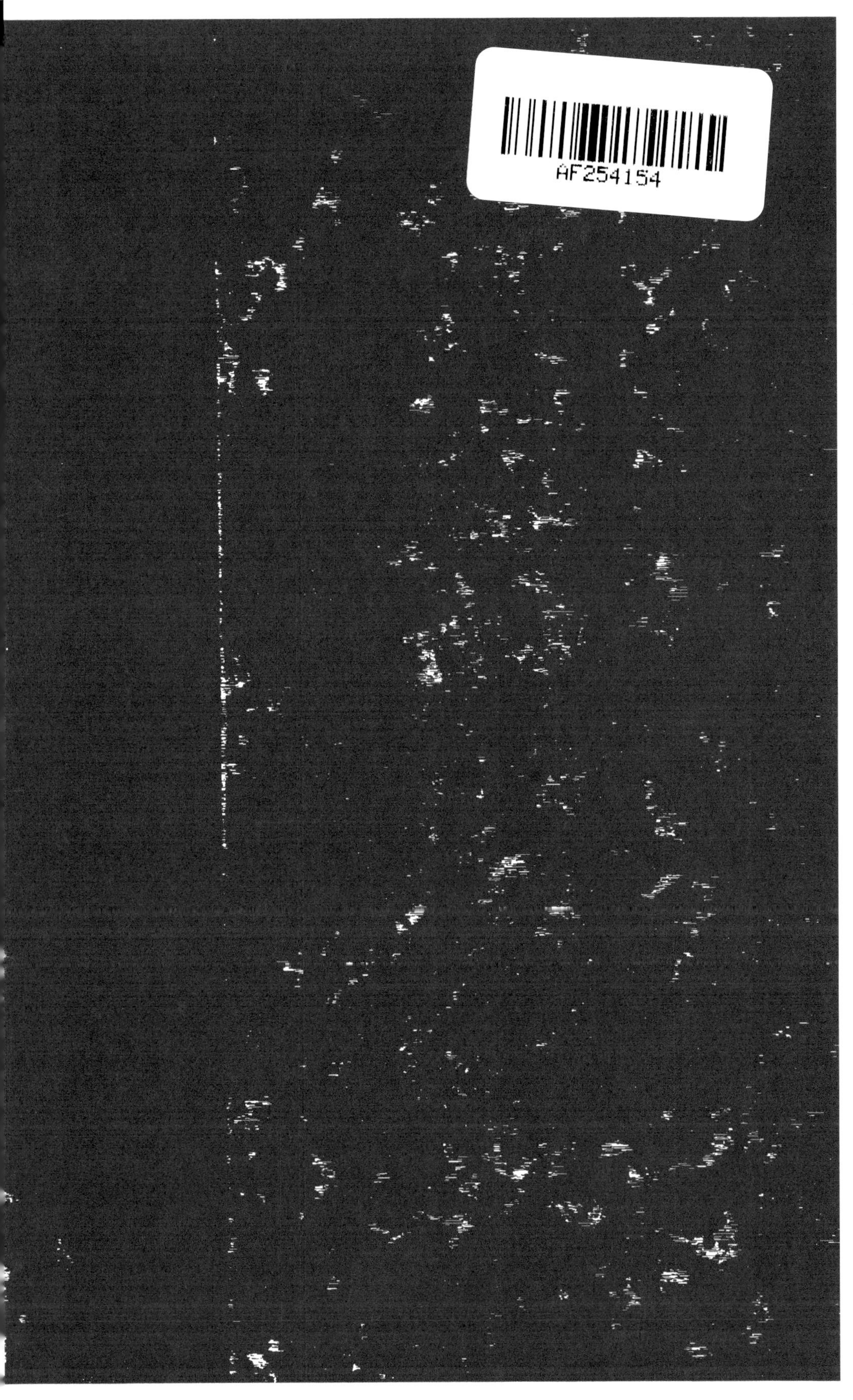
AF254154

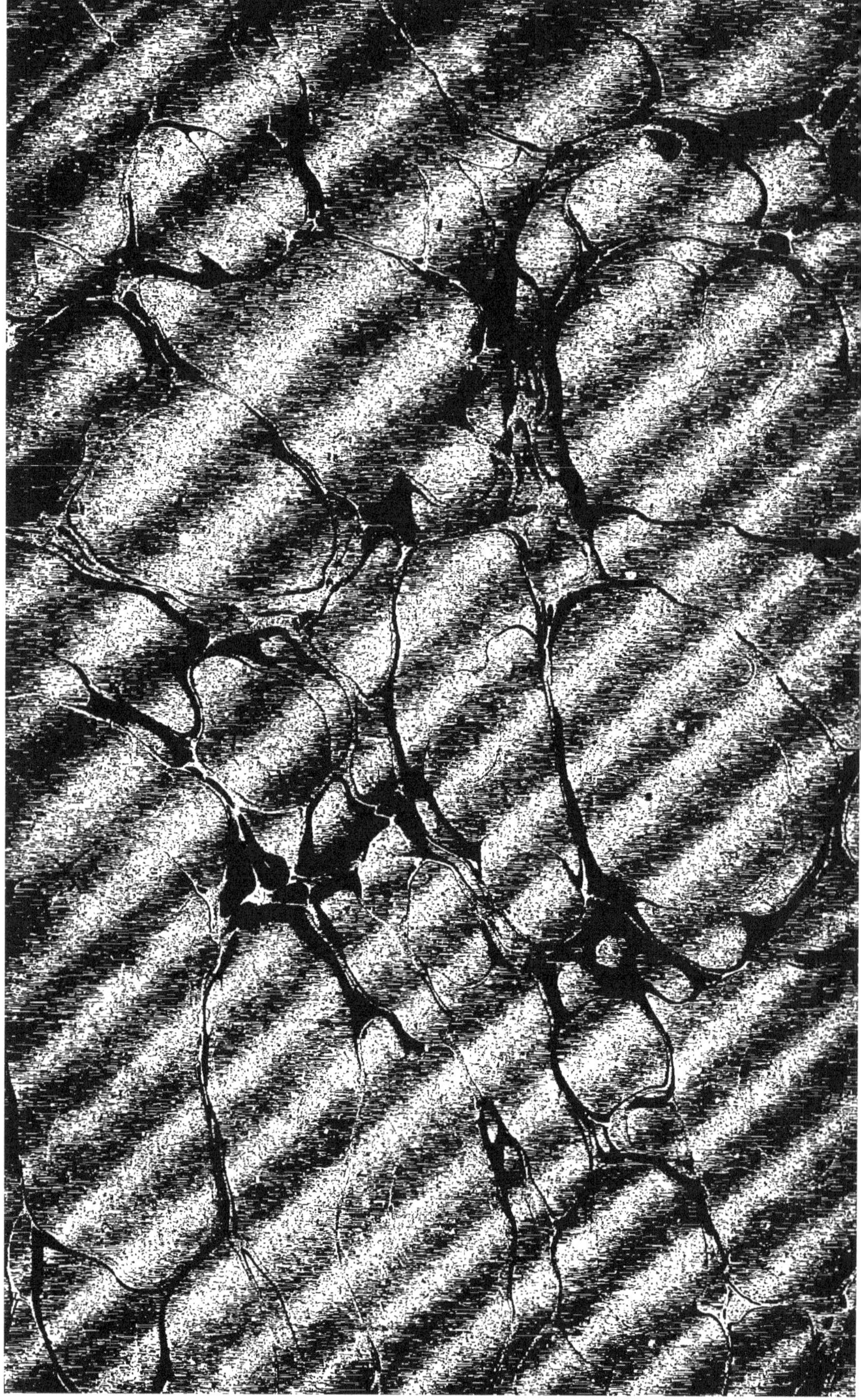

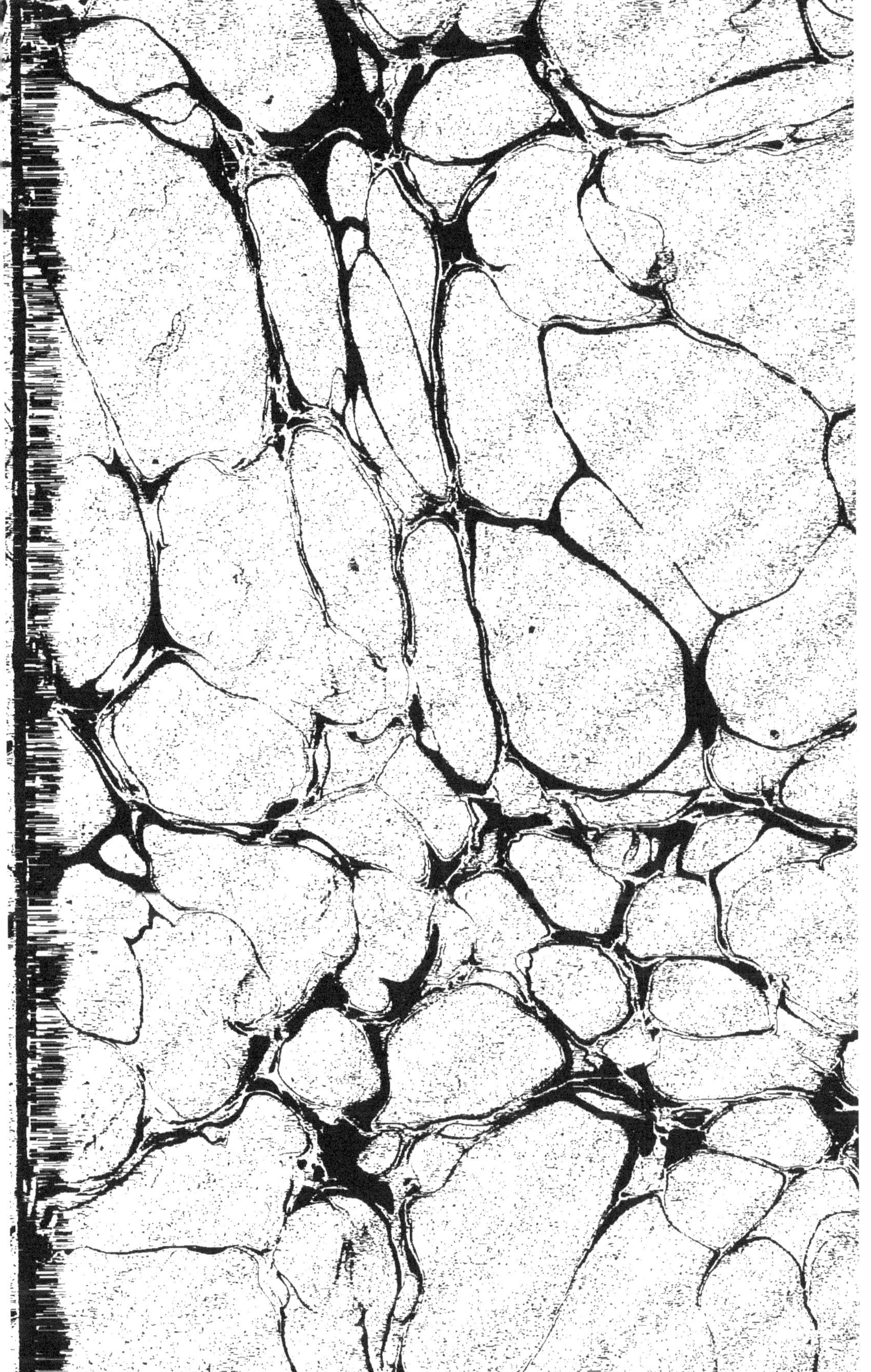

GRAMMAIRE ESPAGNOLE

GRAMMAIRE

ESPAGNOLE

PAR

R. FOULCHÉ-DELBOSC

Professeur à l'Ecole J.-B. Say et à l'Ecole Colbert

DEUXIÈME ÉDITION

PARIS

H. WELTER, ÉDITEUR

59, RUE BONAPARTE, 59

1889

CHAPITRE I.

I. ALPHABET.

1. L'alphabet espagnol se compose des 29 lettres suivantes :

	Forme		Nom espagnol	Prononciation française	Equivalent français
1	a	A	a	a	a
2	b	B	be	bé	b
3	c	C	ce	voir § : 6	voir § : 6
4	ch	Ch	che	tché	tch
5	d	D	de	dé	d
6	e	E	e	é	é
7	f	F	efe	éfé	f
8	g	G	ge	voir § : 11	voir § : 11
9	h	H	hache	atché	h non aspiré
10	i	I	i	i	i
11	j	J	jota	voir § : 14	voir § : 14
12	k	K	ka	ca	k
13	l	L	ele	élé	l
14	ll	Ll	elle	eillé	ll mouillés
15	m	M	eme	émé	m
16	n	N	ene	éné	n
17	ñ	Ñ	eñe	égné	gn
18	o	O	o	o	o
19	p	P	pe	pé	p
20	q	Q	cu	cou	q
21	r	R	ere	éré	r
22	s	S	ese	éssé	ss
23	t	T	te	té	t
24	u	U	u	ou	ou
25	v	V	ve (1)	vé	v
26	w	W	u valona	ou valona	w
27	x	X	ekis ou equis	ékiss	x
28	y	Y	ye ou y griega[2]	yé ou y grecque	y
29	z	Z	zeda ou zeta	voir § : 32	voir § : 32

2. Les lettres de l'alphabet espagnol sont du genre féminin.

---

(1) La lettre **V** est quelquefois nommée **U de corazón**.

(2) Par opposition à **I** que l'on nomme aussi **i latina**.

3. — Les lettres majuscules (**versales**) s'emploient en espagnol dans les mêmes cas qu'en français. On les emploie, de plus pour les noms des mois et des jours pris dans un sens déterminé.

II. PRONONCIATION.

4. — **A** se prononce comme en français.

5. — **B** se prononce comme en français.

6. — **C** se prononce devant **a, o, u** et à la fin des mots comme le *k* français. Devant **e, i,** on la prononce en plaçant la pointe de la langue entre les incisives supérieures et les incisives inférieures, puis en la retirant. Les Hispano-Américains et les Andalous prononcent la **c** comme le *c* doux français de *citron*, de sorte qu'ils ne la distinguent pas de la **s.**

7. — **Ch** (1) se prononce *tch* : **muchacho** (*moutchatcho*). A Valence et dans une partie de l'Andalousie, le peuple prononce cette lettre *ts*.

8. — **D** se prononce comme en français au commencement ou dans le corps d'un mot. A la fin d'un mot elle ne se prononce pas, ou se fait à peine sentir : (à la fin de certains mots, le peuple la prononce vicieusement comme la **z** : **Madriz** au lieu de **Madrid**.

9. — **E** se prononce habituellement comme *é* fermé français dans *écouter*. Elle se prononce plus ouverte devant **r, s, z** dans la même syllabe : **ermita, espia, ezquerdear.**

10. — **F** se prononce comme en français.

11. — **G** se prononce devant **a, o, u** et devant une consonne comme le *g* dur français de *garder*. Devant **e, i** elle se prononce comme la **j** espagnole.

12. — **H** n'est jamais aspirée (2). Devant la diphtongue **ue** elle a un léger son de **g** dure : **hueso, huevo** se prononcent presque *gouesso, gouebo*.

13. — **I** se prononce comme en français.

14. — **J** est une expiration gutturale semblable à la χ des Grecs modernes et au ع des Arabes.

---

(1). **Ch** de même que **Ll** et **ñ**, étant des lettres simples, forment dans les dictionnaires espagnols des chapitres spéciaux.

(2). **H** est aspirée à Malaga. De là ce dicton dans lequel on aspire fortement les **h** :
Quien no diga Hacha, Higo é Higuera
No es de mi tierra.

15. — **K** se prononce comme en français.

16. — **L** se prononce comme en français.

17. — **Ll** a le son des deux *ll* français mouillés après un *i*, comme dans *famille, fille, maille*.

18. — **M** se prononce comme *m* français devant une voyelle, comme dans *mur*.

19. — **N** se prononce comme *n* français devant une voyelle, comme dans *navire*.

20. — **Ñ** n'était primitivement que **nn**. Le temps en a altéré la prononciation : on le prononce comme *gn* français dans *seigneur, signal*. Le signe qui surmonte cette lettre se nomme **tilde**.

21. — **O** se prononce généralement comme *o* français ; elle se prononce souvent aussi comme *au* français (dans *autre*) quand elle provient de *al*. Ex. : **coz** (*calx*) ; **otro** (*alter*).

22. — **P** se prononce comme en français.

23. — **Q** ne se présente en espagnol que dans les groupes **que, qui** où la **u** est muette et qui se prononcent *ké, ki*, comme en français *quémander, quitter*. A la fin des mots étrangers elle se prononce comme un *k*.

24. — **R** est dure et ronflante : 1° au commencement d'un mot : **ramo, ruína, rosa, red** ; elle conserve ce son en composition : **trasrenano**. 2° quand elle est double : **arruinar, barrio**. 3° quand elle est précédée de **l, n, s** : **alrededor, enrodar, israelita**. Elle est très douce entre deux voyelles : **arana, ariete**. Elle se prononce comme en français après une voyelle : **flor, tahur**.

25. — **S** se prononce comme *s* français devant une consonne : *esprit*. Les Andalous ne prononcent la **s** finale que très-faiblement.

26. — **T** se prononce comme le *t* initial français : *tabac*.

27. — **U** se prononce comme *ou* français. Elle est muette dans les groupes **gue, gui, que, qui** que l'on prononce comme dans les mots français : *guérite, guitare, quémander, quitter*. Quand la **u** doit se prononcer dans les groupes **gue, gui**, on la surmonte du tréma : **güe, güi** ; dans les groupes **que, qui**, la **q** est remplacée par une **c** : **cue, cui**.

28. — **V** d'après l'Académie devrait se prononcer comme le *v* français ; mais l'usage général veut qu'on la prononce presque comme **b** avec laquelle elle se confond. Ce n'est que dans la province de Valence qu'on la prononce *v*.

29. — **W** n'existe que dans des mots d'origine étrangère et se prononce soit comme le *v* français, soit comme le *w* de la langue dont le mot est tiré.

30. — **X** se prononce *cs* comme dans le mot français ; *maxime*.

31. — **Y** se prononce comme *y* français. On l'emploie comme voyelle à la fin des mots, après une autre voyelle avec laquelle elle forme une diphtongue : **estay, ley, voy.** Ailleurs y est consonne et doit précéder une voyelle : **ensayar, proyecto, ya, yo.**

32. — **Z** se prononce toujours comme la **c** espagnole devant **e, i.** Les Andalous ne prononcent pas la **z** finale.

33. — Les seules consonnes qui puissent se doubler en espagnol sont : **n,** (1) **r.** La consonne **c** ne se double que devant **e, i** ; la première **c** a alors un son dur et la seconde un son doux. **Acceso** se prononcera *akcesso.*

34. — Chaque lettre conserve en espagnol le son qui lui est propre ; les consonnes finales se prononcent donc. Il n'y a pas de diphtongues nasales.

35. — Les seuls signes prosodiques sont l'accent et le tréma.

III. ACCENT (2)

36. — On nomme accent un signe semblable à l'accent aigu français, que l'on place dans les cas indiqués plus loin au-dessus de la voyelle de la syllabe sur laquelle se fait sentir la force de l'intonation. Le mot accent se dit aussi de l'élévation de la voix.

37. — Dans les mots espagnols, la prononciation peut faire porter l'accent sur la dernière, la pénultième ou l'antépénultième syllabe. Cette syllabe se nomme syllabe tonique. Un mot espagnol simple ne peut être accentué que sur la dernière, la pénultième ou l'antépénultième syllabe.

38. — Les mots accentués sur la dernière syllabe se nomment mots aigus **(voces agudas)** ; Ex. : **café, lugar.** Les mots accentués sur la pénultième se nomment mots graves **(voces graves** ou **voces llanas** (3) ; Ex. : **alma, virgen.** Les mots accentués sur l'antépénultième se nomment mots **esdrújulos** ; Ex. : **género, máquina** (4).

---

(1) La plupart des mots dans lesquels **r** est doublée sont composés **de en, in, con : ennegrecer, innovar, connubio,** etc... De même **perenne** et quelques autres.

(2) Esp. **acento,** du latin *accentus* de *ad — cantus.* Certains grammairiens le nomment accent orthographique ou simplement accent quand il est écrit, et accent tonique ou prosodique quand il est sous-entendu.

(3) On les nomme aussi mots réguliers **(voces regulares).**

(4) Un certain nombre de mots dont l'orthographe est semblable ont

39. — Certains mots (ce sont seulement les verbes suivis de pronoms affixes) ont l'accent sur la troisième ou quatrième avant-dernière syllabe. On les nomme mots **sobreesdrújulos.**

Ex : **dábamela** (daba, me, la)
dábasemelo (daba, se, me, lo)

40. — L'accent sert donc à distinguer si un mot est aigu, grave ou **esdrújulo.** On l'écrit :

---

un sens différent suivant qu'ils sont aigus, graves ou **esdrújulos :** tels sont les suivants :

animó, *il anima* — **animo,** *j'anime* — **ánimo,** *courage,*
cantará, *il chantera* — **cantara,** *que je chantasse* — **cántara,** *cruche,*
celebré, *je célébrai* — **celebre,** *que je célèbre* — **célebre,** *célèbre,*
citará, *il citera* — **citara,** *que je citasse* — **citara,** *cithare,*
estomagó, *il fâcha* — **estomago,** *je fâche* — **estómago,** *estomac,*
interpreté, *j'interprétai* — **interprete,** *que j'interprète* — **intér-prete,** *interprète,*
intimó, *il intima* — **intimo,** *j'intime* — **íntimo,** *intime,*
legitimó, *il légitima* — **legitimo,** *je légitime* — **legitimo,** *légitime,*
liquidó, *il liquéfia* — **liquido,** *je liquéfie* — **liquido,** *liquide,*
mascará, *il mâchera* — **mascara,** *que je mâchasse* — **máscara,** *masque,*
numeró, *il nombra* — **numero,** *je nombre* — **número,** *nombre,*
picará, *il piquera* — **picara,** *que je piquasse* — **pícara,** *maligne,*
rotuló, *il intitula* — **rotulo,** *j'intitule* **rótulo,** *titre,*
transitó, *il passa* — **transito,** *je passe* — **tránsito,** *passage,*
validó, *il valida* — **valido,** *je valide* — **válido,** *valide.*

De même, sans l'accent, la 1re personne du singulier du présent de l'indicatif de tous les verbes de la 1re conjugaison, serait confondue avec la 3e personne du singulier du prétérit de l'indicatif des mêmes verbes : **amo,** *j'aime* — **amó,** *il aima* ; **amo** signifie aussi *maître* et ne se distingue de **amo,** *j'aime* que par le sens de la phrase. De même **mando,** *j'ordonne* — *commandement ;* **mandó,** *il ordonna.* Les mêmes confusions pourraient avoir lieu dans plusieurs autres verbes : **huyo,** *je fuis,* (au présent de l'indicatif), **huyó,** *il fuit* (au prétérit de l'indicatif). **Esté,** *que je sois ;* **está,** *il est, sois ;* **estás,** *tu es* (*de estar*) se distinguent par l'accent de **este, esta, estas ;** *ce, cette, ces.*

Beaucoup de mots dont l'orthographe et l'accentuation sont semblables, ne se distinguent que d'après le sens de la phrase ; tels sont : **ve,** *il voit* (de **ver**) et **ve,** *va* (de **ir**) — **fuera,** *que je fusse* (de **ser**) et **fuera,** *hors,* etc... Jadis on accentuait un certain nombre de ces mots pour les distinguer de leurs homographes, mais cet usage a disparu. Ainsi on écrivait **pára,** *il arrête* (de **parar**) et **para,** *pour* — **sóbre** *que je surpasse* (de **sobrar**) et **sobre** *sur* — **éntre,** *que j'entre* (de **entrar**) et **entre,** *parmi* — **úno,** *j'unis* (de **unir**) et **uno,** *un* — **ása, ásas,** *il rôtit, tu rôtis* (de **asar**) et **asa,** *anse,* pluriel **asas** — **como,** *je mange* (de **comer**) et **como,** *comme,* etc..., etc.

1° Sur les mots aigus de plus d'une syllabe terminés par une voyelle.
bajá, café, alelí, dominó, alajú.

REMARQUE. L'usage veut que l'on n'écrive pas l'accent sur **aunque, porque, sino**, mots aigus qui régulièrement devraient s'écrire comme ils se prononcent : **aunqué, porqué, sinó.**

2° Sur les mots aigus de plus d'une syllabe terminés par **n** ou **s** :
alacrán, compás, revés.

3° Sur les mots graves terminés par une consonne (1) autre que **n** ou **s** :
árbol, ángel.

4° Sur tous les mots **esdrújulos** :
báculo, efímero, esdrújulo, máquina, celebérrimo, fulmíneo, Málaga.

Il en résulte que les noms graves terminés par **n** au singulier et non accentués, comme **crimen, volumen**, prennent un accent au pluriel : **crímenes, volúmenes**; et que les noms aigus terminés par **n** ou **s** au singulier et accentués comme: **alacrán, parabién, revés**, perdent leur accent au pluriel : **alacranes, parabienes, reveses.**

On n'écrit pas l'accent :

1° Sur les mots aigus de plus d'une syllabe terminés par une consonne autre que **n** ou **s** :
verdad, matador, ducal, convóy, estáy.

2° Sur les monosyllabes :
pués, bién, fiél, léy, múy, tras, pié.

Cependant on accentue un monosyllabe : **A** pour le distinguer d'un homographe ; (2) **B** quand, terminé par une voyelle, une **n** ou une **s**,

---

(1) Quand un mot est terminé par une diphtongue, **ay, ey, oy, uy**, quoique la **y** remplace la **i**, elle ne perd pas son caractère de consonne, et les mots aigus terminés par une de ces diphtongues, ne sont pas accentués; on les assimile aux mots terminés par une consonne : **estay, convoy**, etc.

(2) Tels sont :

á	préposition *à*	**a**	la lettre *a*.
é	conjonction *et*	**e**	la lettre *e*.
ó	conjonction *ou*	**o**	la lettre *o*.
ú	conjonction *ou*	**u**	la lettre *u*.
dé	*que je donne* (**dar**)	**de**	préposition *de*.
él	pronom *lui*	**el**	article *le*.
lá	note de musique *la*	**la**	article *la*.
más *plus*		**mas** *mais*.	
mi *moi*, note de musique *mi*		**mi** *mon*.	
sé *je sais* (**saber**) *sois* (**ser**)		**se**	pronom *se, soi*.
tál *de cette façon, ainsi*		**tal** *tel*	
tú *toi*		**tu** *ton*.	
té *thé*		**te** *pronom toi, te*.	
si *oui*, note de musique *si*		**si** *si*,	

il forme le dernier élément d'un mot composé aigu, pour conserver à ce mot son caractère de mot aigu : **pie, bien, tras ; aguapié, parabién, atrás.** — On n'accentue cependant pas les mots composés aigus : **aunque, porque, sino.**

3° Sur les mots graves terminés par une voyelle : (1) **ala, canóa, bufete, domino, bacaláo, deséo.**

4° Sur les mots graves terminés par une diphtongue (sauf **ay, ey, oy, uy**).

Pátria, delírio, água, fátuo.

5° Sur les mots graves terminés par **n** ou **s** : (2) **virgen, Carmen, Carlos, sintaxis, albricias, aman, temes.**

IV. PLACE DE L'ACCENT

41. — On ne peut donner de régles certaines pour reconnaître la place de l'accent d'après la terminaison des mots ; néanmoins :

1° Les polysyllabes terminés par une voyelle forte (**a, e, o**), ou une diphtongue sont le plus souvent graves.

---

(1) Dans les phrases interrogatives, admiratives et emphatiques on accentue **éste, ésta, ése, ésa, aquél, aquélla, cuál, cúyo, cúya, quién, cuánto, cuánta** et leurs pluriels, quand ces mots commencent la phrase, ou quand l'intonation s'arrête sur eux, qu'ils soient ou non séparés des mots auxquels ils se rapportent, on accentue dans les mêmes cas : **qué, cómo, cuándo, cuán, cuánto, dónde.**

Éste, ésta, ése, aquél, aquélla et leurs pluriels s'accentuent aussi quand ils sont employés pronominalement. Il en est de même de **ámbos, ámbas.**

On accentue **sólo**, adverbe, *seulement*, et on laisse sans accent **solo**, *seul*.

(**Aun** devant un verbe ne s'accentue pas ¿ **Aun no ha venido ?** *Il n'est pas encore venu ?* Il s'accentue après un verbe et l'accent s'écrit sur la **u : no ha venido aún ;** *il n'est pas encore venu.*)— D'après certains grammairiens on devrait accentuer sur la **a**, quand il signifie *même, jusqu'à :* **aguardaré una hora y áun dos,** *j'attendrai une heure et même deux* —. et l'accentuer sur la **u**, quand il signifie *pourtant, cependant :* **he aguardado una hora y aún no sale,** *j'ai attendu une heure, et pourtant il ne sort pas.*

((2) On n'écrit pas l'accent sur les mots graves terminés par **n** ou **s** parce qu'il y a plus de mots graves que de mots aigus terminés ainsi. Les troisièmes personnes du pluriel de tous les temps simples des verbes sont terminés par **n**, (il y a dix temps simples dans chaque verbe et près de dix mille verbes dans la langue espagnole) ; mais la majorité des substantifs terminés par **n** sont aigus. — Sont terminées par **s** toutes les premières personnes du pluriel des temps simples des verbes,

2° Les polysyllabes terminés par une voyelle faible (**i, u**) ou une consonne, sont les plus souvent aigus.

Mais les exceptions sont très nombreuses.

42. — Les divers éléments d'un mot composé conservent chacun l'accentuation qui leur est propre : ainsi dans **sabiamente, claramente, fácilmente, magnánimamente**, la voix accentuera : 1° la syllabe qui reçoit l'accent dans les adjectifs **sabia, clara, fácil, magnánima**; 2° la syllabe **men** de la terminaison **mente**. Ces mots se prononcent donc comme deux mots séparés ; il en est de même d'autres analogues : **décimosétimo, vigésimoctavo, páternóster, primogénito**, etc...

43. — Une personne accentuée d'un verbe, suivie d'un ou plusieurs affixes, conservera donc l'accent : **fuése, (fué-se), vióse, (vió-se), rogóles, (rogó-les), convenciólos, (convenció-los)**; mais quand la personne du verbe n'est pas accentuée et qu'elle reçoit un ou plusieurs affixes, on devra écrire l'accent sur la syllabe accentuable, dès que l'addition d'un affixe empêche la lecture régulière du mot. C'est ainsi que **daba** recevant **me, la**, s'écrira **dábame, dábamela** : de même **dábasemelo, (daba-se-me-lo), atribuyéndose, atribuyéndosele, (atribuyendo-se-le), compóngasemele, (componga-se-me-le)**, etc.... Si la personne du verbe n'est pas accentuée et qu'elle reçoive un affixe ne modifiant pas la lecture régulière du mot, elle ne recevra pas d'accent : **llevarse, enseñadla, ponerlos, decidme, amaos**, etc....

44. — Mots **esdrújulos.** Un mot ne peut être **esdrújulo** :

1° Si entre les dernières voyelles existent deux consonnes, à moins que la seconde ne soit une liquide : **décuplo, múltiple, cátedra, lúgubre** — ou à moins que le mot ne soit un verbe suivi d'affixe : **llámanne, admíraste.**

2° Si entre les deux dernières voyelles existe une des consonnes **ch, j, ll, n, y, z** ou deux **r**. Exceptions : **Écija, póliza.**

3° S'il se termine par une diphtongue. Exception : les adjectifs de forme latine en **locuo** : **grandílocuo, multílocuo, vanílocuo, ventrílocuo.**

45. — *Mots dérivés du latin.* — La place de l'accent dans les mots espagnols dérivés de mots latins de plus de deux syllabes dépend de la quantité de la pénultième syllabe du mot latin.

La pénultième syllabe longue d'un mot latin est accentuée en espagnol :

humano (*hūmānus*) — **sermón** (*sērmōnem*) — **silvestre** (*silvestris*) — **amigo** (*ămīcus*) — **enemigo** (*ĭnĭmīcus*).

---

toutes les deuxièmes personnes du singulier (sauf à l'impératif et au prétérit de l'indicatif), toutes les deuxièmes personnes du pluriel (sauf à l'impératif) et tous les pluriels des noms. — Voir le renvoi précédent pour l'accentuation de **quien, aquel, cuál, cuan, aun, ambos.**

Si la pénultième syllabe du mot latin est brève, on accentue en espagnol la syllabe précédente :

nítido (*nĭtĭdus*) — **plácido** (*plăcĭdus*) — **sólido** (*sŏlĭdus*) — **ámbito** (*āmbĭtus*) — **ángulo** (*angŭlus*).

V. DIPHTONGUES.

46. — On divise les voyelles en voyelles fortes (**a, e, o**) et en voyelles faibles (**i, u**).

47. — Une diphtongue est constituée par l'union soit de deux voyelles faibles dissemblables, soit d'une voyelle faible et d'une voyelle forte, qui, tout en conservant chacune le son qui lui est propre, ne forment qu'une syllabe et se prononcent d'une seule émission de voix. (1).

48. — Il existe donc en espagnol quatorze diphtongues (2). (Lorsque la **i**, dernière voyelle d'une diphtongue se trouve à la fin d'un mot, elle se change en **y**).

ai	— baile, estay	**iu**	— viuda
au	— pausa	**oi**	— oigo, convoy
ei	— reina, ley	**ou**	— bou
eu	— feudo	**ua**	— suave, agua
ia	— diablo, gloria	**ue**	— fuego, pingüe
ie	— hierro, buscapié	**ui**	— cuita, muy
io	— diócesis, barrio	**uo**	— cuota, residuo

49. — Dans une diphtongue, la force de l'intonation porte sur l'une des deux voyelles :

A. Quand la diphtongue commence par une voyelle forte, cette voyelle forte est accentuée.

Sont donc accentuées sur la première voyelle les six diphtongue suivantes : **ai, au — ei, eu — oi, ou**.

B. Quand la diphtongue commence par une voyelle faible, la seconde voyelle, forte ou faible, est accentuée.

Sont donc accentuées sur la seconde voyelle les huit diphtongues suivantes : **ia, ie, io, iu — ua, ue, uo, ui**.

---

(1) Deux voyelles fortes ne forment jamais de diphtongue : elles appartiennent à des syllabes distinctes ; les mots suivants n'ont donc pas de diphtongue : **loa, leo, sarao, deseo, canoa, línea, héroe, bacalao, idóneo, hacanea.**

(2) Les mots terminés par une des diphtongues **au, eu, iu, ou,** sont très-rares : ce sont presque toujours des noms propres et des noms de lieu, le plus souvent d'origine catalane : **Paláu, Andréu, Palóu,** etc...

En résumé, la voyelle accentuée d'une diphtongue est toujours la voyelle forte, et quand la diphtongue se compose de deux voyelles faibles (**iu, ui**) c'est la seconde qui est accentuée.

On prononcera donc : **baile, pausa, feudo, diablo, suave, fuego** (l'intonation appuyant sur la voyelle accentuable), mais on n'écrira pas l'accent.

Toutefois on écrira l'accent (sur la voyelle accentuable) :

1º Si la diphtongue se trouve à l'antépénultième syllabe d'un mot **esdrújulo**. Ainsi **diácono, cláusula, piélago, diócesis**, sont accentués, et la diphtongue subsiste.

2º Si la diphtongue termine un mot aigu, qu'elle soit suivie ou non de **n** ou **s** : **buscapié, también, después.**

50. — Quand un mot grave est terminé par une diphtongue (suivie ou non de **n** ou **s**), l'accent n'est pas indiqué et l'intonation appuie sur la syllabe qui précède la diphtongue : la diphtongue, se prononçant d'une seule émission de voix, est considérée comme une seule voyelle : **patria, nadie, negocio, agua, fatuo, albricias.**

51. — Si un mot ne contient que deux voyelles jointes et pouvant former diphtongue, quand l'accent n'est pas écrit, la diphtongue existe et le mot est monosyllabique.

pie, pues, bien, fiel, ley, voy, muy, dios.

Mais si un de ces monosyllabes, terminé par la diphtongue (suivie ou non de **n** ou **s**) forme le dernier élément d'un mot composé aigu, il devra naturellement recevoir l'accent, pour conserver à ce mot son caractère de mot aigu.

parabién, aguapié, después, semidiós.

VI. REMARQUES SUR **gue, que, gui, qui.**

52. — **Ue, ui,** précédés de **g** ou de **q** et suivis d'une consonne ne forment pas de diphtongue, **gu** et **qu** devant **e** et **i** se prononçant comme des lettres simples : **guerra, guisado, quebrar, quitar.**

Mais lorsque la **u** de **gue, gui,** est surmontée d'un tréma, la diphtongue existe : **agüero, agüita.** On a vu (§ 27) que l'on obtenait le son *koué, koui,* en écrivant **cue, cui.**

53. — Lorsque **gue, que, gui, qui,** sont suivis d'une voyelle pouvant former diphtongue avec la **e** ou la **i,** la diphtongue existe et l'on considère **gu, qu,** (dans lesquels la **u** est muette) comme des lettres simples : **quiero (quie-ro), quiebro (quie-bro).**

54. — Quand, pour une raison quelconque, la diphtongue cesse d'exister, la **e** ou la **i** appartiennent à la syllabe **gue, que, gui, qui,** et la seconde voyelle à la syllabe suivante : **guía (gui-a), guión (gui-ón).**

VII. DES CAS OU DEUX VOYELLES JOINTES NE FORMENT PAS UNE DIPHTONGUE.

1° L'accent étant écrit sur la voyelle qui, normalement, ne le reçoit pas.

55. Toutes les fois que dans un mot sont jointes deux voyelles pouvant former diphtongue (une des quatorze combinaisons) et que l'accent est écrit sur celle que, normalement, l'intonation n'accentuerait pas, il n'existe pas de diphtongue et chaque voyelle appartient à une syllabe distincte.

Ex. : **país, maíz, baúl, saúz, laúd, coíma, heroína, heroísmo, saúco, oído, reísmo, paraíso, balaústre, dúo, púa, día. pío, tío, mío, lío,** (1) **estío, falúa, poesía, rocío, gazúa, período, circuíto, flúido,** etc..., etc...

Dans aucun de ces mots n'existe de diphtongue; si une diphtongue existait, l'accent serait inutile, mais l'intonation appuierait sur l'autre voyelle et le mot aurait une syllabe de moins.

Dans les divers mots cités comme exemples, l'accent est écrit au-dessus d'une voyelle qui se trouve à la syllabe accentuée ; mais, si cette voyelle se trouve à une syllabe non accentuée, rien n'indique qu'il n'existe pas de diphtongue. Ex : **paisano, maizal, sauzal, heroicidad, balaustrada,** etc.

2° L'accent étant écrit sur la voyelle qui, normalement, le reçoit.

56. — L'accent peut aussi affecter la voyelle normalement accentuable, sans qu'il existe pour cela une diphtongue, lorsque cette voyelle se trouve à la syllabe accentuée.

A. Lorsque la voyelle normalement accentuable est la première, l'accent indique suffisamment qu'il n'y a pas de diphtongue : **bóina, heróico.** En effet si la diphtongue existait, l'accent serait inutile; l'intonation appuierait sur la même voyelle, il est vrai, mais le mot aurait une syllabe de moins : **boi-na.**

B. Lorsque la voyelle normalement accentuable est la seconde, et que cette seconde voyelle fait partie de l'antépénultième syllabe d'un mot **esdrújulo,** on ne peut à première vue, distinguer s'il existe ou non une diphtongue, tous les mots **esdrújulos** étant accentués : **jesuítico, druídico.** En effet, que **ui** forme ou non une diphtongue, la **i** devra recevoir l'accent puisqu'elle fait partie de la syllabe accentuée : dans le cas actuel on doit se rappeler les mots formatifs **jesuita,**

---

(1) Jadis on n'accentuait pas les bisyllabes formés par deux voyelles : **duo, pua, dia, pio, tio, mio, lio,** etc.

druída, dans lesquels la **i** accentuée indique qu'il n'y a pas de diphtongue, car si la diphtongue existait, **ui** ne recevrait pas l'accent. (Exemple de mot accentué de même, mais dans lequel la diphtongue existe : **lingüístico**).

Quant aux mots graves et aux mots aigus, l'accent suffit à indiquer qu'il n'y a pas de diphtongue (comme pour A) : **ruín, guión, ruína, jesuíta, fiúcia, fruíto,** etc...

De même que précédemment (§ 55) dans les divers mots cités comme exemples, l'accent est écrit au dessus d'une voyelle qui se trouve à la syllabe accentuée; mais si cette voyelle se trouve à une syllabe non accentuée, rien n'indique qu'il n'existe pas de diphtongue. Ex. **ruínoso, ruíncico, jesuitismo,** etc.

REMARQUE. — Dans certains mots où se trouvent deux voyelles qui ne forment pas une diphtongue, l'accent peut être écrit tantôt sur la première, tantôt sur la seconde, tantôt ne pas être écrit. Tels sont : **heróico, heroísmo, heroicidad** dans lesquels **oi** n'est jamais diphtongue.

57. — Mais il existe un assez grand nombre de cas où, deux voyelles se trouvant jointes dans un mot, aucun signe orthographiqne n'indiquera qu'il n'existe pas de diphtongue, alors même qu'une de ces voyelles se trouverait à la syllabe accentuée. Tels sont : **cruel, crueldad, veinte, treinta,** etc... mots dans lesquels il n'existe pas de diphtongue.

58. — Dans un mot composé, il n'existe jamais de diphtongue formée par une voyelle, dernière lettre du premier élément et une voyelle, première lettre du second : **aunar, reunir, reuntar, contrair,** etc...

59. — Il n'existe pas non plus de diphtongue dans les mots dérivés d'un verbe, tels que **embaidor, fruicion, criador, criatura, acentuación,** etc...

60. — Dans chacun des cas où deux voyelles ne forment pas une diphtongue, l'Académie recommande de placer un tréma sur la première de ces deux voyelles ; **mäizàl, päisano, äunar, rëunir, rëuntar, conträir,** etc... mais ce précepte est loin d'être adopté par l'usage.

VIII. TRIPHTONGUES.

61. — Une triphtongue est constituée par l'union de deux voyelles faibles et d'une voyelle forte, qui, tout en conservant chacune le son qui lui est propre, ne forment qu'une syllabe et se prononcent d'une seule émission de voix. Dans toute triphtongue, la voyelle forte doit se trouver entre les deux voyelles faibles.

62. — Il n'existe en espagnol que quatre triphtongues. (1) (Lorsque la **i**, dernière voyelle d'une triphtongue, se trouve à la fin d'un mot, elle se change en **y**).

iai — apreciáis	**uai — guaira, guay**
iei — despreciéis	**uei — amortiguéis, buey**

63. — Dans une triphtongue la force de l'intonation porte sur la voyelle forte. On prononce donc : **guaira, buey,** etc...

64. — Si, dans un mot où sont jointes trois voyelles pouvant former triphtongue, l'une des voyelles faibles est accentuée, la triphtongue cesse d'exister : **comprendíais, deciais, mediais,** etc...

IX. TRÉMA.

65. — Le tréma se place sur la **u** des syllabes **güe, güi,** pour indiquer que cette lettre doit se prononcer :

antigüedad, agüero, vergüenza, argüir, santigüe, argüe, bilingüe, agüita, pingüe, lingüista, lingüística, halagüeño, etc...

Dans ce cas la **u** forme diphtongue avec la **e** ou la **i** qui la suit.

66. — On l'emploi aussi en poésie, au-dessus de la première voyelle d'une diphtongue, pour indiquer que la diphtongue cesse d'exister et que les deux voyelles se prononcent séparément (diérèse) : **rüido, süave,** etc...

67. — Tels sont les deux emplois de ce signe orthographique ; de plus l'Académie recommande avec raison de l'employer dans certains cas dont il a déjà été question (§ 60).

X. SIGNES DE PONCTUATION.

68. — Les signes de ponctuation sont les mêmes en espagnol qu'en français et s'emploient dans les mêmes cas ; on doit seulement remarquer :

1° Que les points d'interrogation et d'exclamation s'écrivent comme en français à la fin de la phrase et, de plus, renversés au commencement.

¿ Cuándo murió Pedro ? *Quand Pierre est-il mort ?*

¡ Qué hermoso ! *Qu'il est beau !*

---

(1) Il pourrait en exister douze, les combinaisons possibles étant les suivantes : **iai, iei, ioi — iau, ieu, iou, — uau, ueu, uou — uai, uei, uoi.**

Dans les phrases très courtes on peut n'en mettre qu'un à la fin. Si la fin de la phrase est seule interrogative, le premier se trouve souvent au milieu de la phrase. Certaines phrases admettent à la fois le point d'exclamation et le point d'interrogation là où le français n'admettrait que ce dernier : *Que t'ai-je fait mon ami ?* — ¿ **Qué te he hecho, amigo mío !**

2º Que les deux points se placent toujours en tête d'une lettre après la formule : **Muy Señor mio :** *Très cher Monsieur*, ou toute autre de ce genre : **Querido amigo mío :** *Mon cher ami*, etc...

XI. REMARQUES SUR L'ORTHOGRAPHE.

69. — La lettre **V** peut être précédée de **N** (**anverso, convoy, enviar**), mais jamais de **M** ; aussi certains mots étrangers, passés ou usités en espagnol ont-ils changé **mv** en **nv** : **Cronvel,** *Cromwell,* — **tranvía,** *tramway.*

70. — La lettre **B** peut être précédée de **M** (**ambos, bombero**), mais jamais de **N** ; c'est ainsi que l'on écrit **sambenito** au lieu de **sanbenito.**

71. — La lettre **P** peut être précédée de **M** (**amparar, amplio**), mais jamais de **N** ; c'est ainsi que l'on écrit **Ciempozuelos** au lieu de **Cienpozuelos.**

La lettre **P** ne se trouve que devant une voyelle ou devant **l, r** ; elle existait jadis devant **n, s, t.** Tels étaient les mots : **pneuma, psalmo, psalterio, pseudónimo, psicología, ptisana, ptisis, Ptolomeo, séptimo, asumpto,** que l'on écrit aujourd'hui en supprimant la **p** : **neuma, salmo, salterio, seudónimo, sicología, tisana, tisis, Tolomeo, sétimo, asunto.**

72. — La lette **R** double (**rr**) est considérée par l'Académie comme une lettre simple ; elle recommande, mais l'usage est loin d'en être répandu, d'employer cette double lettre dans les mots composés des préfixes **ab, ob, sub, pre, pro** et d'un mot commençant par **r,** tels que **abrrogar, obrrepción, subrrogar, prerrogativa, prorrogar,** que l'on a écrits jusqu'à présent avec raison : **abrogar, obrepción, subrogar, prerogativa, prorogar.** L'emploi de cette double lettre deviendrait également obligatoire dans tous les mots composés dont le second composant commence par **r** et dont le premier composant se termine par une lettre autre que **l, n, s.** Tels sont les mots : **maniroto, pelirubio, cariredondo, guardaropa,** etc..., dans lesquels **r** devrait être doublée. La seule raison de cette règle académique serait de marquer dans l'écriture la prononciation dure de la **r** initiale. (**R** ayant une prononciation dure au commencement des mots et après **l, n, s**). L'invention de cette nouvelle lettre n'est pas nécessaire ; toutes les lettres de l'alphabet doivent pouvoir commencer un mot, et aucun mot, d'après l'Académie elle-même, ne saurait commencer par **rr**. On doit donc continuer à écrire comme par le passé les mots dont il a été question.

73. — La lettre **Ch** avait jadis le son de **c** dure dans certains mots tels que : **Christobal, Christo, eucharistia, cherubin, choro, chrónica, chloro, chirúrgico** ; elle a aujourd'hui été remplacée par **c** devant **a, o, u** ou une consonne : **Cristobal, Cristo, eucaristia, crónica, cloro** ; par **qu** devant **e, i** : **querubin, quirúrgico, arqueología, arquitecto, química, raquítico, quirografo**. La lettre **Ch** ne se trouve aujourd'hui que devant une voyelle et se prononce toujours *tch* : **chacal, cherva, chico, chocolate, chulo**. (**Ch** provient de *ct* latin : **noche**, *noctem* — **sospechoso**, *suspectus* — **pecho**, *pectus* — **estrecho**, *strictus* ; ou de *ch* latin : **archivo**, *archivium*).

74. — **Ph** existait jadis dans certains mots avec le son de *f* ; tels étaient : **Pharaón, Phelipe, Joseph, pharmacia, phósphoro, phrase, philosophia, phantasma** que l'on écrit aujourd'hui : **Faraón, Felipe, Josef, farmacia, fósforo, frase, filosofía, fantasma, fotografía**, etc...

75. — **Rh** existait dans des mots tels que : **rheuma, rhythmo, rhetórica, rhinoceronte, rhapsoda** que l'on écrit maintenant : **reuma, ritmo, retórica, rinoceronte, rapsoda**.

76. — **Th** existait dans des mots tels que : **cathólico, cáthedra, throno, Theresa, Thomas, thema, thesoro, laberintho, theatro, orthographía**, que l'on écrit aujourd'hui en remplaçant **th** par **t** : **tema, ortografía, Tomas**, etc...

77. — **Y** existait dans des mots tels que : **sylaba, symbolo, mysterio**, où l'on écrit aujourd'hui **i** : **silaba, simbolo, misterio, ciclo, lira, Estige** (*le Styx*). L'orthographe ne fait donc aucune différence entre les mots venant du grec πολυ tel que **poligono**, et les mots venant du grec πολις tel que **politica** — entre les mots venant du grec υπο tel que **hipócrita**, et les mots venant du grec ιππος tel que **hipogrifo**.

78. — La lettre **K** existait dans certains mots : (**kalendas, kermes**, etc...) ; elle a été partout remplacée par **c** devant **a, o, u**, par **qu** devant **e, i** : (**calendas, quermes**, etc...). La lettre **k** n'est plus usitée aujourd'hui que dans des mots étrangers ainsi que dans les mots venant du grec Χιλο (**kilometro, kilogramo**, etc...).

79. — **M** se doublait jadis dans les mots dérivés de mots latins contenant *mm* ; la première se change aujourd'hui en **n**. Il en est de même dans les mots commençant par **m**, précédés des préfixes : **en, in** ; à l'inverse du français le changement de **n** en **m** n'a jamais lieu. On écrit donc : **enmascarar, enmollecer, inmenso, inmolar, inmortalidad**, etc.

Il est très rare de trouver en espagnol **m** à la fin d'un mot : dans la plupart de ceux qui l'avaient à l'origine, **m** a été remplacée par **n** : **Abran**, *Abraham*.

80. — **N** ne se double que dans les mots composés (ex. : **sinnúme-ro, innegable, ennoblecer, connivencia,** etc..) et dans le mot **perenne** (1) (et ses dérivés ; **perennal, perennalmente, perennemente, perennidad,** etc..). Elle se double naturellement dans les troisièmes personnes du pluriel des verbes, suivies du pronom **nos** ; **favorézcannos,** etc..

81. — Aucun mot ne commence en espagnol par s suivie d'une consonne. (Si, dans le corps d'un mot, s est placée devant une consonne, elle appartient à la syllabe précédente et la consonne à la syllabe qui suit : **des — liar, tras — migrar**). La plupart des mots commençant par s suivie d'une consonne, qui ont passé en espagnol ont été transcrits avec préfixation d'une **e** : on écrit **escala, estatúa, estación, escuela, espíritu, Estige, Esmirna,** etc.. Quelques autres mots ont supprimé la s initiale : **ciencia, cetro** ; un petit nombre ont deux formes : **pasmo** ou **espasmo** ; **Cipión** ou **Escipión**. (L'ancien espagnol écrivait **scala, scuela, spasmo, spíritu, scetro, spantable,** etc..), On trouve chez quelques auteurs modernes l'orthographe de certains noms propres non espagnolisée : tels sont ces vers de **Espronceda** : (2).

> **El puñal de Catón, la adusta frente**
> **Del noble Bruto, la constancia fiera**
> **Y el arrojo de Scévola valiente......**

S se doublait jadis : 1º dans les superlatifs : **amantíssimo, santíssimo** (du latin : *amantissimus, santissimus*), au lieu de **amantísimo, santísimo**. — 2º dans les imparfaits du subjonctif : **amasse, leyesse, oyesse,** au lieu de **amase, leyese, oyese**. — 3º dans les verbes composés d'un verbe simple commençant par s et du préfixe **a** : **assaltar, assentar, assombrar,** au lieu de **asaltar, asentar, asombrar** (de même que l'on écrit **arrepentirse**).

82. — Il existait autrefois une **c** portant une cédille (**ç**), qui avait le son de **z** ; elle a été partout remplacée par **z** devant a, o, u; par c ou z devant e, i. Remarquer, à ce propos, que la plus grande partie des mots dans lesquels on prononce le son **z** devant e, i s'écrivent par **c** (**luces, cruces, cesar, cinta, ciruelo,** etc...) ; un petit nombre seulement ont z devant e, i ; sept auraient deux orthographes, d'après l'Académie ; **ceda** ou **zeda, ceta** ou **zeta, cedilla** ou **zedilla, cicigia** ou **zizigia, ceugma** ou **zeugma, cinc** ou **zinc, cirigaña** ou **zirigaña**. On doit écrire **zizaña** et non **cizaña**.

83. — **X** avait jadis le son de la **j** espagnole dans des mots tels que **xabón, carcax, relox, inxerir, Xérez, Ximénez, prolixo** que l'on écrit aujourd'hui avec **j**. **X** a toujours le même son qu'en français. Quelques ecrivains remplacent x par s devant une consonne (**estraordinario, estensión** pour **extraordinario, extensión**). L'Académie n'a pas encore adopté cet usage qui devient de plus en plus général. **X** initiale n'existe que dans un nombre de mots très restreint.

---

(1) On trouve aussi la forme **perene**.
(2) **Espronceda, el Diablo mundo, canto II.**

84 — W que l'on nomme **v doble, v ligada, v valona** ou **walona**, ne se trouve que dans des mots d'origine étrangère : tels sont les noms des anciens rois goths d'Espagne, **Wamba, Witiza.** On la remplace généralement par **V : Vamba, Vitiza, Vasintón.** (*Washington*), **Velintón,** (*Wellington*), **vist** (*whist*), **vagón, Venceslas, Vurtemberg, vals,** etc....

85. — I non accentuée entre deux voyelles, ou dernière lettre d'une diphtongue terminant un mot, se change en **y : ayer, ayudar, buey, doy, ley,** etc... **I** voyelle initiale d'une diphtongue commençant un mot se change en **y** ou est précédée de **h.** (Voir § 90).

86. — REMARQUE. Lorsqu'un mot simple est modifié par la désinence du pluriel, par une désinence diminutive ou toute autre, les lettres du radical doivent conserver le son qui leur est propre ; aussi quelques modifications orthographiques sont-elles nécessaires, la représentation de certains sons n'étant pas la même devant toutes les voyelles. C'est ainsi que **c** précédant **a, o, u,** se changera en **qu** (1) devant **e i** ; que **g** précédant **a, o, u,** se changera en **gu** devant **e, i** ; que **gu** précédent **a, o,** se changera en **gü** devant **e, i** ; que **z** précédent **a, o, u,** ou à la fin d'un mot, se changera en **c** devant **e, i** ; et inversement. (2)

On écrira donc :

Peluquín, diminutif de **peluca.**
Riquísimo, superlatif de **rico.**
Cieguecillo, diminutif de **ciego.**
Luces, pluriel de **Luz.**
Pedacillo, diminutif de **pedazo.**
Agüita, diminutif de **agua,** etc..., etc...
Ces remarques s'appliquent aussi aux verbes (voir § 544).

XII. DIPHTONGUES **ie** et **ue.**

87. — La diphtongue **ie** provient :

1º De **ĕ** bref latin devant une consonne simple :
Ayer (*hĕri*) — **bien** (*bĕne*) — **diez** (*dĕcem*) — **fiebre** (*fĕbris*) —

---

(1) **Qu** se prononçait jadis comme **c** dur : **quotidiano,** aujourd'hui : **cotidiano.**

(2) Son de **c** dure devant les voyelles : **ca, co, cu, que, qui.**
Son de **g** dure devant les voyelles : **ga, go, gu, gue, gui.**
Son de **cu** (*kou*) : **cua, cuo, cue, cui,**
Son **gu** (*ghou*) : **gua, guo, güe, güi.**
Son de la **j** espagnole : **ja, jo, ju, je** ou **ge, ji** ou **gi,** mais de préférence **ge, gi.**
Son de la **z** espagnole : **za, zo, zu, ze** ou **ce, zi** ou **ci,** mais de préférence **ce, ci.**

hiedra *(hĕdera)* — **hiere** *(fĕrit)* — **liebre** *(lĕpus)* — **miedo** *(mĕtus)* — **niebla** *(nĕbula)* — **siego** *(sĕco)* — **viernes** *(vĕneris)* — **viejo** *(vĕtulus)* — **yegua** *(ĕqua)* — **yerno** *(gĕner)*, etc...

2° De *e* en position.

Ciento *(centum)* — **hierro** *(ferrum)* — **miembro** *(membrum)* — **piel** *(pellio)* — **pienso** *(penso)* — **pierdo** *(perdo)* — **siempre** *(semper)* — **siento** *(sentio)* — **siete** *(septem)* — **tiempo** *(tempus)* — **tierra** *(terra)*, etc...

3° De *æ*.

Ciego *(cæcus)* — **cielo** *(cælum)*, etc...

88. — La diphtongue **ue** provient :

1° De *ŏ* bref.

Bueno *(bŏnus)* — **buey** *(bŏvem)* — **cuece** *(cŏquit)* — **fuego** *(fŏcus)* — **fuero** *(fŏrum)* — **fuera** *(fŏrum)* — **fuera** *(fŏras)* — **juego** *(jŏcus)* — **jueves** *(jŏvis)* — **muele** *(mŏlit)* — **mueve** *(mŏvet)* — **nueve** *(nŏvem)* — **nuevo** *(nŏvus)* — **pueblo** *(pŏpulus)* — **ruega** *(rŏgat)* — **suelo** *(sŏlum)*, etc...

2° De *o* en position, surtout devant *l, m, n, r, s.*

Cuento *(computo)* — **cuerpo** *(corpus)* — **fuente** *(fontem)* — **fuerte** *(fortis)* — **huérfano** *(orphanus)* — **huerto** *(hortus)* — **huesa** *(fossa)* — **hueso** *(ossum)* — **muerte** *(mortem)* — **nuestro** *(noster)* — **puente** *(pontem)* — **puerta** *(porta)* — **pues** *(post)* — **sueño** *(somnus)* — **suerte** *(sortem)*, etc...

3° De *o* long, mais rarement.

Cigüeña *(cicōnia)* — **consuelo** *(consōlor)* — **mueble** *(mōbilis)*, etc...

89. — Comme on le voit, les diphtongues espagnoles **ie, ue**, proviennent généralement des lettres latines *e, o*, qui sous l'influence de l'accent se sont diphonguées : lorsque les mots qui contiennent ces diphtongues sont modifiés par une désinence quelconque (superlatif, augmentatif, etc...) et que l'accent passe sur une autre syllabe, tantôt la diphtongue subsiste, tantôt elle se change en la voyelle primitive. Plusieurs mots ont les deux formes. En voici quelques exemples :

Simples	Dérivés dans lesquels la diphtongue s'est maintenue	Dérivés dans lesquels la diphtongue a disparu.
ardiente		ardentísimo.
bueno	buenísimo, buenecillo, buenecico.	bonísimo, bonazo,
buey	bueyecillo.	boyazo, boyezuelo.
ciego	cieguecillo, cieguecito, cieguezuelo.	ceguecillo, ceguezuelo, cegato, cegatón.
cierto	ciertísimo.	certísimo.
ciervo		cervato.
cigüeña	cigüeñal, cigüeñar, cigüeñuela.	cigoñino, cigoñuela.

Simples	Dérivés dans lesquels la diphtongue s'est maintenue	Dérivés dans lesquels la diphtongue a disparu.
cuerno		cornezuelo, cornecico, cornecillo.
cuerpo		corpanchón, corpecico.
cuesta		costecilla.
cueva		covacha.
diente	dientecillo.	dentecillo.
espuerta		esportilla.
ferviente		ferventísimo.
fuerte	fuertísimo.	fortísimo, fortachón, fortezuelo.
fuerza		forcezuela.
grueso	gruesísimo.	grosísimo.
hierba	hierbecilla.	
hierro		herrezuelo, herrete.
pueso	huesarrón, huesecillo.	osecillo.
huevo,	huevecico, huevecillo	
liebre	liebratón	lebrato
luciente		lucentísimo
luengo		longazo, longuezuelo
nieto	nietezuelo	netezuelo
nuevo		novísimo
pañuelo		pañolón
piedra	piedrezuela, piedrecita, piedrecilla	
pierna		pernaza
pieza	piececica, piececita, piececilla, piecezuela	.
pueblo		poblachón
puerco	puerquecillo	porquecillo
puerco		porrino
puerta	puertezuela, puertecilla	portezuela
puerto		portichuelo
rueda	.	rodezuela
serpiente		serpentón
sierpe	sierpezuela	serpezuela
sierra		serrezuela. serrucho
tierno	tiernísimo, tiernecito, tiernecillo	ternísimo, ternezuelo, ternecito, ternecico
trueno	truenecillo	
valiente		valentísimo
viejo	viejecito, viejecillo, viejecico, viejezuelo	vejote, vejón, vejancón, vejezuelo, vejete
viento		ventarrón
vientre		ventrezuelo

90. — **H** précède toujours les diphtongues dont la première voyelle est faible : **ia, ie, io, iu** (1) — **ua, ue,** (2) **ui, uo,** quand elles commencent un mot : **hiato, hiel, huevo, ahuecar,** etc...

91. — On a vu (§ 89) que les dérivés de mots simples accentués sur une syllabe ayant une des deux diphtongues **ie, ue,** dans lesquels l'accent frappait une autre syllabe, changeaient parfois la diphtongue en la voyelle primitive : la **h** disparaît alors si elle n'existait pas en latin, ainsi **hueso** (*os*) forme **osecillo** ; mais si la **h** existait en latin, elle se maintient en espagnol : **huésped** (*hospitem*) forme **hospedar**.

92. — **H** espagnole provient :

1° De *h* des mots latins, qui est toujours conservée : **hombre, haber, honor, hierba,** etc...

2° De *f* des mots latins : **haba** (*faba*) — **hacer** (*facere*) — **hado** (*fatum*) — **halcón** (*falconem*) — **harina** (*farina*) — **heno** (*fœnum*) — **hierro** (*ferrum*) — **higo** (*ficus*) — **hijo** (*filius*) — **hilo** (*filum*) — **hoja** (*folium*) — **honda** (*funda*) — **horno** (*furnus*) — **hurto** (*furtum*) etc., etc.

Le vieil espagnol avait conservé cette *f* et écrivait : **fabla, facer, fambre, fazaña,** etc.

3° De l'esprit rude grec d'une voyelle initiale : **hecatombe, hemerologia, hemafobía, hipocondría, hidrógeno,** etc.

93. — Certains mots dérivés de deux mots grecs ont l'accent tantôt sur la pénultième, tantôt sur l'antépénultième syllabe, sans qu'il soit possible d'énoncer de règle à cet égard, l'accentuation de ces mots étant soumise au caprice du langage. C'est ainsi que l'ont écrit **anagrama, programa** et **telégrama** ; **aerometro** et **barómetro, kilómetro** ; **autografo, biografo** et **telégrafo, geógrafo.** Il en est de même pour les noms terminés tantôt par **ia,** tantôt par **ía** : on écrit **mineralogia, antropologia** et **filología, arqueología** ; **aristocracia** et **democracia,** etc., etc.

---

(1) **Ia, ie, io iu** commencent certains mots, sans être précédées de **h,** mais alors **i** se change en **y** : **yegua, yacer, yo, yugo.** Ainsi **errar,** verbe irrégulier, devient **yerro** et non **hierro,** qui dérive de **herrar.** Trois mots auraient les deux formes, d'après l'Académie : **hiedra** ou **yedra,** *lierre* — **hierba** ou **yerba,** *herbe* — **hiero** ou **yero,** *ers ;* on doit conserver la **h** aux mots qui l'ont en latin et écrire **hiedra** (de *hedera*), **hierba** (de *herba*) ; et de même écrire **yero** (de *ervum*).

(2) On a écrit **ueste,** *ouest* pour **oeste,** seule forme régulière. — **Oler,** verbe irrégulier, forme donc **huelo,** de même que **desosar** et **desovar** font **deshueso** et **deshuevo,** comme on écrit **hueso** et **huevo,**

CHAPITRE II.

LES ARTICLES.

94. — L'article français masculin singulier *le* se rend par **el** ; il se contracte avec la préposition **de** en **del** (français *du* pour *de le*) et avec la préposition à en **al** (français *au* pour *à le*). Ex : **doy el libro del hijo al padre,** *je donne le livre du fils au père.*

Remarque. La préposition se sépare de l'article quand il forme partie d'une dénomination ou du titre d'une œuvre. Ex : **Rodrigo Diaz de Vivar es generalmente conocido con el sobrenombre de el Cid,** *Rodrigue Diaz de Vivar est généralement connu sous le surnom de le Cid.* — **Pocas comedias de Calderón aventajan á El postrer duelo de España ;** *peu de comédies de Calderon surpassent El postrer duelo de España.*

95. — L'article français masculin pluriel *les* se rend par **los** ; il ne se contracte avec aucune préposition. (1) Ex : **los hombres de los paises,** *les hommes des pays.*

96. — L'article français féminin singulier *la* se rend par **la** ; l'article français féminin pluriel *les* se rend par **las** ; ces articles ne se contractent avec aucune préposition. Ex : **la ciudad de las delicias,** *la ville des délices.*

97. — Quand un substantif féminin commence par a accentuée précédée ou non de **h**, l'euphonie exige que l'on remplace **la** par **el, de la** par **del, á la** par **al.** Mais ce changement ne modifie pas le genre du substantif. Ex : **el agua es buena,** *l'eau est bonne* — **el águila,** *l'aigle* — **el hacha,** *la hache* — **el ama,** *la maîtresse de maison* — **el a,**

---

(1) L'article **el** ne se contracte avec **de** et **á** que parce qu'il commence par une voyelle ; les autres articles (**los, la, las, lo**) commençant par une consonne, ne peuvent se contracter. — Les auteurs anciens ont écrit : **de el, á el,** sans contraction. Quelques modernes écrivent **á el** devant un nom commençant par **al** : Ex : **à el alcance.**

la lettre a — **el h,** *la lettre h* (**hache**) (1) — **el Asia,** *l'Asie* — **el África,** *l'Afrique.*

Ce changement n'a jamais lieu devant les noms propres. On dira donc : **la Álvarez, la Ángela.**

Ce changement n'a lieu qu'au singulier, car au pluriel l'article féminin étant **las,** on ne trouvera pas deux **a** de suite. On dira donc : **las aguas, las águilas, las hachas.**

98. — L'article devant un adjectif commençant par **a** accentuée suivi d'un substantif féminin conserve la forme **la.** Ex : **la áspera existencia,** *la dure existence.* — Cette règle n'est pas toujours observée en poésie.

99. L'article masculin est le seul usité devant les verbes et les mots invariables pris substantivement. Ex : **el rugir del león,** *le rugissement du lion* — **el estar tan ignorante,** *une telle ignorance —* **el sí de la niñas,** *le oui des jeunes filles* — **el no,** *le non* — **el porque,** *le pourquoi* — **no sé ni el como ni el cuando,** (2) *je ne sais ni quand ni comment* — **el qué dirán,** *le qu'en dira-t-on* — **el no importa,** *le il n'importe.*

100. — L'article masculin sert aussi à traduire *de* et *que de* devant le présent de l'infinitif d'un verbe pris substantivement. Ex : *il est facile de trouver des hommes courageux,* **fácil es el hallar hombres valientes.** — *Ce n'est pas chose difficile que de dépenser beaucoup,* **no es difícil el gastar mucho.**

101. — La forme neutre de l'article, **lo,** ne se place que :

1° devant les adjectifs employés substantivement au singulier et ne désignant pas une personne. Ex : **lo bueno, lo bien ;** *le bon, le bien,* c'es-à-dire : *ce qui est bon, ce qui est bien* — **á los más recio del combate,** *au plus fort de la mêlée ;* mais on dira, en sous-entendant **color : el azul de este paño,** *le bleu de ce drap.*

2° devant les substantifs employés adjectivement. Ex : **todo era grande, lo rey, lo capitán ;** *tout était grand (chez un tel) le roi, le capitaine.*

3° devant les adverbes employés adjectivement : **lo cerca, lo lejos ;** *ce qui est rapproché, ce qui est éloigné.*

102. — L'article **lo** peut se placer devant un adjectif pluriel séparé du substantif qu'il détermine, et avec lequel il s'accorde, comme dans les phrases suivantes : **es de alabar lo bellas que son estas mujeres,** *on doit louer la beauté de ces femmes (le belles que sont ces femmes)* — **en lo valientes y sufridos ningún soldado aven-**

---

(1) Quelque grammairiens disent : **laa, la h.** On employait jadis **el** au lieu de **la** même devant des noms commençant par **a** non accentuée : **el alarma, el amistad ;** mais ce serait aujourd'hui incorrect.

(2) De préférence à : **no sé ni como ni cuando.**

taja á los españoles, *aucun soldat ne surpasse les soldats espagnols en vaillance et en résignation.* — Dans ces phrases et autres analogues, **lo** a un caractère adverbial.

103. — Quand deux adjectifs se suivent, si le premier a un caractère adverbial et si le second est employé substantivement, on doit les faire précéder de l'article masculin : **el mero necesario,** *ce qui est purement nécessaire ;* **el verdadero sublime,** *ce qui est véritablement sublime.* Mais on dirait : **lo meramente necesario, lo verdaderamente sublime.**

104. — Dans les phrases analogues aux phrases françaises : *monsieur le capitaine, messieurs les capitaines, madame la comtesse,* etc.. : l'article se place, en espagnol, avant les mots **señor, señores,** etc.. : on traduit donc : **el señor capitan, los señores capitanes, la señora condesa,** etc..., lorsque l'on parle de ces personnes ; mais, lorsqu'on leur adresse la parole, on n'emploie pas l'article : ¿ **qué dice V. señor coronel ?** *Que dites-vous, monsieur le colonel ?* **Señor** signifie *monsieur* et *Sire* ; on l'emploie aussi en parlant à Dieu, comme en français *Seigneur.*

105. — **Don** et son féminin **doña,** ne se placent jamais que devant les prénoms : **don Carlos Martínez, doña Catalina Méndez. Don** et **doña** peuvent être précédés de **el señor, la señora ; el señor** et **la señora** peuvent se placer devant un nom de famille. (voir aussi § 354).

106. — *Monsieur, Madame, Mademoiselle,* au commencement d'une lettre, se traduisent généralement par : **Muy señor mío, muy señora mia, muy señorita mia.**

107. — On n'emploie pas l'article :

1° après un verbe de mouvement suivi des mots : **casa,** *maison ;* **palacio,** *palais ;* **caza,** *chasse ;* **misa,** *messe ;* **paseo,** *promenade ;* pris dans un sens indéterminé. Mais on dira : **voy al paseo del Prado,** *je vais à la promenade du Prado.*

2° devant un substantif pris dans un sens général. Ex : **hombres de juicio no gastan dinero,** *les hommes sensés ne dépensent pas d'argent.*

3° dans les exclamations : **¡ hermosa mujer !** *la belle femme !* mais, dans ce cas on peut le remplacer par **qué** : **¡ qué hermosa mujer !**

4° dans certaines locutions telles que : **á imitación de los antiguos,** *à l'imitation des anciens.* — **en lugar de,** *à la place de.* — **á son de,** *au son de.* — **estoy en cama,** *je suis au lit.* — **es uso en Madrid,** *c'est l'usage à Madrid.* — **tiene calentura,** *il a la fièvre.* — **en ausencia de,** *en l'absence de.* etc...

5° devant un nom de pays : ex : **el clima de España,** *le climat d'Espagne.* — **Francia es un pais rico,** *la France est un pays riche.*

REMARQUES. — On ne l'emploie devant un nom de ville ou de pays que quand on désigne l'état de cette ville ou de ce pays à une époque déterminée : ex : **la Sevilla de 1534,** *la Séville de 1534.* — **la España de Carlos Quinto,** *l'Espagne de Charles-Quint.*

Cependant certains noms de pays sont toujours précédés de l'article : **el Perú, el Peloponeso.** D'autres peuvent en être ou non précédés : **China** ou **la China, Persia** ou **la Persia.**

6º devant les noms propres au singulier : **Pedro, María** ; sauf dans le langage familier : **el Pedro, la María.**

REMARQUES. — A. Mais on emploie l'article si le nom est précédé d'un adjectif : **la gran Semíramis, el magno Alejandro.**

B. On l'emploie aussi devant certains noms italiens : **el Ariosto, el Ticiano.**

C. De même quand on désigne un livre par son titre ou par le nom de son auteur : **el Quijote,** *le volume de don Quichotte.* — **el Cervantes,** *le volume de Cervantes.*

D. On emploie l'article au pluriel devant un nom de personne pris dans un sens figuré : **los Sócrates, los Homeros son raros** ; *les Socrates, les Homères sont rares.*

E. On emploie l'article devant les noms des jours de la semaine, quand ils indiquent l'époque à laquelle une chose se fera : **iré á ver á V. el lunes,** *j'irai vous voir lundi ;* **llegarémos el domingo,** *nous arriverons dimanche.* Mais, dans tout autre cas l'article n'est pas exprimé : **mañana es miércoles,** *demain, c'est mercredi.*

108. — Quand plusieurs substantifs, même de genres divers se suivent, on peut n'employer l'article que devant le premier.

Ex. : **los méritos y servicios de fulano,** *les mérites et les services d'un tel.* — **el celo, honradez y inteligencia del hombre,** *le zèle, l'honnêteté et l'intelligence de l'homme.*

109. — Lorsque le sens des substantifs n'est pas déterminé par un complément, l'article partitif français : *du, de la, des,* ne s'exprime pas en espagnol. Ex. : *j'ai acheté du pain, de la viande, des couteaux :* **he comprado pan, carne, cuchillos.**

110. — Lorsque *du, de la, des,* précèdent un nom pris en français dans le sens de : *un peu de, quelques,* on les rend par : **un poco de; unos, unas; algunos, algunas,** Ex. : *donne-moi des (quelques) oranges, du (un peu de) vin :* **dame unas naranjas, un poco de vino.** — *j'ai des chapeaux :* **tengo unos** ou **algunos sombreros.** — Mais le plus souvent on emploie le substantif seul.

111. — L'article partitif est traduit par : **el, la, los, las, lo,** précédés de la préposition de (**del, de la,** etc.) lorsque le substantif est déterminé par le pronon relatif *que.* Ex. : *vends-moi du drap que tu as fabriqué,* **véndeme del paño que fabricaste.** — *donne-lui des pommes que tu as,* **dale de las manzanas que tienes.**

112. — L'article indéfini français *un, une,* se rend par **uno, una. Uno** perd son **o** finale quand il précède immédiatement un substantif

où un adjectif masculin : **un hombre,** *un homme ;* **un buen criado,** *un bon domestique.* **Una** perd son **a** finale devant un substantif féminin commençant par **a** accentuée, précédée ou non de **h** : **un alma,** *une âme ;* **un águila,** *un aigle ;* **un hacha,** *une hache.* Devant un nom de ville, masculin ou féminin, c'est toujours de la forme apocopée **un** que l'on se sert : **qué tristeza para un Sevilla !** *quelle tristesse pour une ville comme Séville !*

113. — L'article espagnol sert aussi à traduire les démonstratifs français : *ce, celui, ceux, celles,* suivis immédiatement de la préposition *de,* ou des relatifs : *qui, que, dont.* Ex. : *ce que je dis,* **lo que digo.** — *celui qui parle,* **el que canta.** — *celles de mon père,* **las de mi padre,** etc..... **no hablo de tu perro, sino del del amo ;** *je ne parle pas de ton chien mais de celui du maître.*

los caballos de Pedro son diferentes de los de los mercaderes ; *les chevaux de Pierre sont différents de ceux des marchands,* **mi victoria depende de la de la patria,** *ma victoire dépend de celle de la patrie.*

hablaba de sus conquistas y de las de las naciones vecinas ; *il parlait de ses conquêtes et de celles des nations voisines.*

CHAPITRE III.

LES SUBSTANTIFS.

I. LE GENRE.

114. — Il y a en espagnol deux genres : le masculin et le féminin.

115. — Le masculin (**masculino**) comprend les noms d'hommes et d'animaux mâles, et tous les substantifs que leur terminaison y rattache : **Pablo**, *Paul* — **hombre**, *homme* — **lobo**, *loup* — **libro**, *livre* — **papel**, *papier*.

116. — Le féminin comprend les noms de femmes et d'animaux femelles, et tous les substantifs que leur terminaison y rattache : **Maria**, *Marie* — **mujer**, *femme* — **gata**, *chatte* — **carta**, *lettre*.

117. — Un nom espagnol, d'être animé, est donc du genre de l'être auquel il se rapporte ; néanmoins, un substantif masculin pourra désigner une femme si on veut indiquer que cette femme a des allures masculines : tel est **mujerón**, augmentatif masculin du féminin **mujer**.

118. — Il existe aussi une certaine catégorie de mots que l'on désigne sous le nom de neutre (**neutro**). Cette catégorie est particulière :

1° Aux adjectifs pris substantivement, comme : **lo bueno**, *ce qui est bon* — **lo malo**, *ce qui est mauvais*.

2° A quelques pronoms : **esto, eso, aquello**, *ceci, cela*.

3° A certains substantifs, dans les cas où ils sont employés en quelque sorte d'une façon adverbiale, comme dans ces phrases : **vivir á lo príncipe**, *vivre en prince* — **mandar á lo reina**, *ordonner en reine*.

Les mots de la catégorie neutre ne peuvent être employés au pluriel.

REMARQUES.

119. — Certains substantifs, les uns masculins les autres féminins, désignent indifféremment des animaux mâles ou femelles ; tels sont : **el buho**, *le hibou* — **el escarabajo**, *l'escarbot* — **el milano**, *le milan* — **la cigüeña**, *la cigogne* — **la hormiga**, *la fourmi* — **la perdiz**, *la perdrix*. Les Espagnols appellent ces substantifs substantifs épicènes (**epicenos**). Si l'on veut distinguer le sexe de l'animal, on fait suivre le substantif d'un des deux mots **macho**, *mâle* ou **hembra**, *femelle* : **la perdiz macho**, *la perdrix mâle* — **el milano hembra**, *le milan femelle*.

120. — D'autres substantifs, suivant qu'ils sont précédés de l'article masculin ou de l'article féminin et qu'ils se rapportent à des êtres mâles ou à des êtres femelles, sont masculins ou féminins ; tels sont : **virgen**, *vierge* — **joven**, *jeune* — **mártir**, *martyr* — **testigo**, *témoin* — **homicida**, *homicide* — **reo**, *coupable*, etc... On dira donc suivant le cas : **el reo** ou **la reo** — **el homicida** ou **la homicida** — **el santo mártir** ou **la santa mártir**.

Ces substantifs se nomment, en espagnol, substantifs communs (**comunes** ou **comunes de dos**).

121. — Enfin, certains substantifs sont à la fois masculins et féminins ; tels sont : **el mar** ou **la mar**, *la mer* — **el puente** ou **la puente**, *le pont*. Ces substantifs se nomment substantifs ambigus ou douteux (**ambiguos** ou **dudosos**).

DU GENRE DES NOMS D'APRÈS LEUR SIGNIFICATION.

122. — Sont masculins, quelle que soit leur terminaison :

1° : Les noms d'hommes et d'animaux mâles.

Ex : **Pedro**, *Pierre* — **hombre**, *homme* — **elefante**, *éléphant*.

REMARQUES : **Haca** ou **Jaca**, *bidet*, est féminin.
Sota, *valet (d'un jeu de cartes)* est féminin.

2° : Les noms désignant des hommes.

Ex : **Rey**, *roi* — **Duque**, *duc* — **Mandria**, *poltron* — **Albacea**, *exécuteur testamentaire* — **Contrabandista**, *contrebandier* — **Maestrescuela**, *maître d'école* — **Quitamanchas**, *dégraisseur*.

3° : Les noms propres des cours d'eau, même non espagnols.

Ex : **El Tajo**, *le Tage* — **el Sena**, *la Seine* — **el Amazonas**, (1) *le fleuve des Amazones* — **el Manzanares** (2) — **el Plata** (3).

---

(1) Abréviation de : **el rio de las Amazonas**, *le fleuve des Amazones*.

(2) Abréviation de : **el rio de los Manzanares**, *la rivière des pommeraies*.

(3) Abréviation de : **el rio de la Plata**, *le fleuve de l'argent*.

Exceptions : **la Esgueva** ou **el Esgueva** (à Valladolid) — **la Huerva** ou **Güerva** (à Saragosse).

4º : Les noms propres de montagnes :

Ex. : **el Etna, los Alpes, el Himalaya.**

Exceptions : **la Alpujarra** et les noms de montagnes qui, primitivement, étaient des noms féminins, comme les **Sierras** (*scies*) de la Péninsule : on dit : **la Sierra Morena, la Sierra Nevada — la Silla,** (*la Chaise*) au Vénézuela, pour **la Sierra de la Silla.**

5º : Toutes les parties du discours, (verbes, adverbes, prépositions, etc.) employées substantivement.

Ex. : **el porque,** *le pourquoi;* **el cuando,** *le quand;* **el como,** *le comment;* **el comer,** *le manger ;* **el beber,** *le boire.*

6º : Les noms des notes de musique, des jours et des mois, des points cardinaux.

7º : Les noms des vents.

Exceptions : **la brisa, la tramontana.**

123. — Sont féminins, quelle que soit leur terminaison.

1º : Les noms de femmes et d'animaux femelles :

Ex : **Venus,** *Vénus* — **Catalina,** *Catherine* — **mujer,** *femme* — **gata,** *chatte.*

2º : Les noms désignant des femmes.

Ex : **Emperatriz,** *impératrice* — **madre,** *mère* — **cigarrera,** *cigarière* — **huri,** *houri.*

Si un de ces noms commence par **a** accentuée, on le fera précéder de l'article masculin ; mais le nom reste féminin.

Ex : **el ama es bonita,** *la maîtresse de maison est jolie.*

3º : Les noms des lettres de l'alphabet espagnol :

Ex : **la b — la c — la y griega.**

4º : Les noms des figures de grammaire, de rhétorique, de poétique :

Ex : **Elipsis,** *ellipse* — **Enálage,** *énallage* — **Sinécdoque,** *synecdoche* — **Metalepsis,** *métalepse* — **Apóstrofe,** *apostrophe.*

Exceptions : Sont masculins les noms de ces mêmes figures terminés en **o** ou **on** d'origine grecque. Ex : **hipérbaton,** *hyperbate.* Cependant **asíndeton** et **asintelon,** *asyntète,* sont féminins. **Hipérbole,** *hyperbole* est masculin et féminin. **Climax,** *gradation,* est masculin.

DU GENRE DES NOMS D'APRÈS LEUR TERMINAISON.

124. — Les substantifs dérivés du latin conservent généralement le genre qu'ils ont dans cette langue ; les substantifs neutres en latin deviennent masculins en espagnol.

125. — Les noms terminés par **a** non accentuée, sont féminins, sauf :

1° **Alarma**, *alarme.*   **Pagoda**, *pagode.*
Dia, *jour.*   **Santa**, *le saint.* (1)
Joa ou **Joba**, *allonge sur*   **Viva**, *applaudissement.*
les varangues.

2° Les noms dérivés du grec, tels que : **Anagrama**, — *anagramme,* — **Antipoda**, *antipode* — **Clima**, *climat* — **Delta**, *delta* — **Drama**, *drame*, etc.

Sont pourtant féminins : **Apostema**, *apostème* — **Asma**, *asthme* — **Epifonema**, *épiphonème* — **Estratagema**, *stratagème* — **Flema**, *flegme.*

Cependant les noms terminés par **ia** ou **ía**, même ceux qui sont dérivés du grec, sont féminins.

Sont masculins et féminins :

Anatema, *anathème.*   **Epigrama**, *épigramme.*
Cerasta, *céraste.* (2)   **Hermafrodita**, *hermaphrodite.*
Cisma, *schisme.*   **Nada**, *néant.* (3)
Diadema, *diadème.*   **Neuma**, *mimique.*

Sont masculins ou féminins suivant leur acception : (Voir § 141)

Aroma	Corbata	Guardia	Salvaguardia
Atalaya	Crisma	Justicia	Sota
Ave María	Cura	Levita	Tema
Barba	Chirimía	Llama	Trompeta
Canalla	Escucha	Mapa	Vigía
Centinela	Fantasma	Pampa	Vista
Cólera	Faramalla	Papa	Zaga
Cometa	Gallina	Planeta	
Consueta	Guarda	Posta	
Contra	Guardaropa	Recluta	

126. — Les noms des notes de musique **fa** et **la**, et les noms de deux ou plusieurs syllabes terminés par **á** accentuée, sont masculins.

EXCEPTION : **Albalá**, *passavant*, est másculin et féminin.

127. — Les noms terminés par **d** sont masculins, sauf :

Alamud, *verrou.*   **Ardid**, *ruse.*
Almud, *mesure de grains.*   **Aspid**, *aspic.*
Alud, *avalanche de neige.*   **Ataúd**, *cercueil.*

---

(1) Partie du tabernacle juif.

(2) On dit aussi : **ceraste** et **cerastes**.

(3) **Nada** est presque toujours féminin : on le trouve cependant quelquefois masculin, mais précédé de l'article indéfini. Il vaut mieux dire **la nada**, et on peut dire **un nada** ou **una nada**.

Azud, *levée dans un ruisseau.*
Césped, *motte de gazon.*
Laúd, *luth.*

Sud, *sud.*
Talmud, *talmud.*

128. — Les noms terminés par **e** sont masculins, sauf :

1° Les noms de figures de rhétorique ou de grammaire : **apócope,** *apocope* — **sinécdoque,** *synecdoche,* etc...

2° Les noms des lignes géométriques : **elipse,** *ellipse* — **paralaje,** *parallaxe* — **tangente,** *tangente* — **secante,** *sécante,* etc...

3° Les noms **esdrújulos** en **ide** dérivés du grec : **pirámide,** *pyramide* — **clámide,** *chlamyde* — **cariátide,** *cariatide,* etc...

4° Les noms en **ie** ayant l'accent sur une voyelle antérieure à cette terminaison : **calvicie,** *calvitie* — **superficie,** *superficie,* etc...

5° Les noms en **umbre,** excepté **el alumbre,** *l'alun* ; et **el cazumbre,** *la corde d'étoupe.*

6° Les substantifs suivants :

Adutaque (1), *sorte de farine.*
Alache (2), *alose.*
Aljarfe (3), *filet goudronné.*
Alsine, *morgeline.*
Ave, *oiseau.*
Base (4), *base.*
Breve, *brève, (note de musique).*
Cachunde, *cachou.*
Calle, *rue.*
Carne, *chair.*
Cartilágine (5), *cartilage.*
Catástrofe, *catastrophe.*
Clase, *classe.*
Cohorte, *cohorte.*
Compage, *assemblage.*
Corambe, *cuir.*
Corriente, *courant (d'un fleuve).*
Crenche (6), *raie (des cheveux).*
Chinche, *punaise.*
Egilope, *avoine sauvage.*
Elatine (7). *véronique femelle.*
Enante, *sorte d'herbe.*
Eringe (8), *sorte de chardon.*
Estacte, *liqueur de myrrhe.*
Estirpe, *race.*
Estrige, *vampire.*
Extravagante, *constitution pontificale.*
Facie, *facette.*
Falange, *phalange.*
Falce, *faux.*
Faringe, *pharynx.*

---

(1) Très-peu usité.

(2) On dit aussi **alacha,** qui est féminin ; mais on emploie de préférence **sábalo.**

(3) On dit aussi : **Aljarfa.**

(4) On dit aussi : **Basa.**

(5) On dit aussi : **Cartilagen** ; mais le mot le plus usité est **ternilla.**

(6) On dit plutôt : **Crencha.**

(7) On dit plutôt : **Elatina.**

(8) On dit aussi : **Eringio.**

Fase, *phase.*
Fe, *foi.*
Fiebre, *fièvre.*
Frase, *phrase.*
Fuente, *fontaine.*
Galáctite, *sorte d'argile.*
Gente, *gens.*
Grinalde, *engin incendiaire.*
Hambre, *faim.*
Hélice, *grande ourse.*
Hemionite, *hémionite.*
Higiene, *hygiène.*
Hueste, *armée.*
Índole, *caractère.*
Ingle, *aine.*
Isagoge, *introduction.*
Jugue, *graisse, crasse.*
Labe, *tache.*
Lande (1), *gland.*
Landre, *glande.*
Lapade (2), *coquillage.*
Laringe, *larynx.*
Laude, *pierre tumulaire.*
Leche, *lait.*
Liebre, *lièvre.*
Liendre, *lente.*
Lite (3), *procès.*
Lue, *maladie contagieuse.*
Llave, *clef.*
Mabre, *nom d'un instrument.*
Madre, *lit d'un ruisseau — ma-trice.*
Menguante, *baisse des eaux.*
Mente, *pensée.*
Miente (anc.), *pensée.*
Mole, *grosse masse.*

Monóstrofe, *pièce de vers d'une strophe.*
Muerte, *mort.*
Mugre, *graisse ou crasse de la laine.*
Nave, *navire.*
Nieve, *neige.*
Noche, *nuit.*
Nube, *nuage.*
Olimpíade, (4) *olympiade.*
Ónique, (5) *onyx.*
Opopónace, *opopanax.*
Palude, *marais.*
Pánace, *nom d'une plante.*
Paraselene (6), *parasélène.*
Pate, *croix patée (blason).*
Patente, *patente.*
Pelde (7), *évasion.*
Pelitre, *pyrèthre.*
Perdurable, *sorte d'étoffe.*
Peste, *peste.*
Plebe, *plèbe.*
Podre, *pus.*
Pringue, *graisse.*
Prole, *race, descendance.*
Quiete, *repos.*
Raigambre, *enlacement de racines d'arbres.*
Sangre, *sang.*
Saudade, *regret de l'absence.*
Sede, *siège.*
Serpiente, *serpent.*
Sierpe, *serpent.*
Simiente, *semence.*
Sirte, *syrte.*
Sistole, *systole.*

---

(1) On emploie de préférence **bellota.**

(2) On dit plutôt **lapa.**

(3) On emploie de préférence **pleito.**

(4) On dit plutôt **olimpíada.**

(5) On dit aussi **ónix, óniz** et quelquefois **ónice, óniche.** Tous sont féminins.

(6) On dit aussi **paraselena.**

(7) On dit plutôt **el apelde.**

Suerte, *sort.*
Tarde, *après-midi.*
Teame (1), *pierre d'Ethiopie.*
Tingle, *instrument d'ivoire* (2).
Torce, *chaînon.*
Torre, *tour.*
Trabe, *poutre.*
Trípode, *trépied.*
Troje (3), *grenier à grains.*

Ubre, *tétine.*
Urdiembre, *chaîne de toile.*
Urdimbre, *chaîne de toile.*
Vacante, *emploi vacant.*
Variante, *variante.*
Várice, *varice.*
Veste (4), *vêtement.*
Vorágine, *gouffre.*

Les mots suivants sont masculins et féminins :

Ánade, *canard.*
Ceraste (5), *céraste.*
Consonante, *consonne.*
Estambre, *fil d'estame.*
Hipérbole, *hyperbole.*

Hojaldre, *gâteau feuilleté.*
Lente, *lentille (verre)*
Moje, *sauce de ragoût.*
Puente, *pont.*
Tizne, *vapeur.*

Est également masculin et féminin, le substantif pluriel **Puches,** *bouillie* (6).

Sont masculins ou féminins suivant leur acception : (Voir § 141).

Arte. **Diástole.** **Pendiente.** **Tilde.**
Clave. **Dote.** **Postre.**
Corte. **Frente.** **Salve.**
Creciente. **Parte.** **Secante.**

129. — Les noms terminés par **i** sont masculins, sauf :

1º Les noms dérivés du grec, qui dans cette langue se terminent par ις et qui, en espagnol, ont l'accent sur la pénultième ou l'antépénultième syllabe, tels que : **diesi,** *dièse* — **metrópoli,** *métropole*, etc...

2º Le substantif : **sani,** *pus.*

130. — Les noms terminés par **j** sont masculins, sauf :

Troj, (7) *grenier à grains.*

131. — Les noms terminés par **l** sont masculins, sauf :

Cal, *chaux.*
Cárcel, *prison.*
Col, *chou.*

Cordal, *dent de sagesse.*
Decretal, *décrétale.*
Hiel, *fiel.*

---

(1) On dit aussi **teámide.**

(2) *Pour l'assemblage des vitraux.*

(3) On dit aussi **troj.**

(4) On dit plutôt **el vestido.**

(5) On dit aussi **cerasta** et **cerastes.**

(6) Le singulier **Puche** est moins fréquent.

(7) On dit aussi **troje.**

Miel, *miel.*
Pajarel, *chardonneret.*
Pastoral, *pastorale [poésie].*
Piel, *peau.*

Sal, *sel.*
Señal, *signe, marque.*
Vocal, *voyelle.*

Canal, Capital et **Moral** sont masculins ou féminins suivant leur acception. (Voir § 141).

132. — Les noms terminés par **n** sont masculins, sauf :

1° Les noms en **ión.** Sont cependant masculins :

Alción, *alcyon.*
Bastión, *bastion.*
Embrión, *embryon.*
Envión, *coup, impulsion.*
Gorrión, *moineau.*

Limpión, *nettoiement.*
Morrión, *morion.*
Sarampión, *rougeole.*
Talión, *talion.*

2° Les noms en **zon.** Sont cependant masculins :

Arranzón (anc.) *rançon.*
Barzón, *promenade sans but.*
Bezón (1) (anc.), *bélier [guerre].*
Bozón (1) (anc.), *bélier [guerre].*
Buzón, *canal d'écoulement.*

Caparazón, *squelette d'oiseau.*
Corazón, *cœur.*
Esquipazón, *agrès d'un vaisseau*
Tarazón, *morceau.*
Tizón, *tison.*

3° Les noms suivants :

Clin et **crin,** *crin, crinière.*
Diasén, (2) *diasène.*
Herén, *ers (plante).*
Imagen, *image.*

Ruin, *petit nerf au bout de la queue du chat.*
Sartén, *poêle.*
Sien, *tempe.*

Margen et **Orden** sont masculins ou féminins suivant leur acception. (Voir § 141). **Desorden** est toujours masculin.

133. — Les noms terminés par **o** sont masculins, sauf :

Mano, *main.*
Nao, *navire*
Pingüedo, *graisse.*

Seo, *cathédrale.*
Testudo, *machine de guerre.*

Pro est masculin ou féminin suivant son acception (Voir § 141).

134. — Les noms terminés par **r** sont masculins, sauf :

Bezar, (3) *bézoard.*
Flor, *fleur.*
Labor, *labeur, peine.*

Segur, *hache, cognée.*
Zoster, *zoster.*

Mar, *mer,* est masculin et féminin. Suivi d'une épithète géographique, on doit l'employer au masculin ;

Ex.: **el mar Océano — el mar Atlántico — el mar Mediterráneo.**

---

(1) Le mot le plus usité est **Ariete.**

(2) **Sen,** *séné* est cependant masculin.

(3) On dit moins souvent **bezaar** et **bezoar.**

Mar accompagné d'un adjectif ayant les deux terminaisons est presque toujours employé comme masculin ; avec un adjectif n'ayant qu'une terminaison pour les deux genres, il est préférable de l'employer au féminin. — Ses composés **Bajamar**, *mer basse*, et **Pleamar**, *pleine mer*, sont féminins.

Azúcar, *sucre*, est masculin et féminin au singulier ; (on l'emploie généralement au masculin ;) au pluriel il est masculin.

135. — Les noms terminés par **s** sont masculins, sauf :

1° Les substantifs d'origine grecque terminés par **is, os, tes**, ou **des**, ayant l'accent sur la pénultième ou l'antépénultième syllabe.

Cependant **Apocalipsis**, *apocalypse ;* **Extasis**, *extase ;* **Génesis,** *genèse ;* **Paréntesis**, *parenthèse ;* **Sorites**, *sorite*, sont masculins.

2° Les substantifs suivants :

Aguarrás, *esprit de térében-thine.*	**Mies**, *moisson.*
Bilis, *bile.*	**Onoquiles**, *orcanette.*
Lis, *fleur de lys.*	**Res**, *pièce de bétail.*
Litis (1) *procès.*	**Sifilis**, *syphilis.*
Macis, *macis.*	**Tos**, *toux.*

Análisis, *analyse ;* **Ceraste**, (2) *céraste* et **Cutis**, *peau*, sont masculins et féminins.

Iris est masculin ou féminin suivant son acception (Voir § 141).

136. — Les noms terminés par **u** sont masculins, sauf :

Tribú, *tribu.*   **Pu** (3), *caca.*
Mu est masculin ou féminin suivant son acception. (Voir § 141).

137. — Les noms terminés par **x** sont masculins, sauf :
Ónix (4), *onyx.*   **Sardonix** (5), *sardoine.*
Salsifrax, *saxifrage.* **Saxafrax** (6), *saxifrage.*

138. — Les noms terminés par **y** sont masculins, sauf :
Grey, *troupeau.*   **Ley**, *loi.*

---

(1) On emploie de préférence **Pleito**.

(2) On dit aussi **Cerasta** et **Ceraste**.

(3) **Pu** est usité aussi comme interjection et signifie : **pouah !**

(4) On dit aussi **óniz**, **ónique** et quelquefois **ónice**, **óniche**. Tous sont féminins.

(5) On dit plutôt **sardónica**.

(6) On emploie de préférence **saxifraga** ou **saxifragia**.

139. — Les noms terminés par **z** sont féminins, sauf :

Abaz, (anc.) *dressoir.*
Abenuz, (anc.) *ébénier.*
Agenuz, *nielle.*
Ajedrez (1), *jeu d'échecs.*
Ajimez, *double fenêtre cintrée.*
Alarguez, *églantier.*
Albornoz, *burnous.*
Alcahaz, *grande cage.*
Alcamiz, (anc.) *rôle où sont inscrits les soldats.*
Alcazuz, *réglisse.*
Alcuzcuz, *couscous.*
Alficoz, (prov.) *concombre.*
Alforiz, (anc.) *grenier.*
Alfoz, (anc). *district.*
Aljaraz, *clochette.*
Aljez, *plâtre en cylindres.*
Almez, *alizier.*
Almirez, *mortier de métal.*
Almoraduz (2), *marjolaine.*
Alpartaz, (anc.) *partie de la cotte de mailles qui se repliait sur le casque.*
Alpez, (anc.) *alopécie.*
Alpicoz (provinc.), *concombre.*
Alquez, *mesure de vin de 12 cántaras.*
Altramuz, *lupin.*
Arcabuz, *arquebuse.*
Arcaduz, *aqueduc.*
Arimez, *avant-corps.*
Arriaz (3) (anc.), *garde d'épée.*
Arroz, *riz.*
Avestruz, *autruche.*
Barniz, *vernis*

Buz, *baiser de révérence.*
Cahiz, *mesure de 12 fanegas.*
Calaluz, *bâteau indien.*
Cáliz, *calice.*
Capuz (4), *action de plonger la tête dans l'eau.*
Caz (anc.), *canal.*
Cazuz (5), *espèce de lierre.*
Criz, *kris malais.*
Cucaz (anc.), *écrouelles.*
Chamaraz, *sorte d'herbe (trixago).*
Chamariz, *verdier.*
Chapuz, *action de plonger la tête dans l'eau.*
Chuz (6), *sorte de tapis du Pérou.*
Desfiladiz (anc.), *filoselle.*
Desfrez (anc.), *mépris.*
Deshiladiz, *bourre de soie.*
Desliz, *glissade.*
Disfraz, *déguisement.*
Disfrez (anc.), *mépris.*
Filadiz, *filoselle.*
Jaez, *caparaçon.*
Lataz, *sorte de loutre (mustella lutra).*
Lápiz, *crayon.*
Matiz, (7) *nuance.*
Matras, *matras.*
Miz, *minet.*
Orozuz, *réglisse.*
Rabazuz, *jus de réglisse cuit.*
Raz (anc.), *chevet.*

---

(1) On a dit jadis **aljedrez**.

(2) On dit aussi **almoraduj.**

(3) On trouve aussi **arrias**.

(4) Moins usité que **chapuz**.

(5) On dit aussi **cazur**.

(6) On dit aujourd'hui **chuce**.

(7) Plus usité au pluriel.

Regaliz, *réglisse.*
Rondiz (1), *fond d'une pierre précieuse.*
Sauz (2), (anc.), *saule.*
Tamariz, *tamaris.*
Tamiz, *tamis.*

Tapiz, *tapisserie.*
Tastaz, *poudre faite avec de vieux creusets.*
Terliz, *toile ; treillis.*
Testuz, *front de certains animaux*
Uvaduz, *busserolle.*

Prez, *honneur,* et **Portapaz,** *patène,* sont masculins et féminins.

Doblez, Haz, Pez, sont masculins ou féminins suivant leur acception. (Voir § 141).

140. — Les noms terminés par une autre lettre que les noms des paragraphes précédents, sont masculins.

NOMS MASCULINS OU FÉMININS

141. — Les noms suivants sont masculins ou féminins suivant leur acception :

Aroma est masculin dans le sens d'*aromate* ; féminin dans le sens de *fleur de l'acacia.*

Arte *art,* est masculin et féminin ; au singulier il sera toujours précédé de l'article masculin, puisqu'il commence par une **a** accentuée (§ 97) ; mais, un adjectif le modifiant, pourra être au masculin ou au féminin. On pourra dire : **el arte poético,** et **el arte poética.** Au pluriel il est féminin, comme dans : **las bellas artes,** *les beaux-arts* — **las artes mecánicas,** *les arts mécaniques.* Mais, il est masculin, quand il signifie *moyens* ou *engins* : **los artes para coger peces,** *les moyens de prendre des poissons.*

Atalaya est féminin dans le sens de : *tour d'observation ;* il est masculin dans le sens de : *guetteur placé dans l'atalaya.*

Ave María est féminin quand il signifie la prière à la Vierge qui commence par ces mots ; il est masculin quand il signifie le moment du sermon où le prédicateur récite cette prière.

Barba est féminin dans le sens de *barbe ;* masculin dans le sens de : *père noble (d'une troupe de comédiens).*

Canal est masculin dans les sens suivants : 1° *canal de navigation ou d'irrigation* — 2° *canal* synonyme de *détroit, bras de mer :* **el canal de la Mancha** — 3° *canal artériel ;* — 4° *voie par laquelle on apprend quelque chose.* Il est féminin dans le sens de : *canal du toit d'une maison (gargouille, gouttière).*

----

(1) On dit aussi **rondis.**

(2) On dit plutôt **sauce.**

Canalla est masculin dans le sens *d'homme vil ;* féminin dans le sens de : *basse plèbe.*

Capital, *somme d'argent,* est masculin. Il est féminin dans le sens de *ville capitale.*

Centinela (1) est masculin dans le sens de *guetteur, sentinelle ;* féminin quand il signifie *l'action de guetter.*

Clave, *clavecin,* est masculin ; (on dit plutôt **clavicordio**). Il est féminin dans le sens de *clef de voûte,* ou de *clef (en musique).*

Cólera est masculin dans le sens de *choléra ;* féminin dans le sens de *colère.*

Cometa est masculin dans le sens de *comète ;* féminin dans le sens de *cerf-volant* ou de *certain jeu de cartes.*

Consueta, *souffleur de comédie,* est masculin ; il est féminin quand il signifie *bréviaire.* Au pluriel, **las consuetas** signifie *certaines prières dites à jours établis, à la fin des laudes et des vêpres.*

Contra est masculin dans le sens de : *le contraire d'une chose ;* ex. : **el pro y el contra,** *le pour et le contre.* Il est féminin dans le sens de : *difficulté.* Au pluriel féminin, il signifie : *les bourdons d'un orgue.*

Corbata, *conseiller d'épée,* est masculin. Il est féminin dans le sens *cravate.*

Corte est masculin dans le sens de : *tranchant d'une arme* et de : *action de couper.* Il est féminin quand il signifie : *cour d'un souverain, cortège, hommage.*

Creciente, terme de blason, est masculin. Il est féminin dans le sens de : *croissant de la lune,* et de : *marée.*

Crisma, *saint chrême,* est masculin. (Quelquefois, mais rarement, féminin). Il est féminin, dans l'acception familière de : *tête.* **Romper, quitar la crisma,** *casser la tête.*

Cura, dans le sens de : *curé,* est masculin ; dans toutes ses autres acceptions il est féminin.

Chirimía, *hautbois,* est féminin ; il est masculin quand il désigne celui qui en joue.

Diástole est masculin dans le sens de : *dilatation du cœur ;* féminin quand il désigne le terme de philologie.

Doblez est masculin dans le sens de : *pli ;* masculin et féminin dans le sens de : *duplicité.*

Dote est masculin et féminin dans le sens de : *dot.* (On l'emploie de

---

(1) **Centinela. (Lo que ahora llamamos centinela, amigos de vocables extranjeros, llamaban nuestros españoles en la noche, escucha, en el día, atalaya ; nombres harto más propios para su oficio). Mendoza.**

préférence au féminin). Au pluriel féminin **las dotes** signifient : *les qualités naturelles.*

Escucha est masculin dans le sens de : *veilleur de nuit, sentinelle* ; féminin quand il signifie *l'action de faire sentinelle pendant la nuit.*

Fantasma est masculin dans le sens de : *vision d'un rêve,* et de : *homme grave et présomptueux.* Il est féminin dans le sens *d'épouvantail* : **la fantasma de la hambre,** *le spectre de la faim.*

Faramalla est masculin dans le sens *d'homme turbulent, brouillon* ; il est féminin dans le sens de *fourberie.*

Frente, *front du visage,* est féminin. Il est masculin dans le sens de *front d'un bataillon, façade d'un édifice.*

Gallina est masculin dans le sens d'*homme lâche, poltron* ; féminin quand il signifie : *poule.*

Guarda, *gardien, gardienne,* est masculin ou féminin suivant qu'il s'applique à un homme ou à une femme. Dans toutes ses autres acceptions il est féminin.

Guardaropa est masculin dans le sens de : *gardien de linge,* et de : *armoire à linge* ; il est féminin quand il signifie : *lingerie, salle destinée à conserver le linge.*

Guardia, *garde (soldat)* est masculin. Il est féminin dans ses autres acceptions.

Haz est masculin dans le sens de : *faisceau, fagot* ; féminin dans le sens de *surface, dessus d'une étoffe, façade, troupe rangée en bataille.*

Iris, *arc-en-ciel,* est masculin ; il est féminin quand il désigne *la déesse Iris.*

Justicia, *justice,* est féminin. Signifiant : *juge,* il est masculin ; mais aujourd'hui il n'est guère usité dans ce sens. Il désignait autrefois le magistrat suprême d'Aragon ; on l'appliquait aussi à **l'Alguacil mayor.**

Levita, *israélite de la tribu de Lévi,* est masculin ; il est féminin dans le sens de *lévite, (vêtement).*

Llama est féminin dans le sens de : *flamme* ; masculin dans le sens de *lama, (animal.)*

Mapa, *carte géographique,* est masculin ; il est féminin dans le langage famillier ou il signifie : *avantage, supériorité.*

Margen est toujours féminin au pluriel. Au singulier il est masculin dans le sens de : *marge d'un livre* (quoique l'on dise : **á media margen**), et féminin dans le sens de : *bord d'un ruisseau, d'un champ,* etc.

Moral, *mûrier,* est masculin. Signifiant : *morale,* il est féminin.

Mu est masculin dans le sens de *mugissement* : **el mu del buey,** *le mugissement du bœuf;* mais on l'emploie plus rarement que **mugido.** — Il est féminin dans le sens de *sommeil* ; il correspond alors au mot français *dodo* ; on l'emploie surtout dans cette phrase ; **vamos á la mu,** *allons faire dodo.*

Orden est masculin dans les sens suivants : *ordre; bon ordre; ordre de bataille; ordination des prêtres ; ordre d'architecture; (ordre dorique, toscan, etc,...)* ; il est féminin dans les sens suivants : *ordre à un domestique; ordre de chevalerie; ordre militaire (Santiago, Calatrava, etc...) ordre mendiant.*

Salvá donne l'exemple suivant :

Dió entonces S. M. la orden, para que las órdenes militares se colocasen según el orden acostumbrado, dejándose preceder de las religiosas, y mucho más de una orden tan esclarecida como la de Santo Domingo.

(Sa Majesté ordonna alors de faire ranger les ordres militaires suivant le rang ordinaire, les laissant précéder des ordres religieux et surtout d'un ordre aussi célèbre que celui de Saint-Dominique.

Pampa, nom d'un arbre des Philippines, est masculin.

Il est féminin dans le sens beaucoup plus commun de *vaste plaine.*

Papa, *pape*, est masculin. Il est féminin dans le sens de : *bouillie.*

Parte est masculin dans le sens de : *courrier royal* et de *dépêche;* il est féminin dans le sens de : *partie d'un tout, portion.*

Pendiente, *pendant d'oreille*, est masculin. Il est féminin dans le sens de *pente.*

Pez, *poisson*, est masculin. Signifiant : *poix*, il est féminin.

Planeta, *planète*, est masculin. Il est féminin dans le sens de *chasuble.*

Posta, *poste*, est féminin. Il est masculin dans le sens de : *celui qui court la poste.*

Postre, *dessert*, est masculin. Il est féminin dans la locution : **á la postre**, *en dernier, à la fin.*

Pro, dans le sens de *profit*, **(provecho)** est masculin et féminin. Ex. : **buen pro te haga** ou **buena pro te haga**,*grand bien te fasse.* Signifiant l'affirmative d'une proposition, il est masculin. Ex. : **el pro y el contra**, *le pour et le contre.*

Recluta est féminin dans le sens de : *augmentation d'une troupe de gens.* Il est masculin quand il signifie : *un soldat de recrue.*

Salvaguardia est masculin dans le sens de : *homme que l'on commet à la garde de quelque chose.* Il est féminin dans le sens de : *sauvegarde, (papier ou objet donné à quelqu'un].*

Salve est masculin dans le sens de : *Dieu vous garde !* Il est féminin quand il signifie la prière à la Vierge qui commence par ce mot.

Secante, *huile dessiccative*, est masculin. Dans le sens de : *sécante (en géométrie]*, il est féminin.

Sota, *subalterne*, est masculin. Signifiant : *valet d'un jeu de cartes*, il est féminin.

Tema, *thème*, est masculin. Signifiant : *entêtement*, il est féminin.

Tilde est masculin et féminin quand il signifie le petit signe qui se place sur la **ñ** soit sur d'autres lettres pour indiquer une abréviation ; mais il n'est que féminin dans le sens de : *petite chose, vétille.*

Trompeta, *trompette,* est féminin. Il est masculin dans le sens de *celui qui en joue.*

Vigía est masculin dans le sens de : *homme qui épie ;* féminin dans le sens de : *action d'épier.*

Vista, *employé des douanes,* est masculin. Il est féminin quand il signifie : *la vue.*

Zaga, *celui qui est dernier dans un jeu.* Il est féminin dans le sens de : *charge sur le derrière d'une voiture.*

FORMATION DU FÉMININ DES NOMS

142 — Les noms qui ont un féminin le forment de la façon suivante :

1º Si le masculin est terminé par une voyelle non accentuée, autre que **a** ou **e**, cette voyelle se change en **a**.

2º Si le masculin est terminé par une **a** non accentuée ou une **í** accentuée, le mot est invariable.

3º Si le masculin est terminé par une **e** non accentuée, le mot est invariable ; néanmoins les terminaisons **ante, ente, ete, ote,** se changent en **anta, enta, eta, ota.**

EXCEPTION : **Intérprete,** *interprète,* ne varie pas au féminin.

4º Si le masculin est terminé par une consonne, on ajoute **a** ; néanmoins, certains noms sont communs aux deux genres : généralement, ce sont des noms accentués sur la pénultième syllabe.
Ex : **mártir,** *martyr* — **virgen,** *vierge.*

143. — Ont un féminin :

1º Les noms de certains animaux. Ex : **gato,** *chat ;* **gata,** *chatte* — **león,** *lion ;* **leona,** *lionne ;* **lobo,** *loup ;* **loba,** *louve.*

EXCEPTIONS : les noms suivants ont un féminin irrégulier : **caballo,** *cheval ;* **yegua,** *jument* — **carnero,** *mouton ;* **oveja,** *brebis* — **gallo,** *coq ;* **gallina,** *poule ;* — **jabalí,** *sanglier ;* **jabalina,** *laie* — **toro,** *taureau ;* **vaca,** *vache.*

On distingue les noms des animaux qui n'ont pas une forme spéciale à chaque genre, en les faisant suivre des mots : **macho,** *mâle,* ou **hembra,** *femelle.* On dira : **una culebra macho,** *une couleuvre mâle* — **un milano hembra,** *un milan femelle.*

2º Les noms de dignités, grades, emplois, états ou métiers. Ex : **autor,** *auteur ;* **autora** — **capitán,** *capitaine ;* **capitana** — **huésped,** *hôte ;* **huéspeda** — **panadero,** *boulanger ;* **panadera** — **señor,** *monsieur ;* **señora.**

EXCEPTIONS : les noms suivants ont un féminin irrégulier.

A : Prennent **esa** au féminin :

Abad, *abbé* — **Abadesa**, *abbesse*.
Alcalde, *maire* — **Alcaldesa**, *femme du maire*.
Alcaide, *gardien de château fort* — **Alcaidesa**, *femme du gardien*.
Barón, *baron* — **Baronesa**, *baronne*.
Conde, *comte* — **Condesa**, *comtesse*.
Duque, *duc* — **Duquesa**, *duchesse*.
Papa, *pape* — **Papesa** ou **Papisa**, *papesse*.

B : Prennent des terminaisons diverses :

Actor, *acteur* — **Actriz**, *actrice*.
Cantor, *chanteur* — **Cantora**, **Cantatriz**.
Czar, *czar* — **Czarina**, *czarine*.
Dios, *Dieu* — **Diosa**, (1) *déesse*.
Emperador, *empereur* — **Emperatriz**, *impératrice*.
Héroe, *héros* — **Heroína**, *héroïne*.
Poeta, *poète* — **Poetisa**, *poétesse*.
Príncipe, *prince* — **Princesa**, *princesse*.
Profeta, *prophète* — **Profetisa**, *prophétesse*.
Rey, *roi* — **Reina**, *reine*.
Sacerdote, *prêtre* — **Sacerdotisa**, *prêtresse*.
Saltador, *danseur de corde* — **Saltadora**, **Saltatriz**.
Virey, *vice-roi* — **Vireina**, *vice-reine*.

144. — REMARQUES : Dans les substantifs qui désignent des emplois ou des charges publiques, la terminaison féminine désigne la femme de celui qui les exerce : **almiranta**, *femme de l'amiral* — **presidenta**, *femme du président* — **regenta**, *femme du régent*, et si la charge est de celles qui peuvent être conférées à des femmes, la désinence féminine s'applique aussi à la femme qui exerce cette charge : **reina**, *reine* — **priora**, *prieure* — **abadesa**, *abbesse*. Mais, quelquefois, on distingue ; ainsi : **la regente**, est celle qui exerce elle-même la régence ; et : **la regenta**, est la femme du régent.

Ultriz, *vengeresse* (peu usité) n'a pas de masculin.

(Voir plus loin § 150 et 151).

---

(1). On disait jadis **dea** et **deesa**, formes que l'on rencontre quelquefois encore en poésie.

II. LE NOMBRE

FORMATION DU PLURIEL DES NOMS

145 — Ajoutent s

1° Les noms terminés par une voyelle non accentuée,
Ex : **anzuelo**, *hameçon* ; **anzuelos** — **carta**, *lettre* ; **cartas** — **hombre**, *homme* ; **hombres** —

EXCEPTIONS : **testudo**, *tortue (de guerre)*, fait : **testudos** et **testúdines** (1) — **virago**, *virago* fait : **virágines**.

2° Les noms terminés par é accentuée, (2)

Ex. : **café**, *café* ; **cafés**.

146 — Ajoutent es

1° Les noms terminés par une des voyelles accentuées, **á, i, ó, ú**. (3)
Ex : **albalá**, *passavant* ; **albalaes** — **alelí**, *giroflée* ; **alelíes** — **rondó**, *rondeau* ; **rondoes** — **tisú**, *tissu* ; **tisúes**.

REMARQUE. L'accent ne s'écrit au pluriel que sur les noms dont le singulier est terminé par une des voyelles faibles **í** ou **ú**. Devant **e**, voyelle forte initiale de la désinence plurielle **es**, il se formerait une diphtongue **ie, ue** : pour éviter cela, on doit écrire l'accent : **alelíes, tisúes**. Au contraire, **á, ó**, voyelles fortes, ne peuvent former une diphtongue avec la voyelle forte **e**, et l'on n'écrit pas l'accent : **albalaes, rondoes**.

EXCEPTIONS : **mamá**, *maman* — **papá**, *papa*, **chacó**, *schako*, **chapó**, n'ajoutent que s. **Maravedí**, *maravédis*, fait : **maravedíes**, à peine usité, **maravedíses** et **maravedís**. Ce dernier est le plus fréquent.

2° Les noms terminés par une consonne ou une y Ex. : **pan**, *pain* ; **panes** — **verdad**, *vérité* ; **verdades** — **ley**, *loi* ; **leyes**. (4)

---

(1) **Testúdines** et **virágines** sont des pluriels empruntés au latin, ainsi que **crímines** et **flámines** (voir plus loin).

(2) On trouvera dans quelques auteurs le pluriel des noms terminés par é, formé par l'addition de **es**. Ex : **cafees**.

(3) On trouvera dans quelques auteurs le pluriel des noms terminés par **á, í, ó, ú**, formé par la simple addition d'une **s**.

(4) Le substantif **crimen**, *crime*, avait jadis pour pluriel **crímines** ; son pluriel est aujourd'hui régulier : **crímenes**. — **Flamen**, *flamine*, fait **flámenes** et **flámines**.

Remarques. A. Les noms terminés par **z** changent au pluriel **z** en **c** devant la désinence **es**. Ce changement est simplement orthographique : on a vu en effet (§ 86) que le son doux de la **z** s'obtenait par une **c** devant **e**.

Ex. : **alférez**, *enseigne* ; **alféreces** — **voz**, *voix* ; **voces**

B. Les mots terminés par **c** changent au pluriel **c** en **qu** devant la désinence **es**. En effet, au singulier cette **c** finale a un son dur qu'elle n'aurait plus devant **e** (§ 86). La langue espagnole ne possède guère que quatre noms communs terminés par **c** : **Alboroc**, *pot-de-vin*, — **Frac**, *frac* — **Vivac**, *bivouac* — **Ruc**, *condor*, dont les trois premiers ont aussi la forme : **Alboroque, Fraque, Vivaque** et qui forment régulièrement leur pluriel par la simple addition d'une **s**.

On écrira donc : **Alboroques, fraques, vivaques, ruques**.

Exceptions. 1° Les substantifs terminés par **x** changent au pluriel **x** en **c** devant la désinence **es**.

Ex. : **ónix**, *onyx*, **ónices** — **fénix**, *phénix*, **fénices**.

2° Les noms de plus d'une syllabe terminés par **s** qui n'ont pas l'accent sur la dernière syllabe sont invariables. Ex. : **éxtasis**, *extase* — **martes**, *mardi*.

3° **Lord**, *lord*, fait **lores**.

Estay, *étai*, fait **estais**.

Val (1), *vallée*, fait **valles**.

147. — Les noms latins employés en espagnol ne sont généralement pas usités au pluriel. Tels sont : **déficit, ultimátum, veto,** etc.

148. — L'accent affecte au pluriel la même syllabe qu'au singulier. Dans **carta**, *lettre*, et **cartas**, **ángel**, *ange* et **ángeles**, **báculo**, *bâton* et **báculos**, l'intonation porte sur la première syllabe ; dans **verdad**, *vérité* et **verdades**, sur la deuxième ; dans **alelí**, *giroflée* et **alelíes**, sur la troisième, etc...

Font seuls exception à cette règle les mots suivants : **carácter**, *caractère* ; pluriel : **caracteres** (2) ; et **régimen**, *regime*, pluriel : **regímenes**. Ce dernier mot étant **esdrújulo** au singulier et ayant au pluriel une syllabe de plus, a forcément l'accent rejeté sur l'antépénultième syllabe.

149. — Quand un mot a un accent au singulier, le pluriel de ce mot doit également porter cet accent : **alférez**, *enseigne* ; **alféreces** ; **ónix**, *onyx*; **ónices**, etc.; quand un mot n'a pas d'accent au singulier,

---

(1) **Val** n'est que **valle** apocopé ; il a gardé le pluriel régulier du mot intact.

(2) On n'emploie plus le pluriel régulier **carácteres**. Quelques auteurs américains écrivent **crateres**, pluriel de **cráter**, *cratère*, au lieu de **cráteres**.

le pluriel de ce mot ne doit pas en recevoir : **carta, cartas ; verdad, verdades ;** etc... Mais :

1° Un mot terminé au singulier par á ou ó, voyelles fortes accentuées, perd l'accent au pluriel (§ 146, 1° Remarque) : **albalá, albalaes ; rondó, rondoes.**

2° Un mot terminé au singulier par **n** ou **s** et dont la dernière syllabe est accentuée, perd l'accent au pluriel : **corazón**, *cœur*, **corazones ; Francés**, *Français*, **Franceses.** En effet, le pluriel de ces mots étant terminé par la désinence non accentuée **es**, la voix appuiera sur la pénultième syllabe qui, au singulier, était la dernière et recevait l'accent.

3° Les mots terminés au singulier par une voyelle, par **n** ou **s** et accentués sur l'avant-dernière syllabe, qui ont au pluriel une syllabe de plus qu'au singulier, doivent recevoir un accent : **virgen, vírgenes,** etc. ; tels sont les mots suivants ayant un pluriel irrégulier : **testudo, testúdines ; virago, virágines ; crimen, crímines** et **crimenes ; flamen, flámenes** et **flámines.** Par une raison analogue, **carácter** dont l'accent n'affecte pas au pluriel la même syllabe qu'au singulier, s'écrit au pluriel sans accent : **caracteres.**

REMARQUES

150. — Les noms qui désignent un titre ou une dignité, employés au pluriel masculin peuvent servir à désigner le mari et la femme. Ex. : **los reyes católicos,** *le roi et la reine catholiques,* (*Ferdinand et Isabelle*) **los duques,** *le duc et la duchesse.*

Il vaut mieux dire **el rey y la reina,** quand les noms peuvent produire une équivoque, comme il arrive souvent dans l'histoire et dans les cas où l'on peut les appliquer à plusieurs rois ou ducs.

151. — Les noms pluriels masculins désignant la parenté, peuvent aussi s'appliquer aux hommes et aux femmes. Ex. : **los padres,** *le père et la mère* — **los tíos,** *l'oncle et la tante,* ou *les oncles et les tantes* — **los hermanos,** *le frère et la sœur,* ou *les frères et les sœurs* — **los esposos,** *le mari et la femme.*

Mais cela n'a pas lieu dans les noms désignant un grade, un métier ou un emploi. Ainsi : **los coroneles, los jueces, los escribanos, los alcaldes,** ne peuvent signifier *le colonel et sa femme, le juge et sa femme,* etc., mais seulement, *les colonels, les juges,* etc.

NOMS DÉFECTIFS

152. — Certains noms n'ont pas de pluriel ; d'autres n'ont pas de singulier ; ces derniers sont fort nombreux.

153. — Les substantifs défectifs qui n'ont que le pluriel, sont du genre que leur terminaison du singulier leur attribuerait ; ainsi :

albricias, *étrennes,* est féminin ; **comicios,** *comices,* est masculin, parce que le singulier **albricia** serait féminin, parce que **comicio** serait masculin. Quelques substantifs s'écartent pourtant de cette règle.

Sont masculins, malgré leur terminaison féminine :

Afueras, *environs d'une ville.*
Cercas, *premier plan d'un tableau.*
Guadafiones, *entraves d'animaux.*
Sobrecruces, *certaine partie des roues hydrauliques.*

Sont féminins, malgré leur terminaison masculine :

Creces, *accroissement.*
Fasces, *faisceaux.*
Fauces, *gosier.*
Llares, *crémaillère.*
Pares, *placenta.*
Preces, *certaines prières.*
Testimoniales, *témoignage écrit.*
Trébedes, *trépied.*
Velambres (1) (anc.) *épousailles.*

Efemérides, *éphémérides,* est régulièrement féminin comme mot **esdrújulo** en **ide,** dérivé du grec. (Voir § 128).

Un substantif défectif pluriel, est masculin et féminin : **Puches,** (2) bouillie.

----

(1) On emploie aujourd'hui **Velaciones.**

(2) On emploie quelquefois le singulier **puche.**

4

CHAPITRE IV.

I. NOMS PROPRES

154. — Du Genre. — Les noms propres de pays, provinces, villes, suivent généralement le genre de leur terminaison. Un grand nombre peuvent être employés comme masculins ou féminins ; dans ce dernier cas on sous-entend les mots **región, provincia, ciudad,** etc... On peut donc traduire : *Tolède fut assiégée*, par : **Toledo fué sitiado,** ou **sitiada;** dans ce dernier cas, c'est comme si l'on disait : **la ciudad de Toledo fué sitiada.**

155. — **Corinto, Sagunto** et quelques autres noms de villes anciennes sont employés presque toujours au féminin, malgré leur terminaison masculine.

Quersoneso, *la Chersonèse,* peut s'employer au féminin : **la Quersoneso Cimbrica, Táurica.**

156. — Dans certaines locutions, **uno** précédant immédiatement un nom de ville féminin, est employé au masculin : ex. : **en un Zaragoza...** *dans une ville comme Saragosse...*

Mais cela ne s'étend pas aux villes dont le nom est toujours précédé de l'article, comme **la Coruña, el Viso, la Carolina.**

157. — L'adjectif **mismo,** *même,* précédant ou suivant immédiatement un nom de ville féminin, reste au masculin : **en Málaga mismo,** *dans Malaga même* — **más calor se siente á veces en Madrid que en el mismo Sevilla,** *on ressent parfois plus de chaleur à Madrid qu'à Séville même.* (Voir § 425).

158. — L'adjectif **todo,** *tout,* précédant un nom de ville féminin, peut être mis au masculin ou au féminin : **todo Málaga,** ou **toda Málaga** (Voir § 446).

159. — Du Nombre. Certains noms de villes ou de villages, tels que : **Ciempozuelos, Los Arcos, Dos Barrios, Casas Buenas, Buenos Aires,** véritables pluriels par la forme, sont considérés comme des singuliers, parce qu'ils ne se rapportent chacun qu'à une ville ou à un village. On dira donc :

Los Arcos es de la provincia de Navarra.
Ceimpozuelos es de la provincia de Madrid.

Les noms propres de pays n'ont de pluriel que :

1º Quand ils désignent les différentes parties d'une contrée ou d'un continent ayant une dénomination commune : ex. : **las Américas, las Españas, las Andalucías, las Rusias, las dos Sicilias, las dos Castillas.**

2º Dans les comparaisons :

La población de Madrid equivale á la de tres Zaragozas — *la population de Madrid équivaut à celle de trois Saragosses.*

El Océano tiene más aguas que veinte Méditerráneos — *l'Océan a plus d'eau que vingt Méditerranées.*

160. — Les noms propres de personnes ont un pluriel :

1º Quand ils deviennent appellatifs (désignant soit ceux qui portent le même nom, soit ceux qui leur ressemblent) : **los Homeros, las Mesalinas, los Cicerones,** etc..., **los Martinez,** etc...

2º Quand ils désignent des œuvres d'art ou de littérature, que ces œuvres aient reçu leur nom soit de l'auteur qui les a composées, soit du sujet qu'elles représentent :

dos Murillos, *deux tableaux de Murillo.*
tres Cervantes, *trois volumes de Cervantes.*
las Venus, *les statues de Vénus.*
dos Cristos de marfil, *deux Christs d'ivoire.*

161. — La formation du pluriel des noms propres est régie par les mêmes règles que la formation du pluriel des noms communs. Les noms de famille terminés par **s** ou **z** sont invariables : ex : **Garces, Hernández,** etc.

PATRONYMIQUES (patronímicos)

162. — Les noms propres espagnols terminés par **és, is, az, ez, iz, uz,** proviennent de noms plus simples auxquels s'est ajoutée une de ces terminaisons. C'était jadis l'usage d'ajouter au nom du fils celui du père ainsi modifié ; les terminaisons citées plus haut équivalent donc en quelque sorte au génitif latin. Ainsi ont été formés :

Álvaro — Álvarez.
Antolín — Antolinez.
Aznar — Aznárez.
Benito — Benítez.
Bermudo — Bermúdez.
Bernaldo — Bernáldez.
Blas, Blasco — Blázquez.

Día (1) — **Díaz, Díez.**

Domingo — **Domínguez.**

Esteban — **Estébanez**

Ferrando, Ferrant, Herrán, Fernando, Hernando — **Ferrándiz, Ferraz, Ferriz, Ferruz, Herráez, Herráiz, Hernández, Fernández.**

Froilán, Froilá, Froyla ou **Fruela** — **Fróylaz.**

Garsea, García (2) — **Garcés, Garciés, Garciéz, Garcerán.**

Gomesano — **Gaminde, Gamundi, Gomecio, Gámiz, Gámez, Gómez.**

Gonzalo — **González, Gosálvez, Gálvez.**

Iñigo — **Iníguez.**

Juan (3), **Iban** — **Joanes, Juanes, Ibáñez, Báñez, Yáñez, Fáñez.**

Laín — **Laínez.**

Lope — **López.**

Martín — **Martínez.**

Mendo — **Méndez.**

Munnio, Muño, Munio — **Múnizi, Munnioci, Múñoz, Múñiz.**

Nuño — **Núñez.**

Ordoño — **Ordóñez.**

Pedro, Pero — **Péris, Pérez.**

Paio, Payo (contractions de **Pelaio, Pelayo**) — **Peláez, Peláyez, Beláez, Peláiz, Pelágiz, Beláiz, Peláyet, Peles, Páiz, Páez.**

Ramiro — **Ramírez.**

Rodrigo (contraction de **Ruderico**), **Roi, Rui, Ruy, Rodríguez, Ruiz.**

Sancio, Sancho — **Sánchez, Sánchiz, Sanz, Sáenz, Sáez.**

Velasco — **Velázquez.**

Xuero, Suero — **Xuárez, Suárez, Asúrez, Juárez.**

D'autres noms devenaient patronymiques sans changement aucun : don **Martín Alfonso,** doña **Urraca Alfonso,** doña **Sancha Alfonso,** prirent ce nom patronymique du nom propre de leur père don **Alfonso IX de Léon.** — Don **Juan Manuel** du nom de son père l'infant don **Manuel.**

Certains noms patronymiques sont empruntés aux noms des saints : **San Juan, Santa María, Santibáñez, Santistéban.**

---

(1) **Día** est contracté de **Diago** ou **Diego,** formes corrompues de **Santiago** (*Sanctus Jacob*).

(2) **García** se trouve comme nom propre et comme patronymique.

(3) de : *Joannes.*

II. NOMS COMPOSÉS

163. — Les noms composés (substantifs et adjectifs) sont formés par l'union de deux ou plusieurs mots.

Chacune des parties du discours (nom, adjectif, verbe, etc.) peut concourir à leur formation. Les différents éléments d'un mot composé peuvent être, ou conservés intacts, ou altérés. Ils ne sont pas séparés par un trait-d'union, comme en français, et le nom composé s'écrit comme un mot simple. Font seuls exception quelques noms très usités de villes ou de pays : **Ciudad Real, Ciudad Rodrigo, Puerto Rico,** etc... qui s'écrivent généralement en deux mots.

DU GENRE DES NOMS COMPOSÉS

164. — Le composé conserve le genre de son premier composant, si le dernier composant (espagnol ou latin) détermine le premier.

Ex. : Masculins, **santasantorum,** *saint des saints* — **verdevejiga,** *vert de vessie* — **verdeesmeralda,** *vert émeraude* — **verdemontaña,** *vert minéral* (**verde** se rapporte à **color**).

Féminins, **aguapié,** *piquette* — **capelardente,** *chapelle ardente* — **colapiscis** ou **colapez,** *colle de poisson* — **estrellamar,** *muguet* — **graciadei,** *gratiole* — **palmacristi,** *ricin*.

EXCEPTIONS : Sont masculins, **aguardiente,** *eau-de-vie* — **aguamar,** *méduse*.

165. De même, le composé conserve le genre de son dernier composant, si ce dernier composant est déterminé par le premier, ce qui est peu fréquent.

EXCEPTION : **trasluz,** *lumière réfléchie*, et **rodomiel,** *miel rosat*, sont masculins.

166. — Le composé est masculin si le dernier composant est un substantif pluriel. Ex. : **guardacostas,** *vaisseau garde-côte*.

EXCEPTIONS : Sont féminins, **chotacabras,** *tette-chèvres (oiseau)* — **sacafilásticas,** *dégorgeoir (mot à mot : tire-étoupes, terme d'artillerie)*.

167. — Le composé est généralement masculin, quand l'un des composants est un verbe ou un adverbe et l'autre composant un substantif ou un adjectif dépendant du co-composant.

Ex. : **contrapeste,** *antidote contre la peste*.
guardamano, *garde d'une épée*.
largomira, *lunette d'approche*.

Cependant **contraluz,** *contre-jour* et **tragaluz,** *lucarne,* sont féminins.

Portapaz, *patène,* est masculin et féminin.

Guardaropa, est masculin ou féminin suivant son acception. (Voir § 141).

168. — Le composé est également masculin si deux verbes concourrent à sa formation : ex. : **vaivén,** *va-et-vient, balancement* — **Quitaipón** ou **quitapón,** *pompon de mules.*

FORMATION DU FÉMININ

169. — Les mots suivants ont une forme masculine et une forme féminine.

Hijodalgo, *hidalgo,* fait au féminin **Hijadalgo.**
Hijosdalgo   **Hijasdalgo.**
Ricohombre, *riche homme*   **Ricahembra.**
Ricoshombres   **Ricashembras.**

DU NOMBRE DES NOMS COMPOSÉS

170. — Sont invariables :

1º Les composés dont le dernier composant est un substantif au pluriel.

Ex : **el cortaplumas,** *le canif ;* **los cortaplumas** — **el paraguas,** *le parapluie;* **los paraguas** — **el quitamanchas,** *le dégraisseur ;* **los quitamanchas.**

2º Les composés renfermant deux ou plusieurs verbes, ou terminés par un mot invariable.

Ex : **correvedile** (1), *semeur de faux rapports.*
hazmereir (2), *homme bouffon.*
hazteallá, *rebut.*
quitaipón, ou **quitapón,** *pompon de mules.*

Cependant on dit : **largomiras,** pluriel de **largomira,** et **vaivenes,** pluriel de **vaivén.**

____

(1) **Corre, ve, di, le** (*cours, vois, dis-le*). On trouve quelquefois **correveidile** (**corre, ve, y dile**).

(2) *Fais-moi rire.*

3º Les composés dont le dernier composant est un substantif latin, tels que : **graciadei, palmacristi.**

171. —Les composés suivants, dont le premier composant est variable et le dernier invariable, forment leur pluriel en mettant au pluriel le premier composant.

cualquiera, *quelconque* — **cualesquiera.**
quienquiera, *quiconque* — **quienesquiera.**
hijodalgo (1)*, hidalgo* — **hijosdalgo.**
hijadalgo, *femme noble* — **hijasdalgo.**

172. — Les composés suivants (formés de deux noms inaltérés au singulier, dont l'un est un substantif et l'autre un nom modificatif) forment leur pluriel en mettant au pluriel les deux composants :

casamata, *casemate* — **casasmatas.**
mediacaña, *moulure concave* — **mediascañas.**
ricohome, *riche homme* — **ricoshomes.**
ricohombre, *riche homme* — **ricoshombres.** (2)
ricahembra (3), *riche femme* — **ricashembras.**
Montepío, *Mont-de-Piété* a deux pluriels : **Montespíos** et **Montepíos.**

173. — Dans les autres noms composés, le pluriel se forme en ajoutant au dernier composant la désinence du pluriel. On les considère donc en quelque sorte comme des mots simples. Ce sont les plus nombreux.

Ex. : **Agridulce,** *aigre-doux* — **agridulces.**
Barbacana, *barbacane* — **barbacanas.**
Cuellilargo, *qui a un grand cou* — **cuellilargos.**
Padrenuestro, *pater noster* — **padrenuestros.**
Pararayo, *paratonnerre* — **pararayos.**
Puntapié, *coup de pied* — **puntapiés.**
Rectángulo, *rectangle* — **rectángulos.**
Traspié, *croc-en-jambe* — **traspiés.**
Vanagloria, *gloriole* — **vanaglorias.**

174. — Certains noms considérés comme noms simples, sont en réalité de véritables noms composés, mais suivent complètement les règles des noms ordinaires. Ainsi **mariposa,** *papillon,* est formé de **María, posa;** *Marie, pose-toi.* Le pluriel est régulier : **mariposas.**

---

(1) **Hijodalgo** est une contraction de : **hijo de algo,** *fils de quelque chose.* On a écrit aussi **hijo dalgo,** pl. : **hijos dalgo.** On emploie aujourd'hui **hidalgo,** plur. : **hidalgos.**

(2) On écrit aussi **ricoomne.** Les *riches hommes* étaient ainsi nommés, non pour être riches et posséder beaucoup de domaines, mais pour être d'illustre lignage et puissants. Bosch. Titols de Cathalunya, p. 320, col. 2.

(3) On a écrit aussi **ricafembra** et **ricadueña.**

III. REMARQUES SUR QUELQUES SUBSTANTIFS

NOMS EN **al, ar.**

175. — Les noms en **al, ar,** sont analogues aux noms français en *aie,* tels que *châtaigneraie, fougeraie,* etc..., mais peuvent exprimer autre chose que des collections d'arbres ou de plantes.

acebuchal, *lieu planté d'oliviers sauvages* (**acebuche**)
ajar, *terre semée d'aulx* (**ajo**)
algarrobal, *lieu planté de caroubiers* (**algarroba**)
almendral, *lieu planté d'amandiers* (**almendro**)
arenal, *terrain sablonneux* (**arena,** *sable*)
berrocal, *lieu rocailleux,* (**berrueco,** *rocher*)
cabezal, *chevet,* (**cabeza,** *tête*)
cañamar, *chènevière,* (**cáñamo,** *chanvre*)
cascajal, cascajar, *endroit où il y a du gravier* (**cascajo**)
castañal, castañar, *châtaigneraie* (**castaño**)
colmenar, *rucher,* (**colmena,** *ruche*)
cucharal, *sac à cuillers,* (**cuchara,** *cuiller*)
escorial (1), *mine épuisée,* (**escoria,** *scorie*)
maizal, *champ de maïs* (**maíz**)
manzanal, manzanar (2), *pommeraie,* (**manzana,** *pomme*)
melonar, *melonnière,* (**melon,** *melon*)
membrillar, *lieu planté de cognassiers,* (**membrillo**)
mimbral, *oseraie,* (**mimbre,** *osier*)
nabal, nabar, *champ de navets* (**nabo**)
ojal, *boutonnière,* (**ojo,** *œil*)
olivar, *lieu planté d'oliviers* (**olivo**)
pajar, *pailler,* (**paja,** *paille*)
palomar, *colombier,* (**paloma,** *colombe*)
peñascal, *endroit rempli de rochers,* (**peñasco**)
pinar, *pinière, pineraie,* (**pino,** *pin*)
sauzal (3), *saussaie,* (**saúz,** *saule*)
tejar, *tuilerie,* (**teja,** *tuile*)

---

(1) C'est aussi le nom du palais voisin de Madrid. Ne pas adopter la prononciation corrompue *Escurial.*

(2) De là : **el río de los manzanares,** *la rivière des pommeraies,* que l'on abrège en : **el Manzanares.**

(3) *Saussaie* se dit aussi **salceda, saucedal, saucera** ; *et saule* se dit **sauce,** de préférence **saúz.**

telar, *métier à tisser,* **(tela,** *toile)*
zarzal, *ronceraie,* **(zarza,** *ronce)*
etc..., etc...

176. — REMARQUE : quelques-uns de ces noms se forment irrégulièrement. Tels sont :

aguazal, *mare,* **(agua,** *eau)*
berrizal, *cressonnière,* **(berro,** *cresson)*
cenagal, *bourbier,* **(cieno,** *boue)*
lamedal, *bourbier,* **(lama,** *limon)*
lauredal, *champ de lauriers* **(laurel)*
lodazal, lodazar, *bourbier,* **(lodo,** *boue)*
pedregal, *endroit pierreux,* **(piedra,** *pierre)*
etc..., etc...

NOMS EN eda, edo.

177 — Il existe aussi des noms en **eda, edo** (1), analogues aux
noms français en *aie.*

acebedo, *houssaie,* **(acebo,** *houx)*
alameda, *lieu planté de peupliers* **(álamo)*
aliseda, *aunaie,* **(aliso,** *aune)*
arboleda, *lieu planté d'arbres* **(árbol)*
fresneda, *frênaie* **(fresno)*
olmeda, *ormoie,* **(olmo,** *orme)*
peraleda, *lieu planté de poiriers* **(peral)*
viñedo, *vignoble,* **(viña,** *vigne)*

NOMS EN azo, ada.

178. — Les noms en **azo, ada,** expriment le coup donné avec une
arme, un instrument, un objet. Les coups d'armes à feu s'expriment
avec la terminaison **azo** ; les coups d'armes blanches avec l'une des
deux terminaisons.

EXEMPLES de noms en **azo** :
balazo, *coup de feu,* **(bala,** *balle)*
bastonazo, *coup de bâton* **(bastón)*

---

(1) **Eda, edo,** du latin *ētum.* Ex. : *arboretum, populetum, saxe-
tum,* etc...

bayonetazo, *coup de baïonnette* **(bayoneta)**
candilazo, *coup de lampe* **(candil)**
cañonazo, *coup de canon* **(cañón)**
codazo, *coup de coude* **(codo)**
escobazo, *coup de balai* **(escoba)**
flechazo, *coup de flèche* **(flecha)**
fusilazo, *coup de fusil* **(fusil)**
garrotazo, *coup de bâton* (1) **(garrote)**
latigazo, *coup de fouet* **(látigo)**
muletazo, *coup de bâton* **(muleta)**
sablazo, *coup de sabre* **(sable)**
tablazo, *coup de planche* **(tabla)**
varazo, *coup de gaule* **(vara)**.

EXEMPLES de noms en **ada** :
cuchillada, *coup de couteau* **(cuchillo)**
cornada, *coup de corne* **(cuerno)**
guantada, *coup avec la main ouverte* **(guante,** *main***)**
herronada, *coup de palet* **(herrón,** *palet de fer***)**
lanzada, *coup de lance* **(lanza)**
palotada, *coup de bâton* **(palote,** *bâton***)**
patada, *coup de patte* **(pata)**
pedrada, *coup de pierre* **(piedra)**
pincelada, *coup de pinceau* **(pincel)**
plumada, *trait de plume* **(pluma)**
puñalada, *coup de poignard* **(puñal)**
puñada, *coup de poing* **(puño)**

179. — REMARQUES. Quelques-uns de ces noms se forment irrégulièrement. Tels sont :

pistoletazo, *coup de pistolet* **(pistola)**
puñetazo, puñada, *coup de poing* **(puño)**
espaldarazo, *coup de plat d'épée ou de main sur les épaules*
　　　　　(espaldar, *épaulière)*
suelazo, *coup qu'on se donne en tombant par terre* **(suelo,**
　　　　　sol), — particulier à Bogota
puntapié, *coup de pied* (de **punta,** *pointe* et **pie,** *pied*)
　　　　　— ne se dit que des personnes
testarada, et moins souvent **testada,** *coup donné avec la tête*
　　　　　(testa, *tête,* peu usité)
mochada, *coup de tête de bête à cornes* (de **mocho,** *animal*
　　　　　auquel on a coupé les cornes ou qui ne les a pas
　　　　　encore). — **Mochazo,** signifie *coup de crosse.*

180. — Il existe aussi des noms en **ada,** indiquant une action ou
donnant l'idée abstraite du verbe, du substantif ou de l'adjectif dont ils
dérivent. Tels sont :

arlequinada, *arlequinade* **(arlequín,** *arlequin*).
bajada, *descente* **(bajar,** *descendre*).

---

(1) *Coup de bâton* se rend presque toujours par le mot : **palo.**

bobada, *action sotte,* (**bobo,** *sot*).
buscada, *action de chercher,* (**buscar,** *chercher*).
dentellada, *coup de dents,* (**dentellar,** *remuer les dents*).
niñada, *enfantillage,* (**niño,** *enfant*).
pataratada, *action inconsidérée,* (**patarata,** *chose ridicule*).
pavonada, *action de se pavaner,* (**pavón,** *paon*).
piada, *action de piauler,* (**piar,** *piauler*).
picarada, *parole gaie,* (**pícaro,**) *gai.*
quijotada, *action extravagante,* (**don Quijote,** *don Quichotte*).
zancada, *enjambée,* (**zanca,** *jambe d'oiseau*).

181. — D'autres indiquent une collection d'êtres ou de choses. Tels
sont :

alcahazada, *réunion d'oiseaux dans une* **alcahaz** *(grande cage).*
armada, *grande flotte,* (**arma,** *arme*).
boyada, *troupe de bœufs* (**buey**).
cabalgada, *troupe de cavaliers,* (**cabalgar,** *monter à cheval*).
estacada, *estacade,* (**estaca,** *picu*).
mamarrachada, *réunion de marmousets* (**mamarracho**).
millarada, *myriade,* (**millar,** *millier*).
muletada, *réunion de mulets,* (**muleto,** *jeune mulet*).
pavada, *réunion de paons* (**pavo**).
torada, *troupe de taureaux* (**toro**).
vacada, *troupe de bœufs et de vaches,* (**vaca,** *vache*).

182. — D'autres enfin indiquent l'idée de capacité. Tels sont :

aceitada, *quantité d'huile répandue* (**aceite,** *huile*).
almudada, *espace de terre qui contient un* **almud** *de semence.*
calderada, *chaudronnée,* (**caldera,** *chaudron*).
carretada, *charretée,* (**carreta,** *charrette*).
cestada, *panerée,* (**cesta,** *panier*).
dedada, *ce qu'on prend avec le doigt (d'une sauce, etc...)* (**dedo**).
dinerada, *grande quantité d'argent* (**dinero**) — Jadis **dinarada,**
   ce qu'on achète pour un **dinar** *ou un denier,* (français
   denrée).
fanegada, *espace de terre qui contient une* **fanega** *de semence.*
mesada, *chose ou action mensuelle* (**mes,** *mois*).

CHAPITRE V.

LES ADJECTIFS.

I. FORMATION DU FÉMININ.

183. — Les adjectifs terminés au masculin par **o, ete, ote,** changent au féminin leur voyelle finale en **a**.

Ex. : **bueno,** *bon* — **buena.**
regordete, *trapu* — **regordeta.**
altote, *très grand* — **altota.**

184. — Les adjectifs terminés au masculin par **án, ón, or,** ajoutent **a** au féminin.

Ex. : **haragán,** *fainéant* — **haragana**
comilón, *gros mangeur* — **comilona**
roedor, *rongeur* — **roedora.**

On trouve **motriz** (de **motor**) plus souvent que **motora.**

Les adjectifs suivants, quoique terminés par **or,** sont invariables : **mayor,** *plus grand* ; **menor,** *plus petit ;* **mejor,** *meilleur ;* **peor,** *pire ;* **superior,** (1) *supérieur ;* **inferior,** *inférieur;* **exterior,** *extérieur ;* **interior,** *intérieur ;* **anterior,** *antérieur ;* **posterior,** *postérieur ;* **citerior,** *citérieur ;* **ulterior,** *ultérieur.*

185. — Les adjectifs indiquant une nationalité ont un féminin en **a,** quand le masculin est terminé par **o, ete, ote,** ou par une consonne quelconque.

Ex. : **Hotentote,** *Hottentot* — **Hotentota.**
Polaco, *Polonais* — **Polaca**
Español, *Espagnol* — **Española**

---

(1) **Superior** a un féminin, **superiora,** que l'on emploie comme substantif dans le sens de « *la supérieure d'un couvent* ».

Francés, *Français* — **Francesa**
Mallorquín, *Majorquin* — **Mallorquina**
Andaluz, *Andalou* — **Andaluza.**

186. — Les adjectifs terminés différemment au masculin, c'est-à-dire par **a, e, i, l, en, in, un, r, s, z** sont invariables.

Ex. : **indígena, leve, marroquí, fiel, ruin, familiar, cortés, feliz.**

II. FORMATION DU PLURIEL.

187. — Le pluriel des adjectifs se forme comme celui des noms (Voir § 145).

Ex. : **bueno,** *bon* — **buenos**
    carmesí, *cramoisi* — **carmesíes**
útil, *utile* — **útiles**
feliz, *heureux* — **felices**

REMARQUE. **Lejos, lejas** (*lointains, lointaines*) n'est usité qu'au pluriel, et de préférence au féminin.

III. APOCOPE DES ADJECTIFS.

188. — **Bueno,** *bon* ; **malo,** *mauvais*, perdent au singulier leur **o** finale quand ils précédent immédiatement un substantif masculin.

Ex. : **buen soldado,** *bon soldat;* — **mal perro,** *mauvais chien.*

189. — **Grande,** signifiant *grand en mérite, en qualités*, perd sa dernière syllabe quand il précède immédiatement un substantif, masculin ou féminin.

Ex. : **gran capitán,** *grand capitaine* — **gran poeta,** *grand poète* — **gran mujer,** *femme célèbre.*

S'il signifie *grand en volume, en stature*, il conserve sa dernière syllabe devant une voyelle ou une **h**, mais la perd devant une consonne.

Ex. : **grande árbol,** *arbre élevé* — **una gran ciudad,** *une grande ville* — **grande hombre,** *homme grand.*

Mais dans ce dernier cas (*grandeur matérielle*) on peut mettre l'adjectif après le nom sans l'apocoper.

Ex. : **árbol grande,** *arbre élevé* — **sombrero grande,** *grand chapeau.*

190. — **Santo,** *saint*, perd sa dernière syllabe quand il est placé

immédiatement devant un nom propre masculin et qu'il n'est pas précédé de l'article.

> Ex : **El santo patrón de este pueblo es San Carlos** — *le saint patron de ce village est saint Charles.*

EXCEPTIONS. L'adjectif ne s'apocope pas devant les noms suivants : **Santo Domingo — Santo Tomas — Santo Tomé — Santo Toribio.**

Mais on dit : **la isla de San Tomas,** *l'île de Saint-Thomas,* en parlant de l'une des Antilles.

On écrit en un seul mot **Santiago,** *Saint-Jacques.*

IV. ACCORD DES ADJECTIFS.

191. — Les règles d'accord des adjectifs sont les mêmes en espagnol qu'en français : **perro bueno,** *bon chien* — **mujer hermosa,** *femme belle* — **los hombres y las mujeres están enfermos,** *les hommes et les femmes sont malades.*

V. REMARQUES SUR CERTAINS ADJECTIFS.

192. — On place presque toujours indifféremment, en espagnol, l'adjectif avant ou après le substantif : on doit cependant remarquer que lorsque l'adjectif peut s'employer substantivement, on le place généralement après : **un hombre pobre,** *un homme pauvre.*

193. — L'adjectif **puro,** *pur,* se place avant le nom quand il signifie *exact :* **no era la pura verdad,** *ce n'était pas la pure vérité.* Il se place après lorsqu'il signifie *sans mélange, intègre :* **agua pura,** *eau pure* — **cajero puro,** *caissier intègre.*

194. — L'adjectif **mero,** *pur,* se place avant le substantif : **mera agua :** *eau pure.*

195. — L'adjectif **cierto** se place avant le substantif quand il signifie *certain :* **cierto capitán,** *certain capitaine.* Il se place après quand il signifie *évident, sûr :* **indicio cierto de su riqueza,** *indice certain de sa richesse.*

196. — L'adjectif **simple** se place avant ou après le substantif quand il signifie *non-multiple :* **al simple oído,** *à la simple audition ;* ou **al oído simple.** Il ne se place qu'avant, quand il indique le rang : **simple mercader,** *simple marchand.* Il ne se place qu'après, lorsqu'il signifie *imbécile :* **una mujer simple,** *une femme simple d'esprit.*

197. — L'adjectif **solo**, *seul,* se place quelquefois avant le nom auquel il se rapporte : **solo Carlos se fué,** *Charles seul s'en alla.*

198. — L'adjectif **pobre** se place avant ou après le substantif dans les mêmes cas qu'en français : **pobre joven,** *jeune homme sans situation ou sans valeur ;* **joven pobre,** *jeune homme sans fortune.*

VI. COMPARATIFS ET SUPERLATIFS.

199. — Le comparatif d'égalité se rend en faisant précéder le positif de **tan**, *aussi ;* le *que* de comparaison se rend par **como.** Ex. : **Pedro es tan joven como Pablo,** *Pierre est aussi jeune que Paul.*

200. — Le comparatif de supériorité se rend en faisant précéder le positif de **más**, *plus ;* le *que* de comparaison se rend par **que.** Ex. : **Pedro es más joven que Pablo,** *Pierre est plus jeune que Paul.*

201. — Le comparatif d'infériorité se rend en faisant précéder le positif de **menos**, *moins ;* le *que* de comparaison se rend par **que.** Ex. : *Pierre est moins jeune que Paul,* **Pedro es menos joven que Pablo.**

202. — Dans les comparatifs de supériorité et d'infériorité, le **que** de comparaison peut être suivi de la négation **no**, mais cette tournure est peu usitée : **más agradable es la riqueza que no la pobreza,** *la richesse est plus agréable que la pauvreté.*

203. — Le superlatif relatif de supériorité se rend en faisant précéder le positif de **el más, la más** — *le plus, la plus ;* le *de* de comparaison se rend par **de.** Ex. : **Londres es la más populosa ciudad de Europa,** *Londres est la ville la plus peuplée d'Europe.*

204. — Le superlatif relatif d'infériorité se rend en faisant précéder le positif de **el menos, la menos** — *le moins, la moins ;* le *de* de comparaison se rend par **de.** Ex. : **el menos fuerte de los hombres,** *le moins fort des hommes.*

205. — Dans les superlatifs de supériorité et d'infériorité, le *de* de comparaison peut être remplacé par un équivalent : **el más docto entre los historiadores,** *le plus savant des historiens.*

206. — Le superlatif absolu se rend en faisant précéder le positif de **muy**, *très :* **muy blanco,** *très blanc.*

207. — Les adjectifs suivants ont un comparatif et un superlatif irréguliers d'origine latine :

alto, *haut* — **superior** — **supremo**
bajo, *bas* — **inferior** — **infimo**
bueno, *bon* — **mejor** — **óptimo**

malo, *mauvais* — **peor** — **pésimo**
grande, *grand* — **mayor** — **máximo**
pequeño, *petit* — **menor** — **mínimo.**

Mínimo et certains adjectifs ayant un sens superlatif, tels que : **ínfimo, íntimo, próximo,** s'emploient fréquemment comme des positifs : **la cosa más mínima,** *la chose la plus minime,* etc...

208. — Les comparatifs et les superlatifs des adjectifs précédents peuvent aussi être formés avec **más** et **muy** : ces superlatifs peuvent aussi être formés par l'adjonction du suffixe **ísimo** (**altísimo, bajísimo, buenísimo** ou **bonísimo, malísimo, grandísimo, pequeñísimo**) ;

209. — Le superlatif absolu peut aussi être formé par l'adjonction du suffixe **ísimo** (1) (lat. *isimus*) au positif ; ce superlatif en **ísimo** donne plus de force à l'idée rendue que lorsqu'on emploie **muy** et le positif.

Ex. : **capaz,** *capable* — **capacísimo**
     dulce, *doux* — **dulcísimo**
     fuerte, *fort* — **fortísimo**
     ilustre, *illustre* — **ilustrísimo**
     nuevo, *nouveau* — **novísimo**
     rico, *riche* — **riquísimo**
     sutil, *subtil* — **sutilísimo**

210. — Les adjectifs en **ble** (provenant d'adjectifs latins en *bilis*) forment leur superlatif en changeant **ble** en **bilísimo.**

Ex. : **amable,** *aimable* — **amabilísimo.**

211. — Les adjectifs suivants ont un superlatif régulier en **ísimo,** et un autre directement dérivé du latin :

amigo, *ami* — **amiguísimo** et **amicísimo** (*amicissimus*)
antiguo, *ancien* — **antigüísimo** et **antiquísimo** *(antiquissimus)*
difícil, *difficile* — **dificilísimo** et **dificilimo** (*difficillimus*)
fiel, *fidèle* — **fielísimo** et **fidelísimo** (*fidelissimus*)
frío, *froid* — **friísimo** et **frigidísimo** (2) (*frigidissimus*)
longo (3), *long* — **longuísimo** et **longísimo** (*longissimus*).
Les deux adjectifs suivants empruntent leur superlatif au latin :
inicuo, *inique* — **iniquísimo** (*iniquissimus*)
sagrado, *sacré* — **sacratísimo** (*sacratissimus*).

212. — Les adjectifs suivants, provenant d'adjectifs latins en *er* ont le superlatif en **érrimo.** (En latin, tous les adjectifs en *er* ont le superlatif en *errimus*).

acre (*acer*) *aigre* — **acérrimo**

---

(1) Si le positif est terminé par une voyelle, cette voyelle s'élide.

(2) **Frigidísimo** a aussi un positif **frígido,** peu usité en prose.

(3) Moins usité que **largo.**

áspero (*asper*) *âpre* — **aspérrimo** (1).
célebre (*celeber*) *célèbre* — **celebérrimo**
integro (*integer) intègre* — **integérrimo**
libre (*liber*) *libre* — **libérrimo**
misero (*miser) malheureux* — **misérrimo**
pobre (*pauper) pauvre* — **paupérrimo** (2)
pulcro (*pulcher*) *beau* — **pulquérrimo**
salubre (*saluber*) *salubre* — **salubérrimo**.
Ubérrimo, *très-fertile,* n'a pas de positif en espagnol ; il est emprunté au latin *uberrimus,* superlatif de *uber.*

213. — Les adjectifs suivants (provenant d'adjectifs latins en *ens, ficus, volus*) empruntent leur superlatif aux superlatifs latins en *entissimus* (3).

benéfico (*beneficus) bienfaisant* — **beneficentísimo**
benévolo (*benevolus) bienveillant* — **benevolentisimo**
magnífico (*magnificus) magnifique* — **magnificentísimo**
munífico (*munificus) généreux* — **munificentísimo**
sabio (*sapiens) savant* — **sapientisimo**.

214. — La forme en **ísimo** ne convient pas à tous les adjectifs indistinctement. La plupart des adjectifs compris dans les catégories suivantes forment de préférence leur superlatif au moyen de **muy** :

1° les adjectifs qui à cause de leur longueur ou de leur structure auraient une prononciation dure ou difficile.

2° la plupart des adjectifs en **ble** de plus de trois syllabes : tels que **deleznable, combustible, disoluble,** etc...

3° ceux qui se terminent par une diphtongue. On trouve cependant **agriísimo (agrio,** *aigre)* — **friísimo (frio,** *froid)* — **arduísimo (arduo,** *difficile)* — **limpísimo (limpio,** *propre* — **piísimo (pio,** *pieux).*

4° ceux qui se terminent par **i** : tels que : **baladi, carmesi, turqui,** etc...

5° les adjectifs composés, tels que : **carilargo, rostrituerto,** etc.., sauf dans le langage familier.

6° presque tous les adjectifs dactyliques en **eo, imo, ico, fero, gero, vomo.**

215 — Un adjectif ne peut avoir les deux formes superlatives réunies. On ne peut donc dire **muy novisimo.**

---

(1) On dit aussi **asperísimo.**

(2) On dit plus souvent **pobrísimo.**

(3) Le superlatif d'un adjectif latin se formant du radical par l'adjonction du suffixe *issimus,* les adjectifs en *ens,* génitif : *entis,* auront un superlatif en *entissimus* : *sapiens, sapientis, sapientissimus.* Il en est de même exceptionnellement des adjectifs en *dicus, ficus, volus.*

216. — Les superlatifs relatifs régissent à l'indicatif le verbe qui suit le **que**, quoiqu'en français le verbe soit au subjonctif : *le prince le plus puissant que j'aie connu*, **el príncipe más poderoso que he conocido.**

Mais si la proposition subordonnée a un sens hypothétique ou se rapporte à un temps futur, le verbe qui suit le **que** sera au subjonctif : *nous nous en tenons à ce que les lois ont ordonné de plus doux*, **atenémonos á lo más benigno que las leyes hayan ordenado.**

217. — Si le verbe est en français au conditionnel, on le met en espagnol à l'imparfait du subjonctif : *le meilleur que je trouverais*, **el mejor que hallase** ; si le verbe est en français au futur de l'indicatif, on le met en espagnol au futur ou au présent du subjonctif : *le moins que je pourrai*, **lo menos que pueda** ou **lo menos que pudiere.**

218. — *Le plus, le moins*, placés en français après un verbe précédé de *que*, se rendent en espagnol par **más, menos,** placés avant le verbe : *c'est l'homme que j'aime le plus*, **es el hombre que más quiero** — *c'est l'homme que j'aime le moins*, **es el hombre que menos quiero.** On pourrait aussi placer **más, menos,** après le verbe.

219. — *Le plus, le moins*, placés en français entre un substantif et un adjectif se traduisent par **más, menos** : *la femme la plus belle que je connais*, **la mujer más hermosa que conozco.** Mais on peut dire aussi : **la más hermosa mujer que conozco,** de même qu'on dit en français : *la plus belle femme que je connais.* Dans aucun cas on ne pourra répéter l'article comme en français, et dire **la mujer la más hermosa que conozco.** On traduira aussi par **más, menos,** *les plus, les moins* se rapportant à un pluriel : *les hommes les moins forts de la ville*, **los menos fuertes hombres de la ciudad,** ou **los hombres menos fuertes de la ciudad,** etc...

220. — *Le plus, le moins*, devant un adverbe se traduisent par **lo más, lo menos.**

221. — Le *que* qui suit les comparatifs se traduit parfois par **de** : *plus tôt qu'on ne l'espérait*, **más temprano de lo que se esperaba. Que** n'aurait pas été incorrect mais **de** vaut mieux au point de vue de l'euphonie, un autre **que** se trouvant après **lo.**

222. — Lorsqu'après **más** et **menos** se trouve un nom de nombre on emploie **de** dans les phrases affirmatives, **de** ou **que** mais plutôt **de** dans les phrases négatives : *on perdit plus de dix hommes*, **se perdieron más de diez hombres.** — *On ne perdit pas plus de dix hommes*, **no se perdieron más de diez hombres,** ou : **más que diez hombres.**

223. — Après les verbes **ser, parecer** et autres analogues, on ne peut pas substituer **de** au **que** conjonctif : *il fut plus qu'injuste*, **fué más que injusto.**

223. — MANIÉRE DE TRADUIRE QUELQUER COMPARAISONS.

Pierre est plus savant que Jean.	**Pedro es más sabio que Juan.**
Jean est moins savant que Pierre.	**Juan es menos sabio que Pedro.**
Pierre a plus de quinze ans.	**Pedro tiene más de quince años.**
Jean a moins de quinze ans.	**Juan tiene menos de quince años.**
Pierre a plus de valeur que de prudence.	**Pedro tiene más valor que prudencia.**
Jean a moins de prudence que de valeur.	**Juan tiene menos prudencia que valor.**
Pierre a plus de valeur que moi.	**Pedro tiene más valor que yo.**
Jean a moins de valeur que moi.	**Juan tiene menos valor que yo.**
Jean est plus riche qu'il ne paraît.	**Juan es más rico que parece, ou : Juan es más rico de lo que parece.**
Pierre est aussi curieux que Jean.	**Pedro es tan curioso como Juan.**
Pierre est aussi simple que prudent.	**Pedro es así simple como prudente.**
Pierre n'a pas autant d'argent que Jean.	**Pedro no tiene tanto dinero como Juan.**
Pierre n'a pas autant de richesses que Jean.	**Pedro no tiene tantas riquezas como Juan.**
Pierre a autant de courage que de joie.	**Pedro tiene tanto ánimo como alegría.**
Jeanne est aussi belle qu'ingrate.	**Juana es tan hermosa cuan ingrata.**
Autant d'hommes, autant d'avis.	**Cuantos hombres, tantos pareceres.**

CHAPITRE VI.

AUGMENTATIFS, DIMINUTIFS, PÉJORATIFS

225 — La plupart (1) des noms (substantifs et adjectifs) espagnols peuvent être modifiés par l'addition de certains suffixes qui augmentent ou diminuent l'idée exprimée. Les mots ainsi exprimés se nomment augmentatifs (**aumentativos**) quand l'addition du suffixe leur fait exprimer l'idée de grandeur, soit avantageuse (grandeur physique ou morale), soit ridicule. Ils se nomment diminutifs (**diminutivos**), quand le sens du primitif a reçu une diminution avantageuse ou non. Mais les diminutifs s'emploient très-souvent pour exprimer les idées de gentillesse, d'affection, de tendresse, de grâce, de pitié.

226 — Aux augmentatifs et aux diminutifs, on joint les péjoratifs (**despectivos**), véritables diminutifs de la qualité ou de la valeur de la personne ou de la chose.

227 — Les augmentatifs, les diminutifs et les péjoratifs étant plus souvent usités dans le style familier et la conversation que dans le style élevé, leur formation présente un grand nombre d'irrégularités. Ils sont, sauf de rares exceptions, du même genre que les substantifs primitifs.

Remarques

228 — Chaque suffixe ne convient pas indistinctement à tous les mots ; quelques règles sont données pour la formation des augmentatifs, diminutifs et péjoratifs ; mais les exceptions sont très nombreuses.

229 — Dans la formation des augmentatifs et des diminutifs, (de même que dans toutes les autres espèces d'inflexion) on doit s'attacher aux sons et non aux lettres.

---

(1) Les noms qui ne sont pas susceptibles de recevoir les suffixes augmentatifs ou diminutifs, modifient leur sens par l'adjonction d'un adjectif.

Tous les suffixes, (augmentatifs, diminutifs ou péjoratifs) commençant par une voyelle, (voir § 270) il s'ensuit que, lorsque le nom auquel un suffixe doit s'ajouter est terminé par une voyelle, cette voyelle s'élide ; si le nom est terminé par une diphtongue dont la première lettre est une **i**, cette diphtongue s'élide devant un suffixe commençant par **i**.

EXEMPLES : **Peluca**, élidera **a** devant un suffixe et changera **c** en **qu** devant **e** ou **i** : **peluquín**.

Ciego, changera **g** en **gu** devant **e** : **cieguecillo**.

La **u** d'un mot terminé par **guo** ou **gua** recevra un tréma devant **e** ou **i** : **agua, agüita — legua, legüecita — hidalgo, hidalgüelo.**

La **z** précédant la voyelle finale (**a, o**) d'un nom, se changera en **c** devant **e** ou **i** : **pedazo, pedacillo.**

Voir du reste § 86.

I. AUGMENTATIFS

230. — Les suffixes augmentatifs les plus usités sont les suivants :

ón, qui indique l'augmentation simple

azo, qui indique une idée de défaveur (exagération, difformité, mépris, grossièreté, laideur)

acho et **ote**, qui indiquent l'augmentation monstrueuse, ridicule et méprisable.

EXEMPLES : **hombrón (hombre,** *homme)* — **mujerón** et **mujerona (mujer,** *femme)* — **mozón (mozo,** *garçon)* — **alfanjón (alfanje,** *sabre)* — **arcón (arca,** *coffre)*

hombrazo — mujeraza — gigantazo (gigante, *géant)* — **alfanjazo (1).**

hombracho — mujeracha — ricacho (rico, *riche)* — **señoracho (señor,** *monsieur)*

hombrote — grandote (grande, *grand)* — **mozote — perrote (perro,** *chien)*

231. — Les suffixes augmentatifs suivants sont moins usités :
achón — poblachón, *village bâti sans ordre* (**pueblo,** *village*)
ejón — pedrejón, *grande pierre* (**piedra,** *pierre*)
atón — viratón (vira, *javelot)*
eton — mocetón, *gros garçon* (**mozo**) — **guapetón (guapo,** *brave*)

---

(1) **Alfanjazo,** signifie aussi *coup de sabre ;* **chinazo,** *grand caillou* (augmentatif de **china**) signifie aussi *coup de caillou.* Il en est de même de presque tous les augmentatifs en **azo** de noms d'armes ou d'objets, qui signifient à la fois l'augmentatif de la chose et le coup donné avec cette chose. Aussi est-il préférable d'employer pour cette classe de mots, une désinence augmentative autre que **azo.**

erón — **caserón,** *grande maison mal agencée* (**casa**)
arrón — **bobarrón** (**bobo,** *sot*) — **ventarrón,** *grand vent* (**viento**)
arro — **chinarro** (**china,** *caillou*)
asco (1) — **peñasco** — (**peña,** *rocher*)

232. — Suffixes communs aux augmentatifs et diminutifs : **ón, ejón, atón**

aux augmentatifs, diminutifs et péjoratifs : **azo, ote**

aux augmentatifs et péjoratifs : **acho.**

233. — On remarquera l'analogie de **achón** avec le suffixe doublement augmentatif **achón** (**acho-ón**) (§ 237) et l'analogie de **etón** avec le suffixe d'un augmentatif de diminutif **etón** (**ete-on**) (§ 239).

234. — Les augmentatifs suivants sont très irréguliers :

bobo, *sot*, **bobalías, bobalicón.**
lámpara, *lampe* — **lampión.**
nariz, *nez* — **narigón.**
raíz, *racine* — **raigón.**
zonzo, *benêt* — **zonzorrión.**

235. — Dans la composition de certains augmentatifs peut entrer un mot qui en étend la signification (2) :

Ex. : dans **vejancón,** augmentatif de **viejo,** *vieux*, entre le mot **anca,** *croupe* ;

dans **corpanchón,** *corps très large* (**cuerpo**) et dans **villanchón,** *grossier* (**villano**) entre l'adjectif **ancho,** *large* ;

dans **gordinflón,** *lourdaud* (**gordo,** *trapu*) entre le participe **inflado,** *enflé*, dont on a supprimé la terminaison **ado.** On dit aussi **gordiflón.**

236. — Dans d'autres augmentatifs, un crément précède le suffixe :

grandillón, grandullón ; *démesurément grand,* (**grande**) — créments : **ill, ull.**

santurrón, (3) *Tartuffe* (**santo,** *saint*) — crément : **urr** ;
vivaracho, *extrêmement vif* (**vivo**) — crément : **ar.**

AUGMENTATIFS D'AUGMENTATIFS

237. — On joint quelquefois deux suffixes augmentatifs pour donner plus de force à l'idée exprimée. Les seules combinaisons usitées sont : **onazo** (**ón** — **azo**) et **achón** (**acho** — **ón**).

---

(1) Joindre à ces suffixes le suffixe augmentatif **al,** particulier à l'Aragon : **cantal,** augmentatif de **canto.**

(2) Formation analogue à celle d'autres mots, tels que **poetambre,** *troupe de poètes affamés* (formé de **poeta,** *poète*, et **hambre,** *faim*).

(3) On dit aussi **santón,** dans le même sens, mais ce mot désigne le plus souvent *un santon mahométan.*

Ex. : hombre — hombrón, hombronazo
perro — perrón, perronazo
pícaro — picarón, picaronazo
hombre — hombracho, hombrachón
mujer — mujeracha, mujerachona

238. — On trouve aussi trois suffixes augmentatifs joints, comme **achonazo (acho — ón — azo)**

Ex. : **señorachonazo**

AUGMENTATIFS DE DIMINUTIFS

239. — Un suffixe augmentatif se joint quelquefois à un diminutif etl ui donne le sens d'un augmentatif.

Ex. : **escoba**, *balai* — **escobilla**, *petit balai* — **escobillón**, *grand balai.*

paño, *drap* — **pañuelo**, *mouchoir* — **pañolón**, *grand mouchoir.*
rosa, *rose* — **roseta**, *rosette* — **rosetón**, *rosace.*

240. — Certains augmentatifs qui, à l'origine, n'indiquáient que l'augmentation du nom primitif, sont pris aujourd'hui dans des acceptions spéciales. Tels sont :

salón, *salon*, augmentatif de **sala**, *salle.*
sillón, *fauteuil*, augmentatif de **silla**, *chaise.*
telón, *rideau de théâtre*, augmentatif de **tela**, *toile.*

241. — Quelques augmentatifs sont d'un autre genre que les noms primitifs. Tels sont les suivants, augmentatifs masculins en **ón** de noms féminins.

aldaba, *heurtoir* — **aldabón.**
arca, *coffre* — **arcón.**
cuchara, *cuiller* — **cucharón.**
culebra, *couleuvre* — **culebrón.**
jícara, *tasse à chocolat* — **jicarón.**
lágrima, *larme* — **lagrimón**
máscara, *masque* — **mascarón**
mujer, *femme* — **mujerón**
mosca, *mouche* — **moscón**

AUGMENTATIFS DES PRÉNOMS

242. — Les prénoms reçoivent très rarement des suffixes augmentatifs ; ceux-ci peuvent être joints au nom primitif ; (**Juanazo**, *Gros-Jean*, augmentatif de **Juan**), ou à un diminutif : (**Perico**, diminutif de **Pedro**, a forné : **Pericón, Pericote, Pericacho, Pericazo**).

II. DIMINUTIFS

243. — Les suffixes diminutifs les plus usités sont : **ito, illo, ico, uelo** (1) Le suffixe **uelo** indique quelquefois une idée de défaveur. Suivant la longueur et la composition du mot primitif, les suffixes diminutifs s'ajoutent à ce primitif, soit immédiatement, soit après l'avoir fait suivre d'un crément (2) (**incremento**). Les créments sont **c, ec, ecec** devant les suffixes **ito, illo, ico,** et **z, ez, ecez, ich, ach** devant le suffixe **uelo.**

244. — Première règle. Les monosyllabes terminés par une voyelle reçoivent **ececito, ececillo, ececico, ecezuelo.**

Ex. : pie, *pied* — **piececito, piececillo, piececico, piecezuelo, pecezuelo** (3)

245. — Deuxième règle. Reçoivent **ecito, ecillo, ecico, ezuelo, ichuelo, achuelo :**

1° Les monosyllabes terminés par une consonne ou une **y**

Ex. : **Dios,** *Dieu* — **diosecillo**
Flor, *fleur* — **florecita, florecilla**
Pan, *pain* — **panecito, panecillo, panecico**
Pez, *poisson* — **pececito, pececillo, pecezuelo**
Piel, *peau* — **pielecica**
Rey, *roi* — **reyezuelo**
Exceptions : **Ruin,** *vil*, fait : **ruincito, ruincillo, ruincico.**

Les noms de personnes ne reçoivent que les suffixes **ito, illo, ico,** sans crément.

Ex. : **Blas, Blasillo — Gil, Gililllo, — Juan, Juanito, Juanico — Luis, Luisico**

2° Les bisyllabes terminés par **e** non accentuée

Ex. : **Ave,** *oiseau* — **avecita, avecilla, avecica**

---

(1) **uelo** était jadis **ol** ; la o finale a été ajoutée et la voyelle a été diphtonguée sous l'influence de l'accentuation. On disait **royol,** *rougeaud* (de **royo,** *roux*), au lieu de **royuelo** ; **Sanchol** (de **Sancho**) au lieu de **Sanchuelo.**

(2) Cette épenthèse d'un crément existait également en latin, où le suffixe diminutif *ulus* devenait *culus, iculus, unculus* suivant la nature du primitif.

(3) **Pecezuelo** étant commun à **pie,** *pied* et à **pez,** *poisson,* il est préférable de se servir, pour les diminutifs de **pie.** des formes dans lesquelles la diphtongue **ie** s'est maintenue.

Baile, *bal* — **bailecito**
Diente, *dent* — **dientecillo**
Fraile, *moine,* **frailecito, frailecillo, frailecico, frailezuelo**
Hombre, *homme* — **hombrecito, hombrecillo, hombrecico, hombrezuelo**

Exceptions : De **calle,** *rue,* on forme **calleja,** *ruelle.*

Gozque, *chien,* outre ses diminutifs réguliers **gozquecito, gozquecico,** forme **gozquillo** et **gozquejo.**

Valle, *vallée,* outre ses diminutifs réguliers **vallecito, vallecillo, vallecico,** forme **vallejo.**

On trouve au XVIᵉ·siècle, **cochito,** diminutif de **coche,** *voiture.*

3º Les bisyllabes dont la première syllabe renferme une des diphtongues **ei, ie, ue.**

Ex : **Pleito,** *procès* — **pleitecillo**
    Reina, *reine* — **reinecita**
    Ciego, *aveugle* — **cieguecito, cieguecillo, cieguezuelo, ceguezuelo**
    Piedra, *pierre* — **piedrecita, piedrecilla, piedrecica, pedrezuela**
    Pieza, *pièce* — **piececita, piececilla, piececica, piecezuela (1) pecezuela (2)**
    Yerba, *herbe* — **yerbecilla**
    Cuerno, *corne* — **cornecito, cornecillo, cornecico**
    Fuerza, *force* — **forcezuela.**
    Huevo, *œuf* — **huevecillo, huevecico.**
    Puerto, *port* — **portichuelo.**
    Rueda, *roue* — **rodezuela.**

Remarque. **Cuesta,** *côte, pente,* outre ses formes régulières **cuestecita, cuestecilla, cuestecica, cuestezuela,** forme aussi **costanilla.**

4º Les bisyllabes terminés par une des diphtongues **ia, io, ua.**

Ex. : **Cofia,** *résille* — **cofiezuela.**
    Genio, *génie* — **geniecillo.**
    Legua, *lieue* — **legüecita, legüezuela.**

Remarques. **Bestia,** *bête,* a les formes régulières **bestiecita, bestiecilla, bestiecica;** mais, on dit **bestezuela** ou **bestizuela,** et aussi **bestihuela (3).**

La diphtongue finale de ces bisyllabes s'élide parfois complètement. Ex. : **bestia,** *bête* — **bestezuela ; Indio,** *Indien* — **Indezuelo.**

---

(1) Les diminutifs de **pieza,** *pièce,* ne diffèrent de ceux de **pie,** *pied,* que par le genre.

(2) **Pecezuela** est aussi le féminin de **pecezuelo,** *petit poisson;* aussi vaut-il mieux employer pour **pieza** les formes diminutives dans lesquelles la diphtongue **ie** s'est maintenue.

(3) Sur **bestihuela,** Cf. §247 remarque C.

Exceptions : **Agua,** *eau* — **agüita.**
      Aria, *air* — **arieta** (1).
      Pascua, *Pâques* – **Pascuita.**
      Patio, *cour* — **patín.**
      Rubia, *non d'une plante* — **rubita.**

5º La plupart des bisyllabes en **ío**

Ex : **Brío,** *courage* — **briecico**
Frío, *froid* — **friecillo**
Río, *cours d'eau* — **riachuelo.**

246. — Troisième règle. Reçoivent **cito, cillo, cico, zuelo**

1º Les polysyllabes terminés par **n.**

Ex. : **Corazón,** *cœur* — **corazoncito**
Imagen, *image* — **imagencilla**
Ladrón, *voleur* — **ladroncito, ladroncillo, ladronzuelo.**
Margen, *bord* — **margencita**

On dit indistinctement :

Jardincito, jardincillo, jardincico et **jardinito, jardinillo,**
(de **jardín,** *jardin*).
Jazmincillo et **jazminillo** (de **jazmín,** *jasmin*).
Sartencilla et **sartenilla** (de **sarten,** *poêle*).

Exceptions : Les noms en **in** n'admettent que les diminutifs en **ito.**
Jardín et **jazmín** ont cependant les deux formes.

Les mots suivants ne forment pas leurs diminutifs d'après la règle :
Almacén, *magasin* — **almacenillo.**
Galán, *galant* — **galancete,** (*dameret*).
Volcán, *volcan* — **volcanejo.**
Almadén, *nom d'une ville* — **Almadenejos.**
Agustin — **Agustinillo.**
Joaquín — **Joaquinito, Joaquinillo.**

2º Les polysyllabes terminés par **r,** accentués sur la dernière syllabe.

Ex. : **Autor,** *auteur* — **autorcito, autorcillo, autorzuelo.**

Cantar, *chanson* — **cantarcito, cantarcillo, cantarcico.**
Dolor, *douleur* — **dolorcito, dolorcillo.**
Mujer, *femme* — **mujercita, mujercilla, mujercica, mujerzuela.**

On dit indistinctement :

Altarcito, altarcillo, altarcico et **altarito, altarillo, altarico**
(de **altar,** *autel*).
Pilarito, pilarillo, pilarico et **pilarcillo** (de **pilar,** *pilier*).

Exceptions : Les mots suivants ne forment pas leurs diminutifs d'après la règle :

---

(1) L'italien possède aussi le diminutif *arietta* et le français *ariette,*

Alfiler, *épingle* — **alfilerito, (1) alfilerillo.**
Olivar, *lieu planté d'oliviers* — **olivarejo.**
Señor, *monsieur* — **señorito.**
Vasar, *buffet à vaisselle* — **vasarillo.**
Colmenar — **Colmenarejo.**
Guadalquivir — **Guadalquivirejo.**
Gaspar — **Gasparito.**

247. — Quatrième règle. Les noms n'appartenant à aucune des catégories précédentes, et c'est le plus grand nombre, reçoivent le plus souvent **ito, illo, ico, uelo,** sans crément.

Ex. : **Abuela,** *grand'mère* — **abuelita** (terme d'affection),
Casa, *maison* — **casita.**
Hidalgo, *hidalgo* — **hidalgüelo.**
Hijo, *fils* — **hijito, hijuelo.**
Mesa, *table* — **mesica.**
Mozo, *garçon* — **mocito, mozuelo.**
Pequeño, *petit* — **pequeñito, pequeñuelo.**
Perro, *chien* — **perrito, perrillo, perrico.**
Pícaro, *gai* — **picarillo, picaruelo.**

De même certains adjectifs : **todo, todito** — **revoltoso, revoltosillo** — **caliente, calentito.**

Remarque A. Les mots dans lesquels la diphtongue finale **io, ia,** est précédée de **n,** changent souvent cette **n** en **ñ** devant un suffixe diminutif et la diphtongue disparaît.

Ex. : **Antonio,** *Antoine* — **Antoñito, Antoñuelo**
Demonio, *démon* — **demoñuelo.**

B. La diphtongue finale d'un nom s'élide fréquemment devant **uelo.**

Ex. : **Iglesia,** *église* — **iglesuela**
Venecia, *Venise* — **Venezuela,** *Vénézuela.* (Petite Venise)
Valencia, *Valence* — **Valenzuela,** *village voisin de Cordoue.*

C. Le suffixe **uelo** est toujours précédé d'une **h** ou d'une **g** (2), quand il est joint à un nom terminé par **eo, ea, io, ía.**

Ex. : **Aldea,** *hameau* — **aldehuela, aldegüela**
Correa, *courroie* — **correhuela, corregüela.**
Picardía, *bassesse* — **picardihuela, picardigüela**
Judío, *juif* — **judihuelo, judigüelo**
Andrea — **Andrehuela, Andregüela**
Lucía — **Lucihuela, Lucigüela**
Mencía — **Mencigüela.**

---

(1) **Alfilerito** est le plus usité ; on emploie aussi, mais rarement, les formes régulières, **alfilercito, alfilercillo, alfilercico.**

(2) **Hue** se prononçant presque **güe** (voir § 12) on en est venu à écrire indifféremment **h** ou **g** devant **uelo** : c'est un usage admis. Cette épenthèse d'une **h** a également lieu dans un bisyllabe en **io : bestia, bestihuela** (§ 245, 4° remarques).

Cependant : **navío**, *navire*, fait **navichuelo**.

EXCEPTIONS : Les mots suivants ont des diminutifs réguliers et d'autres formés par l'épenthèse d'un crément.

> Ex. : **Arbol**, *arbre* — **arbolito, arbolillo, arbolico** — **arbolecito, arbolecillo, arbolecico.**
> **Llano**, *plaine* — **llanito** — **llanecito, llanecillo.**
> **Mano**, *main* — **manita, manilla** — **manecita, manecilla.**
> **Obra**, *œuvre* — **obrita, obrilla, obrica** — **obrecita, obrecilla, obrecica.**
> **Prado**, *pré* — **pradillo** — **pradecito, pradecillo.**
> **Verso**, *vers* — **versecillo.**

248. Les suffixes diminutifs suivants sont moins usités :

ete   **alfanjete**, *sabre court, large et recourbé* (de **alfanje**, *sabre*, — **calvete**, *homme à demi-chauve* (de **calvo**, *chauve*) — **tamborete** (de **tambor**, *tambour*)

eto   **arqueta**, *coffret* (de **arca**, *coffre*) — **muleto** (de **mulo**, *mulet*).

ote   **anclote**, (de **ancla**, *ancre*) — **camarote**, *cabine de vaisseau*, (de **cámara**, *salle*) — **islote**, *îlot*, (de **isla**, *île*) — **pipote**, (de **pipa**, *pipe*).

ón (1)   **escotillón**, *écoutillon* (de **escotilla**, *écoutille*) — **plumón**, *duvet*, (de **pluma**, *plume*).

ión   **plumión**, *duvet*, (de **pluma**, *plume*).

in (2)   **espadin**, *épée courte*, (de **espada**, *épée*) — **peluquín**, (de **peluca**, *perruque*).

ino (3)   **corzino**, (de **corzo**, *chevreuil*) — **hocino**, *serpe*, (de **hoz**, *faucille*).

iño   à peine usité en espagnol : particulier à la Galice.

el   **porcel** (4), (de **puerco**, *porc*).

il   **ministril**, (de **ministro**, *ministre*) — **tamboril**, *tambourin*, (de **tambor**, *tambour*).

---

(1) A rapprocher, d'après l'Académie de Madrid, du diminutif provençal en **ó**.

(2) **Ín** est particulier aux Asturies où il est le suffixe diminutif employé le plus fréquemment : on dit : **pajarín, angelín**, au lieu de **pajarito, angelito**.

(3) **Ino** est particulier à l'Estrémadure : il peut occasionner quelques équivoques : **pollo**, *poulet*, a pour diminutif **pollino**, qui signifie aussi *bourrique* ; **gorro**, *bonnet*, a pour diminutif **gorrino**, qui signifie aussi *cochon de lait*.

(4) Mot particulier à Murcie : la règle de formation n'est pas observée : la forme régulière serait **porquel.**

ato   ballenato, *baleineau*, (de **ballena**, *baleine*) — **cervato**,
        jeune cerf, (de **ciervo**, *cerf*) — **lobato**, *louveteau*, (de
        lobo, *loup*).

asto   **lebrasto**, *lapereau* (de **liebre**, *lièvre*).

atón   **liebratón** ou **lebratón**, *lapereau*.

astón   **liebrastón** ou **lebrastón**, *lapereau*.

azo   **hornaza** (1) (de **horno**, *fourneau*) — **lagunazo**, *flaque
        d'eau* (de **laguna**, *lagune*).

izo   **callizo**, *ruelle* (de **calle**, *rue*) — **canalizo**, *petit détroit* (de
        canal, *canal*).

esno   **osesno**, *ourson* (de **oso**, *ours*) — **pavesno** (de **pavo**, *paon*).

ezno   **perrezno** (de **perro**, *chien*) — **rufezno** (3) (de **rufo**, *roux*)
        judezno, (4) *fils de juif* (de **judío**, *juif*) — **morezno**, *fils
        de maure* (de **moro**, *maure*).

isco   **trocisco**, *trochisque* (de **trozo**, *morceau*).

iche   **boliche** (de **bola**, *boule*).

ueco   **doncellueca**, *vieille fille* (de **doncella**, *jeune fille*).

ejón   **cerrejón**, (de **cerro**, *colline*) — **torrejón**, *tourelle*, (de **torre**
        tour).

249. — Les trois suffixes suivants indiquent presque toujours, en
même temps que l'idée de diminution, une idée de défaveur :

ajo (5) **hatajo** (de **hato**, *troupeau*) — **lagunajo**, *flaque d'eau*, (de
         laguna, *lagune*.)

ejo   **calleja**, *ruelle* (de **calle**, *rue*) — **raiceja** (de **raiz**, *racine*).

ijo   **lagartija**, *lézard de muraille ;* (de **lagarto**, *lézard*) —
        serijo, (de **sera**, *cabas*) — **vasija** (de **vaso**, *verre*).

250. — Suffixes communs aux augmentatifs et diminutifs : **ón,
atón, ejón.**

Aux augmentatifs, diminutifs et péjoratifs : **ote, azo.**

Aux diminutifs et péjoratifs : **ete, ato, izo** — **ajo, ejo, ijo.**

---

(1) **Hornazo** est l'augmentatif.

(2) **Callizo** est particulier à l'Aragon. On emploie plutôt **callejón**
ou **callejuela.**

(3) Le peuple emploie **rufezno** dans le sens de **rufián, rufiancillo.**

(4) On dit plutôt **iudezno.**

(5) Ce suffixe **ajo** est souvent précédé d'un crément. Ex. : **rana,**
grenouille ; **ranacuajo** — **espuma**, *écume* ; **espumarajo**, *salive* —
comer, *manger* ; **comistrajo**, *mélange extravagant de mets* —
Créments : **acu, ar, istr.**

251. — Les diminutifs suivants sont très irréguliers :

boya, *bouée* — **boyarín**
cáliz, *calice* — **calecico**
cerviz, *cervelle* — **cerviguillo,** *cervelet*
dama, *dame* — **damisela,** *damoiselle*
mozo, *garçon* — **mozalbete, mozalbillo,** *garçonnet*
tamaño, *volume de qc.* — **tamarrizquito, tamarrusquito.**

Citons aussi le mot **chico,** *petit,* un des mots ayant les plus nombreuses formes diminutives de la langue :

chiquito, chiquillo, chiquico, chicuelo
chiquitito, chiquitillo, chiquitico, chiquituelo, chiquitín
chiquillito, chiquillico, chiquilluelo
chicote, chicotito, chicotillo, chicotico, chicotuelo
chicorro, chicorrotito, chicorrotillo, chicorrotico, chicòr-
rotuelo, chicorrotín
chiquirritito, chiquirritillo, chiquirritico, chiquirrituelo,
chiquirritín, chiquilicuatro.

DIMINUTIFS DE DIMINUTIFS

252. — On joint quelquefois deux suffixes diminutifs : on observe alors les mêmes règles que pour la formation des diminutifs ordinaires. Ainsi un diminutif en **ón** recevra **cito, cillo, cico, zuelo,** etc...

Ex. : **Ánade,** *canard* — **anadón** — **anadoncillo.**
Calle, *rue* — **calleja** — **callejuela.**
Libro, *livre* — **librete** — **libretillo, libretín.**
Plaza, *place* — **plazuela** — **plazoleta.**
Paño, *drap* — **pañuelo** — **pañoleta.**
Patio, *cour* — **patín** — **patinillo, patinejo.**
Pipa, *pipe* — **pipote** — **pipotillo.**
Señor, *monsieur* — **señorito** — **señoritico.**

REMARQUE. **Falda,** diminutif **faldilla,** a pour double diminutif **faldellín.**

On trouve aussi trois suffixes diminutifs joints :

Ex. : **Calle** — **calleja** — **callejón** — **callejoncillo, callejonzuelo.**

Señor — **señorito** — **señoritico** — **señoritiquín.**
Paño — **pañizuelo** (pañizo n'est pas usité).

DIMINUTIFS D'AUGMENTATIFS

253. — Une terminaison diminutive se joint quelquefois à un augmentatif et lui donne le sens d'un diminutif.

Ex. : **corteza**, *écorce* — **cortezón** — **cortezoncillo**
pícaro, *gai* — **picarón** — **picaroncillo, picaronzuelo**
sala, *salle* — **salón** — **saloncito, saloncillo.**

254. — Il existe des diminutifs d'augmentatifs de diminutifs.

Ex. : **arca**, *coffre*, a pour diminutif **arqueta** — **arqueta** a pour augmentatif **arquetón**; et **arquetón**, augmentatif de diminutif, a lui-même pour diminutif **arquetoncillo.**

255. — Un grand nombre de diminutifs, qui, à l'origine, n'indiquaient que la diminution du primitif, sont pris aujourd'hui dans une acception spéciale.

azucarillo, *biscuit de sucre*, diminutif de **azúcar**, *sucre*.
camarote, *cabine de vaisseau*, diminutif de **cámara**, *chambre*.
cerillo, *allumette en cire*, diminutif de **cera**, *cire*.
manguito, *manchon*, diminutif de **manga**, *manche*.
mantilla, *mantille*, diminutif de **manta**, *couverture*.
marmolejo, *petite colonne*, diminutif de **mármol**, *marbre*.
palillo, *cure-dents en bois*, diminutif de **palo**, *bois*.
pañuelo, *mouchoir*, diminutif de **paño**, *drap*.
pastillla, *pastille*, diminutif de **pasta**, *pâte*.
pileta, *bénitier*, diminutif de **pila**, *auge*.
pinaza, *pinasse*, diminutif de **pino**, *pin*.
zapatilla, *pantoufle*, diminutif de **zapato**, *soulier*.

256. — Quelques diminutifs sont d'un autre genre que les primitifs. Tels sont les masculins suivants, diminutifs de noms féminins :

ancla, *ancre* — **anclote.**
espada *épée* — **espadín.**
peluca, *perruque* — **peluquín.**
pipa, *pipe* — **pipote.**
sera, *cabas* — **serijo.**
Semblablement quelques noms masculins ont un diminutif féminin.
lagarto, *lézard* — **lagartija.**
vaso, *verre* — **vasija.**
etc..., etc....

DIMINUTIFS DES PRÉNOMS (1).

257. — La formation des diminutifs des prénoms est très-irrégulière; certains prénoms ont des diminutifs réguliers formés comme ceux des substantifs, d'après les règles données plus haut. Tels sont :

Carmen — **Carmencita** — **Carmencilla.**
Ines — **Inesita.**
Irene — **Irenita.**

---

(1) Voir dans la paragraphes précédents les exemples de diminutifs des prénoms déjà cités.

Miguel — Miguelillo.
Ramón — Ramoncito.
Socorro — Socorrito.

258. — D'autres ont à la fois des diminutifs réguliers et des diminutifs irréguliers, qui ne rappellent même pas le nom qui leur a donné naissance. Voici une liste des plus usités :

Catalina — Cata, Catana, Catanla.
Concepción — Concha, Conchita, Chon.
Francisco — Francisquito, Frasquito, Francho, Paco, Paquito, Pacho, Pachico, Pancho, Panchito, Curro, Quico, Quiquito, Faco, Praisco, Farruco — et à Cuba : Chico.
Gertrudis — Tula.
Isabel — Belica.
José — Pepe (1).
Manuel — Manolo, Manolito.
Manuela — Manola, Manolita, Manolilla, Lola, Lolita.
María — Marica, Mariquita, Mariquilla, Maricuela, Marihuela, Maruja, Cota.
Pedro — Pedrito, Pedrillo, Perico, Periquito, Periquillo, Periquillito, Perucho.
Rosario — Rosarito, Charo.

259. — Les prénoms en **os**, **as**, **es**, forment leurs diminutifs en rejetant d'abord la désinence du primitif (s ou es) pour l'ajouter ensuite aux diminutifs une fois formés.

Carlos — Carlitos.
Desamparados — Desamparaditos.
Dolores — Dolorcitas, Lola, Lolita.
Lucas — Luquillas.
Marcos — Marquitos.
Matias — Matihuelas.
Mercedes — Merceditas.

III. PÉJORATIFS (1)

260. — Les suffixes péjoratifs les plus usités sont **ajo**, **ejo**, **ijo**, qui, comme on l'a vu (§ : 249) sont aussi des suffixes diminutifs :

ajo   **escobajo**, *vieux balai*, (de **escoba**, *balai*) — **espantajo**, *épouvantail*, (de **espanto**, *épouvante*) — **latinajo**, *mauvais latin*, (de **latino**, *latin*) — **terminajo**, *mauvais terme*, (de **término**, *terme*).

---

(1) A rapprocher de l'italien *Giuseppe*.

(1) **Despectivos, despreciativos** ou **menospreciativos**.

ejo   animalejo, (de **animal**, *animal*).
ijo   bodijo, *mauvaise noce* (de **boda**, *noce*).

261. — Les suffixes péjoratifs suivants sont moins usités :

ete   vejete, *vieillard ridicule*, (de **viejo**, *vieux*.
ote   franchote, nom de mépris donné aux Français et aux étran-
         gers (irrégulièrement dérivé de **Francés**, *Français*) — gui-
         sote, *ragoût grossier*, (de **guiso**, *assaisonnement*) — vie-
         jote, *vieillot*, (de **viejo**, *vieux*) — principote, *qui se
         donne des airs de prince*, (de **príncipe**, *prince*).

ute   franchute, nom de mépris donné aux Français et aux étran-
         gers, (irréguliérement dérivé de **Francés**, *Français*).

ato   cegato, *court de vue*, (de **ciego**, *aveugle*).

aco   libraco, *livre méprisable*, (de **libro**, *livre*).

uco   carruco, *mauvais char*, (de **carro**, *char*) — casuca, *cahu-
         te*, (de **casa**, *maison*) — frailuco, *mauvais moine*, (de
         fraile, *moine*) — hermanuco, *mauvais frère lai*, (de
         hermano, *frère*).

acho   covacha, (de **cueva**, *cave*) — populacho (1), *basse plèbe*, (de
         popular, *peuple*) — terminacho, *mauvais terme*, (de
         término, *terme*) — vulgacho, *bas-peuple*, (de **vulgo**,
         peuple).

ucho   animalucho, *animal hideux*, (de **animal**, *ánimal*) —
         blancucho, *blanc sale*, (de **blanco**, *blanc*) — calducho,
         mauvais bouillon, (de **caldo**, *bouillon*) — papelucho,
         écrit méprisable, (de **papel**, *papier*) — casucha, *masure*,
         (de **casa**, *maison*).

azo   babaza, *bave épaisse* (de **baba**, *bave*) — sangraza, *sang
         corrompu*, (de **sangre**, *sang*) — vinaza, *vinasse*, (de
         vino, *vin*) — madraza, *mère trop indulgente*, (de **ma-
         dre**, *mère*) — padrazo, *père trop indulgent*, (de **padre**,
         père).

iza   carniza, *déchets de chair*, (de **carne**, *chair*)

uza   canalluza, *lie du peuple*, (de **canalla**, *canaille*) — car-
         nuza, *viande de rebut*, (de **carne**, *chair*) — gentuza,
         populace, (de **gente**, *gens*).

orro   aldeorro, *petit hameau*, (de **aldea**, *hameau*) — ceporro,
         vieux cep, (de **cepa**, *cep*) — ventorro, *mauvaise auberge*,
         (de **venta**, *auberge*).

orrio   aldeorrio, *petit hameau*, (de **aldea**, *hameau*) — bodor-
         rio, *mauvaise noce*, (de **boda**, *noce*) — villorrio, *petite
         bourgade*(de **villa**)

astro   camastro, *lit de paysan*, (de **cama**, *lit*) — criticastro,
         mauvais critique, (de **crítico**, *critique*) — filosofastro,
         (de **filósofo**) — poetastro, (de **poeta**). La terminaison
         astro indique aussi certains degrés de parenté et correspond

____

(1) Irrégulièrement formé ; la forme régulière serait **popularacho**.

alors à la terminaison française *âtre* : **padrastro**, *parâtre*, (de **padre**) — **madrastra**, *marâtre*, (de **madre**) — **hijastro**, *beau-fils* (de **hijo**) — **hijastra**, *belle-fille*, (de **hija**) ualla **antigualla**, *antiquaille* (de **antiguo**, *antique*) — **gentualla**, *basse plèbe*, (de **gente**, *gens*).

262. — Suffixes communs aux augmentatifs et péjoratifs : **acho**
aux augmentatifs, diminutifs et péjoratifs : **azo, ote**
aux diminutifs et péjoratifs : **ajo, ejo, ijo** — **ete, ato, izo**

263. — Les péjoratifs suivants sont très irréguliers
ave, *oiseau* — **avechucho**, *oiseau hideux*
demonio, *démon* — **demonichucho**, *démon laid*
hombre, *homme* — **hominicaco, monicaco**, *homme méprisable*
monge, *moine* — **monigote**
pájaro, *oiseau* — **pajarraco**.

264. — Le plus souvent le substantif péjoratif dérive d'un substantif ; mais il peut dériver d'un adjectif, (comme **antigualla**, substantif qui dérive de l'adjectif **antiguo**), ou même d'un verbe comme les suivants :

bebistrajo, *mélange extravagant de boissons*, — de **beber**, *boire*
colgajo, *lambeau* — de **colgar**, *pendre*
comistrajo, *mélange extravagant de mets* — de **comer**, *manger*
dicharacho, *parole grossière* — de **dicho**, participe passé de **decir**, *dire*
pegote, *emplâtre de poix* — de **pegar**, *coller*.
pintarrajo, *mauvaise peinture* — de **pintar**, *peindre*.

Enfin, il existe certains noms indiquant une chose ou un objet de mauvaise qualité, qui se terminent par des suffixes péjoratifs, sans dériver d'un nom simple. Tels sont : **cogucho**, *mauvais sucre* — **meladucha**, *pomme grossière*, etc...

AUGMENTATIFS DE PÉJORATIFS

265. — Certains péjoratifs sont susceptibles de recevoir des suffixes augmentatifs : Ex. : **cegatón**, augmentatif de **cegato**, *court de vue*, qui est lui-même un péjoratif dérivé de **ciego**, *aveugle*.

DIMINUTIFS DE PÉJORATIFS

266. — Les suffixes diminutifs peuvent, eux aussi, affecter les péjoratifs. Ex. : **Covacha**, péjoratif de **cueva**, *cave*, a formé le diminutif **covachuela** (1). — **carrucho**, péjoratif de **carro**, *char*, a formé

---

(1) Outre son sens ordinaire, **covachuela** signifie aussi : *bureau de la secrétairerie d'Etat*, parce que ce bureau était jadis installé dans une partie obscure d'un palais.

carruchín — **ventorro**, péjoratif de **venta**, *hôtellerie*, a formé **ventorrillo**.

267. — De même que les augmentatifs et les diminutifs, les péjoratifs expriment quelquefois une idée s'écartant légèrement de celle du primitif et n'impliquant pas la dépréciation. Ainsi **sierra**, *scie*, forme **serrucho**, *scie à main*.

268. — Quelques péjoratifs sont d'un autre genre que les primitifs. Ex. : **sierra**, *scie* — **serrucho** ; — **venta**, *hôtellerie* — **ventorro**.

PÉJORATIFS DES PRÉNOMS

269. — On trouvera parmi les diminutifs des prénoms (§ 258) quelques suffixes particuliers aux péjoratifs. Tels sont : **Farruco** (de **Franciscço**) ; **Perucho** (de **Pedro**).

270. — TABLEAU DES SUFFIXES, DES AUGMENTATIFS, DES DIMINUTIFS ET DES PÉJORATIFS.

aco	P	**el**	D	**ión**	D
acho	A P	**erón**	A	**isco**	D
achón	A	**esno**	D	**ito**	D
ajo	D P	**ete**	D P	**izo**	D P
arro	A	**eto**	D	**ón**	A D
arrón	A	**etón**	A	**orro**	P
asco	A	**ezno**	D	**orrio**	P
asto	D	**ico**	D	**ote**	A D P
astón	D	**iche**	D	**uallo**	P
astro	P	**ijo**	D P	**uco**	P
ato	D P	**il**	D	**ucho**	P
atón	A D	**illo**	D	**ueco**	D
azo	A D P	**ín**	D	**uelo**	D
ejo	D P	**ino**	D	**ute**	P
ejón	A D	**iño**	D	**uzo**	P

NOMS DE JEUNES ANIMAUX.

271. — Les noms des animaux en bas âge ont été formés le plus souvent du nom ordinaire par l'addition d'un suffixe diminutif ou péjoratif. Cependant certains de ces noms diffèrent entièrement du simple.

águila, *aigle* — **aguilucho**, *aiglon*.
ánade, *canard* — **anadino, anadón**, *caneton* — **anadeja**, *canette*.
ánsar, *oie* — **ansarino, ansarón**, *oison*.
ballena, *baleine* — **ballenato**, *baleineau*.
caballo, *cheval* — **potro**, *poulain*.
cabra, *chèvre* — **cabrito**, *chevreau* — **chibo, chibato**, *chevreau de six mois à un an* — **choto**, *cabri*.
ciervo, *cerf* — **cervato**.
cigüeña, *cigogne* — **cigoñino**.
codorniz, *caille* — **cornigón**, *cailleteau*.
conejo, *lapin* — **gazapo**, *lapereau*.
corzo, *chevreuil* — **corcino**.
gallina, *poule* — **pollo** (1), *poussin*.
gamo, *daim* — **gamezno**.
jabalí, *sanglier* — **jabato**, *marcassin*.
liebre, *lièvre* — **liebratón, liebrastón, lebrato, lebratón, lebrasto, lebrastón**, *lapereau*.
lobo, *loup* — **lobato, lobezno**, *louveteau*.
oveja, *brebis* — **cordero**, *agneau* — **añino**, *agneau de moins d'un an* — **añojo** (2), *agneau d'un an* — **borrego**, *agneau d'un à deux ans*.
paloma, *pigeonne* — **palomino**, *pigeonneau*.
paloma casera, *sorte de pigeonne* — **pichón**.
pardillo, *linot* — **chibón**.
pavo, *paon* — **pavipollo, pavesno** (3).
perdiz, *perdrix* — **perdigón**, *perdreau*.
perro, *chien* — **cachorro** (4).
picaza, *pie* — **picazo** (5).
puerco, *porc* — **lechón**, *cochon de lait* — **gorrín, gorrino**, *petit porc de moins de quatre mois* — **porcino, porcel**, *jeune porc*.
rana, *grenouille* — **ranacuajo, renacuajo**, *têtard*.

---

(1) **Pollo** se dit aussi du petit d'un oiseau (**ave**) quelconque.

(2) **Añojo** s'emploie le plus souvent pour désigner *le veau d'un an*.

(3) On trouve aussi **pavezno**.

(4) **Cachorro** se dit aussi du petit d'un carnivore quelconque; tout animal à la mamelle se nomme **lechazo**, (de **leche**, *lait*).

(5) **Picazo** signifie aussi *coup de pique* (**pica**).

toro, *taureau* — **becerro, ternero** (1), *veau* — **añojo,** *veau d'un an accompli.*

víbora, *vipère* — **viborezno,** *vipereau.*

yegua, *jument* — **potranca,** *pouliche.*

On nomme **niñato** le *petit veau* qui se trouve dans le ventre d'une vache tuée ; et **nonato** l'enfant né par une incision au ventre de sa mère.

____

(1) **Becerro** et **ternero** ont le féminin **becerra** et **ternera** ; mais ce dernier s'emploie seulement pour désigner la *chair du veau,* viande de boucherie.

CHAPITRE VII

LES NOMS DE NOMBRE

I. CARDINAUX

1 uno.
2 dos.
3 tres.
4 cuatro.
5 cinco.
6 seis.
7 siete.
8 ocho.
9 nueve.
10 diez.
11 once.
12 doce.
13 trece.
14 catorce.
15 quince.
16 diez y seis.
17 diez y siete.
18 diez y ocho.
19 diez y nueve.
20 veinte.
21 veinte y uno.
30 treinta.
40 cuarenta.
50 cincuenta.

60 sesenta.
70 setenta.
80 ochenta.
90 noventa.
100 ciento.
200 doscientos.
300 trescientos.
400 cuatrocientos.
500 quinientos.
600 seiscientos.
700 setecientos.
800 ochocientos.
900 novecientos.
1.000 mil.
2.000 dos mil.
3.000 tres mil.
10.000 diez mil.
100.000 cien mil.
200.000 doscientos mil.
300.000 trescientos mil.
1.000.000 un millón.
2.000.000 dos millones.
3.000.000 tres millones.

273. — On écrivait jadis **docientos** et **trecientos**.

Pour les multiples de 1,000, le vieil espagnol intercalait volontiers le mot **veces** ; ex. : **sesenta veces mil**, *soixante fois mille*, 60,000.

274. — Au-delà de 16, on place les unités après l'autre nombre auquel on les rattache par la conjonction y : **diez y seis**, 16 — **veinte y cuatro**, 24 — **noventa y dos**, 92, etc...

275. — Les centaines, les dizaines et les unités sont jointes entre elles par la conjonction y : **ciento y tres**, 103. — **ciento y veinte y cinco**, 125 — **doscientos y treinta y tres**, 233, etc...

276. — Les dizaines et les unités sont jointes aux milliers par y ; il en est de même de **ciento**, mais non de ses composés **doscientos, trescientos**, etc... qui sont jointsaux milliers sans conjonction : **mil y dos**, 1002 — **mil y catorce**, 1014 — **mil y ciento y veinte y tres**, 1123 — **mil doscientos y cuatro**, 1204 — **mil quinientos y cincuenta**, 1550 — **mil ochocientos y ochenta y nueve**, 1889, etc...

277. — Pour éviter la répétition, on ne conserve le plus souvent la conjonction y que devant le dernier nombre : **mil doscientos cuarenta y cinco**, 1245, etc...

278. — Les noms de nombre au-dessus d'un million sont traduits directement du français : *billion, trillion, quadrillion.* etc... et se disent **billón, trillón, cuadrillón** (1), etc...

Un million, qui se traduit **un millón**, se dit aussi, mais plus rarement, **un cuento** — 2.000.000 **dos cuentos**, etc...

279. — De 16 à 99, les nombres autres que les dizaines peuvent être écrits en un seul mot, la voyelle finale du premier nombre s'élidant et la conjonction s'écrivant **i**. Ex. : **dieciseis, diecisiete, veintiuno, treintidos**, etc...

Ces formes sont peu usitées ; les moins rares sont celles de 16 à 29.

280. — Les cardinaux sont invariables, sauf **uno** dont le féminin est **una**, et les composés de **ciento** : **doscientos, trescientos**, etc... qui ont tous un féminin régulier : **doscientas, trescientas**, etc...

281. — **Uno** perd son **o** finale devant un nom : **un hombre, un buen criado.** Mais l'apocope n'a jamais lieu devant un mot autre qu'un substantif ou un adjectif. On dira donc : **uno de los más cé-**

---

(1) Remarquer qu'on doit leur donner leur valeur actuelle, mille fois le nombre précédent (ainsi un billion vaut mille millions, un trillion mille billions, etc...) et non la valeur qu'ils avaient au XVIe siècle (où un billion valait un million de millions, et ainsi de suite). De nombreux dictionnaires espagnols commettent cette grossière erreur.

lebres guerreros, *un des plus célèbres guerriers* ; et : **un guerrero de los más célebr es**, *un guerrier des plus célèbres.*

Uno a un pluriel quand il sert d'article indéfini : **unos mercaderes, unas casas** ; et quand il sert d'adjectif signifiant l'identité ou la ressemblance : **el mundo siempre es uno**, *le monde est toujours le même ;* — **no todos los tiempos son unos**, *tous les temps ne sont pas semblables.*

282. — **Ciento**, perd sa syllabe finale quand il précède immédiatement un substantif ou un adjectif : **cien máquinas, cien valerosos guerreros** ; mais non devant un autre mot : **ciento contra uno.** Devant un cardinal qu'il multiplie, **ciento** s'apocope : **cien mil hombres** *cent mille hommes.* S'il s'additionne, il ne s'apocope pas : **ciento cuarenta y dos**, *cent quarante-deux.*

283. — **Ciento** et **Mil** s'emploient comme substantifs collectifs et peuvent alors recevoir la marque du pluriel : **las manzanas se venden á tanto el ciento**, *les pommes se vendent tant le cent* — **muchos cientos**, *beaucoup de centaines* — **muchos miles**, *beaucoup de milliers.*

284. — Les cardinaux au-dessus de **un** sont nécessairement pluriels, à moins qu'on ne les emploie comme substantifs dénotant des nombres abstraits ou des figures, des objets, etc... Ils sont alors singuliers et peuvent devenir pluriels : **el once se compone de dos unos**, *le nombre 11 se compose de deux 1* — **ocho es doble de cuatro**, *8 est double de 4* — **el veinte y tres se compone de un dos y un tres** — **el seis de infantería ligera**, *le sixième régiment d'infanterie légère* — **quedaban tres doses en la baraja**, *il restait trois 2 dans le jeu de cartes* — **una baraja tiene cuatro doses, cuatro treses, cuatro cuatros**, *un jeu de carte comprend quatre 2, quatre 3, quatre 4* — **el juego de los cientos**, *le jeu de piquet (le jeu des 100).*

285. — De même qu'en français les cardinaux désignent les divisions de l'heure et du mois : pour indiquer l'heure, on sous-entend le mot **hora**, et on fait précéder le cardinal de l'article défini : *une heure,* **la una** — *il est quatre heures,* **son las cuatro.**

Six heures un quart, **las seis y cuarto** — *Sept heures et demie,* **las siete y media.** — *Huit heures trois quarts,* **las ocho y tres cuartos.** — *Neuf heures moins un quart,* **las nueve menos un cuarto, ou menos cuarto.** — Les Hispano-Américains traduisent l'heure trois-quarts de la façon suivante : *quatre heures trois quarts,* **los tres cuartos para las cinco** *(trois quarts devant cinq heures).*

Midi se traduit par : **las doce**, ou **las doce del día**, ou **mediodía.** — *Minuit* se traduit par : **las doce**, ou **las doce de la noche, ou medianoche.**

On indique les minutes au moyen des cardinaux sans article et en exprimant ou en sous-entendant le mot **minuto** Ex. : *4 h. 35,* **las** cuatro y treinta y cinco — *3 h. moins 25,* las tres menos veinte y cinco (1).

286. — Les cardinaux servent de plus à désigner

1º Les jours du mois : (2).

Ex. : **el quince de Noviembre,** *le 15 Novembre.* **Paris, 29 de Enero de 1781 ;** *Paris, 29 janvier* 1781.

Mais, de même qu'en français, le premier jour d'un mois se rend par un ordinal : **el primero de Abril,** *le premier avril.*

2º Les lois ; néanmoins on emploie l'ordinal **primero** pour désigner la première loi d'un code :

Ex. : **la ley primera, la ley dos,** etc...

287. — **Ambos, ambas** (lat. *ambo*), adjectif pluriel, signifie *tous les deux, l'un et l'autre ;* **venían ambos á caballo,** *ils venaient tous deux à cheval.* On dit aussi : **entrambos, entrambas** (pour : **entre ambos,** jadis usité) — **ambos á dos, ambas á dos** (jadis **ambosdos**) — **entrambos á dos, entrambas á dos.**

II. ORDINAUX

1er	**primero, primo** (3).	11me	**undécimo.**
2me	**segundo.**	12me	**duodécimo.**
3me	**tercero, tercio** (4).	13me	**décimo tercio.**
4me	**cuarto.**	14me	**décimo cuarto.**
5me	**quinto.**	15me	**décimo quinto.**
6me	**sexto.**	16me	**décimo sexto.**
7me	**sétimo** (2).	17me	**décimo sétimo.**
8me	**octavo.**	18me	**décimo octavo.**
9me	**nono.**	19me	**décimo nono.**
10me	**décimo.**	20me	**vigésimo.**

(1). **La mañana** désigne la période de temps qui s'écoule du lever du soleil à midi ; **la tarde** de midi au coucher du soleil ; **la noche** du coucher du soleil au point du jour.

(2). *A quel jour du mois sommes-nous ?* se rend par : ¿ **á cuantos estamos del mes ?** — *Au quatre;* **á cuatro.**

(3) **Primo** et **tercio** ne s'emploient qu'après un autre nombre : **vigésimo primo, décimo tercio.**

(4) On employait aussi **séptimo** ; mais les deux consonnes **pt,** dures à prononcer, l'ont fait tomber en désuétude. On disait de même : **séptuagésimo, septengentésimo, séptuplo,** au lieu de **setuagésimo, setengentésimo, sétuplo.**

21me **vigésimo primo**.
30me **trigésimo**.
40me **cuadragésimo**.
50me **quincuagésimo**.
60me **sexagésimo**.

70me **setuagésimo** (1).
80me **octogésimo**.
90me **nonagésimo**.
100me **centésimo**.

289. — On trouve quelquefois les ordinaux de 20 à 90 formés directement des cardinaux et de la terminaison **ésimo**, mais ces formes sont rares.

200me **ducentésimo**.
300me **trecentésimo**.
400me **cuadragentésimo**.
500me **quingentésimo**.
600me **sexcentésimo**.

700me **setengentésimo** (2).
800me **octogentésimo**.
900me **nonagentésimo**.
1.000^{me} **milésimo**.
1.000.000^{me} **millonésimo**.

Quelques auteurs écrivent aussi : **cuadringentésimo** (400me) — **sescentésimo** (600me) — **septingentésimo** ou **setingentésimo** (700me).

290. — Le féminin et le pluriel des ordinaux sont réguliers : **segundo, segunda, segundos, segundas**.

291. — De 13 à 19 les ordinaux peuvent s'écrire en un ou en deux mots : (3) **décimo tercio**, ou **décimotercio, décimo nono,** ou **décimonono**. Les deux parties prennent naturellement la marque du féminin : **décimacuarta, décimaquinta,** etc...

292. — **Primero, postrero** et **postrimero** (*dernier*) perdent au singulier leur o finale quand ils précèdent immédiatement un nom masculin ou féminin : **el primer hombre, la primer calle**. — Cette apocope est facultative pour **tercero** et **postrero** : **el tercero hermano**, ou : **el tercer hermano**, *le troisième frère*.

Primero, postrero, postrimero et **último** (*dernier*) régissent l'infinitif avec la préposition **en** : **el primero en presentarse**, *le premier qui se présenta*.

293. — Quand un ordinal est composé de plusieurs chiffres, chacun est traduit en espagnol par un ordinal. Ex. : 986me **nonagentésimo octogésimo sexto**.

1072me **milésimo setuagésimo segundo**.

---

(1) Jadis **septuagésimo**.

(2) Jadis **septengentésimo**.

(3) *18me* s'écrira alors **décimoctavo**, la **o** de **décimo** s'élidant devant **octavo**.

SECONDE FORME DES ORDINAUX

294. — Elle s'obtient en ajoutant aux cardinaux, écrits en un seul mot (1) (§ 279), la terminaison **eno** (latin *enus*), On a ainsi :

	11e **onceno**	22e **veintidoseno**
	12e **doceno**	30e **treinteno, tren-**
	13e **treceno**	**teno**
4e **cuatreno**	14e **catorceno**	32e **treintaidoseno**
5e **cinqueno**	15e **quinceno**	40e **cuarenteno**
6e **seiseno**	16e **dieciseimo**	100e **centeno**
7e **seteno**	17e **dieciseteno**	etc...
8e **ocheno**	18e **dieciocheno, deciocheno**	
9e **noveno**	19e **diecinoveno**	
10e **deceno**	20e **veinteno**	

Cette seconde forme est peu usitée ; de 20 à 40, les ordinaux ainsi formés désignent généralement le nombre de centaines de fils de la trame d'une étoffe : **paño veintidoseno,** *drap dont la trame a vingt-deux centaines de fils.*

295. — On emploie les ordinaux jusqu'à 11 pour désigner les monarques : **Enrique segundo,** *Henri II* — **Carlos quinto,** *Charles-Quint.* Au-dessus de 11, on emploie toujours les cardinaux : **Carlos doce,** *Charles XII* — **Alfonso doce,** *Alphonse XII* — **Luis catorce,** *Louis XIV* — **Juan veinte y dos,** *Jean XXII.* On dit indifféremment : **Luis once** ou **undécimo,** *Louis XI.* En parlant de *Alphonse XI d'Espagne,* on dit **Alfonso onceno,** parce qu'au XIVe siècle on employait cette forme.

296. — Les chapitres et les pages d'un livre sont désignés : par les ordinaux pour le nombre 1 : **capítulo primero,** *chapitre premier* — par les ordinaux ou les cardinaux de 2 à 12 — par les cardinaux seuls à partir de 13, pour éviter la longueur des ordinaux.

III. COLLECTIFS

299. — Les collectifs sont formés des cardinaux modifiés par la terminaison féminine **ena** (§ 294). Les plus usités sont les suivants :

---

(1) On écrit aussi, mais rarement : **diez y ocheno,** etc... en séparant les divers mots.

una cinquena, (1) *un groupe de 5*
una setena, *un groupe de 7*
una decena, *une dizaine*
una docena, *une douzaine*
una catorcena, *un groupe de 14*
una quincena, *une quinzaine*

et à partir de 20, de dix en dix : **veintena,** (2) **treintena, cuarentena,** etc...

Une centaine se dit : **una centena** ou **un centenar** ; *un millier,* **un millar.**

Enfin on peut considérer comme de véritables collectifs les mots : **millón, cuento, billón, trillón,** etc... qui sont toujours suivis de la préposition **de.**

Una millarada signifie *plusieurs milliers, une quantité énorme.*

IV. MULTIPLICATIFS

298. — Les plus usités sont les suivants :
simple (*simplicem*) — *simple*
doble (3) (*duplus*) — *double*
triple (4) (*triplus*) — *triple*
cuádruplo (*quadruplus*) — *quadruple*
quintuplo (*quintuplus*) — *quintuple*
séxtuplo (*sextuplus*) — *sextuple*
sétuplo (5) (*septuplus*) — *septuple*
óctuplo (*octuplus*) — *octuple*
décuplo (*decuplus*) — *décuple*

Les multiplicatifs ne sont pas usités au-delà de 10, sauf : **céntuplo** (*centuplus*) *centuple.* Leur féminin est régulier.

---

(1) **Seisena** est le nom d'une ancienne monnaie de cuivre de Valence, valant 6 deniers ou 12 maravédis. — On dit **una media docena** pour *un groupe de 6.* — **Novena** correspond au mot français *neuvaine.*

(2) On dit aussi **un veintenar.**

(3) On dit aussi **duplo** (jadis **dublo**) et **dúplice** (*duplicem*),

(4) On dit aussi **triplo** et **tríplice** (*triplicem*). — **Dublo** et **triplo** s'emploient généralement comme adjectifs, mais on peut aussi les rendre substantifs : **el dublo, el triplo. Doble** et **triple** ne sont jamais pris substantivement. Les autres multiplicatifs, **cuádruplo, quintuplo,** etc... peuvent être adjectifs ou substantifs.

(5) Jadis **séptuplo.**

299. — On forme aussi des multiplicatifs en ajoutant aux cardinaux le mot **tanto**, *autant* : **cuatrotanto**, *quadruple*.

V. PARTITIFS

300. — *La moitié* se dit **la mitad** ; *un demi* se dit **un medio**.

De 3 à 10 on emploie les ordinaux précédés de l'article masculin : **el cuarto**, *le quart* — **el quinto**, *le cinquième* — **el décimo**, *le dixième*.

On doit dire **el tercio**, *le tiers* (et non **el tercero**) et **el noveno**, *le neuvième* (et non **el nono**). *Le huitième* se dit **el octavo**, ou plus rarement **el ochavo**.

A partir de 11 on emploie les cardinaux auxquels on ajoute la désinence **avo** : **onzavo, dozavo, trezavo, catorzavo, quinzavo, veintavo, treintavo, cuarentavo**, etc.... Le pluriel de ces partitifs est régulier : **onzavos, dozavos**, etc....

Des cardinaux qui s'écrivent en plusieurs mots, tels que **diez y séis, diez y siete, veinte y uno, cincuenta y dos**, etc..., on forme des partitifs que l'on peut écrire de trois façons :

1° En écrivant la désinence **avo** comme un mot isolé :

diez y seis avo — treinta y dos avo.

2° En écrivant la désinence **avo** comme un mot isolé après le cardinal écrit en un seul mot (§ 279) :

dieciseis avo — treintidos avo.

3° En ne formant qu'un groupe de lettres du cardinal écrit en un seul mot et de la désinence : **dieciseisavo — treintidosavo.**

Un centième se dit **un centavo** ou **un centésimo** ; *un millième*, **un milésimo** ; *un millionième*, **un millonésimo**.

Exemples : $\frac{2}{6}$ **dos sextos** — $\frac{3}{12}$ **tres dozavos** — $\frac{25}{38}$ **veinte y cinco cincuenta y ocho avos** — $1\frac{5}{8}$ **uno y cinco octavos** — $\frac{872}{1457}$ **ochocientos setenta y dos, mil cuatrocientos cincuenta y siete avos.**

Dans les fractions décimales on emploie les ordinaux au féminin pluriel : **décimas, centésimas, milésimas, diez milésimas, cien milésimas, millonésimas**, etc.....

301. — On peut également se servir, pour exprimer les partitifs, des ordinaux au féminin, suivis du mot **parte**, *partie* : **la tercera parte, la vigésima parte** ; on traduirait de même dans la conversation $\frac{3}{12}$ par **las tres duodécimas partes**. Ce mode de traduction est le plus usité, le premier étant presque exclusivement réservé à l'énonciation des fractions, en mathématiques.

On n'emploie presque jamais les ordinaux féminins sans les faire suivre du mot **parte**; il y aurait du reste de nombreuses équivoques : **la tercia** signifie *le tiers d'une vara (mesure)*; **la cuarta** est aussi un nom de mesure; **la quinta** signifie *la conscription;* **ochava** est le nom d'une ancienne monnaie.

302. — Les partitifs dont on se sert pour les fractions sont employés aussi pour désigner le format des livres :

Ex. : **un tomo en folio,** *un volume in-folio.*
　　　un tomo en cuarto, *un volume in-4.*
　　　un tomo en octavo, *un volume in-8.*
　　　un tomo en dozavo, *un volume in-12.*
　　　un tomo en diez y seis avo, *un volume in-16.*
　　　un tomo en diez y ocho avo, *un volume in-18.*
　　　un tomo en veinte y cuatro avo, *un volume in-24.*
　　　un tomo en treinta y dos avo, *un volume in-32.*

On indique du reste le format des livres à peu près de la même façon qu'en français, par les abréviations suivantes : f° — 4° — 8° — 12°, etc..., etc...

Le mot *grand,* indiquant le format, se traduit par **mayor,** *petit* par **menor** ou **pequeño** : *un volume grand in-8,* **un tomo en octavo mayor** — *un volume petit in-4,* **un tomo en cuarto menor** ou **pequeño.**

CHAPITRE VIII.

LES PRONOMS

I. PRONOMS PERSONNELS

303. — PREMIÈRE PERSONNE

sujet	yo (1); *moi.*	**nosotros, nosotras;** *nous.*
régime sans préposition	**me**	**nos**
régime avec préposition	**mí**	**nosotros, nosotras.**
joint à **con**, (2) *avec*	**conmigo**	

304. — La forme **me** est employée à la fois pour le régime direct et le régime indirect (comme *me* français). On dit : **me ves,** *tu me vois ;* **me odia,** *il me hait* — et : **me hablas,** *tu me parles (tu parles à moi)* ; **me das dinero,** *tu me donnes de l'argent (tu donnes de l'argent à moi).*

305. — La forme **mí** est usitée précédée d'une préposition autre que **con : no piensas en mí,** *tu ne penses pas à moi.* — **Mí**, pronom, se distingue par l'accent de **mi,** *mon,* adjectif pronominal possessif.

306. — **Nosotros** est composé de **nos,** *nous,* et de l'adjectif **otros,** *autres ;* régime sans préposition, l'adjectif **otros** tombe (3) : **nos ama,** *il nous aime;* **nos ha dicho que,** *il nous a dit que (il a dit à nous que).*

Lorsque **nos** est joint à la première personne du pluriel d'un verbe, la **s** qui termine cette personne, disparaît :

---

(1). Les Hispano-Américains écrivent **io.**

(2) La préposition **con** se joignait jadis à **nos,** et l'on disait **nusco, connusco,** *avec nous.* On doit dire aujourd'hui **con nosotros.**

(3). On employait jadis **nos,** régime, avec une préposition.

alabámonos, *nous nous louons ;* **amámonos,** *nous nous aimons.*

307. — *Nous,* pronom sujet, placé immédiatement, en français, devant un attribut que suit le verbe précédé de nouveau du même pronom *nous,* se rend, en espagnol, par l'article défini : *Nous, Espagnols, nous sommes forts ;* **los Españoles somos fuertes** — *nous, Espagnoles, nous sommes belles ;* **las Españolas somos bellas.**

308. — DEUXIÈME PERSONNE

sujet	**tú ;** *toi*	**vosotros, vosotras ;** *vous*
régime sans préposition	**te**	**os**
régime avec préposition	**ti**	**vosotros, vosotras**
joint à **con** (1) *avec*	**contigo.**	

309. — **Tú,** pronom, se distingue par l'accent de **tu,** *ton,* adjectif pronominal possessif.

310. — La forme **te** est employée à la fois pour le régime direct et le régime indirect (comme *te* français). On dit : **te veo,** *je te vois ;* **te odio,** *je te hais* — et : **te hablo,** *je te parle (je parle à toi) ;* **te doy dinero,** *je te donne de l'argent (je donne de l'argent à toi).*

311. — La forme **ti** est usitée précédée d'une préposition autre que **con,** ou d'une interjection autre que **o :** on dit en effet : **contigo,** *avec toi ;* et : **o te !** *ô toi !*

312. — **Vosotros** (composé de **vos** et de **otros**) devient **os** quand il est régime sans préposition (2) ; **os lo mando,** *je vous l'ordonne.*

TROISIÈME PERSONNE

313. — Le pronom de la troisième personne a une forme masculine, une forme féminine et une forme neutre.

sujet rég. ind. avec préposition	**él** — **ellos ;** *lui, eux*	**ella** — **ellas ;** *elle, elles*	**ello ;** *il* *cela*
régime indirect sans préposition	**le** — **les**	**le** — **les**	**le**
régime direct sans préposition	**le, lo** — **los**	**la** — **las** (3)	**lo**

---

(1) La préposition **con** se joignait jadis à **vos,** et l'on disait **vusco, convusco,** *avec vous.* On doit dire aujourd'hui **con vosotros.**

(2) On disait jadis **vos.**

(3) Certains auteurs ont employé fautivement les formes **la, las,** comme régime indirect sans préposition. On ne doit pas dire : **la vi y la dije,** *je la vis et lui dis ;* ni **las vi y las dije,** *je les vis et leur dis,* mais on doit dire : **la vi y le dije ;** et : **las vi y les dije.**

314. — **Él** pronom, se distingue par l'accent de **el**, article ; de plus il ne se contracte jamais avec une préposition (1). Les pronoms **la, los, lo**, et les articles **la, los, las, lo**, s'écrivent de même et aucun signe orthographique ne les distingue ; mais les articles seuls se joignent aux noms et les précèdent, tandis que les pronoms ne se joignent qu'aux verbes, avant ou après.

EXEMPLES : **un ladrón vió á un hombre, le habló y le, lo** (2) **mató** ; *un voleur vit un homme, lui parla et le tua.*

un ladrón vió á dos hombres, les habló y los mató; *un voleur vit deux hommes, leur parla et les tua.*

un ladrón vió á una mujer, le habló y la mató ; *un voleur vit une femme, lui parla et la tua.*

un ladrón vió á dos mujeres, les habló y las mató, *un voleur vit deux femmes, leur parla et les tua.*

hablo de él, de ellos ; *je parle de lui, d'eux.*

hablas de ella, de ellas ; *tu parles d'elle, d'elles.*

etc…, etc…

315. — PRONOM NEUTRE. Le pronom neutre **ello** répond au français *cela, il* ; il peut donc s'employer dans un grand nombre de cas : le pronom sujet **ello** est néanmoins peu usité et moins fréquent que les démonstratifs **eso, esto, aquello**, dont le sens est le même.

Ex. : **ello puede ser, pero no lo creo ;** *cela peut être, mais je ne le crois pas.*

de ello nada bueno resultará ; *de cela, il ne résultera rien de bon.*

el vivir los hombres en sociedad no ha sido casual; el instinto los ha obligado á ello — *la vie des hommes en société n'est pas due au hasard ; l'instinct les a obligés à cela.*

es feliz el que cree que lo es ; *est heureux celui qui croit qu'il l'est.*

la Alemania está hoy cubierta de ciudades, donde antes lo estaba de bosques — *l'Allemagne est aujourd'hui couverte de villes, là où elle l'était auparavant de forêts.*

316. — Le pronom régime **lo** suivi du relatif **que**, traduit le français *ce qui*. **lo que es bueno,** *ce qui est bon* — **lo que nos agrada,** *ce qui nous fait plaisir.*

317. — On traduit en espagnol comme en français les pronoms des phrases semblables aux suivantes :

Es-tu boulanger ? Je le suis. — **¿ Eres panadero ? Lo soy.**

---

(1) Jadis les pronoms de la 3ᵐᵉ personne se contractaient avec la préposition **de,** en : **dél, dellos, della, dellas, dello.**

(2) Il est préférable, d'après quelques grammairiens, d'employer **le** pour une personne et **lo** pour une chose : **hice un libro y lo vendí ;** *je fis un livre et le vendis.*

Es-tu le boulanger de cette rue? Je le suis — ¿ **Eres el panadero de esta calle ? Le soy.**

Es-tu boulangère? Je la suis. — ¿ **Eres panadera ? Lo soy.**

Es-tu la boulangère de cette rue? Je la suis — ¿ **Eres la panadera de esta calle ? La soy.**

Etes-vous boulangers? Nous le sommes. — ¿ **Sois panaderos ? Lo somós.**

Etes-vous les boulangers de cette rue? Nous les sommes — ¿ **Sois los panaderos de esta calle ? Los somos.**

Etes-vous boulangères? Nous le sommes. — ¿ **Sois panaderas ? Lo somos.**

Etes-vous les boulangères de cette rue ? Nous les sommes. — ¿ **Sois las panaderas de esta calle ? Las somos.**

318. — Le pronom de la 3e personne se modifie quelquefois, quand il est régime (jamais comme sujet) en : **se, si,** pronoms réfléchis à la fois masculins, féminins, neutres, singuliers et pluriels.

régime sans préposition **se**
régime avec préposition **si**
joint à **con,** *avec* **consigo**

Si, pronom, se distingue par l'accent de **si,** *si,* conjonction.

Ex. : **el hombre piensa en sí,** *l'homme pense à lui*
los hombres piensan en sí ; *les hommes pensent à eux*
la mujer piensa en sí ; *la femme pense à elle*
las mujeres piensan en sí ; *les femmes pensent à elles*
cada uno para sí ; *chacun pour soi*
el padre lleva los hijos consigo ; *le père emmène les enfants avec lui*
los padres llevan los hijos consigo ; *les pères emmènent les enfants avec eux*
la madre lleva los hijos consigo ; *la mère emmène les enfants avec elle*
las madres llevan los hijos consigo ; *les mères emmènent les enfants avec elles*
el niño se levanta ; *le petit garçon se lève*
los niños se levantan : *les petits garçons se lèvent*
la niña se levanta ; *la petite fille se lève*
las niñas se levantan ; *les petites filles se lèvent*
él se pone la capa ; *il met sur lui un manteau*
ellos se ponen la capa ; *il mettent sur eux un manteau.*
ella se pone la capa ; *elle met sur elle un manteau.*
ellas se ponen la capa ; *elles mettent sur elles un manteau.*
prefirió tomarse un veneno ; *il préféra prendre un poison.*
prefirieron tomarse un veneno; *ils préférèrent prendre un poison.*

319. — Si dans une phrase se trouvent joints deux des pronoms régimes **le, los, la, las, lo,** (en français *le lui, le leur, la lui, la leur*)

on remplace le pronon régime indirect (*lui*, *leur*) par le pronom **se**,
que l'on place avant l'autre pronom.

se le doy, se lo doy, *je le lui donne* (à un homme ou à une
femme) — *je le leur donne* (à des hommes
ou à des femmes).

se la doy, *je la lui donne* (à un homme ou à une
femme) — *je la leur donne* (à des hommes
ou à des femmes).

se los doy, *je les lui donne* (à un homme ou à une
femme) — *je les leur donne* (à des hommes
ou à des femmes).

se las doy, *je les lui donne* (à un homme ou à une
femme) — *je les leur donne* (à des hommes
ou à des femmes).

Le principal but de la variante **se** est d'éviter la dissonance que pro-
duirait la rencontre de deux formes du même pronom. Si à la demande : ¿ **le leiste la carta ?** *lui as-tu lu la lettre ?* on répond : **le la
lei,** *je la lui ai lue,* il en résulte une dissonance que l'on évite en disant :
se la lei.

320. — Dans certaines locutions, **se** est pronom indéfini et traduit le
on français : **gloriosa es la muerte cuando se muere por la
patria,** *la mort est glorieuse quand on meurt pour la patrie.* (Voir
§ 389).

321. — Les pronoms régimes **me, nos, te, os, le, los, la, las,
lo, se,** doivent se placer après le verbe, avec lequel ils s'écrivent en un
seul mot, toutes les fois que le verbe est à l'infinitif présent, à l'impératif ou au gérondif :

Ex : **no quiero darlo,** *je ne veux pas le donner* — **dándolo,** *en le
donnant* — **dalo,** *donne-le* — **dimelo,** *dis-le moi* — **enviaselo, V.,**
envoyez-le lui — **es menester decírselo,** *il faut le lui dire* —
dándoselos, *en les leur donnant,* etc...

322. — Il est facultatif de les unir au verbe à un temps quelconque,
quand le verbe est le premier mot de la phrase.

Ex. : **sucedióme una desgracia,** *il m'arriva un malheur* —
buscáronle hombres, *des hommes le cherchèrent* — **paréceme
que,** *il me semble que,* etc...

Il n'en est pas de même quand **se** signifie *on* : **se te espera,** *on
t'attend* — **se le llama,** *on l'appelle ;* dans ces cas, **se** doit précéder
le pronom régime, et celui-ci doit précéder le verbe ; **te se espera** ou
se espera te serait donc incorrect.

323. — Pour donner plus de force à la phrase on peut, en espagnol,
doubler le pronom régime, employant l'un sans préposition, l'autre
précédé d'une préposition, comme dans les phrases suivantes : (Voir
aussi § 330).

le esperan á él, *on l'attend (c'est lui qu'on attend)* — **me han
llamado á mí,** *on m'a appelé (c'est moi qu'on a appelé)* — **á ti no**

te hablo, *je ne te parle pas* — **os vimos á vosotros,** *nous vous vîmes, etc...*

On ne pourrait dire : **esperan á él — han llamado á mí — á ti no hablo ;** on doit, ou employer le pronom régime sans préposition, ou les deux.

On peut cependant employer seulement les pronoms régimes avec la préposition á, quand cette préposition signifie *vers* : **á mí viene,** *il vient vers moi.*

324. — Les pronoms peuvent être suivis de l'adjectif **mismo,** qui s'accorde avec eux : **yo mismo, yo misma ;** *moi-même* — **él mismo,** *lui-même* — **ellas mismas,** *elles-mêmes, etc...*

325. — Les pronoms personnels sujets ne précèdent pas les verbes, (ou, s'il s'agit d'un verbe interrogatif, ne le suivent pas) comme en français, sauf dans les cas où l'on veut accentuer l'idée exprimée : **hablo,** *je parle* — **yo hablo,** *c'est moi qui parle.*

326. — On emploie comme pronoms réfléchis les pronoms régimes :

me, te, se, nōs, os, se.

me veo, *je me vois* — **te ves,** *tu te vois, etc...*

On les emploie aussi avec les verbes neutres (**me salgo, te duermes, se muere**) et avec les verbes neutres employés comme réciproques.

327. — Quand le verbe a pour régime deux pronoms de personnes différentes, le pronom de la troisième personne doit se placer le dernier; si ce pronom de la troisième personne est le pronom **se,** il précède l'autre pronom : **expliquénselo,** *qu'ils le lui expliquent* — **te lo han dicho,** *ils te l'ont dit.*

328. — Quand le verbe à l'infinitif est régi par un autre verbe, le pronom peut se placer après l'infinitif, ou avant le verbe régissant l'infinitif : **podemos deciros** ou : **os podemos decir,** *nous pouvons vous dire.*

329. — En espagnol, le pronom réfléchi suit ou précède un verbe actif, sans en faire pour cela un verbe réfléchi : **me comí tres panes,** *j'ai mangé trois pains (je me suis mangé trois pains)* — **te lo sabes,** *tu le sais (tu te le sais).*

330. — En espagnol, le pronom régime s'emploie souvent explétivement avec un nom ou un autre pronom : **no le da á su hermano,** *il ne donne pas à son frère (il ne lui donne pas, à son frère)* — **á él le matan,** *on le tue (lui, on le tue).*

ADJECTIFS PRONOMINAUX POSSESSIFS

331. — PREMIÈRE FORME :

mi ; *mon, ma* — **tu ;** *ton, ta* — **su ;** *son, sa, leur.*
mis ; *mes*   **tus ;** *tes*   **sus ;** *ses, leurs.*

nuestro (1), **a, os, as** ; *notre, nos*
vuestro (2), **a, os, as** ; *votre, vos.*

Ces adjectifs précèdent immédiatement le nom : **mi padre,** *mon père* — **nuestra madre,** *notre mère,* etc...

332. — Dans une phrase où **su, sus** (*son, sa, ses*) peut se rapporter à deux personnes ou à deux choses, on évitera l'amphibologie en plaçant le pronom de telle sorte qu'il ne puisse se rapporter qu'à un seul nom déterminé. Ainsi il y a amphibologie dans cette phrase : **Pedro fué á la casa de Juan en su coche** ; *Pierre alla à la maison de Jean dans sa voiture* (**su coche** pouvant se rapporter aussi bien à **Pedro** qu'à **Juan**). On l'évitera en disant : **Pedro fué en su coche á la casa de Juan.** On éviterait de même l'amphibologie, soit en répétant le nom auquel doit s'appliquer l'adjectif pronominal, soit en le répétant au moyen des pronoms personnels **él, ella** ; des démonstratifs **este, ese, aquel,** ou des ordinaux **el primero, el segundo.**

333. — Deuxième forme :

mío, mía ; *mien, mienne.*	Pl. : **míos, mías**
tuyo, tuya ; *tien*	**tuyos, tuyas**
suyo, suya ; *sien,*	**suyos, suyas**
nuestro, nuestra ; *nôtre*	**nuestros, nuestras**
vuestro, vuestra ; *vôtre*	**vuestros, vuestras**

334. — Ces adjectifs (3) sont placés après le nom :

1° quand ils expriment une idée d'affection ou de familiarité : **padre mío,** *mon cher père* — **madre mía,** *ma chère mère.*

2° quand ils répondent à la tournure française : *un de mes, un de tes,* comme : *un de mes amis,* **un amigo mío** — *une de nos cousines,* **una prima nuestra** .

3° dans les phrases exclamatives : ¡ **Dios mío !** *mon Dieu !*

335. — Ils peuvent être employés isolés avec l'article comme en français, se rapportant à un nom précédemment exprimé : **el mío,** *le mien* ; **el nuestro, los tuyos,** etc... **Lo mío, lo tuyo,** désignent : *ce qui est à moi, ce qui est à toi ; mon bien, ton bien,* etc...

336. — Ils sont placés après le verbe *être,* quand le verbe *être* signifie *appartenir* : **este libro es mío,** *ce livre est à moi (ce livre*

---

(1) Jadis **nueso.**

(2) Jadis **vueso.**

(3) On pouvait jadis les employer précédés de l'article devant un nom : **la vuesa linda Dulcinea,** *votre belle Dulcinée* ; il en était de même de ceux de la 1re forme qu'on employait soit avec l'article soit avec un démonstratif : **el mi sobrino,** *mon neveu,* **este mi gato,** *ce chat qui est à moi.* Ce sont aujourd'hui des licences poétiques.

est mien). De même : *c'est à moi de, c'est à toi de,* se traduiront : **es mío, es tuyo,** etc...

337. — Ils peuvent ne pas être répétés en espagnol devant un nom, tandis qu'ils le sont toujours en français : *ses cousins et ses cousines,* **sus primos y primas.**

En et Y

338. — *En* et *y* se suppriment quand la clarté n'exige pas la répétition de l'antécédent :

Combien as-tu de frères ? J'en ai deux — **¿ Cuántos hermanos tienes ? Tengo dos.**

Je viens de la ville ; il y avait du monde. — **Vengo de la ciudad ; había gente.**

Vas-tu au bal ? Je n'y vais pas. — **¿ Vas al baile ? No voy.**

339. — Quand la clarté de la phrase demande la traduction de *en* ou de *y*, on les rend par leurs équivalents :

J'achète des pommes, je t'en donnerai (quelques-unes). — **Compro manzanas, te daré algunas.**

J'ai du tabac, je t'en donnerai (un peu). **Tengo tabaco, te daré un poco.**

Connais-tu cet homme ? J'en parlais (je parlais de lui). — **¿ Conoces á este hombre ? Hablaba de él.**

Connais-tu cette femme ? J'en parlais (je parlais d'elle). — **¿ Conoces á esta mujer ? Hablaba de ella.**

Connais-tu ces hommes ? J'en parlais (je parlais d'eux). — **¿ Conoces á estos hombres ? Hablaba de ellos.**

Connais-tu ces femmes ? J'en parlais (je parlais d'elles). — **¿ Conoces á estas mujeres ? Hablaba de ellas.**

Connais-tu cet endroit ? J'en viens (je viens de là). — **¿ Conoces este lugar ? Vengo de allá.**

Penses-tu à cet homme ? J'y pense (je pense à lui). — **¿ Piensas en este hombre ? Pienso en él.**

Penses-tu à cette femme ? J'y pense (je pense à elle). — **¿ Piensas en esta mujer ? Pienso en ella.**

Penses-tu à ces hommes ? J'y pense (je pense à eux). — **¿ Piensas en estos hombres ? Pienso en ellos.**

Penses-tu à ces femmes ? J'y pense (je pense à elles). — **¿ Piensas en estas mujeres ? Pienso en ellas.**

Connais-tu un tel ? Ne t'y fie pas (ne te fie pas à lui). — **¿ Conoces á fulano ? No te fíes de él.**

Vas-tu à cet endroit ? J'y vais (je vais là). — **¿ Vas á este lugar ? Voy allá,** etc... etc...

340. — *En,* avec le verbe *avoir* pris unipersonnellement, ainsi qu'avec le verbe *avoir besoin* (**haber menester, tener menester, necesitar**), se rend par les pronoms **le, los, la, las, lo,**

Y a-t-il une lettre? Il y en a. — ¿ **Hay carta ? La hay.**
Y a-t-il des lettres.? Il y en a. — ¿ **Hay cartas? Las hay.**
Y a-t-il un billet? Il y en a. — ¿ **Hay billete? Le hay.**
Y a-t-il des billets? Il y en a. — ¿ **Hay billetes ? Los hay.**
Y a-t-il des livres? J'en ai besoin. — ¿ **Hay libros? Los he
menester.**

341. — *En,* signifiant *le, la, les,* pronoms personnels, se traduit par
le, los, la, las, lo.

Tu cherches un cheval, tu n'en trouveras pas. — **Buscas un
caballo, no le hallarás** (*tu ne le trouveras pas*).

Il désire des livres, il n'en aura pas. — **Desea libros, no los
tendrá.**

Je boirais du vin s'il y en avait.. — **Bebería vino si lo hubiese.**

Voulez-vous du pain? J'en veux. — ¿ **Quiere V. pan? Lo
quiero.**

342. — *En,* se rapportant à une personne ou à une chose, se traduit
souvent par l'adjectif pronominal. possessif **suyo, su.**

Pierre et Paul sont à Paris, nous en avons des nouvelles. —
Pedro y Pablo estan en Paris, tenemos noticias suyas.

La maison n'est pas grande, mais la situation en est agréable. —
La casa no es grande, pero su situación es agradable.

343. — Dans certaines locutions telles que : *en vouloir à, en conter
à; en* se traduit par **las : tenerlas con, contarlas á,** etc...

DU PLURIEL DE MAJESTÉ ET DES FORMULES DE POLITESSE

344. — **Nòs,** s'emploie comme pronom sujet (au lieu de **nosotros**)
dans les mêmes cas que le français *nous,* pluriel de majesté.

Nos, el Rey — *Nous, le Roi.*
Nos, el Presidente — *Nous, le Président,* etc...
Un auteur, parlant de lui, dira cependant **nosotros,** et non **nos.**
On emploie **nuestro,** *notre,* dans les même cas.
Nuestro Consejo — *Notre Conseil ;* etc...

345. — **Vos,** s'emploie comme pronom sujet (au lieu de **vosotros**),
pluriel de majesté. On emploie **vuestro,** *votre,* dans les mêmes cas.

346. — L'adjectif qui se rapporte à **nos** ou à **vos,** pluriels de majesté, se met toujours au singulier ; on l'emploie au masculin ou au
féminin, suivant qu'il s'agit d'un homme ou d'une femme. Le verbe
dont **nos** ou **vos** est le sujet se met toujours au pluriel.

347. — La politesse exige que l'on se serve de la 3me personne en
s'adressant à quelqu'un. La personne à laquelle on parle est désignée
par : *Votre Grâce,* **Vuestra Merced** que l'on abrège en **Usted,**
qui s'écrit **Vm.** ou **Vd.** ou plus simplement et plus fréquemment **V.**

Usted forme un pluriel **Ustedes** (*Vos Grâces,* **Vuestras Mercedes**) qui s'écrit **Vms,** ou **Vds,** ou **Vs,**

Voulez-vous manger ? (*Votre Grâce veut-elle manger ?*) — **¿ quie-re V. comer ?** (1)

Vous ne désirez pas vous promener (*Vos Grâces ne désirent pas se promener*). — **Vs. no desean pasearse.**

C'est à vous, il est à vous, se traduisent par : **es de V.** (2)

348. — L'adjectif se rapportant à **Usted** sera masculin ou féminin, suivant que **Usted** désignera un homme ou une femme.

V. mismo — V. misma — *Vous-même.*
Vs. mismos — Vs. mismas — *Vous-mêmes.*

349. — On peut placer devant le verbe un des pronoms **le, la, los, las, les, se,** suivant le genre et le nombre de la personne ou des personnes dont il s'agit.

Eso no le basta á V. — *cela ne vous suffit pas* (*cela ne lui suffit pas à Votre Grâce*).

Se lo prometo á V. — *je vous le promets* (*je le lui promets à Votre Grâce*).

350. — Il est également très fréquent, lorsque **Usted** dépend d'un nom, de faire précéder ce nom de l'adjectif pronominal possessif de la 3me personne.

Votre maison — **la casa de V.** (*la maison de Votre Grâce*) ou plutôt : **su casa de V.** (*sa maison de Votre Grâce*).

De même : **su casa de Vs.** (*leur maison de Vos Grâces*), si l'on s'adresse à plusieurs personnes.

351. — On a jadis employé **vos** pour parler à quelqu'un (comme en français).

Vos, Pablo, sois joven — *Vous, Paul, vous êtes jeune* (verbe au pluriel et adjectif au singulier).

On l'emploie encore, paraît-il, dans quelques parties de l'Amérique espagnole.

352. — Un usage, assez peu répandu, permet que quand on traite quelqu'un avec mépris, on lui adresse la parole à la 3me personne au moyen des pronoms.

Vaya él *(qu'il aille) allez.*

---

(1). Dans les phrases interrogatives où le verbe est à un temps composé, **V.** se place après le participe passé, qui ne peut jamais être séparé de l'auxiliaire.

(2). *A,* exprimant la possession, se rend, en espagnol, par **de.** — *Cette voiture appartient à mon frère ;* **este coche es de mi hermano.** — *A qui est ce chapeau ? A Jean.* **¿ de quién es este sombrero ? De Juan.**

Hagan lo que le dicen (*qu'ils fassent ce qu'on leur dit*) *faites ce qu'on vous dit.*

353. — Formules et titres jadis usités :

Votre Seigneurie : **Vuestra Señoría.** Syncopes et abréviations : **Vuesa Señoría, Vueseñoría, Vuesiría, Vusiría, Useñoria, Usía,** (1) **V. S.**

Votre Excellence : **Vuestra Excelencia.** — **Vuecelencia; Vuecencia, Ucé, V. E.** — Titre donné aux grands dignitaires de l'Etat et aux membres de la haute noblesse.

Votre Grâce ; **Vuestra Merced.** — **Vuesa Merced, Vuesansted, Vuesarced, Vusted, Usted.**

etc... etc...

354. — **Don, doña,** ne peuvent être placés que devant un prénom : **don Luis Juárez, doña María Martínez.** Ils peuvent être précédés de : **señor, señorito, señora, señorita : el señor don Luis Juárez, la señora doña María Martínez.** (voir § 105).

355. — Les adjectifs qui concourent à former le titre s'accordent avec le substantif : **Su Alteza Serenísima,** *Son Altesse Sérénissime* — **Su majestad Católica,** *Sa Majesté Catholique.*

Mais ceux qui sont les attributs de ces titres s'accordent, non avec le titre, mais avec la personne à laquelle il est donné. On dira donc : **Su Alteza está enfermo,** *Son Altesse est malade,* en parlant d'un homme, et : **Su Alteza está enferma,** en parlant d'une femme.

II. PRONOMS DÉMONSTRATIFS

356. — **este, estos** — **esta, estas** — **esto** — *ce, celui-ci ;* désigne la personne ou la chose la plus voisine de celui qui parle.

ese, esos — **esa, esas** — **eso** — *ce, celui-là ;* désigne la personne ou la chose la plus voisine de celui à qui l'on parle.

aquel, aquellos — **aquella, aquellas** — **aquello** — désigne une personne ou une chose également éloignée des deux interlocuteurs.

357. — La forme neutre désigne les choses que l'on ne nomme pas : **poco tengo, pero estoy contento con eso.** — *Je possède peu, mais je me contente de cela.*

358. — Les pronoms démonstratifs s'emploient soit isolés, soit joints

---

(1). Le pluriel de toutes ces abréviations est régulier : **Useñorías, Usías,** etc.,, à des noms : dans ce dernier cas, ils peuvent être considérés comme de véritables adjectifs : **esta casa,** *cette maison.*

Este ne s'emploie guère seul pour désigner une personne : dire ; **¿ quién es este ?** serait peu poli. On dira de préférence **¿ quién es este caballero ?**

Ese est généralement pris en mauvaise part.

Este et **ese** se contractaient jadis avec la préposition **de** en **deste, destos, desta, destas ; dese, desos, desa, desas ; desto, deso.**

359. — **Este** et **ese** s'unissent en un seul mot à l'adjectif **otro** : **estotro, esotro,** ou s'écrivent en deux mots : **este otro, esos otros,** etc...; mais ces formes sont moins fréquentes que **este** et **ese.**

On trouve aussi, mais surtout chez les auteurs anciens et les poètes : **aqueste, aquestos, aquesta, aquestas, aquesto — aquese, aquesos, aquesa, aquesas, aqueso,** et quelquefois **aquelotro** ou **aquel otro.**

360. — **Este,** désigne quelquefois le temps présent (**esta semana ;** *cette semaine, celle où l'on est*), par opposition à **aquel** désignant le temps passé (**aquel año ;** *cette année-là, une année passée*).

Quand on se sert de **este** et de **aquel** pour reproduire deux idées en deux sujets récemment exprimés, **este** indique l'idée ou le sujet le moins éloigné du moment où l'on parle :

Divididos estaban caballeros y escuderos ; estos contándose sus vidas y aquellos sus amores. — *Chevaliers et écuyers étaient séparés ; ceux-ci (les écuyers), se racontant leurs aventures et ceux-là (les chevaliers), leurs amours.*

En poésie, le contraire a lieu quelquefois.

361. — Les pronoms démonstratifs français, suivis d'un pronom relatif se traduisent en espagnol par l'article défini.

Celui qui court, celle qui court — **El que corre, la que corre.**
Ce que je vois — **Lo que veo.**
Ce qui arrive — **Lo que sucede.**
Ceux, celles qui mangent — **Los, las que comen.**

362. — On traduit également par l'article défini espagnol, les pronoms démonstratifs français suivis de la préposition *de* : *les hommes d'Espagne, et ceux d'Angleterre,* **los hombres de España y los de Inglaterra.**

363. — On traduit également par l'article défini espagnol, suivi de la préposition **de,** diverses locutions françaises analogues aux suivantes : (§ 742).

La femme aux cheveux d'or, **la de los cabellos de oro** — *l'homme qui a tant menti,* **el hombre, el de las largas mentiras.**

364. — L'article neutre **lo,** précédant la préposition **de,** s'emploie dans des phrases analogues aux suivantes : **he dicho lo de mi hermano,** *j'ai raconté ce qui était arrivé à mon frère* — **lo de su abuelo se contará despues,** *l'histoire de son grand-père se racontera ensuite.*

365. — Les pronoms démonstratifs espagnols peuvent ne pas être répétés devant un nom, à la différence du français : *ces chevaux et ces juments*, **esos caballos y yeguas.**

366. — Le pronom français *ce* suivi du verbe *être*, se rend en espagnol de différentes manières :

1° Il se supprime : *c'est un homme*, **es un hombre** — *ce sont des gens ivres*, **son unos borrachos** — *c'était lui*, **era él** — *c'est une merveille*, **es una maravilla.**

2° Quand le verbe *être* est suivi d'un pronom, il s'accorde avec lui et *ce* ne se traduit pas : *c'est toi qui es l'accusé*, **tú eres el reo** — *c'est nous qui fûmes les vainqueurs*, **nosotros fuimos los vencedores.**

3° Quand le verbe *être* est suivi de *que*, on ne traduit ni *ce* ni *que* : *c'est de lui que j'appris cela*, **por él supe eso.** — *c'est en vain que tu marches*, **en vano andas.**

4° Quand le verbe *être* est suivi de *que de* et d'un infinitif, on ne traduit ni *ce*, ni *que de*, et l'infinitif est précédé de l'article **el** : *c'est un devoir que de le faire*, **es un deber el hacerlo** — *ce n'est pas chose facile que de gagner de l'argent*, **no es cosa fácil el ganar dinero.**

5° Quand le verbe *être* est suivi d'un infinitif qu'il régit, de : *que de* et d'un autre infinitif, on a recours à une inversion : *ce n'est pas aimer ses amis que de les flatter*, **quien lisonjea á sus amigos no los ama** (*qui flatte ses amis ne les aime pas*).

6° *Ce* signifiant *celui-ci, celui-là, tel*, se traduit par **tal** ou **este** : *ce fut ma pensée*, **tal fué mi pensamiento** — *c'était ta vie*, **tal** ou **esta era tu vida.**

7° Dans les réponses, on ne traduit ni *ce, ni être*: *qui te l'a donné ? c'est Jean.* — **¿ Quién te lo ha dado ? Juan.**

8° Quand le verbe *être* est suivi d'un substantif et de *que*, on a recours à une inversion : *c'est une folie que le jeu*, **el juego es una locura** (*le jeu est une folie*).

9° Quand le verbe *être* est suivi d'un substantif ou d'un pronon personnel et du pronom relatif *qui* ou *que*, *ce* ne se traduit pas, le verbe s'accorde avec le substantif ou le pronon personnel et *que* ou *qui* se rendent par **que** précédé de l'article remplissant le rôle de pronom démonstratif (§ 361) : *Ce furent les Romains qui conquirent l'Espagne*, **los Romanos fueron los que conquistaron la España** (*les Romains furent ceux qui...*). — *C'est toi qui l'as fait*, **tú eres el que lo has hecho.** — *C'est à la vertu qu'on doit du respect*, **á la virtud es á la que se debe respeto.**

Mais on peut supprimer le verbe *être* et *que* : **los Romanos conquistaron la España.** — **tú lo has hecho** — **á la virtud se debe respeto.**

10° Si le mot qui suit le verbe *être* est un adverbe ou une expression de lieu ou de temps, on doit traduire le mot *que* par un adverbe répondant à cette signification : *ce fut alors qu'il mourut*, **entonces fué**

cuando murió. — *c'est chez moi qu'ils vivent,* **en mi casa es donde viven.**

Mais on peut traduire plus simplement : **murió entonces — viven en mi casa**

367. — *Est-ce que ? N'est-ce pas ? Qu'est-ce que c'est?* se traduisent de la manière suivante: *Est-ce que tu le fais ?* ¿ **por ventura,** ou : **acaso lo haces ?** - *N'est-ce pas que ?* ¿ **No es verdad que ?** — *Qu'est-ce que c'est que cela ?* ¿ **Qué es esto ?**

368. — *Ce,* dans *de ce que, à ce que* ne se traduit pas : *tu te plains de ce que tu es malade,* **te quejas de que estás enfermo.** — Mais si *que* est relatif on le traduit par **lo** : *pense à ce que tu fais,* **piensa en lo que haces.**

III. PRONOMS RELATIFS

369. — **Que,** *qui,* est masculin, féminin, neutre, singulier et pluriel ; il s'emploie pour les êtres et les choses ; mais avec une préposition, il ne peut pas s'employer pour les personnes.

Exemples : **el hombre que habla,** *l'homme qui parle* — **el libro que vendes,** *le livre que tu vends* — **el libro de que se trata,** *le livre dont il s'agit* — **la calle á que va V.,** *la rue où vous allez.*

370. — Dans les phrases interrogatives, exclamatives, dubitatives, **qué** reçoit l'accent ; il traduit alors les pronoms interrogatifs français *quel, quels, quelle, quelles. qui, quoi.*

¿ **Qué mujer?** *quelle femme?* — ¿ **De qué habla V. ?** *De quoi parlez-vous ?*

No sé qué pensar, *je ne sais que penser* — ¿ **Qué perros son esos?** *Quels sont ces chiens?*

Mais on n'emploie pas ¿ **Qué ?** isolé pour désigner une personne ; on emploie ¿ **quién ?** (§ 375).

371. — **Quien,** plur. : **quienes** — masculin et féminin : ne se dit que des personnes.

el hombre de quien hablo, *l'homme de qui je parle.*
las mujeres de quienes hablo, *les femmes de qui je parle.*
hombre es quien viene, *c'est un homme, celui qui vient.*

372. — Quand le nom est sous-entendu, l'adjectif français *lequel* précédé d'une préposition, se rend en espagnol par **quien** s'il s'agit d'une personne, par **que** s'il s'agit d'une chose.

Celui qui, tout homme qui, se traduisent par **quien.**

Celui qui voyage apprend, ou *tout homme qui voyage apprend ;* **quien viaja aprende.**

373. — **Quien** ne s'emploie jamais après l'article défini répondant aux pronoms démonstratifs français suivis d'un relatif.

374. — Dans quelques auteurs, **quien** reste au singulier tout en se rapportant à un antécédent pluriel : **los siete sabios á quien tanto venera la Grecia**, *les sept sages que la Grèce vénère tant*. Mais **quienes** serait plus correct.

375. — **Quién** interrogatif, prend l'accent : il répond au français *qui ?* ¿**quién es ?** *qui est-ce ?* — ¿**Quién viene ?** *qui vient ?* — ¿**De quién has aprendido eso ?** *De qui as-tu appris cela ?* — ¿**Á quiénes habla V. ?** *A quelles personnes parlez-vous ?*

376. — **Quién** est aussi accentué dans les phrases, où, répété, il signifie *celui-ci...*, *celui-là....* **Quién dice sí, quién dice no.** — *celui-ci dit oui, celui-là dit non.*

377. — **Cual**, plur. : **cuales** — masculin et féminin, est toujours précédé de l'article dans les phrases affirmatives, et répond alors au français *lequel, laquelle, lesquels, lesquelles.*

Il invita son ami, qui (lequel) ne voulut pas accepter. **Convidó á su amigo, el cual no quiso aceptar.**

Mais on emploie de préférence le pronom **que**, quand la clarté ne s'y oppose pas. **El cual** s'emploie toutes les fois que du contraire résulterait amphibologie ou manque de clarté et en règle générale, quand un adverbe ou une préposition précède le relatif ; ex. :

El enemigo contra el cual peleamos *l'ennemi contre lequel nous combattons.*

El juez delante del cual comparecimos, *le juge devant lequel nous comparaissons.*

Mais après **á, con, de, en, por,** il est préférable d'employer **que.**

378. — **Lo cual** peut s'employer pour **lo que** (*ce qui, ce que*) : **lo cual sucede,** *ce qui arrive.*

379. — **Cuál** reçoit l'accent dans les phrases interrogatives, exclamatives, dubitatives ; il se dit plutôt des choses et n'est jamais précédé le l'article.

¿ **Cuál es tu intento ?** *quelle est ton intention ?*
No sé cuál. *Je ne sais lequel.*

380. — **Cual**, sans accent, peut être opposé à **tal**, et répond alors à *tel que.*

Ex. : **Tal ha sido cual podía** — *Il a été tel qu'il pouvait être.*

381. — **Cuál**, accentué, traduit, répété : *celui-ci, celui-là ; l'un, l'autre.*

Cuál dice eso, cuál otro. *Celui-ci dit cela, celui-là autre chose.*

382. — **Cual**, non accentué traduit aussi le *tel que* ou *comme* de comparaison en français : **se tiró á mí, cual un león á su presa.** — *il s'élança sur moi, comme un lion sur sa proie.*

383. — **Cual o cual**, ou : **tal ó cual**, signifient : *un petit nombre, une petite quantité.*

384. — **Cuyo** (lat. : cujus), **cuya, cuyos, cuyas** — *dont, de qui, à qui, pour qui,* se rapporte à la personne ou à la chose déjà nommée ou que l'on nomme immédiatement ; il indique toujours la possession ou le rapport et s'accorde avec le nom de la personne ou de la chose possédée. Exemples :

> **el terreno cuya propiedad se litiga ;** *le terrain dont la propriété est en litige.*

> **los libros cuyo autor no se sabe ;** *les livres dont l'auteur est inconnu.*

> **con cuyo motivo ;** *pour ce motif*

> **á cuyas voces ;** *à ces cris, auxquels cris*

> **que aquel cuyo es el provecho, trabaje ;** *que celui pour qui est le profit, travaille.*

> **¡dichosa la nación cuyas armas no se ensangrientan en discordias civiles !** *heureuse la nation dont les armes ne sont pas ensanglantées dans des discordes civiles !*

385. — **Cuyo** doit précéder immédiatement le nom auquel il se rapporte : mais il peut en être séparé par le verbe **ser** : **¿ cúyo es este libro ?** *à qui est ce livre ?*

386. — Quand il y a dans une phrase deux noms, possesseur et possédé, on emploie indifféremment **cuyo** ou son équivalent **de quien,** avec le verbe **ser; aquel cuya es la viña** on : **aquel de quien es la viña,** *celui auquel appartient la vigne.* Mais avec les autres verbes, on doit employer **cuyo ; los clientes cuyos derechos defendemos,** *les clients dont nous défendons les droits* — **mi hermano cuya salud está quebrantada,** *mon frère dont la santé est débilitée.*

Ainsi qu'on l'a vu par les divers exemples précédents, l'article se supprime lorsque le nom est immédiatement précédé de **cuyo ; el libro cuyo mérito es grande,** *le livre dont le mérite est grand.*

387. — **Cúyo,** accentué, s'emploie interrogativement avec le sens de : *à qui ?*

> **¿Cúyo es este libro ?** *à qui est ce livre ?*
> **¿Cúyas son estas naranjas ?** *à qui sont ces oranges ?*

388. — Lorsque le relatif français *où,* signifie *auquel, à laquelle, auxquels, auxquelles,* il se traduit par : **á que,** *le but où je tends,* **el fin á que propendo.**

Si le relatif français *où,* signifie *dans lequel, dans laquelle, dans lesquels, dans lesquelles,* il se traduit par **en que** : *c'est un pays où il faut de la fortune,* **es un pais en que se necesita fortuna.**

IV. PRONOMS ET ADJECTIFS INDÉTERMINÉS.

389. — *On* se traduit en espagnol de diverses manières :

1º par **se** et la 3ᵐᵉ personne du singulier : *on dit que*, **se dice que** — *on parle espagnol*, **se habla español.**

2º par **se** et la 3ᵐᵉ personne du pluriel devant un substantif : *on fait des fêtes*, **se hacen fiestas.**

3º par la 3ᵐᵉ personne du pluriel : *on m'a dit que*, **me han dicho que.**

4º par **el hombre**, ou par **uno**, ou par **alguien**, ou par **alguno** (1).

On n'est pas toujours gai, **no está uno** (ou **el hombre**, ou **alguno**) **siempre alegre.** Mais si c'est une femme qui parle, on dira : **no está una** (ou **la mujer**, ou **alguna**) **siempre alegre** : dans ces deux cas, la phrase pourrait être rendue par la première personne : **no estoy siempre alegre**, *je ne suis pas toujours gai* ou *gaie*. — Autres exemples : *quand on meurt pour la patrie*, **cuando uno muere por la patria.** — *il y a quelqu'un dans la rue*, **está uno en la calle.**

5º par **nosotros**, et la première personne du pluriel : *On se fâche souvent*, **nos enfadamos muchas veces.** — ou par la première personne du pluriel dans le pronom, lorsque le verbe n'est pas un verbe pronominal : *on croit facilement ce qu'on désire*, **creemos fácilmente lo que deseamos.**

390. — **Alguno, alguna, algunos, algunas.** — *quelqu'un, quelque.* — **Alguno** désigne une personne indéterminée, mais d'une certaine catégorie : aussi s'emploie-t-il plus spécialement devant la préposition **de** et un nom pluriel : **alguno de los panaderos**, *l'un des boulangers* ; **alguno de ellos**, *quelqu'un d'eux.*

Alguno après un nom, a un sens négatif : **no halló hombre alguno**, *il ne trouva personne.* — **en manera alguna**, *en aucune façon* ; — **en alguna manera**, *en quelque façon.*

Alguno, perd son *o* finale quand il précède immédiatement : 1º un substantif ou un adjectif masculin : **algún hombre, algún buen criado** ; 3º un substantif féminin commençant par *a* accentuée, précédé ou non de **h** : **algún águila, algún harpa.**

391. — **Ninguno, ninguna, ningunos, ningunas** — *aucun.* — **Ninguno** exclut seulement toutes les personnes de la catégorie de celles dont on parle : c'est le négatif de **alguno.**

De los soldados, ninguno es cobarde — *Parmi les soldats, aucun n'est lâche.*

---

(1) Par **nadie** ou **ninguno**, si la phrase est négative : *on ne peut être heureux, si l'on n'est pas vertueux* — **nadie ou ninguno puede ser feliz, si no es virtuoso.**

Ninguno de los panaderos — *aucun des boulangers.*

Ninguno de ellos — *aucun d'eux.*

Ninguno se place avant le nom auquel il se rapporte: **ningun niño nació,** *aucun enfant ne naquit.* Il peut aussi se placer après, mais on doit faire précéder le verbe de la négation : **no nació niño ninguno.**

Ninguno perd son o finale quand il précède immédiatement 1° un subtantif ou un adjectif masculin : **ningún día,** *aucun jour* ; 2° un substantif féminin commençant par **a** accentuée, précédée ou non de **h** : **ningún harpa, ningún águila.**

392. — **Alguién,** *quelqu'un* invariable, désigne une personne quelconque et ne s'emploie que dans les phrases interrogatives ou affirmatives : *quelqu'un est-il venu ?* ¿ **Ha venido alguién ?** — *quelqu'un vint le chercher,* **Alguién vino á buscarle.**

On ne peut mettre **alguién** devant **de** et un pluriel : **alguién de ellos,** est incorrect : on doit dire **alguno de ellos.**

393 **Nadie,** *personne* inclut une personne quelconque. C'est le négatif de **alguién** : *quelqu'un vint-il ? Personne* — ¿ **Alguién vino ? Nadie.** *Personne ne veut-il le faire.* — **Nadie quiere hacerlo.** On ne dira pas **nadie de ellos,** mais **ninguno de ellos.**

Nadie ne peut être accompagné d'une négation que si le verbe le précède : **no puede decirlo nadie,** ou : **nadie puede decirlo,** *personne ne peut le dire.* (Toutes les fois que le verbe espagnol est précédé d'un mot négatif, il n'admet pas la négation **no**).

394. — **Algo,** invariable, signifie *quelque chose, un peu, quelque peu, un tant soit peu.* — **Si me das algo** ; *si tu me donnes quelque chose.* — **Es algo negro,** *il est quelque peu noir.*

395. — **Nada,** invariable, *rien.* (**La nada,** *le néant*). **No quiero darte nada,** *Je ne veux te rien donner.* — **En nada puede sobresalir,** *il ne peut exceller en rien.*

396. — *Rien,* pronom indéfini signifiant *quelque chose,* se rend par **algo** : *s'il y a rien de terrible, c'est la guerre :* **si hay algo terrible, es la guerra.**

397. — *Personne,* signifiant *quelqu'un,* non précédé d'une négation, se traduit par **alguno** ou par **alguién** ou par **otro.**

Ex. : *Je doute que personne parmi ses cousins soit aussi grand que lui :* **dudo que alguno de sus primos sea tan grande como él.**

Je doute que personne soit aussi grand que lui : **dudo que alguién (ou otro) sea tan grande come él.**

On emploierait naturellement **alguna** ou **otra** pour une femme.

398. — *Personne,* employé sans négation, dans le sens de *qui que ce soit* ou *tout autre,* se traduit par **cualquiera** ou **cualquier otro.**

Ex. : *Cela lui convient mieux qu'à personne :* **eso le conviene mejor que á cualquier otro.**

399. — Des pronoms relatifs **quien, cual**, on a formé les pronoms composés : **quienquiera**, pluriel : **quienesquiera** — **cualquiera,** plur. : **cualesquiera,** signifiant *quiconque, quelconque.* Lorsque **cualquiera, cualesquiera,** précèdent immédiatement un substantif masculin ou féminin, on peut retrancher leur a finale. (Il en était jadis de même pour **quienquiera, quienesquiera**) : **cualquier hombre, cualesquier hombres** ou **cualquiera hombre, cualesquiera hombres.**

Ex. : **quinquiera que venga entrará :** *quiconque viendra entrera.*

eso, lo dirá quienquiera : *cela, n'importe qui le dira.*

Quienquiera, employé seul, ne peut se rapporter qu'aux personnes.

400. — *Qui que ce soit,* dans les phrases négatives, se traduit par **ninguno** ou **nadie.** (Voir § 422) ; *quoi que ce soit,* dans ces mêmes phrases, par **nada.** (Voir § 423).

Ex. : *Qui que ce soit de ta maison n'est venu me voir :* **Ninguno de tu casa ha venido á verme.**

Qui que ce soit n'est venu me voir : **nadie ha venido á verme.**

Je ne puis vous donner quoi que ce soit : **no puedo dar á V. nada,** ou : **nada puedo dar á V.**

401. — **Unos, unas,** précédant un nom pluriel signifie *quelques :* **unos hombres y unas mujeres murieron** — *quelques hommes et quelques femmes moururent.*

Précédant un nom de nombre cardinal, **unos, unas** signifie *environ, à peu près :* **murieron unos dos mil caballos,** *environ deux mille chevaux moururent.* — **De Arcos á Baya hay unas veinte leguas,** *de Arcos à Baya il y a quelque vingt lieues, environ vingt lieues.*

Unos, unas employé comme adjectif signifie *semblables, mêmes :* **todos los hombres son unos,** *tous les hommes sont les mêmes.* (§§ 281, 424).

402. — **Unos cuantos, unas cuantas** ou **unos, unas** signifie *quelques-uns, quelques-unes.*

403. — **Uno que otro** et **alguno que otro** s'emploient au lieu de **alguno,** mais très-rarement.

404. — *L'un... l'autre,* se traduit par **uno... otro** ; *les uns... les autres* par **unos... otros :** ex. : *l'un parlait, l'autre chantait ;* **uno hablaba, otro cantaba.** *Les uns parlaient, les autres chantaient.* **unos hablaban, otros cantaban.** On peut dire aussi : **el uno hablaba y el otro cantaba, los unos hablaban y los otros cantaban ;** mais si l'on emploie l'article, on doit employer aussi la conjonction y. On aurait pu traduire des différentes façons suivantes : **cuál hablaba, cuál cantaba** (§ 381) ; ou : **quién hablaba, quién cantaba** (§ 376) ; ou **alguno hablaba, otro cantaba ;** et au pluriel : **cuales hablaban, cuales cantaban,** ou **quienes hablaban, quienes cantaban,** ou **algunos hablaban, otros cantaban.**

405. — *Les autres* se rend par **los otros** ou **los demas :** *que les* *nègres parlent, que les autres se taisent* : **que los negros hablen, que los otros callen**, ou : **que los demas callen**. (On disait jadis **los mas** au lieu de **los demas**).

406. — *L'un et l'autre* se traduit par **uno y otro** ; *les uns et les autres* par **unos y otros** : *l'un et l'autre sont forts*, **uno y otro son fuertes**. Mais on peut traduire aussi *l'un et l'autre* par **ambos** ou **entrambos** : **ambos son fuertes**.

407. — *Ni l'un ni l'autre* se rend par **ni uno, ni otro** ; *ni les uns ni les autres* par **ni unos, ni otros**.

408. — *L'un ou l'autre* se traduit par **uno ú otro** ; *les uns ou les autres* par **unos ú otros**.

409. — *L'un l'autre* se traduit par **uno á otro** ; *lés uns les autres* par **unos á otros** : *aimez-vous les uns les autres*, **amaos unos á otros**.

410. — *Pas un* se traduit par **ni uno**.

411. — *Tout autre* signifiant *qui que se soit* se traduit d'une des façons suivantes : **cualquiera — cualquier otro — otro cualquiera — otro**. Ex. : *tout autre aurait parlé*, **cualquier otro habría hablado** — *que ce soit lui ou tout autre*, **sea él ú otro**.

Tout autre, signifiant *différent*, se traduit par **diferente** ou **otro**. Ex. : *mon projet était tout autre*, **mi proyecto era diferente**, ou **mi proyecto era otro**.

412. — *Tout autre que* se traduit par **otro cualquiera menos** *tout autre que cet homme*, **otro cualquiera menos este hombre**.

413. — *Autrui*, employé substantivement se traduit par **otro** : *ne fais pas de mal à autrui*, **no hagas mal á otro**.

414 — **Otro**, employé comme adjectif, ne peut jamais être accompagné d'un article : *je vais chercher un autre métier*, **voy á buscar otro oficio** — *L'un ou l'autre choix m'est indifférent*, **una ú otro elección me es indiferente** — On a déjà vu que l'article ne se traduisait pas dans : *ni l'un ni l'autre, l'un et l'autre, l'un l'autre* (§§ 404, 406, 407).

Otro, employé comme nom, peut prendre l'article défini : **el uno cantaba y el otro hablaba** ; *l'un chantait, l'autre parlait*. — **este viene hoy y el otro vendrá lunes** ; *celui-ci vient aujourd'hui, l'autre viendra lundi*. — **este caballo es caro y el otro barato** ; *ce cheval est cher, l'autre bon marché*. On a déjà fait observer que la conjonction **y** doit unir les deux membres de ces sortes de phrases (§ 404).

415. — *D'autrui* se traduit par l'adjectif **ajeno, ajena, ajenos, ajenas**. — *Ce livre est à autrui*, **este libro es ajeno**. — *Le bien d'autrui*, **lo ajeno**. — **Los ajenos** signifie quelquefois, mais rarement : *les étrangers*.

416. — *Quel que, quelle que, quels que, quelles que*, suivis d'un nom auquel ils se rapportent, se traduisent par **por mucho que, por más que, cualquiera que.**

Ex. : *Quelle que soit sa fortune, il ne sera pas heureux* : **Por mucha fortuna que tenga, no será feliz. — Por más fortuna que tenga, no será feliz. — Cualquiera que sea su fortuna, no será feliz.**

Quels que soient ses talents, il ne réussira pas : **Cualesquiera que sean sus talentos, no acertará.**

417. — *Quoi que, quelque chose que, quelque que, quoi que ce soit que*, se traduisent par **por más que, cualquiera cosa que.**

Ex. : *Quoi que vous fassiez, il sera vainqueur.* — **Cualquiera cosa que V. haga, saldrá vencedor.**

Quelque chose qu'il fasse, je le dirai. — **Lo diré, por más que haga.**

418. — *Quelque*, signifiant *à peu près, environ*, se traduit par **unos, unas** : *il y a quelque trois cents femmes*, **hay unas trescientas mujeres** — *il y avait quelque trois mille ans*, **había unos tres mil años.**

419. — *Quelque*, devant un adjectif suivi de *que* et du subjonctif, se traduit par : **por... que** ou : **por más... que**, avec le subjontif : *quelque riche qu'il soit*, **por rico que sea — por más rico que sea.** On peut aussi employer **aunque** précédant immédiatement le subjonctif : **aunque sea rico** (*quoi qu'il soit riche*).

420. — *Quelque*, devant un substantif suivi de *que* et du subjonctif se traduit par : **cualquiera... que** ou **cualquier... que**, avec le subjonctif : *quelques richesses qu'il ait*, **cualesquiera riquezas que tenga.**

421. — *Quel qu'il soit* se traduit : **sea cual fuere.**

Quels qu'ils soient — **sean cuales fueren.**

422. — *Qui que ce soit* — **cualquier**, ou : **sea él que fuere**, s'il s'agit d'un homme, et **sea la que fuere**, s'il s'agit d'une femme.

Qui que ce soit peut encore se traduire par : **quienquiera** (voir § 400).

423. — *Quoi qu'il en soit* — **sea lo que quiera.**

Quoi que ce soit — **sea lo que quiera** (voir § 400).

424. — *Le même, la même*, se traduisent par **el mismo, la misma** ; pluriel **los mismos, las mismas,** : *toutes les femmes sont les mêmes*, **todas las mujeres son las mismas.** On peut aussi traduire *le même, la même*, par **uno, unos, una, unas** : **todas las mujeres son unas.** (§§ 281, 401)

Lo mismo signifie : *la même chose.*

Le même suivi de *que* se rend par **el mismo**, et le *que* se traduit par que : *l'homme de Paris n'est pas le même que celui de Londres,* **el hombre de Paris no es el mismo que el de Londres.**

425. — **Mismo,** *même,* après un nom de ville est toujours au masculin : *dans Grenade même,* **en Granada mismo.** (voir § 157)

426. — *Beaucoup* se traduit par **muchos, muchas** — *Peu, peu de, un petit nombre de,* se traduit par **pocos, pocas.**

·Ex. : *Il y avait beaucoup d'hommes et peu de femmes.* — **Había muchos hombres y pocas mujeres.**

427. — **Cada,** invariable, signifie *chaque* et s'emploie dans les phrases semblabes aux suivantes :

Chaque dix ans (tous les dix ans) — **Cada diez años.**
Tous les quatre jours — **Cada cuatro días**
Chaque mille hommes — **Cada mil hombres**
On nomma un chef pour chaque dix hommes — **Nombróse un jefe para cada diez hombres.**

On lui donne cent francs par an — **Se le da cien francos cada año** — mais on peut traduire aussi : **se le da cien francos al año.** (§ 718).

428. — **Sendos, sendas** (qui jadis signifiait *beaucoup de, grands, grandes*) indique l'idée d'unité distributive ; il signifie *chaque* et s'accorde avec le régime quoique se rapportant, par le sens, au sujet. Exemples :

Tenian las cuatro ninfas sendos vasos — *Les quatre nymphes avaient chacune une coupe.*

Eligiendo el duque tres soldados nadadores, mandó que con sendas zapas pasasen el río. — *Le duc choisissant trois soldats sachant nager, leur ordonna de passer la rivière, chacun avec une bêche.*

Envió sendas espadas de Córdoba y de Toledo. — *Il envoya des épées, l'une de Cordoue, l'autre de Tolède.*

429. — **Cada uno, cada una** signifient *chacun, chacune.* **Cada cual** a la même signification : *Trois compagnies de cent soldats chacune* : **tres compañías de cien soldados cada una.**

430. — **Demas,** invariable, *autre,* ne s'emploie qu'au pluriel ou au neutre, et toujours précédé de l'article : Exemples :

Esperamos los demas convidados, *nous attendons les autres convives.*

Los demas se fueron, *les autres s'en allèrent.*
Lo demas, *le reste* (en parlant des choses).

431. — **Cierto, cierta, ciertos, ciertas,** — *certain,* s'emploie en espagnol comme en français : devant le nom il équivaut à *quelque, un, une* ; après le nom, il indique la certitude.

Cierta cosa, *certaine chose* — **Cosa cierta,** *chose certaine.*

432. — *Un certain, une certaine* devant un nom, se traduisent par **un cierto, una cierta,** ou par **un tal, una tal** : *Un certain Paul (un nommé Paul)* : **un cierto Pablo, un tal Pablo.**

433. — *Un tel, une telle,* se traduisent par **fulano, fulana.**

On trouve, dans le style familier, **fulanico,** diminutif de **fulano.** **Un tal** ne s'emploie que rarement. *Un tel* répété se dit **fulano, zutano, mengano.** *Un tel et une telle parlaient* : **fulano y zutana hablaban.** — *Il y avait un tel, un tel et un tel* : **había fulano, zutano y mengano.** — *Un tel, un illustre inconnu,* se dira : **don Fulano,** ou **don Fulano de Tal.**

434. — *Tel,* signifiant ressemblance ou comparaison se traduit par **tal** ou **semejante** : *Je n'ai rien vu de tel,* **no he visto tal.**

435. — **Tal** peut être précédé de l'article défini ou d'un adjectif démonstratif : **esta tal,** *cette telle femme (cette femme là)* — **los tales hombres,** *de tels hommes.*

Tal s'emploie tout seul et en quelque sorte d'une façon neutre pour signifier : *une telle chose* : **no hay tal,** *il n'y a rien de semblable* — **no tal,** *nullement.*

Tal joint à l'interrogatif **qué** s'emploie dans l'expression : **¿ qué tal ?** qui signifie : *Qu'en pensez-vous? Que dites-vous à ce sujet,* mais qu'on emploie surtout, et très fréquemment, comme une abréviation de : **¿ qué tal va ?** Dans ce cas **¿ qué tal ?** signifie : *comment vous portez-vous?*

436. — L'expression espagnole **tal cual,** ou **tal por cual,** répond à l'expression française *ni bien ni mal : ce sont des gens ordinaires ;* **son unos tales por cuales.**

437. — *Tel... tel* se traduit par **tal... tal,** ou moins souvent par **cual... tal** : *tel maître, tel valet* — **tal amo, tal criado.**

438. — *Tel* suivi de *que* se rend soit par **tal cual,** soit par **cual,** soit par **como :** *Pierre n'est pas tel que Paul,* **Pedro no es tal cual Pablo,** ou : **Pedro no es cual Pablo,** ou : **Pedro no es como Pablo.** Cependant, lorsque *tel* suivi de *que* n'indique pas une comparaison, on le traduit par **tal que :** *tu es tel que je te déteste,* **eres tal que te aborrezco.**

439· — *Tout, toute,* suivis immédiatement d'un nom sans article, se traduisent par **todo, toda** ou **cada :** *tout homme,* **todo hombre,** ou **cada hombre.**

440. — *Tout le monde,* pris dans un sens général, se traduit par **todos :** *tout le monde dit que,* **todos dicen que.**

441. — *Tout* suivi de l'article défini ou d'un adjectif démonstratif et d'un pronom relatif se traduit par **cuantos, cuantas :** *toutes les maisons que je possédais,* ou : *tout ce que je possédais de maisons,* **cuantas casas tenía.**

442. — *Tout ce qui, tout ce que* se traduit soit par : **todo cuanto,**

soit par **tanto cuanto** : *tout ce qu'il a sera pour son neveu*, **todo cuanto tiene**, ou **tanto cuanto tiene será para su sobrino**. On aurait pu traduire aussi par **cuanto tanto,** ou simplement par **cuanto.**

Lorsque *tout ce qui, tout ce que, tout le, tout les*, sont suivis du conditionnel, on les traduit en espagnol par **cuantos, cuantas, cuanto** avec le subjonctif. Ex. : *il m'a dit de venir toutes les fois que je le pourrais*, **me dijo que viniera cuantas veces pudiese** — *je t'ai donné tout ce que tu me demandais*, **te he dado cuanto me pidas.**

443. — Lorsqu'en français *tout, toute*, marque l'excès, l'abondance, il se traduit par **todo** et s'accorde avec le sujet : *cet homme est toute richesse*, **este hombre es todo riqueza** — *cette femme est toute beauté*, **esta mujer es toda belleza.**

444. — Lorsque *tout* est adverbe il se rend par **muy** ou par un adverbe équivalent : *j'étais tout gai*, **estaba muy alegre** — *tu étais toute gaie*, **estabas muy alegre.**

445. — *Tout* suivi de *que*, signifiant *quelque... que* se rend de la même façon que cette dernière tournure : *tout riche que tu es*, **por rico que seas** ou **por más rico que seas** ou **aunque seas rico.**

446. — *Tout* devant un nom de ville féminin, se traduit en espagnol par le masculin **todo** ou le féminin **toda** : *tout Séville*, **todo Sevilla** ou **toda Sevilla.** (voir § 158).

CHAPITRE IX.

ÊTRE et AVOIR

447. — *Être*, verbe auxiliaire, se traduit par **ser** ; avec le participe passé d'un verbe actif, il forme un verbe passif : le participe passé s'accorde en genre et en nombre avec le sujet : **soy amado**, *je suis aimé* — **soy amada**, *je suis aimée* — **he sido amado**, *j'ai été aimé* — **que hubiésemos sido amadas**, *que nous eussions été aimées*, etc..... Le participe passé est donc considéré, dans la conjugaison des verbes passifs, comme un véritable adjectif.

448. — Le verbe auxiliaire **ser**, est quelquefois, au sens neutre, remplacé par **ir**, *aller*, ou **quedar**, *rester* : **va decidido que...**, *il est décidé que...* — **quedó decidido que...**, *il fut décidé que...*

449. — Le verbe **andar**, *marcher*, tient quelquefois lieu d'auxiliaire d'un verbe passif : **andaba la casa alborotada**, *la maison était bouleversée.*

450. — *Être*, se traduit par **ser**, quand on parle de qualités essentielles au sujet, de qualités relatives à l'esprit ou au cœur, d'un art, d'une dignité, d'un emploi, d'un métier, des dimensions d'un objet, en un mot d'attributs inhérents à une personne ou à une chose : **ser malo, bueno, soldado, médico, fraile, hombre, mortal, instruido, alto, chico, rey, general**, etc... etc... etc...

451. — *Être* se traduit par **estar** quand il exprime l'état accidentel, passager du sujet, ou le lieu où il se trouve : on l'emploie donc pour parler de l'état de la santé, d'une émotion ou d'un sentiment subit et passager : **estar en coche, en el jardín, débil**, etc...

452. — *Être* se traduit indifféremment par **ser** ou **estar** dans les exemples suivants et dans d'autres analogues : **ser, estar del mismo parecer**; *être du même avis* — **ser corregidor**, *être corregidor*, ou : **estar de corregidor** (si l'on emploie **estar** il faut le faire suivre de **de**)

453. — **Ser bueno, malo**, signifient : *être bon, méchant* — **estar**

bueno, malo; *se porter bien, mal* — **estar mejor, peor**; *aller mieux, aller plus mal.*

454. — **Estar** s'emploie souvent devant un autre verbe au gérondif pour marquer d'une manière plus positive qu'une action se fait, s'est faite ou se fera dans le moment même où l'on parle; **está cantando,** *il est en train de chanter, il chante* — **estaba cantando,** *il chantait.* **Estar,** dans ce cas, peut être remplacé par un des verbes **ir,** *aller* — **andar,** *marcher* — **venir,** *venir* — **quedar,** *rester* : **anda cantando, iba cantando,** etc...

Dans ses autres acceptions, **estar** est quelquefois remplacé par **ir, venir, andar: iba alegre,** *j'étais joyeux* — **andaba triste,** *il était triste,* etc....

455. — *Avoir,* verbe auxiliaire, se traduit par **haber : haber** est, en espagnol, l'auxiliaire de tous les verbes (actifs, neutres, pronominaux, etc....) sauf des verbes passifs, dont l'auxiliaire est, comme on l'a vu (§ 447) **ser.**

456. — **Haber** sert uniquement d'auxiliaire; joint au participe passé d'un verbe, il forme les temps composés: le participe passé, précédé de **haber,** ne s'accorde en aucun cas et à aucune place avec le sujet ou avec le régime, exprimé ou sous-entendu : **las cartas que he escrito,** *les lettres que j'ai écrites,* etc....

Haber étant uniquement auxiliaire n'a pas d'impératif et ses temps composés ne sont pas usités, sauf dans la conjugaison de **haber de** (§ 459). Le participe passé de **haber** n'a donc que la forme invariable **habido.**

457. — **Haber,** verbe auxiliaire, est quelquefois remplacé par un des verbes **llevar,** *porter* ou, **dejar,** *laisser* : **llevo escrita una carta,** *j'ai écrit une lettre* (pour : **he escrito una carta**) — **dejaste dicho que saldrías,** *tu as dit que tu sortirais* (pour : **has dicho que saldrías**). Dans ce cas le participe passé du verbe conjugué s'accorde avec le régime : **llevas oídas sus palabras,** *tu as entendu ses paroles.*

458. — **Haber** est employé unipersonnellement pour traduire : *il y a* (§ 466).

459. — **Haber de,** suivi d'un infinitif, forme une sorte de conjugaison se rapportant à des temps futurs et signifiant nécessité, obligation, projet : **he de bailar,** *je dois danser* — **había de bailar,** *je devais danser.*

460. — Le verbe **haber** était autrefois employé comme verbe actif dans le sens de *posséder* ; la 1re personne du pluriel du présent de l'indicatif était alors régulière : **habemos.** La 2me personne du singulier de l'impératif s'est conservée dans les locutions: **he aquí,** *voici* — **he allí,** *voilà* ; on dit de même: **heme aquí,** *me voici* — **hete aquí,** *te voici,* etc... Les autres personnes de l'impératif ont disparu. L'infinitif s'est conservé avec un sens actif dans les locutions : **haber tiempo,** *avoir temps* — **haber lugar,** *avoir lieu* — **haberlas** ou **habérselas con alguno,** *avoir affaire à quelqu'un.*

461. — *Avoir*, verbe actif signifiant *posséder*, se traduit toujours par **tener** ; *j'ai une maison*, **tengo una casa**.

462. — **Tener** remplace quelquefois, mais rarement, **haber** comme auxiliaire ; dans ce cas, le participe passé du verbe conjugué s'accorde toujours avec le régime : **le tengo dadas dos casas**, *je lui ai donné deux maisons*.

463. — **Tener que** a le même sens et s'emploie dans les mêmes cas que **haber de** (§ 459).

464. — **Tener de**, qui s'employait autrefois dans le même sens que **haber de** et **tener de**, n'est plus usité aujourd'hui, sauf à la 1re personne du singulier du présent de l'indicatif dans un sens de menace : **tengo de hacer un ejemplo**, *je dois faire un exemple*.

465. — **Deber de**, s'emploie aussi auxiliairement dans un sens de doute, de présomption, de soupçon : **debe de pensarlo así**, *il doit probablement penser ainsi*. Mais, dans tout autre sens, on n'emploie pas la préposition : **Juan debe estar agradecido**, *Jean doit être reconnaissant* ; la phrase indique une obligation. — **Juan debe de estar agradecido**, *il est probable que Jean est reconnaissant ;* la phrase indique une présomption.

IL Y A

466. — Le verbe unipersonnel *il y a, il y avait*, etc... se traduit par la 3e personne du singulier de chaque temps de **haber** : **había dos muchachos**, *il y avait deux enfants* — **habra un hombre**, *il y aura un homme* — **habra habido nieve**, *il y aura eu de la neige*. — Cependant la 3e personne du singulier du présent de l'indicatif n'est pas usitée ; on la remplace par **hay** : on ne dit donc pas : **ha un hombre**, mais : **hay un hombre**, *il y a un homme*. Néanmoins on peut employer la forme régulière **há**, mais en ne la mettant pas au commencement de la phrase : **dos años há** ou **hay dos años**, *il y deux ans*. Quand on emploie **há** on doit accentuer.

467. — Lorsque *il y a* est suivi d'un nom de temps, on peut aussi le traduire par le verbe **hacer** : **hace cincuenta años**, *il y a cinquante ans* — **hace quince horas que vinió**, *il y a quinze heures qu'il est venu*. **Hace** s'emploi aussi de la même façon que **há** : **dos años há**, ou **dos años hace**, *il y a deux ans*.

122

438. — Conjugaison des verbes signifiant *être* et *avoir*.

MODE INFINITIF

PRÉSENT

ser	estar	haber	tener

PARFAIT

haber sido	haber estado	haber habido	haber tenido

GÉRONDIF

siendo	estando	habiendo	teniendo

PARTICIPE PASSÉ

sido	estado	habido	tenido

PARTICIPE PARFAIT

habiendo sido	habiendo estado	habiendo habido	habiendo tenido

MODE INDICATIF

PRÉSENT

soy	estoy	he	tengo
eres	estás	has	tienes
es	está	ha	tiene
somos	estamos	hemos	tenemos
sois	estáis	habéis	tenéis
son	estan	han	tienen

IMPARFAIT

era	estaba	había	tenía
eras	estabas	habías	tenías
era	estaba	había	tenía
éramos	estábamos	habíamos	teníamos
erais	estabais	habíais	teníais
eran	estaban	habían	tenían

PRÉTÉRIT

fuí	estuve	hube	tuve
fuiste	estuviste	hubiste	tuviste
fué	estuvo	hubo	tuvo
fuimos	estuvimos	hubimos	tuvimos
fuisteis	estuvisteis	hubisteis	tuvisteis
fueron	estuvieron	hubieron	tuvieron

PARFAIT

he sido	he estado	he habido	he tenido
has sido	has estado	has habido	has tenido
ha sido	ha estado	ha habido	ha tenido
hemos sido	hemos estado	hemos habido	hemos tenido
habéis sido	habéis estado	habéis habido	habéis tenido
han sido	han estado	han habido	han tenido

PLUS-QUE-PARFAIT

había sido	había estado	había habido	había tenido
habías sido	habías estado	habías habido	habías tenido
había sido	había estado	había habido	había tenido
habíamos sido	habíamos estado	habíamos habido	habíamos tenido
habíais sido	habíais estado	habíais habido	habíais tenido
habían sido	habían estado	habían habido	habían tenido

PRÉTÉRIT ANTÉRIEUR

hube sido	hube estado	hube habido	hube tenido
hubiste sido	hubiste estado	hubiste habido	hubiste tenido
hubo sido	hubo estado	hubo habido	hubo tenido
hubimos sido	hubimos estado	hubimos habido	hubimos tenido
hubisteis sido	hubisteis estado	hubisteis habido	hubisteis tenido
hubieron sido	hubieron estado	hubieron habido	hubieron tenido

FUTUR

seré	estaré	habré	tendré
serás	estarás	habrás	tendrás
será	estará	habrá	tendrá
seremos	estaremos	habremos	tendremos
seréis	estaréis	habréis	tendréis
serán	estarán	habrán	tendrán

FUTUR ANTÉRIEUR

habré sido	habré estado	habré habido	habré tenido
habrás sido	habrás estado	habrás habido	habrás tenido
habrá sido	habrá estado	habrá habido	habrá tenido
habremos sido	habremos estado	habremos habido	habremos tenido
habréis sido	habréis estado	habréis habido	habréis tenido
habrán sido	habrán estado	habrán habido	habrán tenido

MODE CONDITIONNEL   PRÉSENT

sería	estaría	habría	tendría
serías	estarías	habrías	tendrías
sería	estaría	habría	tendría
seríamos	estaríamos	habríamos	tendríamos
seríais	estaríais	habríais	tendríais
serían	estarían	habrían	tendrían

ANTÉRIEUR

habría sido	habría estado	habría habido	habría tenido
habrías sido	habrías estado	habrías habido	habrías tenido
habría sido	habría estado	habría habido	habría tenido
habríamos sido	habríamos estado	habríamos habido	habríamos tenido
habríais sido	habríais estado	habríais habido	habríais tenido
habrían sido	habrían estado	habrían habido	habrían tenido

MODE IMPÉRATIF   PRÉSENT

sé	está		ten
sea	esté		tenga
seamos	estemos		tengamos
sed	estad		tened
sean	estén		tengan

MODE SUBJONCTIF   PRÉSENT

sea	esté	haya	tenga
seas	estés	hayas	tengas
sea	esté	haya	tenga
seamos	estemos	hayamos	tengamos
seáis	estéis	hayáis	tengáis
sean	estén	hayan	tengan

IMPARFAIT (1re forme)

fuera	estuviera	hubiera	tuviera
fueras	estuvieras	hubieras	tuvieras
fuera	estuviera	hubiera	tuviera
fuéramos	estuviéramos	hubiéramos	tuviéramos
fuerais	estuvierais	hubierais	tuvierais
fueran	estuvieran	hubieran	tuvieran

IMPARFAIT (2e forme)

fuese	estuviese	hubiese	tuviese
fueses	estuvieses	hubieses	tuvieses
fuese	estuviese	hubiese	tuviese
fuésemos	estuviésemos	hubiésemos	tuviésemos
fueseis	estuvieseis	hubieseis	tuvieseis
fuesen	estuviesen	hubiesen	tuviesen

PARFAIT

haya sido	haya estado	haya habido	haya tenido
hayas sido	hayas estado	hayas habido	hayas tenido
haya sido	haya estado	haya habido	haya tenido
hayamos sido	hayamos estado	hayamos habido.	hayamos tenido
hayais sido	hayais estado	hayais habido	hayais tenido
hayan sido	hayan estado	hayan habido	hayan tenido

PLUS-QUE-PARFAIT (1re forme)

hubiera sido	hubiera estado	hubiera habido	hubiera tenido
hubieras sido	hubieras estado	hubieras habido	hubieras tenido
hubiera sido	hubiera estado	hubiera habido	hubiera tenido
hubiéramos sido	hubiéramos estado	hubiéramos habido	hubiéramos tenido
hubierais sido	hubierais estado	hubierais habido	hubierais tenido
hubieran sido	hubierau estado	hubieran habido	hubieran tenido

PLUS-QUE-PARFAIT (2e forme)

hubiese sido	hubiese estado	hubiese habido	hubiese tenido
hubieses sido	hubieses estado	hubieses habido	hubieses tenido
hubiese sido	hubiese estado	hubiese habido	hubiese tenido
hubiésemos sido	hubiésemos estado	hubiésenos habido	hubiésemos tenido
hubieseis sido	hubieseis estado	hubieseis habido	hubieseis tenido
hubiesen sido	hubiesen estado	habiesen habido	hubiesen tenido

FUTUR

fuere	estuviere	hubiere	tuviere
fueres	estuvieres	hubieres	tuvieres
fuere	estuviere	hubiere	tuviere
fuéremos	estuviéremos	hubiéremos	tuviéremos
fuereis	estuviereis	hubiereis	tuviereis
fueren	estuvieren	hubieren	tuvieren

FUTUR ANTÉRIEUR

hubiere sido	hubiere estado	hubiere habido	hubiere tenido
hubieres sido	hubieres estado	hubieres habido	hubieres tenido
hubiere sido	hubiere estado	hubiere habido	hubiere tenido
hubiéremos sido	hubiéremos estado	hubiéremos habido	hubiéremos tenido
hubiereis sido	hubiereis estado	hubiereis habido	hubiereis tenido
hubieren sido	hubieren estado	hubieren habido	hubieren tenido

CHAPITRE X.

LES VERBES RÉGULIERS

FORMATION, VALEUR ET EMPLOI DES TEMPS

469. — Les temps simples se forment d'une racine commune, celle du présent de l'indicatif de chaque verbe, à laquelle on joint les terminaisons de la conjugaison à laquelle il appartient. — Les temps composés se forment du participe passé de chaque verbe ajouté au verbe auxiliaire **haber**.

INFINITIF

470. — Le présent (**Presente de Infinitivo**) s'emploie dans les mêmes cas que le présent de l'infinitif français.

471. — Le présent de l'infinitif est souvent employé comme un véritable substantif masculin singulier ; il peut comme tel, être précédé, de l'article ou d'un adjectif pronominal possessif, ou être accompagné d'un adjectif.

Ex. : **el jugar es cosa mala**, *le jeu est une mauvaise chose.*

tenga V. compasión de mi penar, *ayez compassion de ma peine.*

el gemir tan cruel de los heridos, *le gémissement si cruel des blessés.*

On peut également employer l'infinitif espagnol, sans article, comme l'infinitif français : **leer libros instruye**, *lire des livres instruit.*

472. — On emploie souvent l'infinitif précédé de l'article et de la préposition á, tantôt dans des locutions adverbiales, comme : **al amanecer**, *au lever du jour* — **al anochecer**, *à la tombée de la nuit,* tantôt dans des phrases analogues aux suivantes : **al gritar esto, murió** ; *après avoir crié cela, il mourut.* — **lloraba al decir esto,** *il pleurait en disant cela.* — **al pasar gritarán los guerreros,** *en passant les guerriers crieront.*

473. — Le présent de l'infinitif, précédé d'une des prépositions **con, de, en,** traduit fréquemment le participe présent français précédé de la préposition *en.*

Ex. : *rien qu'en parlant vous pourrez convaincre Charles* — **con solo hablar, podrá V. convencer á Carlos.**
en travaillant trop, on se fatigue les yeux — **de trabajar demasiado, se cansan los ojos.**
en faisant cela, tu n'as rien à écouter — **en hacer eso, no tienes que oir.**

474. — On traduit souvent par le présent de l'infinitif espagnol précédé d'une des prépositions **á** ou **de,** un temps de l'indicatif français précédé de la conjonction *si.*

Ex. : *si j'avais fait cela, tu m'aurais puni* ; **á hacer eso, me hubieras castigado** — á saber yo eso, *si j'avais su cela* — *si tu ne dis pas ce que tu sais, ils te tueront,* **de no decir lo que sabes, te matarán.**

475. — Certaines expressions françaises sont traduites presque littéralement ; **á decir verdad,** *à dire vrai,* etc...

476. — Le parfait (**Pretérito de Infinitivo**) se forme de l'auxiliaire **haber** et du participe passé du verbe : **haber amado,** *avoir aimé.*

477. — On peut former un futur (**Futuro de Infinitivo**) au moyen de l'auxiliaire **haber,** de la préposition **de,** et de l'infinitif du verbe : **haber de amar,** *devoir aimer.*

GÉRONDIF

478. — Le gérondif (**Gerundio**) peut exprimer l'état du sujet : **canta bailando,** *il chante en dansant* ; — la simultanéité des actions de deux verbes : **estaba escribiendo,** *il était écrivant, en train d'écrire* ; — une condition : **siendo esto así, volveré á Francia,** *cela étant ainsi, puisqu'il en est ainsi, je retournerai en France* ; — la manière ou le moyen de parvenir à un but, et dans ce sens il est quelquefois, mais rarement, précédé de la préposition **en : en dominando, reinaré,** *en dominant, je règnerai.* Précédé de la préposition **en,** le gérondif peut aussi exprimer une idée antérieure à celle contenue dans la phrase principale ; **en comiendo, saldremos á paseo ;** *après avoir dîné, nous irons nous promener.*

Le plus souvent, le gérondif espagnol traduit le participe présent français.

479. — Le participe présent français précédé de la préposition **en,** se rend fréquemment, en espagnol, par le présent de l'infinitif, précédé de l'article et de la préposition **á : en passant, je parlerai** — **al pasar, hablaré ;** *en venant me voir, arrêtez-vous chez lui* — **al venir á verme, deténgase V. en su casa ;** *en disant cela* — **al decir esto.**

480. — Le gérondif espagnol traduit aussi l'infinitif français précédé d'une des prépositions *par* ou *de* : *il finit par parler*, **acabó hablando** — *il continua de danser* **continuó bailando.**

481. — Le gérondif est quelquefois précédé, dans une phrase incidente, du gérondif des verbes **estar** ou **ir** : **estando cantando, pasó un pobre** ; *pendant que je chantais, un pauvre passa* — **Yéndome paseando, bailaré** ; *en allant me promener, je danserai.*

482. — Les gérondifs reçoivent parfois, dans le style familier, les désinences diminutives : **callando** *en se taisant* — **callandito, callandico,** *tout doucettement.*

483. — On peut former un futur du gérondif au moyen du gérondif de **haber,** de la préposition **de** et de l'infinitif du verbe conjugué : **habiendo de amar,** *devant aimer.*

PARTICIPES

484. — Le participe passé (**Participio**) sert à former le passif des verbes avec l'auxiliaire **ser,** et les temps composés des verbes actifs et neutres avec l'auxiliaire **haber.** Avec l'auxiliaire **haber,** le participe passé est invariable : **mis hermanos han comprado una casa,** *mes frères ont acheté une maison.* Avec l'auxiliaire **ser** ou quand il est employé adjectivement, le participe passé s'accorde en genre et en nombre avec le sujet : *Madrid est située en Espagne,* **Madrid es situada en España.**

485. — On appelle participe absolu, le participe passé se rapportant à un mot qui n'est ni sujet ni régime d'un verbe, mais qui, avec ce participe, forme un membre de phrase incident, généralement placé avant la phrase principale. (Le participe absolu espagnol correspond à l'ablatif absolu latin).

Ex. : *le livre étant lu, Pierre se leva* — **el libro leído, se levantó Pedro.**

 comme on regardait la maison, un homme sortit — **mirada la casa, salió un hombre,**
 connaissant le pays, il se demanda comment il voyagerait — **conocido el país, pensó como viajaría.**

Comme on le voit par ce dernier exemple, le participe passé absolu espagnol peut traduire le participe présent français.

486. — Le participe passé espagnol précédé d'une des prépositions **después de, para,** traduit fréquemment soit un infinitif français précédé de *pour* ou *après*, soit un mode personnel précédé de *pour que, parce que, après que.*

Ex. : *lorsque je serai mort (après que je serai mort)* — **después de yo muerto.**

pour que je sois content, il ne me manque que la richesse, ou : *pour être content, il ne me manque que la richesse* — **no me falta para contento que la riqueza.**

je courais, tant j'étais glacé — **de helado, corría**

487. — Le participe parfait se forme du gérondif de **haber** et du participe passé : **habiendo temido,** *ayant craint.*

INDICATIF

488. — Le présent (**Presente de Indicativo**) répond au présent de l'indicatif français : *j'aime, je crains, je partage.* De même que le temps français, il s'emploie quelquefois pour le futur de l'indicatif : *je sors dans un moment,* **salgo dentro de un momento** (pour : *dans un moment, je sortirai*).

489. — Après la conjonction *si,* le présent de l'indicatif français se traduit par le présent de l'indicatif espagnol : *si je sors, j'irai chez toi* — **si salgo, iré á tu casa.** Mais, si la phrase renferme une idée de futur, on peut mettre le verbe espagnol au futur du subjonctif : *s'il vient demain, il ne me trouvera pas* — **si viniere mañana, no me hallará.**

490. — On peut former un présent d'actualité, en employant le gérondif du verbe conjugué, précédé du présent de l'indicatif du verbe **estar : estoy escribiendo;** *j'écris, je suis écrivant, je suis en train d'écrire.*

491. — L'imparfait (**Pretérito Imperfecto de Indicativo**) répond à l'imparfait de l'indicatif français. *J'aimais, je craignais, etc...*

492. — Quand l'imparfait de l'indicatif français est précédé de *si* et qu'il exprime une action conditionnelle ou un désir, on le traduit par l'imparfait du subjonctif espagnol. Ex. : *si j'avais de l'argent, j'achèterais une maison;* **si tuviera** ou **tuviese dinero, compraría una casa** — *je mangerais du pain si je le pouvais ;* **comería pan si pudiera** ou **si pudiese** — *je ferai comme si je ne le savais pas,* **haré como si no lo supiera.** On emploierait également l'imparfait du subjonctif espagnol après une des conjonctions : **sino, aunque, bien que, dado que.**

493. — On peut former un imparfait d'actualité avec le gérondif du verbe conjugué et l'imparfait de l'indicatif du verbe **estar : estaba escribiendo;** *j'écrivais, j'étais écrivant, j'étais en train d'écrire.*

494. — Le prétérit (**Pretérito Perfecto simple** ou **remoto de Indicativo**) répond au passé défini français : *j'aimai.* On l'emploie lorsque l'action accomplie a eu lieu à une époque définie et terminée au moment où l'on parle (il faut que le temps écoulé soit au moins un jour entier) : **antes de ayer vi á don Fulano;** *avant-hier, je vis Monsieur un tel* — **comí el lunes último en casa del señor X.;** *je dînai lundi dernier chez Monsieur X.*

On l'emploie aussi quelquefois, mais rarement, à la place du présent du futur de l'indicatif français, comme dans cette phrase : **si pierdo, fui arruinado** — *si je perds, je suis* ou *je serai ruiné.*

495. — Dans la première conjugaison, la 1re personne du singulier ne se distingue que par l'accent de la 1re du singulier du présent du subjonctif : **amé**, *j'aimai* ; **ame**, *que j'aime.* La 3e du singulier ne se distingue que par l'accent de la 1re du singulier du présent de l'indicatif : **amó**, *il aima* ; **amo**, *j'aime.*

Dans la première et la troisième conjugaison, la 1re personne du pluriel est semblable à celle du présent de l'indicatif : **amamos**, *nous aimâmes* ; **amamos** *nous aimons* : **partimos**, *nous partageâmes* ; **partimos**, *nous partageons.*

Dans les trois conjugaisons les lettres caractéristiques de la 1re personne du singulier et de la 1re personne du pluriel sont **st** : **amaste, amasteis ; temiste; temisteis ; partiste, partisteis.**

496. — Le parfait (**Pretérito perfecto próximo de Indicativo**) correspond au passé indéfini français : *j'ai aimé.* Il s'emploie quand l'époque de l'action n'est ni fixée ni déterminée d'une façon quelconque, ou quand l'action s'est passée à une époque qui n'est pas encore entièrement achevée au moment où l'on parle. Ce temps indique donc une proximité de l'action plus grande que le prétérit.

Ex. : **Juan ha viajado mucho**, *Jean a beaucoup voyagé.* — **Este año, han sido pocas las cosechas**, *cette année les récoltes ont été peu abondantes.* Dans le premier exemple, *Jean a beaucoup voyagé*, on doit employer le parfait, parce qu'on laisse entendre que Jean vit et peut encore voyager ; s'il était mort on devrait employer le prétérit : **Juan viajó mucho**, *Jean voyagea beaucoup.* On dira de même : **España ha producido grandes hombres**, *L'Espagne a produit de grands hommes* ; l'Espagne pouvant encore en produire ; mais on dirait : **en el siglo XVI, produjo España grandes hombres**, *au XVIe siècle, l'Espagne produisit de grands hommes*, car il s'agit ici d'une période entièrement écoulée.

497. — Quand deux verbes se trouvent en français, dans la même phrase, au prétérit indéfini on traduit le premier par le parfait et le second par le prétérit : *j'ai chanté aussitôt que vous êtes parti*, **he cantado así que V. se marchó.**

498. — Le plus-que-parfait (**Pretérito pluscuamperfecto de Indicativo**) correspond au plus-que-parfait de l'indicatif français : *j'avais aimé.* Quand le plus-que-parfait de l'indicatif français est précédé de *si* et exprime une action conditionnelle, on le traduit par le plus-que-parfait du subjonctif espagnol : *si j'avais eu de l'argent, j'aurais acheté une maison* ; **si hubiera** ou **hubiese tenido dinero, habría comprado una casa.**

499. — Le prétérit antérieur (**Pretérito perfecto anterior de Indicativo**) correspond au français : *j'eus aimé, j'eus craint, j'eus partagé.* Sa signification est à peu près la même que celle du prétérit, mais il est beaucoup moins usité. On ne l'emploie qu'avec les locutions :

después que ; *après que* — **no bien, en seguida que, luego que, tan pronto como** ; *aussitôt que, dès que* — **cuando, así que** ; *quand* — et autres semblables.

Il exprime une action passée avant une autre dans un temps passé, comme : **después que hube visto á Pedro, salí de la ciudad** — *quand j'eus vu Pierre, (après avoir vu Pierre) je sortis de la ville.*

500. — Le futur (**Futuro imperfecto de Indicativo**) correspond au futur de l'indicatif français : *j'aimerai.*

501. — Après **cuando,** *quand,* le futur de l'indicatif français se traduit, en espagnol, par le présent du subjonctif : *quand j'arriverai à Paris, j'irai te voir* — **cuando llegue á Paris, iré á verte.** Mais, si la phrase renfermant quand et le futur de l'indicatif est interrogative, on emploiera le futur de l'indicatif espagnol : *quand arriveras-tu à Paris ?* — **¿ cuando llegarás á Paris ?**

502. — Le futur de l'indicatif espagnol s'emploie quelquefois, de même qu'en français, pour l'impératif : **saldrás pronto** ; *tu sortiras bientôt, sors bientôt.*

503. — Le futur se forme, dans les trois conjugaisons, avec le présent de l'infinitif et avec les personnes du présent de l'indicatif du verbe **haber** (la 2ᵉ personne du pluriel réduite à **heis**) dont on omet la **h** initiale :

amar he — **amaré**
amar has — **amarás**
amar ha — **amará**
amar hemos — **amaremos**
amar habéis — **amaréis**
amar han — **amarán**

On trouve dans les anciens auteurs de nombreux exemples de cette forme primitive à côté de la forme actuelle : **casarme he con ella, encerraréla, haréla á mis mañas** (Cervantes) — **decirte he,** pour : **te diré** — **darte han,** pour : **te darán.**

La formation du futur de l'indicatif (et du présent du conditionnel) est analogue dans les autres langues romanes.

« Le futur latin succomba aux ravages de l'altération phonétique. Quand les lettres finales perdirent leur prononciation distincte, il devint impossible de ne pas confondre l'imparfait *amabam* avec le futur *amabo*. Le procédé que nous avons déjà appelé le renouvellement dialectal fournit alors un futur nouveau : en effet, *habeo* se rencontrait quelquefois, en latin, uni à un infinitif, comme, par exemple, dans *habeo dicere,* et l'union de ces mots est arrivé insensiblement à exprimer l'idée du futur. » MAX MÜLLER

504. — Quelques grammairiens nomment : futur probable, le verbe **deber** au présent de l'indicatif, suivi d'un infinitif : **debo salir,** *je dois sortir.* Ils nomment : futur prochain, le présent de l'indicatif du verbe **ir,** *aller,* suivi de **á** et d'un infinitif : **voy á cantar,** *je vais chanter.*

505. — Le futur antérieur (**Futuro Perfecto de Indicativo**) correspond au futur antérieur de l'indicatif français : *j'aurai fini ma lettre quand Paul arrivera*, **habré acabado mi carta cuando Pablo llegue.**

506. — Le futur antérieur de l'indicatif français, précédé de *quand*, se traduit par le parfait du subjonctif espagnol : *quand j'aurai reçu de l'argent, j'achèterai une maison ;* **cuando haya recibido dinero, compraré una casa.**

507. — Le futur antérieur de l'indicatif français précédé de : *aussitôt que, dès que,* se traduit fréquemment par le présent du subjonctif espagnol, précédé de **luego que** : *dès que vous aurez écrit cette lettre, donnez-la moi —* **luego que escriba V. esta carta, démela.**

CONDITIONNEL

508. — Le présent (**Pretérito Imperfecto de Subjuntivo**) correspond au présent du conditionnel français : *j'aimerais.*

509. — La formation de ce temps est analogue à celle du futur de l'indicatif : dans les trois conjugaisons, on ajoute au présent de l'infinitif les personnes de l'imparfait de l'indicatif de **haber** (**había, habías,** etc.,) réduites à **hía, hías,** dont on omet la h initiale : **amar había, amar hía, amaría.** Exemples de la forme primitive : **Si Dios no concediese à algunos las prosperidades que le piden, parecerles hía que no estaba el darlas en su mano.** (Granada). — **Si me quisiérades bien, holgaros híades de mi partida, porque me voy al Padre.** (Granada).

510. — Après les pronoms interrogatifs employés exclamativement, le présent du conditionnel français se traduit par la première forme de l'imparfait du subjonctif : *qui le croirait ! qui l'imaginerait !* **¡ quién lo creyera ! ¡ quién lo imaginara !**

511. — Le présent du conditionnel français se rend par imparfait du subjonctif espagnol après **cuando,** *quand,* et après **el que, los que, la que,** etc... après **cuanto, cuantos, cuanta,** etc..., lorsque ces pronoms sont eux-mêmes précédés d'un verbe exprimant une action que le reste de la phrase fait dépendre du choix ou du hasard : *je t'ai dit de prendre tout ce que tu voudrais,* **te he dicho que tomases todo lo que quisieras,** ou : **cuanto quisieras.**

512. — Le présent du conditionnel français, dans une phrase précédée ou suivie d'un membre de phrase renfermant l'imparfait de l'indicatif précédé de *si,* peut se traduire par l'imparfait de l'indicatif espagnol : *s'il pleuvait, je ne sortirais pas —* **si lloviese, no salía.**

513. — L'antérieur du conditionnel (**Pretérito Pluscuamperfecto de Subjuntivo**) correspond à l'antérieur du conditionnel français : *j'aurais aimé.* Exprimant une supposition, il se traduit par le futur antérieur du subjonctif : *quand même je l'aurais mangé, que* *vous importe?* ¿ **aun cuando lo hubiere comido, que le importa ?**

514. — L'antérieur du conditionnel français est souvent traduit par la 1ʳᵉ forme de l'imparfait du subjonctif espagnol. Il en est naturellement de même quand l'imparfait ou le plus-que-parfait de l'indicatif français sont employés dans le sens de l'antérieur du conditionnel : *je les aurais fait marcher* — **los hiciera que andasen.** — *L'armée, qui pouvait, ou : qui aurait pu arriver plus vite, si son chef n'avait eu un autre projet.....* **el ejército, que pudiera llegar más pronto, si su jefe no tuviera otro proyecto.....**

515. — L'antérieur se rend par le plus-que-parfait du subjonctif espagnol, quand dans la même phrase se trouve un autre verbe au plus-que-parfait de l'indicatif, précédé immédiatement de **si** : *j'aurais mangé du pain si j'avais eu faim,* **hubiera** ou **hubiese comido pan si hubiera** ou **hubiese tenido hambre.**

IMPÉRATIF

516. — Le présent (**Presente de Imperativo**) a le même sens qu'en français : en espagnol, il n'est jamais prohibitif ; pour traduire l'impératif négatif français, on se sert du présent du subjonctif : **no hagas eso,** *ne fais pas cela* ; **no ames,** *n'aime pas* ; **no ameis,** *n'aimez pas.*

517. — Dans les trois conjugaisons, la 2ᵉ personne du singulier de l'impératif est semblable à la 3ᵉ personne du singulier du présent de l'indicatif ; la 3ᵉ personne du singulier, la 1ʳᵉ et la 3ᵉ personne du pluriel sont empruntées au présent du subjonctif. La 2ᵉ personne du pluriel se forme en changeant la **r** finale du présent de l'infinitif en **d** : **amar, amad — temer, temed — partir, partid.**

518. — Dans les verbes pronominaux, la **s** finale de la 1ʳᵉ personne du pluriel se retranche devant le pronom régime : **amemonos** pour **amemosnos.** La 2ᵉ personne du pluriel offre la même particularité : la **d** finale se retranche devant le pronom régime : **amaos** pour **amados.** Le verbe irrégulier **irse,** *s'en aller,* fait seul exception à cette règle ; sa deuxième personne du pluriel de l'impératif est régulière : **idos,** *allez-vous-en* ; mais la 1ʳᵉ est irrégulière : **vamonos,** pour : **vamosnos,** *allons-nous-en.*

SUBJONCTIF

519. — Le présent (**Presente de Subjuntivo**) correspond au présent du subjonctif français : *que j'aime.*

520. — L'imparfait (**Pretérito Imperfecto de Subjuntivo**) correspond à l'imparfait du subjonctif français.

521. — L'imparfait du subjonctif espagnol a trois formes : **amara, amase, amaría,** dont la troisième équivaut au présent du conditionnel français. (Les grammairiens espagnols ne considèrent pas le conditionnel comme un mode distinct).

La première et la deuxième forme s'emploient indifféremment pour traduire l'imparfait de l'indicatif français précédé de *si* : *si j'aimais les richesses, je m'efforcerais de les acquérir ;* **si yo amara** ou **amase las riquezas, procuraría adquirirlas,** — *si tu lisais des livres, tu serais instruit ;* **si leyeras** ou **leyeses libros, serías instruido.**

La première forme remplace quelquefois le présent du conditionnel : *le temps pourrait être meilleur ;* **el tiempo pudiera** (pour **podría) ser mejor.** Mais il n'en est pas de même de la deuxième forme qui ne peut jamais être prise dans le sens du présent du conditionnel.

522. — Le parfait (**Pretérito Perfecto de Subjuntivo**) a en espagnol le même sens qu'en français : *que j'aie aimé.* Il traduit aussi quelquefois le futur antérieur français : *à peine aura-t-il fini, il s'en sera allé* — **apenas haya acabado, se habra ido.**

523. — Le plus-que-parfait (**Pretérito Pluscuamperfecto de Subjuntivo**) étant composé du participe passé du verbe conjugué et de l'imparfait du subjonctif de **haber,** a naturellement deux formes : **hubiera amado, hubiese amado,** *que j'eusse aimé.* —

524. — Le futur (**Futuro Imperfecto de Subjuntivo**) traduit le présent de l'indicatif français précédé de *si* : *si tu écris à ton frère, dis-lui de venir ;* **si escribieres á tu hermano, dile que venga.** Mais on peut traduire aussi le présent de l'indicatif français par le présent de l'indicatif espagnol.

525. — Le présent et le futur du subjonctif espagnol s'emploient indifféremment pour traduire un verbe au futur de l'indicatif français si ce verbe est précédé en espagnol soit de : **el que, la que, los que,** etc., soit de : **cuando, a, os, as** (dans le sens de **todo lo que),** soit de **quien** dans le sens de **el que, la que)** ou s'il est régi par **cuando, mientras, luego que.** Il faut de plus que ces pronoms, cet adjectif et ces adverbes soient eux-mêmes précédés d'un autre verbe exprimant une action que le reste de la phrase fait dépendre du choix ou du hasard.

Ex. : *Ceux-là seront coupables qui nous regarderont comme innocents,* **serán delincuentes los que nos juzgaren inocentes.** — *Vous lirez ce livre quand vous voudrez,* **V. leerá este libro cuando quisiere ;** mais après **cuando,** on peut toujours employer le présent du subjonctif.

526. — Le futur antérieur (**Futuro Perfecto de Subjuntivo**) répond au futur antérieur de l'indicatif français : *j'aurai aimé,* et suit les mêmes règles que le futur du subjonctif. —

527. — Le verbe qui suit la conjonction **que** se met à l'indicatif quand le verbe qui la précède est un verbe d'affirmation ; il se met au subjonctif quand le verbe précédant exprime le doute, la surprise, la crainte, l'admiration, le désir, l'espoir, l'incertitude, la volonté, la permission, la défense, le commandement.

Ex. : *Je sais qu'il est malade* ; **sé que está enfermo** — *Je ne crois pas, je doute qu'il soit malade* ; **no creo, dudo que esté enfermo** — *Je désire qu'il vienne*, **deseo que venga**, etc,.. etc... (voir la syntaxe de subordination).

528. — Le verbe se met au subjonctif après **ojalá**, *plaise à Dieu que* ; de même après les relatifs **que, quien, cuyo, a, os, as**, quand la phrase est interrogative ou négative, ou quand elle exprime un doute, un désir, une condition.

✝ VERBES NEUTRES

529. — Les verbes neutres et les verbes actifs se conjuguent avec l'auxiliaire **haber**.

VERBES PRONOMINAUX

530. — Le verbe pronominal se forme, en espagnol, en plaçant le pronom réfléchi régime devant le verbe actif, que ce verbe actif soit à un temps simple ou à un temps composé : **me alabo**, *je me loue* — **nos hemos vendido**, *nous nous sommes vendus* — **que os hubieseis amado**, *que vous vous fussiez aimés*.

531. — Au présent de l'infinitif, au gérondif et à l'impératif, le pronom réfléchi régime au lieu de se placer avant le verbe, se place après et s'écrit en un seul mot avec lui. A la première personne du pluriel de l'impératif, la **s** finale du verbe disparaît devant le pronom ; à la deúxième personne du pluriel, la **d** finale disparaît également. Ex. : **amarse, amándose** — **amate, amese, amémonos** (pour **amémosnos**), **amaos** (pour **amados**), **amense**. Le seul verbe qui, à la deuxième personne du pluriel de l'impératif, conserve la **d**, est le verbe irrégulier **irse**, *s'en aller* ; on dit : **idos**, *allez-vous-en*.

532. — Dans les temps composés avec l'infinitif ou le gérondif du verbe auxiliaire **haber**, c'est-à-dire à l'infinitif parfait et au participe parfait de tous les verbes pronominaux, le pronom régime suivra cet infinitif ou ce gérondif et s'écrira en un seul mot avec lui : **haberse amado, habiéndose amado**.

533. — Si le verbe pronominal, à un temps quelconque, commence la phrase, le pronom régime se place après le verbe et s'écrit en un seul mot avec lui : **hallábame en Madrid**, *je me trouvais à Madrid*. Les premières personnes du pluriel de chaque temps perdent leur **s**

finale devant le pronom régime : **hallabámonos en Madrid,** *nous nous trouvions à Madrid.* À la deuxième personne du pluriel de chaque temps (sauf à l'impératif, bien entendu), le pronom régime ne se place pas après le verbe, pour éviter une dissonance, mais il se place avant et s'écrit séparément : **os alabáis,** *vous vous louez.* Le même motif empêche le pronom **se** d'être placé après une personne terminée par **s** ; on ne dira donc pas : **dirásselo,** mais **se lo dirás,** *tu le lui diras.*

534. — Si le verbe pronominal, commençant la phrase, est à un temps composé, les pronoms régimes se placent après l'auxiliaire et s'écrivent en un seul mot avec lui ; la première personne du pluriel d'un temps quelconque de l'auxiliaire perd son **s** finale devant le pronom régime : **heme hallado en Madrid,** *je me suis trouvé à Madrid* — **habíamonos hallado en Madrid,** *nous nous étions trouvés à Madrid.* À la deuxième personne du pluriel de chaque temps composé, le pronom régime ne se place pas après l'auxiliaire, pour éviter une dissonance, mais il se place avant et s'écrit séparément : **os habéis amado, os habíais amado.**

535. — On ne doit pas confondre avec les verbes pronominaux des verbes actifs accompagnés de pronoms, mais de pronoms indiquant toujours un régime indirect : **me he encontrado el pañuelo,** *j'ai trouvé mon mouchoir.* Ces phrases sont assez fréquentes en espagnol et le pronom régime indirect remplace un adjectif pronominal possessif sous-entendu : **he encontrado mi pañuelo.**

VERBES PASSIFS (voir § 447).

VERBES CONJUGUÉS INTERROGATIVEMENT

536. — Le pronom n'étant pas exprimé, en espagnol, devant les verbes, le point d'interrogation marquera la seule différence des verbes conjugués affirmativement ou interrogativement. **¿ Temo ?** *Crains-je ?* — **¿ Temes ?** *Crains-tu ?* etc. — Si le pronom était exprimé, on le placerait après le verbe.

VERBES CONJUGUÉS NÉGATIVEMENT

537. — La négation précède le verbe, dans tous les temps : **no amo, no hemos amado.** Dans les verbes pronominaux elle précède le pronom : **no me alabo, no nos habíamos alabado.** Un verbe peut être conjugué négativement et affirmativement à la fois : **¿ no parto ?** *ne partagé-je pas ?* etc...

538. — On remarquera que, l'impératif n'étant jamais prohibitif en espagnol, ce temps sera remplacé, dans la conjugaison négative, par le présent du subjonctif ; quelquefois, mais bien rarement, on traduit la 2ᵉ personne du singulier ou du pluriel de l'impératif négatif français par le présent de l'infinitif espagnol : **no temer,** *ne crains pas* ou *ne craignez pas,*

539. — TABLEAU DES DÉSINENCES DES TEMPS SIMPLES

INDICATIF PRÉSENT

o	o	o
as	es	es
a	e	e
amos	emos	imos
áis	éis	ís
an	en	en

CONDITIONNEL PRÉSENT

aría	ería	iría
arías	erías	irías
aría	ería	iría
aríamos	eríamos	iríamos
aríais	eríais	iríais
arían	erían	irían

SUBJONCTIF 2me IMPARFAIT

ase	iese	»
ases	ieses	»
ase	iese	»
ásemos	iésemos	»
aseis	ieseis	»
asen	iesen.	»

INDICATIF IMPARFAIT

aba	ía	»
abas	ías	»
aba	ía	»
ábamos	íamos	»
abais	íais	»
aban	ían	»

IMPÉRATIF PRÉSENT

a	e	e
e	a	a
emos	amos	amos
ad	ed	id
en	an	an

SUBJONCTIF FUTUR

are	iere	»
ares	ieres	»
are	iere	»
áremos	iéremos	»
areis	iereis	»
aren	ieren	»

INDICATIF PRÉTÉRIT

é	í	»
aste	iste	»
ó	ió	»
amos	imos	»
asteis	isteis	»
aron	ieron	»

SUBJONCTIF PRÉSENT

e	a	»
es	as	»
e	a	»
emos	amos	»
éis	áis	»
en	an	»

INFINITIF PRÉSENT

ar	er	ir

GÉRONDIF

ando	iendo	»

INDICATIF FUTUR

aré	eré	iré
arás	erás	irás
ará	erá	irá
aremos	eremos	iremos
aréis	eréis	iréis
arán	erán	irán

SUBJONCTIF 1er IMPARFAIT

ara	iera	»
aras	ieras	»
ara	iera	»
áramos	iéramos	»
arais	ierais	»
aran	ieran	»

PARTICIPE PASSÉ

ado	ido	»

540. — DÉSINENCES **ESDRÚJULAS**, GRAVES, AIGÜES

	INDICATIF PRÉSENT			IMPÉRATIF PRÉSENT			SUBJONCTIF PRÉSENT	
	o	o	o				e	a
graves	as	es	es	a	e	e	es	as
	a	e	e	e	a	a	e	a
	amos	emos	imos	amos	amos	amos	emos	amos
aiguës	áis	éis	ís	ad	ed	id	éis	áis
graves	an	en	en	en	an	an	en	an

	INDICATIF IMPARFAIT		CONDITIONNEL PRÉSENT			SUBJONCTIF IMPARFAITS				SUBJONCTIF FUTUR	
	aba	ia	aría	ería	iría	ara	iera	ase	iese	are	iere
graves	abas	ias	arías	erías	irías	aras	ieras	ases	ieses	ares	ieres
	aba	ia	aría	ería	iría	ara	iera	ase	iese	are	iere
esdrújulas	*ábamos*	*íamos*	*aríamos*	*eríamos*	*iríamos*	*áramos*	*iéramos*	*ásemos*	*iésemos*	*áremos*	*iéremos*
graves	abais	iais	aríais	eríais	iríais	arais	ierais	aseis	ieseis	areis	iereis
	aban	ian	arían	erían	irían	aran	ieran	asen	iesen	aren	ieren

	INDICATIF PRÉTÉRIT			INDICATIF FUTUR		
aiguës	é	i	aiguës	aré	eré	iré
graves	aste	iste		arás	erás	irás
aiguës	ó	ió		ará	erá	irá
	amos	imos	graves	aremos	eremos	iremos
graves	asteis	isteis		aréis	eréis	iréis
	aron	ieron	aiguës	arán	erán	irán

REMARQUES SUR LES DÉSINENCES DES TEMPS SIMPLES.

541. — Dans tous les temps simples de toutes les conjugaisons, la 1re et la 3me personnes du singulier sont terminées par une des voyelles **a, e, i, o**; elles sont graves, sauf au prétérit et au futur de l'indicatif où elles sont aiguës; elles sont identiques à l'imparfait de l'indicatif, au présent du conditionnel et à tous les temps du subjonctif.

La 2me personne du singulier est terminée par **s**, sauf au prétérit de l'indicatif et à l'impératif ; elle est grave partout, sauf au futur de l'indicatif où elle est aiguë.

La 1re personne du pluriel est terminée par **mos**; elle est grave, sauf à l'imparfait de l'indicatif, au présent du conditionnel, aux imparfaits et au futur du subjonctif où elle est **esdrújula** (c'est la seule personne qui le soit).

La 2me personne du pluriel est terminée par **is**, sauf à l'impératif.

La 3me personne du pluriel est terminée par **n** et est toujours grave sauf au futur de l'indicatif où elle est aiguë.

Au § 539, les guillemets indiquent que les désinences de la troisième conjugaison sont les mêmes que celles de la deuxième.

Au § 540, les temps n'ayant que deux colonnes de désinences, emploient la seconde colonne pour la deuxième et la troisième conjugaisons.

542. — CONJUGAISON DES VERBES RÉGULIERS

I	II	III

MODE INFINITIF

PRÉSENT

amar (*aimer*)	**temer** (*craindre*)	**partir** (*partager*)

PARFAIT

haber amado	**haber temido**	**haber partido**

GÉRONDIF

amando	**temiendo**	**partiendo**

PARTICIPE PASSÉ

amado	**temido**	**partido**

PARTICIPE PARFAIT

habiendo amado	**habiendo temido**	**habiendo partido**

MODE INDICATIF

PRÉSENT

amo	**temo**	**parto**
amas	**temes**	**partes**
ama	**teme**	**parte**
amos	**tememos**	**partimos**
amáis	**teméis**	**partís**
aman	**temen**	**parten**

IMPARFAIT

amaba	**temía**	**partía**
amabas	**temías**	**partías**
amaba	**temía**	**partía**
amábamos	**temíamos**	**partíamos**
amabais	**temíais**	**partíais**
amaban	**temían**	**partían**

PRÉTÉRIT

amé	**temí**	**partí**
amaste	**temiste**	**partiste**
amó	**temió**	**partió**
amamos	**temimos**	**partimos**
amasteis	**temisteis**	**partisteis**
amaron	**temieron**	**partieron**

PARFAIT

he amado	he temido	he partido
has amado	has temido	has partido
ha amado	ha temido	ha partido
hemos amado	hemos temido	hemos partido
habéis amado	habéis temido	habéis partido
han amado	han temido	han partido

PLUS-QUE-PARFAIT

había amado	había temido	había partido
habías amado	habías temido	habías partido
había amado	había temido	había partido
habíamos amado	habíamos temido	habíamos partido
habiais amado	habiais temido	habiais partido
habían amado	habían temido	habían partido

PRÉTÉRIT ANTÉRIEUR

hube amado	hube temido	hube partido
hubiste amado	hubiste temido	hubiste partido
hubo amado	hubo temido	hubo partido
hubimos amado	hubimos temido	hubimos partido
hubisteis amado	hubisteis temido	hubisteis partido
hubieron amado	hubieron temido	hubieron partido

FUTUR

amaré	temeré	partiré
amarás	temerás	partirás
amará	temerá	partirá
amaremos	temeremos	partiremos
amaréis	temeréis	partiréis
amarán	temerán	partirán

FUTUR ANTÉRIEUR

habré amado	habré temido	habré partido
habrás amado	habrás temido	habrás partido
habrá amado	habrá temido	habrá partido
habremos amado	habremos temido	habremos partido
habréis amado	habréis temido	habréis partido
habrán amado	habrán temido	habrán partido

MODE CONDITIONNEL

PRÉSENT

amaría	temería	partiría
amarías	temerías	partirías
amaría	temería	partiría
amaríamos	temeríamos	partiríamos
amaríais	temeríais	partiríais
amarían	temerían	partirían

ANTÉRIEUR

habría amado	habría temido	habría partido
habrías amado	habrías temido	habrías partido
habría amado	habría temido	habría partido
habríamos amado	habríamos temido	habríamos partido
habríais amado	habríais temido	habríais partido
habrían amado	habrían temido	habrían partido

MODE IMPÉRATIF

PRÉSENT

ama	teme	parte
ame	tema	parta
amemos	temamos	partamos
amad	temed	partid
amen	teman	partan

MODE SUBJONCTIF

PRÉSENT

ame	tema	parta
ames	temas	partas
ame	tema	parta
amemos	temamos	partamos
améis	temáis	partáis
amen	teman	partan

IMPARFAIT (1ʳᵉ forme)

amara	temiera	partiera
amaras	temieras	partieras
amara	temiera	partiera
amáramos	temiéramos	partiéramos
amarais	temierais	partierais
amaran	temieran	partieran

IMPARFAIT (2ᵉ forme)

amase	temiese	partiese
amases	temieses	partieses
amase	temiese	partiese
amásemos	temiésemos	partiésemos
amaseis	temieseis	partieseis
amasen	temiesen	partiesen

PARFAIT

haya amado	haya temido	haya partido
hayas amado	hayas temido	hayas partido
haya amado	haya temido	haya partido
hayamos amado	hayamos temido	hayamos partido
hayáis amado	hayáis temido	hayáis partido
hayan amado.	hayan temido	hayan partido

PLUS-QUE-PARFAIT (1re forme)

hubiera amado	hubiera temido	hubiera partido
hubieras amado	hubieras temido	hubieras partido
hubiera amado	hubiera temido	hubiera partido
hubiéramos amado	hubiéramos temido	hubiéramos partido
hubierais amado	hubierais temido	hubierais partido
hubieran amado	hubieran temido	hubieran partido

PLUS-QUE-PARFAIT (2e forme)

hubiese amado	hubiese temido	hubiese partido
hubieses amado	hubieses temido	hubieses partido
hubiese amado	hubiese temido	hubiese partido
hubiésemos amado	hubiésemos temido	hubiésemos partido
hubieseis amado	hubieseis temido	hubieseis partido
hubiesen amado	hubiesen temido	hubiesen partido

FUTUR

amare	temiere	partiere
amares	temieres	partieres
amare	temiere	partiere
amáremos	temiéremos	partiéremos
amareis	temiereis	partiereis
amaren	temieren	partieren

FUTUR ANTÉRIEUR

hubiere amado	hubiere temido	hubiere partido
hubieres amado	hubieres temido	hubieres partido
hubiere amado	hubiere temido	hubiere partido
hubiéremos amado	hubiéremos temido	hubiéremos partido
hubiereis amado	hubiereis temido	hubiereis partido
hubieren amado	hubieren temido	hubieren partido

REMARQUE

543. — L'ancienne orthographe omettait l'accent sur la **i** des désinences de l'imparfait de l'indicatif des 2e et 3e conjugaisons et du
présent du conditionnel des trois conjugaisons : **temia, partias,
amaria**, etc..., au lieu de **temía, partías, amaría**, etc...

MODIFICATIONS ORTHOGRAPHIQUES DES VERBES.

544. — Les verbes de la 1re conjugaison ont des terminaisons commençant par une des trois lettres **a, o, e** ; ceux de la 2e et de la 3e conjugaison ont des terminaisons commençant par une des quatre lettres **a, o, e, i.** Quand le radical d'un verbe est terminé par une lettre (**c, g**) ou un groupe (**qu, gu, gü**) ne se prononçant pas de même devant toutes les voyelles, on devra remplacer cette lettre ou ce groupe par une autre lettre ou un autre groupe, toutes les fois qu'ils cesseraient d'avoir le même son que devant la terminaison de l'infinitif. De même, par raison orthographique, on écrira **ce** de préférence à **ze**, dans certaines personnes de la conjugaison des verbes terminés par **zar.** Voici la liste de ces modifications :

Les verbes terminés par **car** changent **c** en **qu** devant **e**.

Ex. : **tocar — toqué.**

Les verbes terminés par **gar** changent **g** en **gu** devant **e**.

Ex. : **jugar — juguemos.**

Les verbes terminés par **guar** changent **gu** en **gü** devant **e**.

Ex. : **alenguar — alengüen.**

Les verbes terminés par **zar** changent **z** en **c** devant **e**.

Ex. : **almorzar — almorcé.**

Les verbes terminés par **cer, cir** (1) changent **c** en **z** devant **a** et **o**.

Ex. : **vencer — venza, venzo ; resarcir — resarzamos, resarzo.**

Les verbes terminés par **ger, gir** changent **g** en **j** devant **a** et **o**.

Ex. : **coger — cojan, cojo ; afligir — aflijamos, aflijo.**

Les verbes terminés par **quer, quir** changent **qu** en **c** devant **a** et **o**.

Ex. : **delinquir — delinco, delincan.**

Les verbes terminés par **guer, guir** changent **gu** en **g** devant **a** et **o**.

Ex. : **joguer — jogo, jogamos ; distinguir — distingo, distingais.**

Les verbes terminés par **güer** changent **gü** en **gu** devant **a** et **o**.

---

(1) Il s'agit ici des verbes terminés par **cer** non précédés de **a, e, o** et des verbes terminés par **cir** non précédés de **u**, car ces verbes (**acer, ecer, ocer, ucir**) sont des verbes irréguliers de la 3me classe. Comme on le verra, **cocer** et ses composés n'ont pas le même genre d'irrégularité : **mecer, remecer, empecer** sont réguliers et l'on dit **mezo, empezo**, etc. (Voir § 556).

REMARQUE. — Quant aux verbes terminés par **güir** ils sont irréguliers comme tous les verbes terminés par **uir** (2ᵉ classe) et leur
irrégularité les empêche de recevoir la modification qui leur serait
nécessaire s'ils se conjugaient normalement.

545. — Les verbes terminés par **aer, eer, oer, oir, uir** (1), lorsqu'ils prennent une terminaison commençant par une i suivie d'une
voyelle, changent cette **i** en **y** d'après le principe qui veut que toute **i**
non accentuée, entre deux voyelles, se change en **y**.

Ex. : **leer — leyó, leyendo.**

REMARQUES

Une voyelle, dernière lettre du radical d'un verbe, peut-elle former
diphtongue avec une autre voyelle, première lettre d'une désinence ?

VERBES DE LA 1ʳᵉ CONJUGAISON

546. — Les désinences des temps simples commencent par une des
voyelles fortes **a, e, o** ; quand le radical d'un verbe est terminé par une
des voyelles faibles **i, u** (tous les verbes terminés par **iar, uar**) le rap-
prochement de deux de ces voyelles forme un des groupes **ia, ie, io ;
ua, ue, uo.**

Dans ces verbes, au présent de l'indicatif, à l'impératif et au présent
du subjonctif, ces groupes de voyelles tantôt forment une diphtongue,
tantôt appartiennent à deux syllabes distinctes ; c'est ce que les règles
ci-dessous feront connaître. A tous les autres temps, ces groupes de
voyelles forment une diphtongue.

RÈGLE A. Aux trois temps indiqués, les verbes terminés par **iar** ont
une diphtongue sauf **aliarse, ampliar, desliar, paliar, rumiar,
espiar, estasiar** et les verbes terminés par **fiar** ou **riar** (de ces derniers, **feriar** seul a une diphtongue).

RÈGLE B. Aux mêmes temps, les verbes terminés par **uar** n'ont pas
de diphtongue sauf ceux terminés par **cuar et guar (colicuar** seul
n'a pas de diphtongue).

NOTA. Dans les verbes dont le radical est monosyllabique, il ne peut
naturellement pas exister de diphtongue ; tels sont **fiar, piar, ruar,**
etc..., etc...

---

(1) Il ne s'agit naturellement que des verbes dans lesquels **uir** forme
deux syllabes, la lettre **u** devant conserver sa valeur : **argüir, huir,**
etc... et non des verbes terminés par **quir** ou **guir.** Les verbes terminés par **uir** sont en outre irréguliers. (Voir § 555).

547. — Dans les verbes qui, aux trois temps indiqués, n'ont pas de diphtongue, la dernière lettre du radical (**i** ou **u**) reçoit l'accent, aux personnes graves dont la désinence est monosyllabique (1re, 2e, 3e du singulier ; 3e du pluriel). Cette dernière lettre du radical reçoit le tréma à la 1re personne du pluriel, personne grave dont la désinence est bisyllabique et à la 2e du pluriel, personne aiguë (voir le tableau § 540).

Exemples : **vacío, vacías, vacía, vacïamos vacïáis, vacían ; vacía, vacïad ; vacíe, vacíes, vacíe, vacïemos, vacïéis, vacïen.** De même : **desvirtúo, desvirtúe ; continúa, continüéis ; acentüéis ; exceptúan,** etc…, etc…

548. — Les verbes qui, aux trois temps indiqués, n'ont pas de diphtongue n'en ont pas non plus au présent de l'infinitif et au participe passé ; on écrira donc : **fïar, varïar, pïar, rüar, acentüar, acentüado,** etc…

549. — A tous les temps autres que le présent de l'indicatif, l'impératif, le présent du subjonctif, l'infinitif et le participe passé, les verbes terminés par **iar** et **uar** ont tous une diphtongue : **vació, vaciaba, vaçiaré, ferió, feriaba, feriaré, perpetuó,** etc…

VERBES DE LA 2e ET 3e CONJUGAISON

550. — Les verbes de la 2e et de la 3e conjugaison dont le radical est terminé par une voyelle n'ont jamais de diphtongue formée par la dernière voyelle du radical et la première voyelle de la désinence : **müir, rëi, hüir, deslëir, oi,** etc…

Malgré l'Académie on omet fréquemment le tréma dans les trois conjugaisons.

CHAPITRE XI.

LES VERBES IRRÉGULIERS

551. — Les verbes irréguliers se conjuguent en altérant soit leurs lettres radicales, soit les terminaisons propres des conjugaisons régulières, soit les unes et les autres.

552. — Les six classes de verbes irréguliers comprennent des verbes altérant leur radical ; ceux des trois premières classes modifient parfois légèrement les terminaisons de la conjugaison régulière. Chacune de ces six classes admet une série parfois assez longue de verbes se conjuguant d'après un même modèle : les verbes de ces six classes n'ont que des irrégularités presque régulières et constituent, par leur grand nombre, une nouvelle série de conjugaisons.

553. — Les six groupes de verbes irréguliers comprennent dix-huit verbes et leurs composés altérant complètement leur radical et les terminaisons des conjugaisons régulières. Ils ont été groupés suivant leur plus ou moins d'analogie dans leurs irrégularités. — Outre ces verbes, **Ser, Estar, Haber** et **Tener** sont irréguliers. (Voir § 468).

Les lignes pointillées . . . . indiquent les personnes régulières.

PREMIÈRE SECTION — CLASSES

1re CLASSE

554. — Les verbes terminés par **ñer, ñir, ller, llir,** ne prennent pas la **i** initiale de certaines terminaisons, toutes les fois que cette **i** se trouve entre **ñ** ou **ll** radicales et **e** ou **o**, secondes lettres d'une terminaison. Ces verbes sont donc irréguliers : à la 3me personne du singulier et du pluriel du prétérit de l'indicatif, aux imparfaits et au futur du subjonctif et au gérondif.

Ex. : **tañer**, *jouer d'un instrument à cordes*. — **tañó, tañeron**

— **tañera**, etc... — **tañese**, etc... — **tañere**, etc... — **tañendo**.
mullir, *amollir* — **mulló, mulleron** — **mullera**, etc.., etc...

2me CLASSE

555. — Les verbes terminés par **uir** (sauf **inmiscuir**, *immiscer*), intercalent une **y** entre la **u** radicale et les terminaisons ne commençant pas par **i**. Ces verbes sont donc irréguliers : aux trois personnes du singulier et à la 3me du pluriel du présent de l'indicatif, à toutes celles de l'impératif, sauf la 2me du pluriel, à toutes celles du présent du subjonctif.

Ex. : **afluir**, *affluer*.

INDICATIF PRÉSENT	IMPÉRATIF PRÉSENT	SUBJONCTIF PRÉSENT
afluyo		**afluya**
afluyes	**afluye**	**afluyas**
afluye	**afluya**	**afluya**
. . . .	**afluyamos**	**afluyamos**
. . . .	. . . . . .	**afluyáis**
afluyen	**afluyan**	**afluyan**

3me CLASSE

556. — Les verbes terminés par :
acer (1) sauf **hacer**, *faire* (6e groupe).

---

(1) **Placer**, *plaire* suit cette irrégularité et fait **plazco, plazca**, etc.... Il est régulier à tous les autres temps. Il n'est pas défectif, mais on se sert de préférence des verbes **agradar** et **gustar**. — **Placer**, employé impersonnellement dans certaines locutions a les irrégularités suivantes :

Indicatif Prétérit : **plugo, pluguieron**.
Subjonctif Présent : **plega** ou **plegue**.
Subjonctif Imparfait : **pluguiera** — **pluguiese**.
Subjonctif Futur : **pluguiere**.

EXEMPLES : **plega à Dios**, *plaise à Dieu* — **pluguiera, pluguiese al cielo**, *plût au ciel*, etc...
Les composés de **placer** se conjuguent comme les verbes terminés par **acer**.

Yacer, *gésir*, suit la même irrégularité et fait **yazco, yazca**, etc... formes que l'Académie recommande d'employer. On peut dire aussi aux mêmes personnes **yago, yaga**... et **yazgo, yazga**, etc. La 2e personne du singulier de l'impératif est **yace** ou **yaz**.
Les composés de **yacer** se conjuguent comme lui.

ecer   sauf **mecer**, *agiter* ; **remecer**, *remuer* ; **empecer** (1), *nuire* (réguliers).

ocer   sauf **cocer** (2), *cuire*.

ucir

intercalent une **z** avant la **c** radicale quand les terminaisons commencent par **a** ou **o** ; c'est-à-dire à la 1re personne du singulier du présent de l'indicatif ; à la 3e personne du singulier et aux 1re et 3me personnes du pluriel de l'impératif et à toutes les personnes du présent du subjonctif.

Ex. : **conocer**, *connaître*.

INDICATIF PRÉSENT	IMPÉRATIF PRÉSENT	SUBJONCTIF PRÉSENT
conozco		**conozca**
. . . . . .		**conozcas**
. . . . . .	**conozca**	**conozca**
. . . . . .	**conozcamos**	**conozcamos**
. . . . . .	. . . . . .	**conozcais**
. . . . . .	**conozcan**	**conozcan**

557. — Les verbes terminés par **ducir**, outre l'irrégularité précédente, ont le prétérit de l'indicatif, les imparfaits et le futur du subjonctif irréguliers.

Ex. : **conducir**, *conduire*.

INDICATIF PRÉTÉRIT	IMPARFAITS DU SUBJONCTIF		SUBJONCTIF FUTUR
conduje	condujera	condujuse	condujere
condujiste	condujeras	condujeses	condujeres
condujo	condujera	condujese	condujere
condujimos	condujéramos	condujésemos	condujéremos
condujisteis	condujerais	condujeseis	condujereis
condujeron	condujeran	condujesen	condujeren

Comme on le voit, la **c** radicale s'est changé en **j** au prétérit de l'indicatif, aux imparfaits et au futur du subjonctif ; dans ces temps, toutes les fois que la **i** initiale d'une terminaison s'est trouvée devant une voyelle (c'est-à-dire aux troisièmes personnes du singulier et du pluriel du prétérit de l'indicatif, et au trois autres temps en entier) la **i** a disparu. Il s'est aussi produit après la **j** ce qui s'est produit pour la **ñ** et la **ll** (1re classe) ; la **i** qui suit ces lettres disparaît : remarquons cependant que dans les verbes terminés par **ducir**, le gérondif est régulier : **conduciendo**. — Au prétérit de l'indicatif la 1re et la 3me personne du singulier reçoivent les terminaisons **e**, **o** graves, au lieu des terminaisons régulières **í**, **ió**, aiguës.

---

(1) On écrit donc **mezo, remezo, empezo** comme dans les verbes terminés par **cer** précédé d'une consonne. (Ne pas confondre **empecer** et **empezar**).

(2) On écrit **cuezo, cocer** se conjuguant sur **morder** (4e classe),

ᴄ4ᵐᵉ CLASSE

558. — Un grand nombre de verbes changent la voyelle de la dernière syllabe de leur radical en la diphtongue correspondante sous l'influence de l'accent. Ce changement a donc lieu toutes les fois que le radical reçoit une terminaison monosyllabique non accentuée, c'est-à-dire aux personnes du singulier et à la 3ᵐᵉ du pluriel des présents de l'indicatif, de l'impératif et du subjonctif. (Voir § 540).

559. — Changement de **e** en **ie.**

Exemples : **acertar,** *réussir* ; **defender,** *défendre* ; **discernir,** *discerner*.

INDICATIF PRÉSENT

acierto	defiendo	discierno
aciertas	defiendes	disciernes
acierta	defiende	discierne
. . . . .	. . . . .	. . . . .
. . . . .	. . . . .	. . . . .
aciertan	defienden	disciernen

IMPÉRATIF

acierta	defiende	discierne
acierte	defienda	discierna
. . . . .	. . . . .	. . . . .
. . . . .	. . . . .	. . . . .
acierten	defienden	disciernan

SUBJONCTIF PRÉSENT

acierte	defienda	discierna
aciertes	defiendas	disciernas
acierte	defienda	discierna
. . . . .	. . . . .	. . . . .
. . . . .	. . . . .	. . . . .
acierten	defiendan	disciernan

560. — Sont irréguliers dans la 1ʳᵉ conjugaison :

aberrar (1)	*se tromper*	**alebrarse**	*se tapir comme les lièvres*
abnegar	*renoncer*		
acertar	*réussir*	**alentar**	*respirer*
acrecentar	*accroître*	**aliquebrar**	*casser les ailes*
adestrar	*instruire*	**amentar**	*attacher avec une courroie*
aferrar (2)	*saisir, ancrer*		

(1) **Aberrar,** composé de **ab** et de **errar,** change **e** en **ye** aux personnes irrégulières, aucun mot espagnol ne commençant par **ie.** On écrit **abyerro, abyerras,** etc...

(2) Quelques auteurs ont fait **aferrar** régulier.

anegar (1)	*noyer*	**desatentar**	*troubler l'esprit*
apacentar	*mener paître*	**desaterrar**	*épierrer*
apernar	*saisir par la patte*	**desatravesar**	*ôter une chose mise en travers*
aplacentar	*contenter*		
aplegar	*approcher*	**descimentar**	*abattre*
apretar	*serrer*	**desconcertar**	*troubler*
arrendar	*affermer*	**desdentar**	*édenter*
asentar	*asseoir*	**desempedrar**	*dépaver*
aserrar	*scier*	**desencerrar**	*mettre en liberté*
asestar	*viser*	**desenterrar**	*déterrer*
atentar (2)	*tâtonner*	**desferrar**	*déferrer*
aterrar (3)	*jeter à terre*	**desgobernar**	*détruire le bon ordre*
atestar (4)	*remplir*		
atravesar	*mettre en travers*	**deshelar**	*dégeler*
avejarse	*devenir vieux*	**desherrar**	*déferrer*
aventar	*éventer*	**desinvernar**	*sortir de l'hiver*
calentar	*chauffer*	**deslendrar**	*ôter les lentes*
cegar	*aveugler*	**desmembrar**	*démembrer*
cerrar	*fermer*	**desnegar** (anc.)	*contredire*
		desnevar	*déneiger*
cimentar	*fonder*	**desoterrar**	*déterrer*
comendar	*recommander*	(anc.)	
comenzar	*commencer*	**despedrar**	*épierrer*
		despernar	*rompre les jambes.*
compezar (anc.)	*commencer*		
concertar	*arranger*	**despertar**	*éveiller*
confesar	*confesser*	**despezar**	*aller en diminuant.*
contrapensar	*contrepenser*		
decentar	*entamer*	**desplegar**	*déplier*
dementar	*rendre fou*	**destemblar**	*cesser de trembler*
denegar	*dénier*		
dentar	*garnir de dents*	**destemplar**	*déranger*
derrenegar	*abhorrer*	**destentar**	*délivrer d'une tentation*
derrengar	*éreinter*		
desacertar	*se tromper*	**desterrar**	*bannir*
desaferrar	*désancrer*	**detentar**	*détenir*
desalentar	*mettre hors d'haleine*	**dezmar**	*dîmer*
		dismembrar	*démembrer*
desapretar	*desserrer*	**dispertar**	*éveiller*
desarrendarse	*manquer de fermier*	**emparentar**	*s'allier*
		empedrar	*paver*
desasentarse	*se lever*	**empezar**	*commencer*
desasosegar	*troubler*		

---

(1) D'après les Espagnols, **anegar** est régulier ; les Hispano-Américains le font irrégulier et ont formé le substantif **aniego**, *inondation*.

(2) **Atentar** est régulier dans le sens de *attenter à*. **Atentarse**, *aller doucement dans une affaire*, est irrégulier.

(3) **Aterrar** est régulier dans le sens de *effrayer*.

(4) **Atestar** est régulier dans le sens de *attester*.

encensar (1)	*encenser*	**melar**	*recuire (le miel)*
encentar	*entamer*	**mentar** (6)	*mentionner*
encerrar	*enfermer*	**merendar**	*goûter*
encomendar	*recommander*	**negar**	*nier*
encubertar	*couvrir*	**nevar**	*neiger*
endentar	*enchâsser*	**obcegar**	*aveugler*
enhestar	*dresser*	**pensar** (7)	*penser*
enlenzar (2)	*boucher*	**plegar**	*plier*
enmelar	*emmieller*	**quebrar**	*casser*
enmendar	*amender*	**reapretar**	*serrer de nou-*
ensangrentar	*ensanglanter*		*veau*
enterrar	*enterrer*	**reaventar**	*vanner de nou-*
entesar	*tendre*		*veau*
entrepernar	*entrelacer les jambes*	**recalentar**	*réchauffer*
		recentar	*remettre le levain*
errar (3)	*errer*	**recomendar**	*recommander*
escalentar	*s'échauffer*	**reconfesar**	*confesser de nou-*
escarmentar	*corriger*		*veau*
espertar (inus.)	*éveiller*	**reencomendar**	*commander de*
estercar	*fumer la terre*		*nouveau*
estregar (4)	*décrotter*	**refregar**	*frotter*
ferrar	*ferrer*	**regar**	*arroser*
fregar	*laver la vaisselle*	**reherrar**	*ferrer de nouveau*
gobernar	*gouverner*	**remendar**	*raccommoder*
gubernar	*gouverner*	**renegar**	*renier*
hacendar	*donner un fonds*	**repensar**	*réfléchir*
helar	*geler*	**replegar**	*plier de nouveau*
herbar	*préparer les peaux avec de l'herbe*	**requebrar**	*rompre à plu-sieurs reprises*
		resegar	*moissonner de nouveau*
herrar (5)	*ferrer*		
incensar	*encenser*	**resembrar**	*semer une secon-de fois*
infernar	*damner*		
invernar	*hiverner*	**resquebrar**	*fendre*
jamerdar	*vider la tripaille*	**restregar**	*égriser*
manifestar	*manifester*	**retemblar**	*rembl oter*

---

(1) **Encensar** est régulier dans le sens de *donner ou prendre à cens.*

(2) **Enlenzar** signifie : *boucher les fentes des ouvrages de sculpture avec des morceaux de toile.*

(3) **Errar** fait **yerro, yerras,** pour la même raison que **aberrar** fait **abyerro, abyerras.**

(4) **Estregar** s'emploie aussi quelquefois comme verbe régulier.

(5) Dans la prononciation **herrar** ne se distingue pas de **errar,** la **h** n'étant jamais aspirée.

(6) Les composés de **mentar** sont irréguliers, sauf **comentar, dementar, paramentar.**

(7) Les composés de **pensar** sont réguliers,

retentar	*menacer d'une rechute*	**sorregar**	*changer de lit (une rivière)*
reventar	*crever*	**sosegar**	*reposer*
salpimentar	*saupoudrer de sel et de poivre*	**soterrar**	*enfouir*
		subarrendar	*sous-affermer*
sarmentar	*ramasser les sarments*	**temblar**	*trembler*
		tentar (2)	*tenter*
segar	*faucher*	**transfregar**	*frotter*
sembrar	*semer*	(inus.)	
sementar	*ensemencer*	**trasegar**	*transvaser*
sentar (1)	*asseoir*	**trasfregar**	*frotter*
serrar	*scier*	(inus.)	
soarrendar	*sous-affermer*	**travesar**	*mettre en travers*
sobresembrar	*sursemer*	**tropezar**	*broncher*
		ventar	*venter*

561. — Sont irréguliers dans la 2ᵉ conjugaison :

acender	*allumer*	**extender**	*étendre*
ascender	*monter*	**feder**	*puer*
atender	*faire attention*	**fender**	*fendre*
cerner	*bluter*	**heder**	*puer*
coextenderse	*s'étendre*	**hender**	*fendre*
condescender	*condescendre*	**intender** (inus.)	*comprendre*
contender	*disputer*	**perder**	*perdre*
decender	*descendre*	**reverter**	*retourner*
defender	*défendre*	**sobreetender** (3)	*sous-entendre*
desatender	*être distrait*	**subtender**	*mener une sous-tendante à un arc*
descender	*descendre*		
desentender	*feindre de ne pás entendre*	**tender** (4)	*tendre*
distender	*distendre*	**transcender**	*passer au-delà*
encender	*allumer*	**trascender**	*passer au-delà*
entender	*entendre*	**trasverter**	*regorger*
entrehender	*fendre par le milieu*	**verter**	*verser*

562. — Sont irréguliers dans la 3ᵉ conjugaison :

concernir, *concerner* — **discernir**, *discerner* — **empedernir**, *pétrifier* et tous les verbes terminés par **irir**.

---

(1) **Presentar** et **representar** sont réguliers.

(2) Les composés de **tentar** sont réguliers sauf **desatentar, destentar, retentar**, — **Atentar** est régulier ou irrégulier, suivant son acception.

(3) Ou **sobrentender**.

(4) **Pretender** est régulier.

563. — Changement de **o** en **ue**.

Exemples : **soldar**, *sonder* ; **morder**, *mordre*.

INDICATIF PRÉSENT

sueldo	**muerdo**
sueldas	**muerdes**
suelda	**muerde**
. . . . .	. . . . .
. . . . .	. . . . .
sueldan	**muerden**

IMPÉRATIF

suelda	**muerde**
suelde	**muerda**
. . . . .	. . . . .
. . . . .	. . . . .
suelden	**muerdan**

SUBJONCTIF PRÉSENT

suelde	**muerda**
sueldes	**muerdas**
suelde	**muerda**
. . . . .	. . . . .
. . . . .	. . . . .
suelden	**muerdan**

564. — Sont irréguliers dans la **1**re conjugaison :

absonar	*avoir mauvais son*	**almorzar**	*déjeuner*
		alongar (anc.)	*éloigner*
abuñolar	*faire frire en forme de beignets*	**amoblar**	*meubler*
		amolar	*aiguiser*
aclocar	*couver*	**amostrar** (anc.)	*montrer*
acolgar (anc.)	*s'efforcer*	**antemostrar** (anc.)	*pronostiquer*
acordar (1)	*convenir*		
acornar	*donner de la corne*	**apercollar**	*colleter*
		aporcar	*butter*
acostar	*coucher*	**aportar**	*aborder*
afollar	*souffler le feu*	**apostar** (3)	*parier*
aforar (2)	*accorder des privilèges, des fueros*	**aprobar**	*approuver*
		asolar	*ravager*
		asoldar	*soudoyer*
aforzarse (anc.)	*s'efforcer*	**asonar**	*accorder les sons*
agorar	*augurer*	**atronar**	*tonner*

---

(1) **Acordar** est régulier dans le sens de *accorder un instrument*. — **Acordarse**, également irrégulier, signifie : *se souvenir*.

(2) **Aforar** est régulier dans tout autre sens.

(3) **Apostar** est régulier dans le sens de *aposter quelqu'un*.

avergonzar	*faire honte*
azolar	*planer avec l'herminette*
circunvolar (anc.)	*voler autour*
colar	*couler*
colgar	*suspendre*
comprobar	*collationner*
concordar	*accorder*
consolar	*consoler*
consoldar (anc.)	*consolider*
consonar	*s'accorder*
contar	*compter, conter*
contraprobar	*tirer une contre-épreuve d'un dessin*
convolar (anc.)	*voler*
corar	*bâtir une hutte*
costar	*coûter*
decolgar (anc.)	*suspendre*
degollar	*égorger*
demostrar	*démontrer*
denodarse (anc.)	*oser*
denostar	*injurier*
derrocar (1)	*précipiter*
desacordar	*désaccorder*
desaforar (2)	*enlever des privilèges, des fueros*
desaporcar	*défaire le buttage*
desapostar	*défaire un pari*
desaprobar	*désapprouver*
descolgar	*décrocher*
descollar	*surpasser*
desconsolar	*affliger*
descontar	*escompter*
descorar (anc.)	*écorcher*
descordar	*enlever les cordes d'un instrument de musique*
descornar	*arracher les cornes*
desencordar	*ôter les cordes*
desengrosar	*dégrossir*
desflocar	*effiler*
desfogar	*jeter son feu*
desforar	*enlever un privilège, un fuero*
desmajolar	*arracher les vignes*
desolar	*désoler*
desoldar	*dessouder*
desollar	*écorcher*
desosar (3)	*désosser*
desovar (4)	*frayer*
despoblar	*dépeupler*
destrocar	*défaire un troc*
desvergonzarse	*dire des sottises*
discordar	*différer d'opinion*
disonar	*être dissonant*
dolar	*doler*
emporcar	*salir*
enclocar	*glousser*
encoclar	*glousser*
encontrar	*rencontrer*
encorar	*garnir de cuir*
encordar	*garnir de cordes*
encornar	*pousser des cornes*
encovar	*encaver*
enfogar (5)	*enflammer*
enforzarse (anc.)	*s'efforcer*
engorar (6)	*pondre des œufs clairs*

---

(1) **Derrocar** est quelquefois employé comme verbe régulier.

(2) **Desaforar** est régulier dans tout autre sens.

(3) **Desosar** fait **deshueso, deshuesas.**

(4) **Desovar** fait **deshuevo, deshuevas.**

(5) **Enfogar** est régulier dans le sens de *étouffer, noyer.*

(6) **Engorar** est moins usité que **enhuerar.**

engrosar	*grossir*	**recostar**	*coucher de côté*
énhocar (anc.)	*creuser*	**reforzar**	*renforcer*
(1)		**regoldar**	*roter*
enrodar	*rouer*	**rehollar**	*fouler aux pieds*
ensograr	*traiter avec peu d'amour (à la façon des belles-mères, sue-gras)*	**renovar**	*renouveler*
		repoblar	*repeupler*
		reprobar	*réprouver*
		rescontrar	*compenser*
		resollar	*souffler*
ensoñar (anc.)	*rêver*	**resonar**	*résonner*
entortar	*éborgner*	**retostar**	*griller de nouveau.*
entremostrar	*montrer imparfaitement*		
		retronar	*recommer à tonner*
esfogar (anc.)	*jeter son feu*		
esforzar	*encourager*	**revolar**	*revoler*
estercolar	*fienter*	**revolcarse**	*se vautrer*
follar (2)	*souffler le feu*	**rodar**	*rôder*
forzar	*forcer*	**rogar** (3)	*prier*
holgar	*chômer*	**sobresolar**	*ressemeler*
hollar	*fouler aux pieds*	**solar**	*carreler*
improbar	*improuver*	**soldar**	*souder*
malsonar (anc.)	*émettre des sons discordants*	**soltar**	*délier*
		sonar	*sonner*
moblar	*meubler*	**soñar**	*songer*
mostrar	*montrer*	**tostar**	*griller*
poblar	*peupler*	**trascolar**	*couler à travers*
pobrar (anc.)	*peupler*	**trascordar**	*oublier*
postar	*gager*	**trasoñar**	*rêver*
probar	*prouver*	**trasvolar**	*traverser en volant*
reazolar	*planer de nouveau*		
		trocar	*changer*
recolar	*couler de nouveau*	**tronar**	*tonner*
		volar	*voler (en l'air)*
recontar	*recompter*	**volcar**	*verser (tomber)*
recordar	*rappeler*		

Remarque. Le son **ue** devant être maintenu aux personnes irrégulières, il en résulte que lorsque **g** précède la **o** de la dernière syllabe du radical, la **u** de la diphtongue **ue** doit être surmontée d'un tréma, afin de produire non le son **gue**, mais le son **güe**. On écrira donc : **agüero (agorar)** — **avergüenzo (avergonzar)** — **degüello (degollar)**, etc...

Est également irrégulier dans la 1re conjugaison, le verbe **jugar**,

---

(1) On emploie aujourd'hui **ahuecar**.

(2) **Follar** est régulier dans le sens de *couper en feuilles*.

(3) Les composés de **rogar** sont réguliers.

jouer, qui change **u** en **ue** : **juego, juegas,** etc... Ses composés sont réguliers.

565. Sont irréguliers dans la 2⁰ conjugaison :

1° les verbes terminés par **oler**, (1) **olver**, (2) **over**

2° les verbes suivants :

atorcer (anc.)	*se séparer*	**estorcer** (anc.)	*délivrer*
cocer (3)	*cuire*	**morder**	*mordre*
contorcerse	*se tordre*	**recocer**	*recuire*
descocer	*digérer*	**remorder**	*remordre*
destorcer	*détordre*	**retorcer**	*retordre*
escocer	*démanger, cuire*	**torcer**	*tordre*

REMARQUE.

566. Le meilleur moyen de se rappeler si un verbe de la 1ʳᵉ conjugaison, ayant à l'avant-dernière syllabe de l'infinitif une des voyelles **e, o** appartient à la 4⁰ classe et change cette voyelle en diphtongue, consiste à savoir s'il existe un substantif dérivant de ce verbe ou de même origine que lui ; en effet la plupart de ces verbes irréguliers peuvent être mis en parallèle avec des substantifs ayant eux aussi une diphtongue au lieu d'une voyelle et entièrement semblables soit à la 1ʳᵉ personne du singulier du présent de l'indicatif s'ils se terminent par **o**, soit à la 3⁰ s'ils se terminent par **a**, soit enfin à la 1ʳᵉ personne du singulier du présent du subjonctif s'ils se terminent par **e**. Tels sont les substantifs suivants : (le verbe analogue est indiqué entre parenthèses) **el acierto (acertar) — la liebre (alebrarse) — el ciego (cegar) — la miel (melar) — el invierno (invernar) — el buñuelo (abuñolar) — el fuero (aforar) — el cuento (contar) — el ruego (rogar) — la huella (hollar)** etc., etc...

5⁰ CLASSE

567. — Certains verbes diphtonguent la voyelle de la dernière syllabe de leur radical sous l'influence de l'accent (comme ceux de la 4⁰ classe) ; une nouvelle irrégularité consiste à changer cette voyelle (forte **e, o**) en une autre (faible **i, u**), à la 1ʳᵉ et à la 2⁰ personne du

(1) Les personnes irrégulières du verbe **oler**, *sentir*, s'écrivent **huelo, hueles,** etc.

(2) Les verbes terminés par **olver** forment leur participe passé en changeant **olver** en **uelto**. (§ 604).

(3) **Cocer** ne suit pas l'irrégularité des verbes terminés par **ocer** (3⁰ classe) et fait : **cuezo, cueces,** etc...

pluriel du présent du subjonctif, à la 1re personne du pluriel de l'impératif, à la 3e personne du singulier et à la 3e personne du pluriel du prétérit de l'indicatif, à toutes les personnes des imparfaits et du futur du subjonctif, et au gérondif.

568. — Changement de **e** en **ie** et **i**.
Exemple : **sentir**, *sentir*.

INDICATIF PRÉSENT	IMPÉRATIF PRÉSENT	SUBJONCTIF PRÉSENT	GÉRONDIF
siento		sienta	sintiendo
sientes	siente	sientas	
siente	sienta	sienta	
. . . .	sintamos	sintamos	
. . . .	. . . . .	sintais	
sienten	sientan	sientan	

INDICATIF PRÉTÉRIT	IMPARFAITS DU SUBJONCTIF		SUBJONCTIF FUTUR
. . . .	sintiera	sintiese	sintiere
. . . .	sintieras	sintieses	sintieres
sintió	sintiera	sintiese	sintiere
. . . .	sintiéramos	sintiésemos	sintiéremos
. . . .	sintierais	sintieseis	sintiereis
sintieron	sintieran	sintiesen	sintieren

Sont irréguliers : **hervir**, *bouillir* ; **rehervir**, *rebouillir* et les verbes terminés par **entir**, **erir** (1), **ertir**.

569. — Changement de **o** en **ue** et **u**.
Exemple : **dormir**, *dormir*.

INDICATIF PRÉSENT	IMPÉRATIF PRÉSENT	SUBJONCTIF PRÉSENT	GÉRONDIF
duermo		duerma	durmiendo
duermes	duerme	duermas	
duerme	duerma	duerma	
. . . . .	durmamos	durmamos	
. . . . .	. . . . . .	durmais	
duermen	duerman	duerman	

INDICATIF PRÉTÉRIT	IMPARFAITS DU SUBJONCTIF		SUBJONCTIF FUTUR
. . . . .	durmiera	durmiese	durmiere
. . . . .	durmieras	durmieses	durmieres
durmió	durmiera	durmiese	durmiere
. . . . . .	durmiéramos	durmiésemos	durmiéremos
. . . . . .	durmierais	durmieseis	durmiereis
durmieron	durmieran	durmiesen	durmieren

---

(1) Le verbe défectif **aterirse**, *transir*, se conjugue seulement aux personnes dont les désinences commencent par la lettre **i** (voir § 601).

Sont irréguliers : **dormir**, *dormir* — **morir**, *mourir* et leurs composés : le participe passé de **dormir** est régulier : **dormido** ; mais celui de **morir** est irrégulier : **muerto**. Il en est de même de leurs composés.

6me CLASSE

570. — Certains verbes changent **e** en **i** à toutes les personnes où les verbes de la 5e classe sont irréguliers.

Ex. : **pedir**, *demander*.

INDICATIF PRÉSENT.	IMPÉRATIF PRÉSENT.	SUBJONCTIF PRÉSENT.	GÉRONDIF.
pido		pida	pidiendo
pides	pide	pidas	
pide	pida	pida	
. . . . .	pidamos	pidamos	
. . . . .	. . . . .	pidais	
piden	pidan	pidan	

INDICATIF PRÉTÉRIT.	IMPARFAITS DU SUBJONCTIF		SUBJONCTIF FUTUR.
. . . . .	pidiera	pidiese	pidiere
. . . . .	pidieras	pidieses	pidieres
pidió	pidiera	pidiese	pidiere
. . . . .	pidiéramos	pidiésemos	pidiéremos
. . . . .	pidierais	pidieseis	pidiereis
pidieron	pidieran	pidiesen	pidieren

571. — Appartiennent à cette classe :

1° **servir**, *servir* ; **deservir**, *desservir* ; **erguir**, *dresser*.

2° tous les verbes terminés par : **ebir**, **edir**, **egir**, **eguir**, **emir**, **enchir**, **endir**, **estir**, **etir**.

3° tous les verbes terminés par **eir**, **eñir**.

REMARQUES. A. Les verbes terminés par **eir** qui suivent tous cette anomalie, auraient deux i à certaines personnes : **riió**, **riiera** ; pour éviter cette dissonance, on en supprime une et l'on écrit **rió**, **riendo**, **friendo**, **desliera**, etc... (1).

B. Les verbes terminés par **eñir** sont rattachés par leur terminaison **ñir** aux verbes de la 1re classe : la lettre **i** entre **ñ** et une voyelle, disparaît.

---

(1) On trouve dans certains auteurs des formes aujourd'hui incorrectes : **riyó**, **riyeron**, **riyese**, etc...

On écrit donc : **ciñó, ciñeron** au lieu de **ciñió, ciñieron**, etc...

C. Le verbe **erguir**, *dresser*, qui a toutes les irrégularités des verbes de la 6ᵉ classe (**irgo, irga, irguiera**, etc...) possède aussi une seconde forme pour les personnes indiquées ci-dessous.

INDICATIF PRÉSENT	IMPÉRATIF PRÉSENT	SUBJONCTIF PRÉSENT
yergo		**yerga**
yergues	**yergue**	**yergas**
yergue	**yerga**	**yerga**
. . . .	**yergamos**	**yergamos**
. . . .	. . . . . .	**yergais**
yerguen	**yergan**	**yergan**

Comme on le voit, **e** se change en **ie** (**ye**, puisque la diphtongue est initiale) sous l'influence de l'accent (comme **acertar** et **sentir**) et de plus la 1ʳᵉ personne du pluriel de l'impératif et du présent du subjonctif et la 2ᵉ personne du pluriel de ce dernier temps ont aussi cette permutation de la voyelle en diphtongue quoique la syllabe qui la contient ne soit pas accentuée (**yergamos, yergais** au lieu de **ergamos, ergais**. — Les formes usitées sont **irgamos, irgais**). L'Académie recommande de n'employer **erguir** que comme verbe se conjuguant en entier sur **pedir**.

SECONDE SECTION — GROUPES

1ᵉʳ GROUPE

572. — **Poder**, *pouvoir*   **Querer**, *vouloir*

INDICATIF PRÉSENT

Poder	Querer
puedo	quiero
puedes	quieres
puede	quiere
. . . . .	. . . . .
. . . . .	. . . . .
pueden	quieren

IMPÉRATIF PRÉSENT	SUBJONCTIF PRÉSENT	IMPÉRATIF PRÉSENT	SUBJONCTIF PRÉSENT
	pueda		quiera
puede	puedas	quiere	quieras
pueda	pueda	quiera	quiera
. . . .	. . . .	. . . .	. . . .
. . . .	. . . .	. . . .	. . . .
puedan	puedan	quieran	quieran

INDICATIF PRÉTÉRIT

pude	quise
pudiste	quisiste
pudo	quiso
pudimos	quisimos
pudisteis	quisisteis
pudieron	quisieron

SUBJONCTIF IMPARFAITS

pudiera	pudiese	quisiera	quisiese
pudieras	pudieses	quisieras	quisieses
pudiera	pudiese	quisiera	quisiese
pudiéramos	pudiésemos	quisiéramos	quisiésemos
pudierais	pudieseis	quisierais	quisieseis
pudieran	pudiesen	quisieran	quisiesen

SUBJONCTIF FUTUR

pudiere	quisiere
pudieres	quisieres
pudiere	quisiere
pudiéremos	quisiéremos
pudiereis	quisiereis
pudieren	quisieren

INDICATIF FUTUR	CONDITIONNEL PRÉSENT	INDICATIF FUTUR	CONDITIONNEL PRÉSENT
podré	podría	querré	querría
podrás	podrías	querrás	querrías
podrá	podría	querrá	querría
podremos	podríamos	querremos	querríamos
podréis	podríais	querréis	querríais
podrán	podrían	querrán	querrían

GÉRONDIF	GÉRONDIF
pudiendo	....

REMARQUES. Sous l'influence de l'accent, ces deux verbes diphtonguent la voyelle de leur radical, comme ceux des classes 4 et 5 : au prétérit et aux temps qui en dérivent (imparfaits et futur du subjonctif), la voyelle forte se change en voyelle faible à toutes les personnes (ceux de la 5me classe ne subissent cette modification qu'aux troisièmes personnes du singulier et du pluriel). **Querer** change, à ce temps, **r** en **s**. Au futur et au conditionnel **e** s'élide : **querré** (pour **quereré**) ; **podré** (pour **poderé**).

Le prétérit de **poder** et les temps qui en dérivent, sont, à une lettre près, ceux de **poner** (**pude**, **puse**). De même au futur et au conditionnel (**podré**, **podría** ; **pondré**, **pondría**).

Le gérondif de **poder** est irrégulier : **pudiendo** ; celui de **querer** est régulier : **queriendo**.

Les composés de ces deux verbes se conjuguent comme eux.

2ᵐᵉ GROUPE

573.   **Decir,** *dire*   **Venir,** *venir*

INDICATIF PRÉSENT

digo	vengo
dices	vienes
dice (1)	viene
. . . .	. . . .
. . . .	. . . .
dicen	vienen

IMPÉRATIF	SUBJONCTIF PRÉSENT	IMPÉRATIF	SUBJONCTIF PRÉSENT
	diga		venga
di	digas	ven	vengas
diga	diga	venga	venga
digamos	digamos	vengamos	vengamos
. . . .	digais	. . . .	vengais
digan	digan	vengan	vengan

INDICATIF PRÉTÉRIT

dije	vine
dijiste	viniste
dijo	vino
dijimos	vinimos
dijisteis	vinisteis
dijeron	vinieron

SUBJONCTIF IMPARFAITS

dijera	dijese	viniera	viniese
dijeras	dijeses	vinieras	vinieses
dijera	dijese	viniera	viniese
dijéramos	dijésemos	viniéramos	viniésemos
dijerais	dijeseis	vinierais	vinieseis
dijeran	dijesen	vinieran	viniesen

SUBJONCTIF FUTUR

dijere	viniere
dijeres	vinieres
dijere	viniere
dijéremos	viniéremos
dijereis	viniereis
dijeren	vinieren

---

(1) Jadis on disait **diz**, qui aujourd'hui n'est plus usité qu'unipersonnellement et dans le style familier avec la signification de *on dit* : **diz que habrá guerra,** ou : **dicen que habrá guerra,** *on dit qu'il y aura guerre.*

INDICATIF FUTUR	CONDITIONNEL PRÉSENT	INDICATIF FUTUR	CONDITIONNEL PRÉSENT
diré	**diría**	**vendré**	**vendría**
dirás	**dirías**	**vendrás**	**vendrías**
dirá	**diría**	**vendrá**	**vendría**
diremos	**diríamos**	**vendremos**	**vendríamos**
diréis	**diríais**	**vendréis**	**vendríais**
dirán	**dirían**	**vendrán**	**vendrían**

GÉRONDIF

diciendo   **viniendo**

REMARQUES. Le participe passé de **decir** est irrégulier : **dicho** ; celui de **venir** est régulier : **venido**.

574 — Les composés de **decir** se conjuguent comme lui, cependant :

Bendecir, *bénir*, et **Maldecir**, *maudire*, sont réguliers au futur et au conditionnel : **bendeciré, bendeciría ; maldeciré, maldeciría**. (quelques auteurs ont dit **maldiré**.) La 2ᵉ personne du singulier de l'impératif est **bendice, maldice** ; les deux verbes ont un participe passé irrégulier : **bendito, maldito**, et un autre régulier : **bendecido, maldecido**.

Les autres composés de **decir** ont le participe irrégulier en **dicho**, sauf **contradecir**, *contredire*, qui n'a que le régulier **contradecido**.

Contradecir, *contredire*, **desdecir**, *dédire*, **predecir**, *prédire*, font à la 2ᵉ personne du singulier de l'impératif : **contradice, desdice, predice**.

575 — Les composés de **venir** se conjuguent comme lui.

3ᵐᵉ GROUPE

576. — **caer**, *tomber*.   **Traer**, *apporter*.   **Oir**, *entendre*.

INDICATIF PRÉSENT

caigo	**traigo**	**oigo**
. . . . .	. . . . .	**oyes**
. . . . .	. . . .	**oye**
. . . . .	. . . . .	. . . .
. . . . .	. . . . .	. . . .
. . . .	. . . . .	**oyen**

IMPÉRATIF

. . . . .	. . . . .	**oye**
caiga	**traiga**	**oiga**
caigamos	**traigamos**	**oigamos**
. . . . .	. . . . .	. . . . .
caigan	**traigan**	**oigan**

SUBJONCTIF PRÉSENT

caiga	**traiga**	**oiga**
caigas	**traigas**	**oigas**
caiga	**traiga**	**oiga**
caigamos	**traigamos**	**oigamos**
caigais	**traigais**	**oigais**
caigan	**traigan**	**oigan**

INDICATIF PRÉTÉRIT

traje
trajiste
trajo
trajimos
trajisteis
trajeron

SUBJONCTIF

IMPARFAITS		FUTUR
trajera	**trajese**	**trajere**
trajeras	**trajeses**	**trajeres**
trajera	**trajese**	**trajere**
trajéramos	**trajésemos**	**trajéremos**
trajerais	**trajeseis**	**trajéréis**
trajeran	**trajesen**	**trajéren**

REMARQUES. **Caer, Traer, Oir,** intercalent **ig** entre leur radical et les désinences commençant par **a** ou **o. Oir** intercale, en outre, **y** devant les désinences commençant par **e.**

Traer a le prétérit et les temps qui en désirent irréguliers.

On observera les modifications orthographiques des verbes terminés par **aer oir** (§ 545) et l'on écrira **cayó, cayere, oyera** (et non **caió, caiere, oiera**), **i** entre deux voyelles se changent en **y.**

Les composés de ces trois verbes se conjuguent de même.

4ᵐᵉ GROUPE

577. — **Valer,** *valoir.*   **Salir,** *sortir.*   **Asir,** *saisir.*

INDICATIF PRÉSENT

valgo	**salgo**	**asgo**
. . . . . .	. . . . .	. . . . . .
. . . . . .	. . . . . .	. . . . . .
. . . . . .	. . . . . .	. . . . . .
. . . . . .	. . . . . .	. . . . . .
. . . . . .	. . . . . .	. . . . . .

IMPÉRATIF

val ou vale	sal	. . . . . .
valga	salga	asga
valgamos	salgamos	asgamos
. . . . . .	. . . . . .	. . . . . .
valgan	salgan	asgan

SUBJONCTIF PRÉSENT

valga	salga	asga
valgas	salgas	asgas
valga	salga	asga
valgamos	salgamos	asgamos
valgais	salgais	asgais
valgan	salgan	asgan

INDICATIF FUTUR

valdré	saldré	
valdrás	saldrás	
valdrá	saldrá	
valdremos	saldremos	
valdréis	saldréis	
valdrán	saldrán	

CONDITIONNEL PRÉSENT

valdría	saldría	
valdrias	saldrías	
valdría	saldría	
valdríamos	saldríamos	
valdríais	saldríais	
valdrían	saldrían	

REMARQUES. Ces verbes et leurs composés intercalent g entre leur radical et les désinences commençant par a ou o. En outre, au futur et au conditionnel de **valer** et de **salir**, e et i des formes régulière (valeré, valería ; saleró, salería) se change en d : **valdré, valdría ; saldré, saldría**. La 2me personne du singulier de l'impératif de **valer** est régulière, **vale**, ou irrégulière **val** ; mais cette dernière forme est moins usitée. Aucune des deux ne s'emploie sans un des pronoms **me, te, nos** : **valme, váleme ; valte, válete ; valnos, válenos**.

Asir est peu usité. Le verbe régulier **agarrar** a le même sens.

5me GROUPE

578. Caber, *être contenu* **Saber,** *savoir* **Poner,** *placer* **Hacer,** *faire*

INDICATIF PRÉSENT

quepo	sé	pongo	hago

IMPÉRATIF

		pon	haz
quepa	sepa	ponga	haga
quepamos	sepamos	pongamos	hagamos
quepan	sepan	pongan	hagan

SUBJONCTIF PRÉSENT

quepa	sepa	ponga	haga
quepas	sepas	pongas	hagas
quepa	sepa	ponga	haga
quepamos	sepamos	pongamos	hagamos
quepais	sepais	pongais	hagais
quepan	sepan	pongan	hagan

INDICATIF PRÉTÉRIT

cupe	supe	puse	hice
cupiste	supiste	pusiste	hiciste
cupo	supo	puso	hizo
cupimos	supimos	pusimos	hicimos
cupisteis	supisteis	pusisteis	hicisteis
cupieron	supieron	pusieron	hicieron

SUBJONCTIF 1er IMPARFAIT

cupiera	supiera	pusiera	hiciera
cupieras	supieras	pusieras	hicieras
cupiera	supiera	pusiera	hiciera
cupiéramos	supiéramos	pusiéramos	hiciéramos
cupierais	supierais	pusierais	hicierais
cupieran	supieran	pusieran	hicieran

SUBJONCTIF 2me IMPARFAIT

cupiese	supiese	pusiese	hiciese
cupieses	supieses	pusieses	hicieses
cupiese	supiese	pusiese	hiciese
cupiésemos	supiésemos	pusiésemos	hiciésemos
cupieseis	supieseis	pusieseis	hicieseis
cupiesen	supiesen	pusiesen	hiciesen

SUBJONCTIF FUTUR

cupiere	supiere	pusiere	hiciere
cupieres	supieres	pusieres	hicieres
cupiere	supiere	pusiere	hiciere
cupiéremos	supiéremos	pusiéremos	hiciéremos
cupiereis	supiereis	pusiereis	hiciereis
cupieren	supieren	pusieren	hicieren

INDICATIF FUTUR

cabré	sabré	pondré	haré
cabrás	sabrás	pondrás	harás
cabrá	sabrá	pondrá	hará
cabremos	sabremos	pondremos	haremos
cabréis	sabréis	pondréis	haréis
cabrán	sabrán	pondrán	harán

CONDITIONNEL PRÉSENT

cabría	sabría	pondría	haría
cabrías	sabrías	pondrías	harias
cabría	sabría	pondria	haría
cabríamos	sabríamos	pondríamos	haríamos
cabriais	sabríais	pondríais	hariais
cabrian	sabrían	pondrían	harian

PARTICIPE PASSÉ

. . . .   **puesto**   **hecho**

579. — **Caber** et **Saber** possèdent les mêmes irrégularités, (sauf à la 1ʳᵉ personne du singulier du présent de l'indicatif : **quepo**, **sé**) : les deux infinitifs sont identiques sauf la première lettre (**c — s**) et cette idendité se continue dans toute leur conjugaison. (La **c** de **caber** ne se change en effet en **qu**, qu'orthographiquement devant **e**). A tous leurs temps irréguliers, sauf au futur et au conditionnel, la **b** s'est changée en **p** : **quepa, sepa, cupe, supe**. La **a** s'est changée en **e** au présent de l'indicatif, à l'impératif et au présent du subjonctif, (**quepa, sepa**), en **u** au prétérit de l'indicatif, aux imparfaits et au futur du subjonctif. Enfin, au futur et au conditionnel, la **e** des formes régulières (**caberé, saberé**) s'élide, **cabré, cabría ; sabré, sabría**).

Leurs composés se conjuguent de même.

Saber a aussi le sens neutre de : *sentir, avoir une saveur ou une odeur* : **eso me sabe bien**, *je trouve cela bon*. — **Saber á vino**, *sentir le vin*.

580. — **Poner**, outre ses irrégularités du prétérit et des temps qui en dérivent (**puse, pusiera**) a une conjugaison analogue à celle des verbes **Valer** et **Salir** (4ᵐᵉ groupe) : **g** intercalée entre le radical et les terminaisons commençant par **a** et **o** ; au futur et au conditionnel, **e** de la forme régulière (**poneré**) remplacée par **d**, **pondré, pondría**. Le participe passé est irrégulier : **puesto**.

Ses composés se conjuguent de même.

581. — **Hacer** change **c** en **g** devant **a** et **o** ; la **a** se change en **i** au prétérit et aux temps qui en sont formés ; au futur et au conditionnel la 2ᵉ syllabe des formes régulières (**haceré, hacería**) disparaît : **haré, haría**. Le participe passé est irrégulier : **hecho**. Ses composés se conjuguent de même. Il en est de même de tous les verbes composés qui ont conservé la **f** primitive de l'ancien verbe **facer** (lat. : *facere)*, tels que : **afacer, desfacer, grandifacer, licuefacer, malfacer,**

rarefacer, satisfacer, tumefacer; ces verbes ont la 2e personne du singulier de l'impératif régulière (**satisfacer** a les deux formes **satisfaz** ou **satisface**). Ces verbes, sauf les deux derniers, sont peu usités aujourd'hui.

6me GROUPE.

Andar, *marcher.*	**Dar,** *donner.*	**Ver,** *voir.*	**Ir,** *aller.*
		INDICATIF PRÉSENT	
	doy	veo	voy
			vas
			va
			vamos
			vais
			van
		IMPÉRATIF	
			vé
		vea	vaya
		veamos	vamos
		vean	vayan
		SUBJONCTIF PRÉSENT	
		vea	vaya
		veas	vayas
		vea	vaya
		veamos	vayamos
		veais	vayais
		vean	vayan
		INDICATIF IMPARFAIT	
		veía	iba
		veías	ibas
		veía	iba
		veíamos	íbamos
		veíais	ibais
		veían	iban
		INDICATIF PRÉTÉRIT	
anduve	dí		fui
anduviste	diste		fuiste
anduvo	dió		fué
anduvimos	dimos		fuimos
anduvisteis	disteis		fuisteis
anduvieron	dieron		fueron

SUBJONCTIF 1er IMPARFAIT

anduviera	diera	. . . . .	fuera
anduvieros	dieras	. . . . .	fueras
anduviera	diera	. . . . .	fuera
anduviéramos	diéramos	. . . . .	fuéramos
anduvierais	dierais	. . . . .	fuerais
anduvieran	dieran	. . . . .	fueran

SUBJONCTIF 2me IMPARFAIT

anduviese	diese	. . . . .	fuese
anduvieses	dieses	. . . . .	fueses
anduviese	diese	. . . . .	fuese
anduviésemos	diésemos	. . . . .	fuésemos
anduvieseis	dieseis	. . . . .	fueseis
anduviesen	diesen	. . . . .	fuesen

SUBJONCTIF FUTUR

anduviere	diere	. . . . .	fuere
anduvieres	dieres	. . . . .	fueres
anduviere	diere	. . . . .	fuere
anduviéremos	diéremos	. . . . .	fuéremos
anduviereis	diereis	. . . . .	fuereis
anduvieren	dieren	. . . . .	fueren

PARTICIPE PASSÉ

. . . .   **visto**   . . . . .

583. — Les composés de **andar** se conjuguent comme lui. Citons, à propos des irrégularités de ce verbe, l'excellente remarque de Diez. (Grammaire des Langues Romanes, tome II, page 162) :

« D'après l'opinion de l'Académie, **anduve** doit être divisé en **and-hube**, comme **estuve** en **est-hube**, c'est-à-dire le radical de **andar** ou de **estar** et le parfait de **haber**. Le verbe auxiliaire s'unit bien à l'infinitif, mais son union à des radicaux des verbes serait dans ce domaine quelque chose de nouveau, et si un parfait avait dû être créé au moyen de **haber**, combien n'était-il pas conforme au génie de la langue de dire **andar-hube**, comme elle dit **andar-hé**. En continuant dans cette voie on a de même récemment cherché à voir dans **tuve** un composé de **ten-hube**, en sorte que de **tener** il ne serait resté que la consonne initiale : l'espagnol aurait ainsi mangé l'**n**, tout à fait contre son habitude. Avec quel verbe auxiliaire aurait-on donc composé la deuxième forme de **andar, andido** ? Mais ici on se résigne à admettre une imitation de **estido**. Pourquoi ne pas l'admettre aussi pour **anduvo** ? »

584. — **Dar**. Les personnes irrégulières de ce verbe (sauf **doy**) n'ont pas les désinences de la première conjugaison, mais celles de la deuxième et de la troisième. Les personnes du singulier et la troisième du pluriel des présents de l'indicatif, de l'impératif et du subjonctif, graves dans les verbes réguliers, sont nécessairement aiguës dans **dar**, puisqu'elles sont composées d'une seule syllabe : **doy, das, da, dan — da, de, den**. Ses composés se conjuguent de même.

585. — L'irrégularité de **ver** n'est qu'apparente : une **e** semble s'intercaler entre le radical et les désinences, reste de l'ancien infinitif **veer**. — Le participe passé est irrégulier : **visto**. Ses composés se conjuguent de même (le verbe **atreverse**, *oser*, est régulier). On emploie quelquefois en poésie un imparfait **vía, vias, vía**, etc.... La deuxième personne du singulier des présents de l'indicatif et de l'impératif, et les troisièmes personnes du singulier et du pluriel du présent de l'impératif, graves dans les verbes réguliers, sont nécessairement aiguës dans **ver**, puisqu'elles sont composées d'une seule syllabe : **ves, ve — ve, ven.**

586. — **Ir** a quatre temps qui lui sont communs avec **Ser** (**fui, fuera, fuese, fuere**). **Ir** étant un verbe qui n'a pas de radical, ne se compose aux temps réguliers (futur indicatif, conditionnel présent et gérondif) que des désinences de la troisième conjugaison. Le gérondif **yendo** n'est pas irrégulier, **ie** initiale se changeant toujours en **ye**. La 2ᵉ personne du singulier de l'impératif, **vé**, se distingue par l'accent de la 3ᵉ personne du singulier du présent de l'indicatif de **ver** : **ve**, *il voit*. La 1ʳᵉ personne du pluriel de l'impératif, au lieu d'être empruntée au présent du subjonctif, comme dans les autres verbes, est empruntée au présent de l'indicatif : **vamos**. La 2ᵉ personne du pluriel de l'impératif suivie du pronom personnel (dans le verbe pronominal **irse**, *s'en aller*) conserve, par euphonie, la **d** finale : **idos**, *allez-vous-en*, au lieu de : **ios**. Les composés de **ir** se conjuguent comme lui.

LE VERBE **Pudrir**

587. — **Pudrir**, *pourrir*, est régulier ; à l'infinitif on emploie aussi la forme **podrir** ; le participe passé est **podrido**. La même remarque s'applique à **repodrir** ou **repudrir**. — **Pudrir** possède à la fois le sens neutre du français *pourrir* et le sens transitif de *faire pourrir* : **me pudres la sangre**, *tu me fais faire du mauvais sang* (mot à mot : *tu me fais pourrir le sang*).

REMARQUES SUR LES VERBES IRRÉGULIERS

588 — La langue espagnole n'a que quatre verbes dont l'infinitif est monosyllabique : **dar, ver, ir, ser** ; ils sont tous quatre irréguliers.

589 — Les seuls verbes dont l'imparfait de l'indicatif est irrégulier sont **ver, ir, ser** et leurs composés.

590 — Dans tous les verbes irréguliers, c'est de la forme irrégulière du prétérit de l'indicatif que dérivent les imparfaits et le futur du subjonctif. Quelques verbes n'ont, au prétérit de l'indicatif, que la 3ᵉ personne du singulier et la 3ᵉ personne du pluriel irrégulières.

591 — Le conditionnel irrégulier se forme toujours du futur de l'indicatif irrégulier.

592 — Les verbes dont le prétérit de l'indicatif est irrégulier, ont à la 1re et à la 3e personnes du singulier de ce temps les terminaisons graves en **e**, **o**, au lieu des terminaisons régulières aiguës en é, ó, (1re conjugaison), aiguës en í, ió, (2e et 3e conjugaisons). Tels sont :

1re conjugaison : **estuve, estuvo, — anduve, anduvo.**
2e conjugaison : **hube, hubo — tuve, tuvo — pude, pudo — quise, quiso — traje, trajo — cupe, cupo — hice, hizo — puse, puso — supe, supo.**
3e conjugaison : **dije, dijo — vine, vino** — et les verbes en **ducir** : **produje, produjo — conduje, condujo,** etc..
En outre **dar** (1re conjugaison) fait **di, dio** — et **ser** (2me conjugaison) fait **fui, fué.**

593 — « La **g** paragogique des présents (de l'indicatif) ne vient jamais d'un *c* (*sco*) latin, mais toujours d'un *i* ou *e* palatal, soit que celui-ci se trouve en latin (**salgo** de *salio* — **valgo** de *valeo* — **vengo** de *venio* — **tengo** de *teneo*) soit qu'il soit ajouté par l'analogie : (**pongo** de *poneo* - **oigo** de *audio* — **caigo** de *cadeo* — **traigo** de *traheo* — **yazgo** de *jaceo*).» (J. Storm.)

594 — La **j** de certains prétérits (de l'indicatif) provient de *x* latin : **dije** (*dixi*) — **traje** (*traxi*) - **produjo** (*produxit*) — **condujo** (*conduxit*) — **redujo** (*reduxit*) etc.....

VERBES UNIPERSONNELS

595. — **Alborear,** *se faire jour*
Amanecer, *se faire jour*
Anochecer, *se faire nuit*
Diluviar, *pleuvoir à verse*
Escarchar, *geler blanc*
Granizar, *grêler*
Helar, *geler*

Llover, *pleuvoir*
Lloviznar, *bruiner*
Nevar, *neiger*
Relampaguear, *faire des éclairs*
Tronar, *tonner*
Ventiscar, *neiger et venter*
Ventear, *faire du vent*

REMARQUE. **Amanecer** et **Anochecer** peuvent devenir de véritables verbes neutres signifiant : *se trouver au matin, se trouver au soir* ; ils ont alors toutes les personnes. Ex. : **anocheciste bueno y amaneciste malo,** *tu t'es endormi bien portant et réveillé malade.*

596. — Quelques verbes, quoiqu'ayant toutes leurs personnes, peuvent se conjuguer unipersonnellement. On peut citer comme exemples **convenir,** *convenir* ; **hacer,** *faire* ; **importar,** *importer* ; **parecer,** *paraître* ; **ser,** *être* ; **ser menester,** *falloir* (**es menester,** *il faut* ; **era menester,** *il fallait*). De même les suivants :

Acaecer, *survenir*
Acontecer, *arriver*
Constar, *être constant*

Pesar, *causer du regret*
Suceder, *arriver*

On a vu (§ 466) la manière de traduire *il y a, il y avait*, etc.

VERBES DÉFECTIFS

597. — On n'emploie généralement pas : la première personne du singulier du présent de l'indicatif des verbes terminés par **oar**, tels que **loar**, *louer* ; la première personne du singulier du présent de l'indicatif et toutes les personnes du présent du subjonctif des verbes **raer**, *râcler* et **roer**, *ronger*. On trouve pourtant **raigo** et **rayo** (à l'indicatif) **raiga, raigas.....** et **raya, rayas** (au subjonctif). **Raigo** et **raiga** rattachent **raer** à l'irrégularité de **caer** et sont des formes préférables à **rayo, raya**, qui peuvent être confondus avec les personnes de **rayar**, *rayer*. (Remarquons que **raer** et **rayar** ont la même 3me personne du singulier du prétérit de l'indicatif : **rayó**).

De **roer**, on a écrit **roo, roigo, royo** à l'indicatif, et **roa, roiga, roya** au subjonctif. A l'indicatif **roo** est préférable, et, au subjonctif, rien n'empêche d'écrire **roa.**

598. — **Aplacer**, *plaire*, est peu usité : on ne le trouve guère qu'aux troisièmes personnes du singulier et du pluriel du présent et de l'imparfait de l'indicatif : **aplace, aplacen, aplacía, aplacían.**

599. — **Balbucir**, *balbutier*, ne s'emploie pas aux personnes où les verbes terminés par **ucir**, intercalent une **z** avant la **c**. On emploie de préférence **balbucear.**

600. — **Concernir**, *concerner*, ne s'emploie qu'aux troisièmes personnes (presqu'uniquement des présents de l'indicatif et du subjonctif : **concierne, conciernen, concierna, conciernan**), au gérondif et au participe présent.

601. — Quelques verbes de la 3me conjugaison ne s'emploient qu'aux personnes dont les désinences commencent par la lettre **i**, pour éviter les dissonances ou une amphibologie. Ce sont : **abolir,** *abolir* — **aguerrir**, *aguerrir* — **arrecirse**, *être engourdi* — **aterirse**, *transir* — **blandir**, *brandir* — **desmarrirse**, *s'affaiblir* — **despavorirse**, *s'effrayer* — **embair**, *séduire* — **empedernir**, *pétrifier* — **garantir**, *garantir* — **manir**, *mortifier la viande*. Remarquons que **aterirse** est irrégulier comme **sentir** (5e classe).

602. — **Soler**, *avoir coutume*, est peu usité au prétérit de l'indicatif ; le participe passé ne s'emploie qu'en composition au parfait : **he solido**. Les autres temps sont employés : **suelo, sueles, solía**, etc.... Ce verbe est le seul verbe neutre espagnol qui puisse être suivi d'un infinitif sans préposition : **suele hablar en alta voz**, *il a coutume de parler à haute voix.*

CHAPITRE XII.

LES PARTICIPES

I. PARTICIPE PRÉSENT.

603. — Le participe présent n'est usité que dans certains verbes ; le plus souvent ce n'est qu'un adjectif verbal, ne recevant pas de régime. Il est terminé par **ante**, dans les verbes de la 1re conjugaison, par **iente** dans les verbes de la 2e et de la 3e conjugaison : **amante, temiénte, partiente**. Le participe présent français se traduit presque toujours par le gérondif.

II. PARTICIPE PASSÉ.

VERBES DONT LE PARTICIPE EST IRRÉGULIER.

604. Tous les verbes terminés par **olver** ont le participe passé terminé par **uelto**. Ex. : **revolver, revuelto**.

605. — Les participes passés des verbes suivants et de leurs composés sont irréguliers :

abrir, *ouvrir*	**abierto**
cubrir, *couvrir*	**cubierto**
decir, *dire*	**dicho**
escribir, (1) *écrire*	**escrito**

---

(1) **Escribir** et les verbes qui en dérivent (c'est-à-dire les verbes terminés par **scribir**) ont leur participe passé irrégulier ; tels sont : **adscribir, describir, inscribir, prescribir, proscribir, rescribir, sobreescribir, subscribir, trascribir,** qui changent **ibir** en **ito** : **adscrito, descrito,** etc... (jadis en **ipto** : **adscripto, descripto,** etc...)

hacer (1) *faire*	**hecho**	
imprimir, *imprimer*	**impreso**	
morir, *mourir*	**muerto** (2)	
poner, *placer*	**puesto**	
ver, *voir*	**visto**	

606. — Le participe passé s'emploie quelquefois explétivement après le verbe même auquel il appartient ; il s'accorde alors avec le régime, comme dans cette phrase : **escribe eso bien escrito**, *écris bien cela*. On dirait au féminin : **escribe esta carta bien escrita**, *écris bien cette lettre.*

VERBES AYANT DEUX PARTICIPES PASSÉS

607. — Certains verbes ont deux participes passés, l'un régulier et l'autre irrégulier. Ce dernier, emprunté directement au latin, ne s'emploie que comme adjectif, et ne forme jamais les temps composés avec **haber**. Cependant les participes irréguliers : **frito** (de **freir**), **ingerto** (de **ingerir**), **opreso** (de **oprimir**), **preso** (de **prender**), **provisto** (de **proveer**), **roto** (de **romper**) et **supreso** (de **suprimir**) sont plus usités dans les temps composés avec **haber** que les participes réguliers.

Voici la liste des verbes qui ont deux participes passés :

INFINITIF		PARTICIPES	
		RÉGULIER	IRRÉGULIER
absortar (anc)	*étonner*	**absortado** (anc.)	**absorto**
abstraer	*abstraire*	**abstraido**	**abstracto**
abyectar (anc.)	*déprécier*	**abyectado**	**abyecto**
accender (anc.)	*allumer*	**accendido** (anc)	**accenso** (anc).
aceptar	*accepter*	**aceptado**	**acepto**
adquirir	*acquérir*	**adquirido**	**adquisito** (anc.)
aducir	*apporter*	**aducido**	**aducho, adujo** (anc).
adurir (anc.)	*brûler*	**adurido** (anc.)	**adusto** (anc.)
aficionar	*inspirer de l'affection*	**aficionado**	**afecto**
afijar (anc.)	*fixer*	**afijado**	**afijo**
afijir (anc.)	*fixer*	**afijido** (anc.)	**afijo**
afligir	*affliger*	**afligido**	**aflicto**

---

(1) De même que tous les verbes terminés par **facer** : **afacer, satisfacer**, etc... qui font : **afecho, satisfecho**, etc ..

(2) **Muerto** est quelquefois employé activement : **lo han muerto**, *ils l'ont tué.*

PARTICIPES

INFINITIF		RÉGULIER	IRRÉGULIER
aguzar	aiguiser	aguzado	agudo
ahitar	se donner une indigestion	ahitado	ahito
alertar	rendre alertre	alertado	alerto
angostar	étrécir	angostado	angosto
aprehender	saisir	aprehendido	aprehenso (anc.)
arrepentirse	se repentir	arrepentido	arrepiso (anc.)
asegurar	assurer	asegurado	aserto (anc.)
astringir	comprimer	astringido	astricto
asumir	assumer	asumido	asunto (anc.)
atender	attendre	atendido	atento
avertir (anc.)	écarter	avertido (anc.)	averso (anc.)
bendecir	bénir	bendecido	bendito
bienquerer	vouloir du bien	bienquerido	bienquisto
cansarse	se fatiguer	eansado	canso (anc.)
ceñir	ceindre	ceñido	cinto (anc.)
circuncidar	circoncire	circuncidado	circunciso
colmar	combler	colmado	colmo (anc.)
combar	courber	combado	combo
compaginar	assembler avec ordre	compaginado	compacto
compeler	forcer	compelido	compulso
completar	compléter	completado	completo
comprender	comprendre	comprendido	comprenso
comprimir	comprimer	comprimido	compreso
conceder	concéder	concedido	conceso (anc.)
concluir	conclure	concluido	concluso
concretar	combiner	concretado	concreto
confesar	avouer	confesado	confeso
confundir	confondre	confundido	confuso
conquerir (anc.).	conquérir	conquerido (anc.)	conquiso (anc.)
constituir	constituer	constituido	constituto (anc.)
consumir	consommer	consumido	consunto
contener	contenir	contenido	contento (anc)
contentarse	se contenter	contentado	contento
contraer	resserrer	contraido	contracto
controvertir	débattre	controvertido	controverso (anc.)
contundir	broyer	contundido	contuso
convelerse	être en convulsions	convelido	convulso
convencer	convaincre	convencido	convicto
convertir	convertir	convertido	converso
convulsarse	se convulser	convulsado	convulso
corregir	corriger	corregido	correcto
corromper	corrompre	corrompido	corrupto

INFINITIF		PARTICIPES	
		RÉGULIER	IRRÉGULIER
corvar	courber	corvado	corvo
crespar (anc.)	friser	crespado (anc.)	crespo
cruentar (anc.)	ensanglanter	cruentado (anc.)	cruento
cuadrar	cadrer	cuadrado	cuadro
cultivar	cultiver	cultivado	culto
defender	défendre	defendido	defeso (anc.)
densar	condenser	densado	denso
deprehender (anc.)	saisir	deprehendido (anc.)	deprehenso (anc.)
descalzar	déchausser	descalzado	descalzo
descingir (anc.)	ôter la ceinture	descingido (anc.)	descinto (anc.)
desertar	déserter	desertado	desierto
desnudar	mettre à nu	desnudado	desnudo
despertar	éveiller	despertado	despierto
desquitarse	se venger	desquitado	desquito (anc.)
destruir	détruire	destruido	destructo (anc.)
desyuncir	dételer	desyuncido	desyunto (anc.)
devover (anc.)	dévouer	devovido (anc.)	devoto (anc.)
difundir	répandre	difundido	difuso
digerir	digérer	digerido	digesto (anc.)
dirigir	diriger	dirigido	directo
dispersar	disperser	dispersado	disperso
distinguir	distinguer	distinguido	distinto
dividir	diviser	dividido	diviso
efundir	répandre	efundido	efuso
elegir	élire, choisir	elegido	electo
embriagarse	s'enivrer	embriagado	embriago (anc.)
emprestar	prêter	emprestado	empresto (anc.)
enhestar	dresser	enhestado	enhiesto
enjugar	essuyer	enjugado	enjuto
entecar (anc.)	ennuyer	entecado	enteco
entregar	livrer, remettre	entregado	entrego (anc.)
erigir	ériger	erigido	erecto
esculpir	sculpter	esculpido	esculpto (anc.)
esleir (anc.)	choisir	esleido (anc.)	esleito (anc.)
espesar	épaissir	espesado	espeso
estrechar	étrécir	estrechado	estrecho
estreñir	étreindre	estreñido	estricto
exceptuar	excepter	exceptuado	excepto
excluir	exclure	excluido	excluso
excretar	évacuer	excretado	excreto
exentar	exempter	exentado	exento
eximir	exempter	eximido	exento
expeler	chasser	expelido	expulso
experimentar	expérimenter	experimentado	experto

INFINITIF		PARTICIPES	
		RÉGULIER	IRRÉGULIER
expresar	exprimer	expresado	expreso
extender	étendre	extendido	extenso
extinguir	éteindre	extinguido	extinto
extraer	extraire	extraido	extracto
faltar	manquer	faltado	falto
favorecer	favoriser	favorecido	favorito
fechar	dater	fechado	fecho
fijar	fixer	fijado	fijo
fingir	feindre	fingido	ficto
freir	frire	freido	frito
hartar	rassasier	hartado	harto
iludir (anc.)	se moquer	iludido (anc.)	iluso
improvisar	improviser	improvisado	improviso
incluir	renfermer	incluido	incluso
incurrir	encourir	incurrido	incurso
indecidirse (inus.)	être irrésolu	indecidido (inus.)	indeciso
indefender (anc.)	ne pas défendre	indefendido (inus.)	indefenso
infartar (inus.)	engorger	infartado	infarto
infecir (anc.)	infecter	infecido (anc.)	infecto
infectar	infecter	infectado	infecto
inficionar	infecter	inficionado	infecto
infligir	infliger	infligido	inflicto (anc.)
infundir	infuser	infundido	iufuso
ingerir	enter	ingerido	ingerto
ingestar	enter	ingertado	ingerto
inserir (anc.)	insérer	inserido (anc.)	inserto
insertar	insérer	insertado	inserto
instruir	instruire	instruido	instructo (anc.)
interrumpir	interrompre	interrumpido	interroto (anc.)
intocar (inus.)	ne pas toucher	intocado (inus.)	intacto
introducir	introduire	introducido	introducto (anc.)
intrusarse (inus.)	faire intrusion	intrusado	intruso
invertir	transposer	invertido	inverso
inyunjir (anc.)	ordonner	inyunjido (anc.)	inyuncto (anc.)
juntar	joindre	juntado	junto
lasarse (anc.)	se lasser	lasado (anc.)	laso
leudar	fermenter	leudado	leudo
limpiar	nettoyer	limpiado	limpio
listar	enrôler	listado	listo
maldecir	maudire	maldecido	maldito
malquistar	semer la discorde	malquistado	malquisto
mancar	rendre manchot	mancado	manco
manifestar	manifester	manifestado	manifiesto

PARTICIPES

INFINITIF		RÉGULIER	IRRÉGULIER
manumitir	*affranchir*	manumitido	manumiso
marchitar	*flétrir*	marchitado	marchito
merecer	*mériter*	merecido	mérito (anc.)
mondar	*monder*	mondado	mondo
mutilar	*mutiler*	mutilado	mútilo (anc.)
nacer	*naître*	nacido	nato
nublar	*obscurcir*	nublado	nublo
ocultar	*cacher*	ocultado	oculto
omitir	*omettre*	omitido	omiso
oprimir	*opprimer*	oprimido	opreso
pagar	*payer*	pagado	pago (familier)
pasar	*passer*	pasado	paso
perfeccionar	*perfectionner*	perfeccionado	perfecto
permitir	*permettre*	permitido	permiso (anc.)
pervertir	*pervertir*	pervertido	perverso
pintar	*peindre*	pintado	pinto (anc.)
polucionar (inus.)	*polluer*	polucionado (inus.)	poluto
poseer	*posséder*	poseído	poseso
premitir (anc.)	*anticiper*	premitido (anc.)	premiso (inus.)
prender	*saisir, arrêter*	prendido	preso
presumir	*présumer*	presumido	presunto
pretender	*prétendre*	pretendido	pretenso
prisar (anc.)	*faire prisonnier*	prisado (anc.)	priso (anc).
producir	*produire*	producido	producto
proferir	*proférer*	proferido	profecto (anc.)
profesar	*professer*	profesado	profeso
propender	*pencher*	propendido	propenso
prostituirse	*se prostituer*	prostituido	prostituto
proveer	*pourvoir*	proveído	provisto
provenir	*provenir*	provenido	provento (anc.)
querer	*vouloir*	querido	quisto (anc.)
quitar	*ôter*	quitado	quito
raer	*râcler*	raido	raso
resar	*raser*	rasado	raso
ranciarse	*rancir*	ranciado	rancio
rerefacer	*raréfier*	rarefacido	rarefacto
reasumir	*reprendre*	reasumido	reasunto (anc.)
recluir	*renfermer*	recluído	recluso
recocer	*recuire*	recocido	recocho (anc.)
reelegir	*réélire*	reelegido	reelecto
reflejar	*réfléchir*	reflejado	reflejo
refringir	*réfracter*	refringido	refracto
reimprimir	*réimprimer*	reimprimido	reimpreso
remitir	*remettre*	remitido	remiso
repeler	*repousser*	repelido	repulso

PARTICIPES

INFINITIF		RÉGULIER	IRRÉGULIER
repletar (inus.)	*remplir*	repletado	repleto
requerir	*notifier*	requerido	requisto
responder	*répondre*	respondido	respuesto (anc.)
restringir	*restreindre*	restringido	restricto
rizar	*friser*	rizado	rizo
romper	*rompre*	rompido	roto
salar	*saler*	salado	salso (anc.)
salpresar	*saler une viande*	salpresado	salpreso
salvar	*sauver*	salvado	salvo
secar	*sécher*	secado	seco
selegir (inus.)	*choisir*	selegido (inus.)	selecto
sepelir (anc.)	*ensevelir*	sepelido (anc.)	sepulto
sepultar	*ensevelir*	sepultado	sepulto
situar	*être situé*	situado	sito
sofreir	*frire légèrement*	sofreido	sofrito
soltar	*délier*	soltado	suelto
subtender	*mener une sous-tendante à un arc*	subtendido	subtenso
sujetar	*assujettir*	sujetado	sujeto
suprimir	*supprimer*	suprimido	supreso
surgir	*surgir, sourdre*	surgido	surto
suspender	*suspendre*	suspendido	suspenso
sustituir	*substituer*	sustituido	sustituto
tender	*tendre*	tendido	tenso, teso
teñir	*teindre*	teñido	tinto
torcer	*tordre*	torcido	tuerto
yuntar	*joindre*	yuntado	yunto
zafarse	*s'enfuir*	zafado	zafo

698 — Il y a d'autres participes dont la signification est quelquefois active : tels sont :

acostumbrado	*qui a coutume*
agradecido	*reconnaissant*
almorzado	*qui a déjeuné*
atrevido	*qui est hardi*
bebido	*qui a trop bu*
callado	*discret*
cansado	*ennuyeux*
cenado	*qui a soupé*
comedido	*prudent, mesuré*
comido	*qui a dîné*
considerado	*qui est consideré*
desconfiado	*qui est défiant*
descreido	*incrédule*
desesperado	*désesperé*

desprendido	*qui est au large*
disimulado	*dissimulé*
encogido	*timide*
entendido	*entendu, intelligent*
esforzado	*brave, audacieux*
fingido	*rusé, trompeur*
instruido	*qui a de l'instruction*
leido	*qui a beaucoup lu, instruit*
medido	*prudent, circonspect*
mirado	*circonspect*
moderado	*modéré*
negado	*dénué d'intelligence*
ocasionado	*querelleur*
osado	*osé, audacieux*
parado	*lent, tardif*
parecido	*ressemblant*
partido	*libéral*
pausado	*qui agit posément*
porfiado	*obstiné*
precavido	*prévoyant*
preciado	*vain*
presumido	*présomptueux*
recatado	*avisé*
resuelto	*résolu*
sabido	*savant*
sacudido	*intraitable*
sentido	*sensible*
sufrido	*patient*
trascendido	*qui a de la pénétration*
valido	*qui est en faveur*

et quelques autres, tels que : **acompañado, adelantado, apode-
rado, aprovechado, atrevido, bien hablado, cerrado, cons-
pirado, desvergonzado, heredado, menguado, pesado, socor-
rido,** etc..., etc... Tous ces participes ont aussi la signification passive,
et c'est le sens de la phrase qui fait reconnaître laquelle des deux signi-
fications il faut adopter.

609. — Les participes peuvent être modifiés, dans le style familier,
par les désinences diminutives : **muerto,** *mort* —**muertecito,** *pauvre petit mort.*

CHAPITRE XIII.

LES ADVERBES

— 610.

abajo	*en bas*	**aquende**	*en deçà*
acá	*ici*	**aquí**	*ici*
acaso	*par hasard*	**así**	*ainsi*
acullá	*çà et là*	**asimismo**	*aussi, de même*
adelante	*devant, en avant*	**aun**	*même*
además	*en outre*	**atrás**	*en arrière*
adentro	*dedans*	**ayer**	*hier*
adonde	*où*	**bajo**	*dessous, bas*
adrede	*exprès*	**bastante**	*assez*
adur (anc.)	*avec peine*	**bien**	*bien*
afuera	*dehors*	**callandito**	*sans bruit*
agur, ahur	*adieu*	**casi**	*presque*
ahí	*là*	**cerca**	*près*
ahora	*maintenant*	**cierto**	*certainement*
algo	*quelque peu*	**como**	*comme*
alto	*haut, à haute voix*	**cual**	*tel que*
		cuando	*quand, en cas que*
allá	*là*	**cuanto**	*combien*
allende	*au-delà*	**chiticallando**	*en grand silence*
allí	*là*	**debajo**	*dessous*
anoche	*hier au soir*	**delante**	*devant*
antaño	*les années passées*	**demás**	*de plus*
		demasiado	*trop de*
anteayer	*avant-hier*	**dentro**	*dedans*
antes	*avant, auparavant*	**despacio**	*doucement*
		después	*après, ensuite*
aparte	*à l'écart*	**detrás**	*derrière*
apenas	*avec peine, à peine*	**donde** (en poésie dó)	*où*
aposta	*à dessein*	**duro**	*dur*
arriba	*en haut*	**encima**	*dessus*
apriesa, aprisa	*vite*	**enfrente**	*vis-à-vis*

entonces	*alors*	peor	*pire*
excepto	*excepté*	poco	*peu*
fuera	*dehors*	presto	*vite*
fuerte	*fort*	pronto	*promptement*
harto	*durement*	quedo	*doucement*
hogaño	*cette année*	quizá, quizás	*peut-être*
hoy	*aujourd'hui*	recién	*récemment*
jamás	*jamais*	recio	*fort, haut*
junto	*ensemble*	salvo	*sauf*
lejos	*loin*	seguro	*sûrement*
luego	*ensuite*	sí	*oui*
mañana	*demain*	siempre	*toujours*
mal	*mal*	sobre	*dessus*
más	*plus, davantage*	solo	*seulement*
medio	*à moitié*	subito	*soudain*
mejor	*mieux*	también	*aussi*
menos	*moins*	tampoco	*non plus*
mientras	*tandis que*	tan	*si, aussi*
mucho	*beaucoup*	tanto	*tant*
muy	*très*	tarde	*tard*
nada	*rien*	temprano	*de bonne heure*
no	*non*	todavia	*encore*
nunca	*jamais*	tras	*derrière*
paso	*doucement*	ya	*déjà, plus*

611. — Les adverbes suivants ne sont guère usités aujourd'hui :

aína, *vite.*

aínas, *il s'en est peu fallu.*

allende, *au-delà.*

aquende, *en-deçà.*

ayuso, *en bas.*

suso, *en haut.*

yuso, *en bas.*

612. — Ainsi qu'on l'a vu, on emploie commme adverbes quelques substantifs, adjectifs, pronoms indéfinis et gérondifs (**algo, bajo, poco, callandito,** etc...). Certains autres adjectifs remplissent le même rôle : **bueno, malo,** etc...

613. — Les adverbes forment, dans le style familier, des diminutifs d'après les mêmes règles que les noms : **arriba,** *en arrière ;* **arribita,** *un peu en arrière* — **cerca,** *près ;* **cerquita,** *tout près* — **despacio,** *doucement ;* **despacito,** *tout doucement, ;* **lejos,** *loin ;* **lejillos, lejitos, lejuelos,** *un peu loin* — **poco,** *peu ;* **poquito, poquico, poquillo,** *une petite quantité.*

On trouve aussi **muchazo,** augmentatif de **mucho,** *beaucoup.*

614. — On forme des adverbes de la terminaison féminine des adjectifs, en y ajoutant la terminaison **mente : alta,** *haute ;* **altamente,** *hautement.*

alternativa, *alternative,* **alternativamente,** *tour à tour* — **diaria,** *journalière ;* **diariamente,** *journellement.*

llena, *pleine;* **llenamente**, *pleinement.*
sencilla, *naïve;* **sencillamente**, *naïvement.*

Si l'adjectif n'a qu'une terminaison pour le masculin et le féminin, on ajoute **mente :**
fácil, *facil;* **fácilmente**, *facilement*
noble, *noble;* **noblemente**, *noblement.*

Quand deux ou plusieurs adverbes terminés par **mente** se suivent, on retranche cette terminaison et on ne la conserve qu'au dernier :

Ex. : **ha hablado V. dichosa, franca y sabiamente** — *vous avez parlé heureusement, franchement et savamment.*

atroz y fieramente procedió Nerón con su madre — *Néron agit envers sa mère avec atrocité et bestialité;* mais tous les adjectifs ne peuvent pas former des adverbes.

LOCUTIONS ADVERBIALES (MODOS ADVERBIALES)

615. —

á ancas	*en croupe*
á bruces	*à plat-ventre*
á buenas	*volontairement*
á bulto	*indistinctement*
á caballo	*à cheval*
á cada instante	*à chaque instant, à tout coup*
á cada paso	*à tout coup*
á campada tañida	*au son de la cloche*
á carcajadas	*à gorge déployée*
acá y acullá	*çà-et-là*
á cegarritos	*aveuglément*
á ciegas	*à l'aveuglette, à tâtons*
á cielo descubierto	*à la belle étoile*
á coces	*à coups de pied*
á compás	*en mesure, en cadence*
á competencia	*à qui mieux mieux*
á continuación	*ci-après*
á corros	*à la ronde, en ronde*
á costa de trabajo, de fatiga	*à la sueur de son front*
á coste y costas	*au prix d'achat*
á cual mejor	*à qui mieux mieux*
á cubierto	*à couvert*
á chorros	*copieusement*
á dentelladas	*à coups de dents*
á destajo	*à forfait*
á dicha	*par hasard*
á diestro y siniestro	*à tort et à travers*
á Dios y á ventura	*à l'aventure*
á distinción	*à la différence de*

á duras penas	avec beaucoup de peine
á escondidas	en cachette
á fuego lento	à petit feu
á fuerza de	à force de
á gatas	à quatre pattes
á golpes	en frappant
á grito herido	à tue-tête
á gritos	à grands cris
á hombros	sur les épaules
ahora mismo	sur-le-champ
à horcajadas	à califourchon
á horcajadillas	à califourchon
á hurtadillas	à la dérobée.
á la antigua	à l'antique
á la barata	confusément, sans ordre
á la buena de Dios	sans malice
al acaso	au hasard
á la corta á la larga	tôt ou tard
á la cozcojita	à cloche-pied
á la cuenta	d'après les prévisions
á la chita callanda	en grand silence
á la descubierta	ouvertement
á la francesa	à la française
á la gala de alguno	à la santé de quelqu'un
á la gana gana	à qui gagne-gagne
á la gana pierde	à qui perd gagne
al amanecer	au point du jour
á la moda	à la mode
á la moderna	à la moderne
al anochecer	à la nuit tombante
á la obediencia	aux ordres de
á la postre	à la fin
á la sazón	dans ce temps-là
á las claras	à découvert, ouvertement
á la ventura	à l'aventure
á la vez	à la fois
á la vuelta	au retour
al caer de la hoja	à la chute des feuilles
al caer el dia	à la tombée du jour
al cerrar la noche	à la tombée de la nuit
al descuido	sans faire semblant de rien
al desgaire	négligemment, sans grâce, avec mépris
al estricote	pêle-mêle
algunas veces	quelquefois
alguna vez	quelquefois
al justo	précisément
al menorete	au moins, du moins
al menos	au moins, du moins
al mes	par mois (gagner tant)
al natural	naturellement

á lo más	*tout au plus*
á lo menos	*tout au moins, au moins, du moins*
al par de	*à l'égal de*
al paso	*en passant*
al ponerse el sol	*au soleil couchant*
al presente	*présentement*
al punto	*tout-de-suite*
al rededor	*à l'entour, autour*
al redopelo	*à rebours, au rebours, à l'envers*
al revés	*à rebours, au rebours, à l'envers*
al salir el sol	*au lever du soleil*
al sesgo	*obliquement*
al temple	*à la détrempe*
al trote	*en courant, à la hâte*
al vuelo	*à la volée, vite*
á macho martillo	*aveuglément*
á manos llenas	*à pleine mains, à foison*
á mares	*à chaudes larmes*
á más andar	*en hâte, à la hâte, à toutes jambes*
á más tardar	*au plus tard*
á más ver	*sans adieu*
á medida de su deseo	*à souhait*
á medias	*à demi, à moitié*
á menudo	*souvent*
á merced de	*à la merci de*
á mi gusto	*à mon aise, à mon gré*
á mujeriegas	*à cheval en femme*
á no mentir	*à dire vrai*
antes de anoche	*avant-hier au soir*
antes de ayer	*avant-hier*
á ojos cegarritos	*aveuglément*
á ojos cerrados	*aveuglément*
á ojos vistas	*à vue d'œil*
á oscuras	*sans lumière*
á pares	*de deux en deux*
á pecho abierto	*à cœur ouvert*
á pedir de boca	*à souhait*
á pedradas	*à coup de pierres*
á pesar	*à regret*
á peso de oro	*au poids de l'or*
á pie	*à pied*
á pie enjuto	*à pied sec, sans peine, sans travail*
á pie firme	*de pied ferme*
á pie juntillas	*aveuglément*
á pie llano	*de plain-pied*
á plomo	*à plomb*
á porfía	*à l'envi*
á porrillo	*en abondance*
á propósito	*à propos*
á puertas cerradas	*à huis-clos*
á punto	*à point*

á puño cerrado	*aveuglément*
á quema ropa	*à brûle-pourpoint*
aquí abajo	*ici-bas*
aquí bajo	*ici-bas*
aquí y allí	*çà-et-là*
á ratos perdidos	*à des moments perdus*
á regaña dientes	*en rechignant*
á repelones	*petit-à-petit*
á reventar	*à ventre déboutonné (manger)*
á rienda suelta	*à bride-abattue*
á roso y velloso	*à tort et à travers*
á saber	*à savoir, c'est à dire*
á sabiendas	*sciemment*
á sangre fría	*de sang-froid*
á sangre y fuego	*à feu et à sang*
á secas	*sans autre chose*
á secas y sin llover	*sans préparation, à l'improviste*
á solas	*tout seul*
á solaz	*avec joie*
á son de	*au son de*
á sus solas	*tout seul*
á su vez	*tour-à-tour*
á tambor batiente	*tambour battant*
á tente bonete	*en abondance*
á tientas	*à tâtons*
á tiento	*à tâtons*
á toda brida	*à bride abattue*
á toda costa	*à tout prix*
á toda fuerza	*à tour de bras*
á toda furia	*avec la plus grande diligence*
á todo correr	*á toutes jambes*
á todo trance	*advienne que pourra*
á tontas y á locas	*à tort et à travers*
á tragos	*peu à peu*
á trochemoche	*inconsidérément*
á troche y moche	*inconsidérément*
á tuertas ó á derechas	*à tort ou à raison*
á tuerto ó á derecho	*à tort ou à raison*
aun no	*pas encore*
á un tiempo	*à la même époque*
á veces	*parfois*
á viva fuerza	*de vive force*
á voz en gritos	*à grands cris*
á vuelo	*à la volée, vite*
boca abajo	*sur le ventre*
boca á boca	*de vive voix*
boca arriba	*à la renverse*
boca con boca	*face à face*
cada tercer día	*tous les trois jours*
cara á cara	*tête-à-tête*
cepos quedos	*en voilà assez*

¿ cómo no ? (spécial à l'Amérique)	comment non ? oui
como por semejas	à l'aveuglette
con comodidad	à l'aise
con descuido	par mégarde
con gusto	avec plaisir
con intento	à dessein, exprès
con los brazos abiertos	à bras ouverts
con repugnancia	à regret
con sentimiento de mala gana	à regret
con toda su fuerza	à tour de bras, à bras raccourci
con todo eso	malgré cela
cosa de	environ, près de, à peu près
cosido con el suelo	ventre à terre
cuando más	au plus, tout au plus
cuando menos	pour le moins
cuando mucho	au plus
cuanto antes	au plus tôt.
cuanto más	d'autant plus que
cuarto á cuarto	sou à sou
cueste lo que cueste	coûte que coûte
de acá	d'ici
de acuerdo	d'accord
de acullá	de là
de ahí	de là
de allá	de là
de allí	dès lors
de antemano	à l'avance, d'avance
de aquí	d'ici
de aquí adelante	dorénavant
de aquí á ocho dias	d'aujourd'hui en huit
de arriba abajo	de fond en comble, sans dessus-dessous
de balde	pour rien
de banda á banda	de part en part
de barra á barra	d'un bout à l'autre
de bien á bien	de gré à gré
de boda	de noce
de bruces	à plat ventre
de buena fe	de bonne foi
de buena gana	de plein gré, volontiers
de buenas á buenas	de bon gré, de gré à gré
de buenas á primeras	au premier abord, de but en blanc
de burlas	en riant, pour rire
de cabo á cabo	bout à bout
de capa y gorra	familièrement, librement
de cara	de front
de caridad	par charité
de carretilla	par routine
de cerca	de près
de concierto	de concert
de continuo	continuellement

de corazón	*volontiers, de bon cœur, en vérité, sûrement*
de corrida	*en courant, à la hâte*
de corros	*à la ronde, en ronde*
de cuadrado	*parfaitement*
¿ de cuando acá ?	*depuis quand ?*
de cuidado	*très malade*
de chanza	*pour badiner, en badinant*
de dia	*de jour*
de dia en dia	*de jour en jour*
de donde	*d'où*
de este modo	*ainsi*
de frente	*de front*
de fuera	*dehors*
de golpe	*précipitamment*
de grada ó por fuerza	*bon gré, mal gré*
de hacia	*du côté de*
de haldas ó de mangas	*d'une manière ou d'une autre*
de hilera	*à la file, en file*
de hoy á mañana	*du soir au lendemain*
de hoy en ocho dias	*d'aujourd'hui en huit*
de improviso	*à l'improviste*
de intento	*à dessein, exprès*
de junto	*en gros, en bloc*
de ligero (creer)	*légèrement (croire)*
del todo	*tout-à-fait*
de madrugada	*de grand matin*
de mala gana	*à contre-cœur*
de más á más	*de plus en plus*
demasiadas veces	*trop souvent*
demasiado pronto	*trop tôt*
demasiado tarde	*trop tard*
de medio ojo	*en tapinois*
de memoria	*par cœur*
de mucho tiempo acá	*depuis longtemps*
de ninguna manera	*nullement, en aucune façon*
de ningun modo	*nullement, en aucune façon*
de noche	*de nuit*
dentro de dos horas	*dans deux heures*
de nuevo	*à neuf*
de ordinario	*d'ordinaire*
de parte á parte	*de part en part*
de pasada	*en passant*
de paso	*en passant*
de persona á persona	*en tête-à-tête*
de pies	*debout*
de poco acá	*depuis peu*
de poco tiempo acá	*depuis peu*
de por vida	*à vie*
de priesa	*à la hâte, vite*
de prisa	*à la hâte, vite*

de pronto	*sans réflexion*
de propósito	*à dessein*
de puntillas	*sur la pointe du pied*
de rabo á oreja	*bout à bout*
de rebato	*subitement, tout-à-coup*
de rebote	*du second bond*
de remate	*entièrement, sans remède*
de reojo	*à la dérobée*
de repelón	*légèrement, à la hâte*
de repente	*subitement, tout-à-coup*
de rodillas	*à genoux*
desde acá	*d'ici*
desde ahí, allá, acullá	*depuis là*
desde ahora	*dorénavant*
desde allí	*depuis lors*
desde aquí	*d'ici*
¿ desde donde ?	*depuis où ?*
desde lejos	*de loin*
de seguida	*de suite*
de silla á silla	*en tête-à-tête*
de sobremesa	*aussitôt après le diner*
de socarrón	*du coin de l'œil*
de sol á sol	*du matin au soir*
desprevenido (cojer)	*au dépourvu (prendre)*
de su cosecha	*de son propre fonds, de sa tête*
de suyo	*de son propre mouvement*
de todos lados	*de tous côtés*
de trecho en trecho	*de temps en temps*
de tropel	*en troupe, en foule*
de una asentada	*d'une seule fois*
de una bolichada	*d'un seul coup*
de veras	*vraiment, sérieusement*
de vez en cuando	*de temps en temps, de temps à autre*
donde no	*autrement, dans le cas contraire*
dos dias después	*le surlendemain*
el dia siguiente	*le lendemain*
en alguna parte	*quelque part*
en alta voz	*à haute voix*
en atención	*attendu*
en blanco	*en vain*
en breve	*sous peu, dans peu*
en cabello	*les cheveux épars*
en caso necesario	*au besoin*
en cerro	*simplement, sans rien changer*
en común	*en commun*
en continente	*incontinent, à l'instant*
en contorno	*aux environs, autour*
en contra	*en sens contraire*
en corros	*à la ronde, en ronde*
en cuclillas	*accroupi*
en demasía	*par excès*

¿ en donde ? — où ? dans quel lieu ?
en despique — en revanche
en desquite — en revanche
en efecto — en effet
en el acto — sur le coup
en fin — enfin, bref
en hileras — en files
en hora buena — d'accord
en jarra — les deux mains sur les hanches
en jarras — les deux mains sur les hanches
en lo sucesivo — à l'avenir
en lo venidero — à l'avenir
en ninguna parte — nulle part
en otra parte — ailleurs
en otro tiempo — autrefois, jadis
en pelo — sans selle, à poil
en pie — debout
en pos — derrière, après
en posta — en poste
en primer lugar — en premier lieu
en rebeldía — par contumace
en resumen — en résumé
en sazón — à propos
en seguida — de suite
en tiempo de — du temps de
en todas partes — partout
entre año — dans l'année
entre día — dans le jour
entre dos luces — entre chien et loup
entre semana — dans la semaine
en trueque — en échange, en troc
en un abrir y cerrar de ojos — dans un clin d'œil
en un momento — en un clin d'œil, en un moment
en un santiamen — en un clin d'œil, en un moment
en un tiempo — en même temps
en verdad — en vérité
en vida de — du vivant de
en volandas — en l'air
eso sí — oui ; oui sans doute
esta mañana — ce matin
esta tarde — cet après-midi
fuera de propósito — hors de propos
fuera de tiempo — à contre-temps
ganando horas — à franc-étrier
hace dias — ces jours-ci
hacia acá — jusqu'ici
hacia acullá — jusque-là
hacia allí — jusque-là
hacia hallá — jusque-là
hacia allí — jnsque-là
hacia aquí — jusqu'ici

hacia atrás	*à reculons*
hacia delante	*en avant*
hacia donde	*vers où*
hacia fuera	*en dehors*
hasta acá	*jusqu'ici*
hasta acullá	*jusque-là*
hasta ahí	*jusque-là*
hasta ahora	*jusqu'à présent*
hasta allá	*jusque-là*
hasta allí	*jusque-là*
hasta aquí	*jusqu'ici*
hasta donde	*jusqu'où*
hasta luego	*sans adieu*
hasta más no poder	*à n'en pouvoir plus*
hoy por la noche	*ce soir*
la mayor parte del tiempo	*la plupart du temps*
las más veces	*le plus souvent*
lo de arriba abajo	*sans dessus-dessous*
lo largo	*tout le long*
lo más antes	*au plus tôt*
lo mismo	*de même*
luego al punto	*tout-à-l'heure*
mañana por la mañana	*demain matin*
mano á mano	*avec familiarité, en tête-à-tête*
más acá	*en deçà*
más allá	*au-delà*
más bien	*mieux*
más presto	*plus tôt*
más pronto	*plus tôt*
más que nunca	*plus que jamais*
más temprano	*de meilleure heure*
menos bien	*moins bien*
muchas mercedes	*bien des remerciements*
muchas veces	*souvent*
mucho que sí	*certes oui*
mucho tiempo há	*il y a longtemps*
muy á menudo	*très souvent*
muy bien	*très bien, fort bien*
muy de mañana	*de grand matin*
muy mal	*très mal, fort mal*
muy por extenso	*tout au long*
nada de eso	*point du tout*
ni aun siquiera	*pas même*
ni él tampoco	*ni lui non plus*
ni por asomo	*nullement*
ni por semejas	*nullement*
no embargante	*nonobstant*
no embargante todo eso	*malgré tout cela*
no hay tal	*cela n'est pas*
no más	*pas davantage*
no por cierto	*non sûrement*

no tal	*cela n'est pas*
otro tanto	*autant, tant*
para acá	*vers ici, par ici*
para acullá	*vers çà et là, par çà et là*
para ahí	*vers là, par là*
para allá	*vers là, par là*
para allí	*vers là, par là*
para aquí	*vers ici, par ici*
para siempre	*pour toujours, à jamais*
para siempre jamás	*à tout jamais*
pasado mañana	*après demain*
poco á poco	*peu à peu*
poco há	*depuis peu*
poco más ó menos	*à peu près, environ*
pocos á pocos	*peu à peu*
poquito á poco	*peu à peu*
por abajo	*par le bas*
por acá	*vers ici, par ici*
por acullá	*vers çà-et-là, par çà-et-là*
por afuera	*dehors, en dehors*
por ahí	*vers là, par là*
por ahora	*pour le moment*
por allá	*vers là, par là*
por allí	*vers là, par là*
por aquí	*vers ici, par ici*
por arriba	*par le haut*
por caridad	*par charité*
por casualidad	*par hasard*
por ce ó por be	*d'une manière ou d'une autre*
por cierto	*certainement*
por cualquiera otra parte	*partout ailleurs*
por chanza	*pour badiner*
por debajo de cuerda	*par dessous main*
por defuera	*dehors, en dehors*
por delante	*par devant*
por demas	*vainement*
por dentro	*en dedans*
por detrás	*par derrière*
por dicha	*par hasard*
por donde	*par où*
por el menorete	*pour le moins*
por el momento	*pour le moment*
por entonces	*pour lors*
por fuera	*dehors, en dehors*
por junto	*en bloc, en gros*
por la parte de	*du côté de*
por lo común	*communément*
por lo menos	*pour le moins*
por lo regular	*pour l'ordinaire*
por mal que vaya	*au pis-aller*
por mayor	*en gros*

por menor	*en détail*
por menudo	*en détail*
por represalia	*par représailles*
por siempre	*pour toujours, à jamais*
por tierras y mares	*par terre et par mer*
por todas partes	*partout*
por todos lados	*de tous côtés*
por turno	*tour à tour*
por último	*en dernier lieu*
por ventura	*par hasard*
prescindiendo de	*abstraction faite de*
puede ser	*peut-être*
quiera ó no quiera	*bon gré mal gré*
raras veces	*rarement*
rio abajo	*en aval*
rio arriba	*en amont*
sin atención	*par mégarde*
sin cesar	*sans cesse*
sin decir oxte ni moxte	*sans dire gare*
sin discernimiento	*à tort et à travers*
sin duda	*sans doute*
sin embargo	*cependant*
sin falta	*sans faute*
sin mas ni mas	*sans réflexion, de but en blanc*
sin orden	*sans ordre*
sin parar	*sur-le-champ*
sin razón	*à tort*
sin ton ni son	*sans rime ni raison*
sí por cierto	*certainement*
sí tal	*si fait*
sobre la marcha	*sur-le-champ*
sobre un pie	*à cloche-pied*
tal vez	*peut-être*
tan á menudo como	*aussi souvent que*
tan bien como	*aussi bien que*
tan presto como	*aussitôt que*
tarde ó temprano	*tôt ou tard*
todavía no	*pas encore*
todo de una vez	*tout à la fois*
todo junto	*tout ensemble*
tres veces al año	*trois fois par an*
un día sí y otro no	*tous les deux jours*
un momento	*un moment*
valga lo que valiere	*vaille que vaille*

616. — On peut considérer aussi comme adverbiales, beaucoup de locutions marquant le temps ou indiquant la répétition d'un acte : **un momento,** *un moment* — **tres horas,** *trois heures* — **dos veces,** *deux fois,* etc.

617. — Sont usités en espagnol plusieurs adverbes et locutions adverbiales latins, tels que : **gratis, à priori, inclusive, item intérim, ipso-facto, máxime, calamo currente, nemine discrepante**, etc..., etc...

Les Espagnols prononcent le latin comme leur langue ; on doit seulement remarquer qu'ils ne prononcent pas la *j* avec son son guttural, mais comme une **y** ; *ll* n'est jamais mouillée dans la prononciation du latin, et chaque *l* se prononce séparément.

SUPERLATIF DES ADVERBES

618. — On forme le superlatif des adverbes en les faisant précéder de **muy : muy cerca.** — Les deux adverbes **lejos** et **tarde** ont un superlatif absolu : **lejísimos, tardísimo.**

619. — Les adverbes terminés par **mente**, forment leur superlatif de préférence avec **muy : muy altamente** ; quelquefois aussi du superlatif en **ísimo** de l'adjectif formatif : **alto, altamente ; altísimo, altísimamente.**

620. — Quelques-uns des adjectifs faisant office d'adverbes ont un comparatif et un superlatif employés de même adverbialement : tels sont **peor, mejor, óptimo, pésimo** (de préférence **muy bien, muy mal**), **muchísimo, poquísimo, mínimo,** mais ils ne forment pas de nouveaux adverbes en **mente**, sauf **mayor** qui fait **mayormente.**

621. — **Mucho**, *beaucoup*, et **poco**, *peu*, employés adverbialement ont un comparatif : **más**, *plus* ; **menos**, *moins*, et un superlatif : **lo más**, *le plus* ; **lo menos**, *le moins*.

REMARQUES

622. — Les adverbes sont quelquefois employés substantivement, dans des phrases telles que : **el sí y el no**, *le oui et le non* ; **el más y el menos**, *le plus et le moins*.

On les emploie aussi précédés de l'adverbe neutre : **recordé lo mucho que peleé**, *je rappelai combien je combattis.*

623. — Les adverbes servent fréquemment d'interjections : **¡ aquí ! ¡ arriba !**

624. — L'adverbe se place tantôt avant, tantôt après le verbe, mais généralement après : dans les temps composés, il se place après le participe, jamais entre l'auxiliaire et le participe.

Les adverbes monosyllabiques et quelques autres, qui, en français, précèdent l'infinitif, le suivent en espagnol : *bien chanter, beaucoup travailler* — **cantar bien, trabajar mucho.**

625. — *Ne... que*, signifiant : *rien autre chose que*, se traduit par : **no... más que** : *je ne désire que le repos*, **no apetezco más que el**

reposo. *Ne... que* peut se rendre aussi par **sino** : **no apetezco sino el reposo.**

626. — *Ne... plus*, se traduit par **no .. ya** : *je ne savais que faire*, **no sabía ya que hacer.**

627. — *Non seulement... mais encore*, se traduit par : **no solo.. sino.** On peut également la rendre par les expressions suivantes, moins usités : **no solo... sino también, no solamente... sino, no solamente... mas, no solo... pero tambien** : *non seulement il est beau, mais encore il est riche* — **no sólo es bello, sino es rico.**

628. — **No**, qui signifie *non, ne... pas, ne point*, n'est jamais placé à côté d'un mot exprimant une idée négative ; dans ce cas, il se supprime.

Cependant **no** peut se trouver dans une même phrase avec un mot exprimant une idée négative, mais, dans ce cas, **no** doit précéder le verbe, et le mot exprimant une idée négative doit suivre le verbe. On peut donc dire soit : **nada deseo,** soit : **no deseo nada,** *je ne désire rien* — de même : **nadie hable,** ou : **no hable nadie,** *que personne ne parle* — de même : **nunca le vi** ou : **no le vi nunca,** *je ne le vis jamais.*

On peut supprimer **no** dans des phrases n'ayant aucun autre mot exprimant une idée négative ; ces phrases n'en restent pas moins négatives : **en el año he visto eso,** *de toute l'année je n'ai pas vu cela.*

No sert quelquefois à donner plus de force à une expression affirmative : **mejor es la riqueza que no la pobreza,** *mieux vaut la richesse que la pauvreté* : Pour que **no** soit affirmatif, il faut qu'il soit précédé immédiatement de **que**, et que la phrase soit comparative.

No est quelquefois, mais très rarement, remplacé par **nada**, qui suit le verbe : **es nada bello,** *ce n'est pas beau.*

629. — Lorsque *ni... ni* se trouvent en français dans une phrase commençant par une négation, telle que : *il ne parle ni jour ni nuit,* on ne traduit pas en espagnol le premier *ni* : **no habla de día ni de noche.** Mais si une inversion faisait commencer la phrase espagnole par l'équivalent du membre de phrase français, *ni jour ni nuit,* on traduirait les deux *ni,* mais on ne traduirait pas la négation : **ni de día ni de noche habla.**

630. — *Ne... ni ne,* se traduit par : **no... ni.** Ex. : *il ne boit ni ne mange,* **no bebe ni come.**

631. — **Ni** s'emploie quelquefois dans le sens de *ou* : *il est mauvais que chiens ou chats mangent de la viande* ; **malo es que perros ni gatos coman carne.**

Ni s'emploie aussi quelquefois dans le sens de : *et ne... pas* : *le président parla et il n'aurait pu faire autrement* — **habló el presidente, ni hubiera podido hacer de otra manera.**

632. — **Tanto** et **Cuanto** perdent leur dernière syllabe quand ils précèdent immédiatement un adverbe, un adjectif ou un participe.

(Devant ces mêmes mots, on n'emploie pas **mucho**, mais **muy**.) : **tan cerca, tan dócil, tan cansado, cuan noble**, etc... Mais l'apocope n'a pas lieu 1° devant **mejor, peor, mayor, menor**. Ex. : **tanto peor**, *tant pis* ; **tanto mejor**, *tant mieux*. 2° devant **más** et **menos** formant des comparatifs : **tanto menos rico**, *d'autant moins riche* ; **cuanto más bello**, *d'autant plus beau*. (Devant **más** et **menos** formant des comparatifs, on n'emploie pas **muy**, mais **mucho** : de même devant **mejor, peor, mayor, menor**) (1). 3° devant un verbe.

Dans les phrases exclamatives, **cuánto ou cuán** s'accentuent : ¡ **cuán bello es este cuadro** ! *comme ce tableau est beau !*

Dans les phrases exclamatives **cuánto** est souvent remplacé par **qué**, et dans les phrases interrogatives par **qué tanto**. Ex. : *que vous êtes belle !* ¡ **cuán bella es V.** ! ou ¡ **qué bella es V.** ! — *combien y a-t-il que votre père est mort ?* ¿ **cuánto tiempo hay** ou : **qué tanto tiempo hay que murió su padre de V. ?**

633. — **Donde** s'emploie seul ou avec les prépositions **á**, **de**, **en**, **por** : avec la préposition **á**, **donde** s'écrit en un seul mot : **adonde**. **Dónde** interrogatif s'accentue.

634. — **Aquí, allí**, désignent plus particulièrement tel ou tel endroit que **acá, allá**, dont la signification et plus vague.

635. — **Cómo** prend l'accent dans les phrases exclamatives : ¡ **cómo nieva!** *comme il neige !* **Como** et un subjonctif équivalent à un gérondif : **como sea** pour **siendo**, *étant*.

636. — **Más** adverbe, signifiant *plus*, se distingue par l'accent de **mas**, conjonction, signifiant *mais*.

637. — **Luego** désigne une période de temps plus rapprochée que **después** : **paseamos ahora, cenaremos luego y saldremos después** — *nous nous promenons maintenant puis nous souperons et ensuite nous sortirons*. La phrase : **trabajaré luego que haya sol**, signifie : *je travaillerai aussitôt qu'il fera jour ;* et la phrase : **trabajaré después que haya sol**, signifie : *je travaillerai quand il fera jour, mais peut être pas immédiatement*.

638. — **Mucho** a un superlatif : **muy mucho** ou **muchísimo**. — **Tener en mucho** signifie *apprécier, priser fort*. — **Mucho que sí**, veut dire : *mais certainement, c'est indubitable*. — ¿ **Qué mucho?** se traduit par : *quoi d'étonnant ?*

---

(1) On dira donc : **mucho más agradable, mucho mayor**, etc... Cependant, en parlant de la santé de quelqu'un, on emploie couramment **muy** devant **mejor** ou **peor** : **el enfermo está muy mejor**, *le malade va beaucoup mieux*. On emploierait de même **tan**, et non **tanto** : **se siente tan mejor que ha dejado la cama**, *il se sent si bien (si mieux) qu'il a quitté le lit*. Mais si **mejor** ou **peor** font l'office d'adverbes, il est nécessaire d'employer **mucho** : **los enfermos han pasado la noche mucho mejor**, *les malades ont passé la nuit bien mieux*.

639. — Au lieu de l'adverbe **mucho**, on emploie quelquefois **más** : *bien que je ne parlasse pas beaucoup, je fus fatigué* — **aunque más no hablaba fuí cansado.**

640. — **Mucho** se place toujours avant le nom auquel il se rapporte et s'accorde avec lui : **muchos hombres**, *beaucoup d'hommes* ; mais si la phrase contient un verbe exprimé ou sous-entendu, **mucho** peut se placer avant ou après : **hombres había muchos**, *il y avait beaucoup d'hommes.*

641. — Les mêmes remarques s'appliquent à **poco** : **pocos hombres, hombres había pocos.**

642. — La prépositon **sobre** s'emploie adverbialement dans le sens de *à peu près, environ* : **tengo sobre cuarenta años**, *j'ai environ quarante ans.*

TRADUCTION DE QUELQUES ADVERBES FRANÇAIS

643. — *Un peu*, se traduit par : **un poco** ; on peut aussi le traduire par **algo, en algo, tanto cuanto, un si es no es.** Cette dernière expression qui signifie littéralement : *un s'il est il n'est pas*, correspond aussi à l'expression française *un tant soit peu*. L'expression espagnole **tener en algo** signifie *estimer, considérer.*

644. — *Peu de* se traduit par l'adjectif **poco**, qui s'accorde avec le nom ; devant un nom au singulier on peut traduire *peu de* par **tal cual** devant un nom au pluriel par une des expressions **unos pocos, uno que otro, alguno que otro.** Ex. : *cet homme a peu de fortune,* **este hombre tiene poca fortuna**, ou : **tal cual fortuna.**

645. — *Un peu de*, se traduit par : **un poco de.**

646. — *Plus de, un peu plus de*, se traduit par : **y tantos, y tantas** : *il a plus de mille francs,* **tiene mil pesetas y tantas** ; *j'ai un peu plus de vingt arrobes,* **tengo veinte arrobas y tantas.**

647. — *Un peu trop* se traduit par : **algo más que.**

648. — *Beaucoup trop*, se traduit par une des expressions suivantes : **demasiado, demasiadamente, en demasía, en extremo, sobre manera.**

649. — *Combien et si*, dans le sens de *tellement*, se traduisent fréquemment par l'article neutre **lo** au moyen d'une tournure analogue à celle des phrases suivantes : *je sais combien il est riche,* **sé lo rico que es** (*je sais le riche qu'il est*) — *elle est si laide qu'elle ne sort pas,* **no sale por lo feo que es** (*elle ne sort pas pour le laid qu'elle est*).

650. — *Combien ?* se traduit par **cuánto** qui est accentué et s'accorde avec le substantif qu'il doit précéder immédiatement. Il en est de même lorsque *combien !* est exclamatif : *Combien avez vous d'argent ?* **¿ cuánto dinero tiene V ?** — *Que de richesses !* **¡ cuántas riquezas !** — Mais dans les phrases exclamatives, *combien de* se traduit souvent par **qué de : ¡ qué de riquezas !**, *combien de richesses ! ou que de richesses !*

651. — *Bien,* dans le sens de *très* ou de *beaucoup,* se traduit par **muy** s'il accompagne un adjectif et par **mucho** s'il accompagne un verbe : *il est bien pauvre,* **es muy pobre** — *je le désire bien,* **lo deseo mucho.**

652. — *Tant et plus,* se traduit par : **tantos y cuantos,** féminin : **tantas y cuantas** : *avez-vous des chaises ? j'en ai tant et plus —* **¿ tiene V. sillas ? tengo tantas y cuantas.**

653. — *Qui plus est,* se traduit par : **cuanto más** ou **cuanto y más** : *elle est belle, et, qui plus est, riche —* **es bella, cuanto más rica,** ou : **cuanto y más rica.**

654. — *Beaucoup de, peu de, trop de, combien de, autant de,* précédant un nom, se traduisent par les adjectifs **mucho, poco, demasiado, cuanto, tanto,** qui s'accordent avec le nom : *beaucoup de femmes,* **muchas mujeres** — *peu de domestiques,* **pocos criados,** etc...

655. — *Assez de,* se traduit par **bastante,** pluriel **bastantes** : *j'ai assez d'argent,* **tengo bastante dinero** — *j'ai assez d'amis,* **tengo bastantes amigos.**

656. — *Beaucoup trop de,* se traduit par **demasiado,** moins souvent par **demasiado mucho** : *j'ai beaucoup trop de maisons,* **tengo demasiadas casas** ou **tengo demasiadas muchas casas ;** on pourrait dire aussi **tengo casas en demasia.**

657. — *Un peu trop de,* se traduit par **algo demasiado,** ou : **un poco demasiado** : *il y avait un peu trop d'enfants,* **había algo demasiados muchachos,** ou : **había un poco demasiados muchachos.** On pourrait dire aussi : **había muchachos casi en demasia,** ou : **había muchachos tal vez en demasia.**

658. — *Plus de, moins de,* se traduisent par les adverbes **más, menos** : *il y avait plus d'hommes que de femmes,* **había más hombres que mujeres** — *il y avait moins de femmes que d'hommes,* **había menos mujeres que hombres.**

659. — *Le plus de, le moins de,* se traduisent par : **los más, las más ; los menos, las menos.**

660. — *Encore autant, une fois autant,* se traduisent par : **otro tanto ;** chacun de ces deux mots s'accorde avec le substantif.

661 — Le *que* français qui suit les adverbes *autant, tant, aussi, si,* se traduit devant un verbe par **cuanto** adverbe ou adjectif, ou par **como**; et, devant un nom ou un adjectif, par **como**

Ex.: *j'ai autant de chiens que je veux,* **tengo tantos perros cuantos quiero,** ou **tengo tantos perros como quiero.**

Il mange autant de biscuits que de confitures, **come tantos bizcochos como dulces.**

Il est aussi beau que riche, **es tan bello como rico.**

Je parlerai autant que tu voudras, **hablaré cuanto quieras.**

Comme on le voit par le dernier exemple, il arrive quelquefois que le relatif **cuanto** est seul exprimé; on aurait pu renverser la phrase et dire: **cuanto quieras hablaré.**

662 — *Autant que* se traduit quelquefois par: **lo que** (*ce que*): *Je parlerai autant que tu voudras,* **hablaré lo que quieras.**

Au commencement d'une phrase, lorsque *autant que* signifie *selon ce que, d'après ce que,* on le traduit en espagnol par une des locutions: **tanto cuanto, tanto como, todo cuanto, todo lo que:** *autant que je crois,* **tanto cuanto creo** ou: **tanto como creo,** ou **todo cuanto creo,** ou **todo lo que creo.**

663 — *Non pas tant… que,* se traduit par: **no tanto… como:** *je te donne de l'argent, non pas tant pour te faire un cadeau que pour te payer,* **te doy dinero no tanto para hacerte un regalo como para pagarte.**

664 — *Tant… que* ou *si… que* dans le sens de *tellement que, au point que,* se traduisent par: **tanto… que:** *il recevra tant de blessures qu'il en mourra,* **recibirá tantas heridas que morirá.**

665 — *Tant… que,* dans le sens de *non seulement… mais encore,* se traduit par **tanto… como:** *les soldats, tant espagnols qu'arabes ont été courageux* — **los soldados españoles como árabes fueron valerosos.**

666. — *Le plus… que, le moins… que,* devant un adverbe ou un verbe se traduisent par **lo más… que, lo menos… que:** *travaillez le plus vite que vous pourrez,* **trabaje V. lo más pronto que pueda** — *travaillez le moins que vous pourrez,* **trabaje V. lo menos que pueda.**

Lorsque *le plus que, le moins que* sont suivis, en français, d'un verbe au subjonctif, ce verbe se met, en espagnol, à l'indicatif: *c'est le moins qu'il fasse,* **es lo menos que hace** — *c'est le plus qu'il ait fait,* **es lo más que ha hecho.**

Le plus… que, le moins… que devant un nom, se traduisent par **los más… que, los menos… que:** *ayez le plus de richesses que vous pourrez,* **tenga V. las más riquezas que pueda.**

667. — Lorsque *le plus, le moins* ne sont pas suivis, en français, de *que,* il en est de même en espagnol: *faites le moins de fautes possible,* **haga V. las menos faltas posibles.** On voit que *possible,* invariable en français, s'accorde au contraire en espagnol. On traduirait

de la même façon les expressions françaises *le plus vite possible*, *le moins vite possible*, et autres analogues : **lo más pronto posible, lo menos pronto posible** ou : **lo más pronto que sea posible,** etc...

668. — *Autant que personne* ou : *autant que qui que ce soit,* se traduit par : **tanto como cualquiera** ou : **tanto como el primero** : Ex. : *il est aussi riche que qui que ce soit,* **es tan rico como cualquiera,** ou : **es tan rico como el primero.** On aurait pu traduire aussi par : **es tan rico como otro cualquiera.**

669. — *Plus que personne,* ou : *plus que qui que ce soit,* se traduit par : **más que nadie,** ou : **más que otro cualquiera.** Ex. : *il est riche plus que qui que ce soit,* **es rico más que nadie,** ou : **es rico más que otro cualquiera.**

670. — *Autant que quoi que ce soit* se traduit par : **tanto como cualquier otra cosa.**

671. — *Plus que quoi que ce soit* se traduit par : **más que toda otra cosa.**

672. — *Autant que jamais,* se traduit par : **tanto como siempre.**

673. — *Plus que jamais,* se traduit par : **como nunca,** ou : **más que nunca.**

LOCUTIONS DIVERSES

674. —

Autant tu gagnes, autant tu dépenses.	**Cuanto ganas, tanto gastas.**
Autant Pierre est beau, autant Paul est laid.	**Cuan bello es Pedro, cuan feo es Pablo.**
Autant de femmes, autant de beautés.	**Cuantas mujeres, tantas bellezas.**

Dans les diverses expressions ci-dessus, on aurait pu se servir de **tanto** répété : **tantas mujeres, tantas bellezas,** etc... On peut, mais rarement, après **cuanto,** dans le premier membre d'une phrase, remplacer **tanto** du second membre par **otro tanto** : *autant d'argent je gagne, autant je lui donne,* **cuanto dinero gano, otro tanto le doy.**

Plus je travaille, plus je gagne	**Cuanto más trabajo, tanto más gano,** ou : **cuanto más trabajo, más gano.**
Moins je travaille, moins je gagne	**Cuanto menos trabajo, tanto menos gano,** ou : **cuanto menos trabajo, menos gano.**
Plus je travaille, moins je gagne	**Cuanto más trabajo, tanto menos gano.**
Moins je travaille, plus je gagne	**Cuanto menos trabajo, tanto más gano.**

675. — *D'autant plus que, d'autant moins que*

Je suis d'autant plus heureux que je suis plus riche.	**Estoy tanto más feliz cuanto más rico estoy**
Je suis d'autant moins heureux que je suis moins riche.	**Estoy tanto menos feliz cuanto menos rico estoy**
Je suis d'autant plus heureux que je suis moins riche.	**Estoy tanto más feliz cuanto menos rico estoy**
Je suis d'autant moins heureux que je suis plus riche.	**Estoy tanto menos feliz cuanto más rico estoy**

L'adjectif doit suivre immédiatement **más** et **menos.**

676. — Lorsque **cuanto** ou **tanto** sont suivis d'un adjectif dont le comparatif est irrégulier (**bueno, malo,** etc...), **más** ne s'emploie pas et on se sert du comparatif irrégulier : *plus une maison est petite, plus elle est chaude* — **cuanto menor es una casa, más cálida es.**

677. — **Cuanto más, cuanto menos, tanto más, tanto menos** sont le plus souvent rapprochés comme dans les exemples cités plus haut ; ils sont cependant quelquefois, mais très rarement, séparés en un ou plusieurs mots : *plus un homme est riche plus il doit être généreux,* **cuanto uno es más rico, debe ser generoso más.**

Je travaille d'autant plus que je désire m'enrichir	**Trabajo tanto más, cuanto que deseo enriquecerme.**
Je travaille d'autant moins que je désire m'appauvrir	**Trabajo tanto menos, cuanto que deseo enpobrecerme.**
Je travaille autant que je peux	**Trabajo tanto cuanto puedo,** ou : **Trabajo tanto como puedo.**
Tu vaux autant que tu as	**Tanto vales cuanto tienes**

Assez pour, trop pour

678. — *Assez pour que,* devant un subjonctif, et *assez pour,* devant un infinitif, se traduisent par : **bastante para que,** ou : **tanto para que,** avec le subjonctif. Ex. : *c'est assez pour que je sois malade, c'est assez pour être malade* — **es bastante,** ou : **es tanto para que sea enfermo.**

679. — *Assez peu... pour,* se traduit par : **tan poco... para que,** avec le subjonctif, ou par : **tan poco... que,** avec le subjonctif.

Ex. : *Aucun homme n'a assez peu de savoir pour ne pas être instruit en quelque chose,* **ninguno tiene tan poco saber, para que no sea instruido en algo ;** ou : **ninguno tiene tan poco saber, que no sea instruido en algo.**

680. — *Trop... pour que,* suivi du subjonctif, ou : *trop. . pour,* suivi de l'infinitif, se traduisent par: **demasiado.. para que,** ou par : **muy... para que** avec le subjonctif ; mais, .cette dernière tournure est peu fréquente. Ex. : *il est trop savant pour ignorer cela,* **es demasiado sabio para que ignore eso,** ou : **es muy sabio para que ignore eso.**

681. — *Trop peu... pour,* se traduit par : **muy poco... para,** avec l'infinitif : *il était trop peu riche pour faire des aumônes,* **era muy poco rico para hacer limosnas.**

Même.

682. — *Même* se traduit par **aun** ; il peut aussi se rendre par **hasta** *il craint même un chien,* **teme aun un perro,** ou **teme hasta un perro** (*il craint jusqu'à un chien*).

683. — L'adverbe *même* peut souvent être traduit par l'adjectif **mismo :** *il craint même son chien,* **teme su mismo perro** (*il craint son même chien*).

684. — *Pas même* se traduit : **ni aun,** ou simplement **ni,** lorsque cet adverbe est suivi de l'article indéfini **uno :** *je ne peux te donner même un écu,* **no puedo darte ni aun un escudo,** ou : **no puedo darte ni un escudo.**

CHAPITRE XIV.

LES PRÉPOSITIONS

685. — à — à
ante — *devant, avant*
antes — *devant, avant*
bajo — *sous*
cabe — *près de*
con — *avec*
contra — *contre*
de — *de*
desde — *dès, depuis*
durante — *pendant*
en — *en, dans*
entre — *entre, parmi*
excepto — *hors, à l'exception de*
hacia — *vers*
hasta — *jusque, jusqu'à*
mediante — *moyennant*
menos — *excepté, hormis*
mientras — *pendant*
para — *pour*
por — *par, pour*
salvo — *sauf*
según — *selon, suivant*
sin — *sans*
so — *sous*
sobre — *sur, au-dessus de*
tras — *après, derrière*

686. — LOCUTIONS PRÉPOSITIVES

acerca de — *touchant à, à l'égard de*
ademas de — *outre*
à espaldas de — *derrière*
à fuerza de — *à force de*
al abrigo de — *à l'abri de*
al cabo de — *au bout de*
à más de — *outre que*
antes de — *avant*
à pesar de — *malgré*
à proporción de — *à proportion de*
à través de, al través de — *à travers, au travers de*
à un tiro de — *à une portée de*
cerca de — *près de*
con motivo de — *en raison de*

con peligro de	*au péril de*
con perjuicio de	*au préjudice de*
con respecto á	*à l'égard de*
debajo de	*sous, au-dessous de*
delante de	*devant*
demas de	*outre que*
dentro de	*dans, dedans*
después de	*après*
detrás de	*derrière*
en atención á	*en considération de*
en casa de	*chez*
en caso de	*en cas de*
encima de	*sur, au-dessus de*
en contra de	*à l'encontre de*
en cuanto á	*quant à, à l'égard de*
enfrente de	*vis-à-vis, en face de*
en las cercanias de	*aux environs de*
en orden á	*à l'égard de, quant à*
en razón de	*en raison de*
fuera de	*hors de, hormis*
junto á, junto de	*près de*
lejos de	*loin de*
más allá de	*au-delà de*
no obstante de (et l'infinitif)	*bien que* (et le subjonctif)
para con	*envers, à l'égard de*
por allá	*par delà*
por causa de	*par rapport à*
por debajo de	*par dessous*
por el medio de, por medio de	*à travers, au travers de*
por encima de	*par dessus*
por entre	*entre, à travers, parmi.*
por lo que hace á	*par rapport à*
por lo que mira á	*quant à*
respecto á, respecto de	*par rapport à, relativement à*
sin noticia de	*à l'insu*
sin saberlo	*à l'insu*
tocante á	*touchant, relativement à*

REMARQUES SUR LES PRÉPOSITIONS ESPAGNOLES

Á.

687. — La préposition á indique, après un verbe de mouvement, l'endroit vers lequel on va ; *aller en Espagne*, **ir á España.** — *Retourner à Paris*, **volver á Paris.** — *Il s'en alla aux Indes*, se **marchó á las Indias.** — *Ne descends pas dans la rue*, **no bajes á la calle.**

688. — Elle se place devant des infinitifs régis par d'autres verbes : *allons nous promener,* **vamos á pasear.** — *Aller manger,* **ir á comer.** — *Il m'apprit à lire,* **me enseñó á leer.**

689. — Elle s'emploie devant le régime direct des verbes actifs, quand ce régime direct est un nom de personne ou d'objet personnifié : *aimer Paul, aimer le prochain ;* **amar á Pablo, amar al prójimo.**

690. — Elle remplace quelquefois les prépositions suivantes :

1° **junto, cerca de ;** *il s'assit à la table,* **se sentó á la mesa ;** *il était à la porte de sa maison,* **estaba á la puerta de su casa ;**

2° **hasta ;** *de Madrid à Cadix, il y a cent lieues,* **de Madrid á Cádiz, hay cien leguas.** — *Il traversa le fleuve ayant de l'eau jusqu'à la ceinture,* **pasó el río con el agua á la cintura.** — *La dépense monta à cent doublons,* **el gasto subió á cien doblones ;**

3° **hacia, contra ;** *il s'élança contre eux comme un lion,* **se fué á ellos como un león ;**

4° **según ;** *selon la loi de Castille,* **á ley de Castilla ;** *selon le privilège d'Aragon,* **á fuero de Aragón ;** enfin à diverses prépositions françaises : **á instancia del Gobierno,** *sur la demande du Gouvernement ;* **¿ á qué propósito ?** *dans quel but ?*

5° **por,** indiquant la valeur, l'échange ; **vender algo á dos reales,** *vendre quelque chose deux réaux.*

691. — La préposition á remplace quelquefois la conjonction *si* : **á no afirmarlo tú, lo dudaría ;** *si tu ne me l'affirmais pas, j'en douterais.*

692. — La préposition á s'emploie aussi explétivement dans l'expression : **más de á,** suivie d'un nom de nombre : **más de á cinco pesetas,** *plus de cinq francs.*

693. — La préposition á s'emploie dans le style familier, devant la conjonction **que,** et forme un idiotisme dont le sens sera expliqué par les exemples suivants :

¿ Á qué no llueve mañana ? *parions qu'il ne pleuvra pas demain. (à ce qu'il ne pleuve pas demain).*

¿ Á qué no partes ? *je parie que tu ne partiras pas. (à ce que tu ne partes pas).*

¿ Á qué no conozco su nombre ? *tu verras si je ne connais pas son nom (à ce que je ne connais pas son nom).*

¿ Á qué te aprisiono si no eres hombre honrado ? *je t'emprisonnerai si tu n'es pas un honnête homme (à ce que je t'emprisonne si tu n'es pas un honnête homme).*

ANTE

694. — **Ante** équivaut à **antes que** ou **antes de :** *avant tout,* **ante todo.**

CABE

695. — **Cabe** équivaut à **junto á, cerca de**, et n'est plus usité en prose.

CON

696. — **Con** répond au français *avec* : **pasearse con su hermano** *se promener avec son frère*

697. — Joint au pronom **me, te, se** — **con** devient **conmigo**, *avec moi*; **contigo**, *avec toi*; **consigo**, *avec soi, lui, elle.*

698. — **Con** est toujours exprimé en espagnol même dans les périphrases dans lesquelles *avec* est sous-entendu en français : *il écoutait bouche béante,* **escuchaba con la boca abierta** — *il vint un bâton à la main,* **vino con un palo en la mano.**

699 — **Con** traduit la préposition française : *auprès de* : *intercéder auprès de quelqu'un,* **mediar con alguno** — *s'interposer auprès de quelqu'un,* **interponerse con alguno,** — *s'insinuer auprès de quelqu'un,* **intimarse con alguno.**

700 — **Con** répond aux prépositions françaises *sur, par, de,* toutes les fois que ces prépositions équivalent à *avec.* Telles seraient les phrases suivantes : *porter sur soi, prouver par des exemples, charmer par un récit, aimer d'un amour sincère, dévorer des yeux, saisir des mains.*

701 — Dans certaines expressions, **con** équivaut à la conjonction **aunque** : *bien que, quoique Pierre fût sagace, il n'évita pas d'être trompé.* — **Con ser Pedro tan sagaz, no evitó que le engañasen.** On emploiera même **con** dans des phrases analogues à la suivante : *il suffit qu'on parle au capitaine* — **con hablar al capitán, basta.**

DE

702. — **De** remplace la préposition française *à* dans les cas suivants : usage auquel une chose est destinée : *un plat à barbe,* **una bacia de afeitar ;**

l'âge d'une personne : *à l'âge de quarante ans,* **de edad de cuarenta años ;**

la propriété : *la maison est à mon oncle,* **la casa es de mi tío ;**
les phrases analogues aux suivantes : *potage au riz,* **potage de arroz** — *il est à croire,* **es de creer** — *donner à manger,* **dar de comer;**
dans toutes les dates, devant le nom du mois et celui de l'année.

703. **De,** remplace *par* français, dans les expressions analogues aux suivantes : *par peur, par crainte (par suite de),* **de miedo ;** *il pleura de joie,* **lloró de gozo.**

704. — **De,** s'emploie explétivement après les adjectifs : **el pobre de tu padre,** *ton pauvre père.* **¡Infeliz de él !** *malheureux qu'il est !* **El ladrón del criado,** *le voleur de domestique.* Cet emploi de **de** est surtout fréquent dans les exclamations . — **De,** est également explétif dans le proverbe : **Cada cosa de por sí,** *chaque chose par elle-même.*

705. — **De,** s'emploie devant un verbe dans les expressions analogues aux suivantes : **tiempo de sembrar, dia de sembrar** — *temps favorable pour semer, jour où l'on peut semer.*

706. — **De,** s'emploie avec une idée d'obligation, devant un infinitif, après les verbes **haber** ou **tener : haber de salir, tener de salir ;** *devoir sortir, être dans l'obligation de sortir.*

707. — **De,** s'emploie entre un adjectif et un infinitif, à la place de la préposition française *à :* **bueno de comer,** *bon à manger* — **fácil de digerir,** *facile à digérer.*

<h2 style="text-align:center">EN</h2>

708. — **En,** indique l'endroit où se fait une chose, avec ou sans mouvement : *être à Paris, à la maison, en Espagne :* **estar en París, en casa, en España** — *voyager en Espagne,* **viajar en España** — *se promener au jardin,* **pasearse en el jardin.** Cependant on traduira ces expressions : *être, attendre à la porte,* par **estar, esperar á la puerta.**

709. — **En,** précède l'infinitif et le gérondif dans des locutions comme celles-ci : *il n'y a pas d'inconvénient à l'accorder,* **no hay inconveniente en concederlo** — *en approuvant cela...,* **en aprobando esto...** — *il s'occupe à lire,* **se ocupa en leer** — *il n'y a pas de difficulté à parler,* **no hay dificultad en hablar.**

710. — **En,** peut indiquer la valeur, l'échange : **vendió su caballo en cien duros,** *il vendit son cheval cent douros.*

<h2 style="text-align:center">ENTRE</h2>

711. — **Entre,** *entre, parmi,* traduit la préposition française *en,* dans cette expression : *je me dis en moi-même,* **dije entre mí.** — Il s'emploie aussi à la place de **en : acoger en, entre su familia,** *recevoir dans sa famille.*

SEGÚN

712. — **Según**, *selon*, se joint à un verbe à l'indicatif ou au subjonctif, et le *que* français ne se traduit pas : *selon ce que je crois*, **según creo** — *selon qu'ils agiront avec moi*, **según lo hagan conmigo.** On pourrait, néanmoins, employer **según que.**

SO

713. — **So**, n'est plus usité aujourd'hui que dans les expressions : **so capa,** *sous le manteau* — **so color,** *sous couleur* — **so pena,** *sous peine* — **so pretexto,** *sous prétexte*

SOBRE

714. — **Sobre**, *sur*, peut également signifier : *à peu près, environ :* *Pierre à environ trente ans*, **Pedro tiene sobre treinta años** — *vers : il a plu vers 4 heures du matin,* **ha llovido sobre las cuatro de la mañana** — *quoique, outre, que*, devant un infinitif espagnol : *quoiqu'il soit déclaré coupable, il veut qu'on le récompense*, **sobre ser reo convicto, quiere que le premien.** Il s'emploie aussi dans des locutions adverbiales : **llegar sobre tarde,** *arriver tard.* Enfin, on emploie **sobre**, assez rarement, dans le sens de : *sous les murs de* — *Charles-Quint sous les murs de Tunis*, **Carlos V sobre Túnez.** Avec **sobre**, on sous-entend fréquemment l'infinitif **ser** : *outre qu'il est fort, il est beau* — **sobre fuerte, es bello.**

TRAS

715. — **Tras**, s'emploie aussi comme **sobre**, dans le sens de *outre que* devant un infinitif espagnol : *il est coupable, et c'est lui qui élève le plus la voix*, **tras de ser culpado, es él que más levanta el grito.**

REMARQUES SUR LES PRÉPOSITIONS ESPAGNOLES **para** ET **por**
ET SUR LES PRÉPOSITIONS FRANÇAISES *pour* ET *par*

716. — *Par*, se traduit généralement par **por** ; cependant : quand il signifie *avec*, il se traduit par **con** : *il charma tout le monde par sa manière de parler*, **encantó à todos con su modo de hablar** — *outrager par des injures*, **afrentar con denuestos** — *apaiser par des prières*, **aplacar con ruegos.**

Quelquefois *par* signifiant *avec*, se traduit indifféremment par **con** ou par **por** : *se distraire par des bagatelles*, **distraerse con, por bagatelas.**

717. — *Par*, signifiant *à cause de*, *par suite de*, se traduit par **de** ou **por** : *se taire par peur*, **callar de, por miedo.**

718. — *Par*, devant un des mots *an, mois, jour*, etc... se traduit par la préposition **á**, et le nom est précédé de l'article ; *il vient à Paris cinq fois par mois*, **viene á París cinco veces al mes** — *Charles gagne trois mille francs par an*, **Carlos gana tres mil pesetas al año.** Mais on pourait aussi traduire : **cada mes**, *chaque mois* — **cada año**, *chaque an* (§ 427).

719. — *Pour*, se traduit généralement par **para**, sauf dans les cas suivants où on le traduit par **por** :

1° valeur, échange : *il vendit son cheval pour cent douros*, **vendió su caballo por cien duros** (1) — *je donne mon manteau pour le tien*, **doy mi capa por la tuya** — *un seul compte pour plusieurs*, **uno vale por muchos.** — Cependant, lorsque *pour* signifie *en échange de*, on le traduit quelquefois indifféremment par **con** ou **por** : *changer une chose pour une autre*, **cambiar una cosa con, por otra.**

2° *au lieu de, à la place de* : *je parlerai pour vous*, **hablaré por V.**

3° *en faveur de* : *je ferai cela pour lui*, **haré eso por él** — *intercéder pour quelqu'un*, **abogar por alguno.**

4° durée : *je sors de Grenade pour deux mois*, **salgo de Granada por dos meses**

5° opinion au sujet de quelqu'un : *passer pour bon, pour méchant* — **estar tenido por bueno, por malo.**

6° *à cause de* ; *afin de* ; *pour cela*, **por eso** — *le dites-vous pour moi ?* **¿ lo dice V. por mí ?** — *adoré de l'armée pour son audace*, **adorado del ejército por su audacia** — *je cours pour aller plus vite*, **corro por ir más ligero.**

Cependant, dans certaines phrases où *pour*, signifie *à cause de*, on le traduit indifféremment par **de** ou **por** : *punir pour une faute*, **castigar de, pór una falta.** De même dans d'autres phrases, *pour*, se traduit indiféremment par **para** ou **por**, quand il indique le but que l'on se propose : *je travaille pour gagner de l'argent*, **trabajo para, por alcanzar dinero.**

7° *comme, en tant que* : *regarder une chose comme bonne*, **concebir una cosa por buena** — *prendre quelqu'un pour domestique*, **tomar á alguno por criado** — *adopter quelqu'un pour fils*, **adoptar á uno por hijo.** Cependant, dans le sens de *comme*, on le traduit

______

(1) Mais on peut dire aussi : **vendió su caballo en cien duros** ou **á cien duros** (§§ 690, 710).

quelquefois indifféremment par **por** ou **para** : *choisir pour femme,* **escoger por, para muger.**

8º dans les phrases comme la suivante : *avoir de l'affection pour une personne,* **tener cariño por una persona.** Mais dans les phrases analogues à la précédente, où *pour,* signifie *à l'égard de, envers,* on peut le traduire aussi par : **con,** ou : **para,** ou : **con respecto á :** *cet homme a été bon pour moi,* **este hombre ha sido bueno commigo,** ou : **para mi,** ou : **con respecto á mi.**

720. — **Por,** devant un infinitif espagnol se traduit en français par *parce que* : **por haber sido débil, fui vencido** — *parce que j'ai été faible, j'ai été vaincu.*

721. — **Por,** sert aussi dans les phrases ou locutions suivantes :

por la mañana — *dans la matinée*
por la tarde — *dans l'après-midi*
por la noche — *dans la nuit*
hoy por la noche — *ce soir*
mañana por la mañana — *demain matin*
desde por la mañana hasta por la noche — *du matin au soir*
la casa está por barrer — *la maison est à balayer*
Pedro va por leña — *Pierre va chercher du bois*
enviar por un libro — *envoyer chercher un livre*
vender por mayor — *vendre en gros*
vender por menor — *vendre en détail.*

722. — **Por,** traduit la préposition française *sous,* dans les expressions analogues à la suivante : *connaître une plante sous tel nom,* **conocer una planta por tal nombre.**

723. — **Por,** s'emploie aussi dans des cas où le français n'emploie aucune préposition : **darse por vencido,** *s'avouer vaincu,* — **darse por reo,** *s'avouer coupable.* On traduit comme s'il y avait : *se donner comme vaincu, comme coupable.*

724. — **Por,** traduit aussi les prépositions françaises *à, dans, à travers* : *se promener à la campagne, à travers la campagne* — **pasearse por el campo.**

725. — **Estar por,** a divers sens : **estar por hacer algo,** *être disposé à faire quelque chose* — **estar por decir algo,** *être prêt à dire quelque chose* — **estar por alguno,** *favoriser quelqu'un* — **estar por hacer, por suceder** (en parlant d'une chose), *n'être pas faite, être à faire.*

726. — **Estar para,** signifie : *être sur le point de, être prêt à* : **estoy para partir,** *je suis sur le point de, prêt à partir* — **está para llover,** *il va pleuvoir.* — On traduit donc indifféremment par **estar por** ou **estar para** l'expression française *être prêt à.*

727. — **Para con,** signifie : *auprès de, en comparaison de* : **¿ quién es la criatura para con el Criador ?** *qu'est la créature auprès du Créateur ?* — **Para con** signifie aussi *envers, à l'égard de.*

728. — **Para entre**, signifie : *entre*. **Para entre amigos,** *entre amis*.

729. — Enfin **para**, s'emploie dans les phrases ou locutions suivantes : **para ahora lo quiero,** *je le veux maintenant* — **para cuando venga,** *quand il viendra* — **para dentro de un mes,** *dans un mois*.

730. — Dans certaines phrases, après **para,** le verbe **ser** peut être sous-entendu : *il étudie pour être médecin,* **estudia para médico.**

731. — *Pour peu que,* se traduit par : **á poco que,** ou par : **por poco que,** avec le subjonctif : *pour peu qu'il chante, il est malade,* **á poco que cante,** ou : **por poco que cante, está enfermo.**

TRADUCTION DE QUELQUES PRÉPOSITIONS FRANÇAISES

Á.

732. — Á signifiant *en,* *dans,* se traduit par **en** : *je suis à Paris,* **estoy en Paris** — *à telle époque,* **en tal época.**

733. — Á dans certaines locutions peut se traduire par : **á, con, en** : *à voix basse,* **á voz baja, con voz baja, en voz baja** — *à haute voix,* **á alta voz, con alta voz, en alta voz.**

734. — Á, devant un verbe, dans les expressions semblables à la suivante, se traduit par **de** : *cela coûte beaucoup à acquérir,* **esto costa mucho de adquirir.**

735. — Á, indiquant la possession, après le verbe *être,* se traduit par **de** : *cette maison est à mon père,* **esta casa es de mi padre.** Si *à* est suivie d'un pronom personnel au lieu d'un substantif, on emploie les adjectifs pronominaux possessifs : *cette maison est à moi,* **esta casa es mia** (§ 336).

736. — Á, marquant l'occupation, entre le verbe *être* et un infinitif, ne s'exprime pas en espagnol, et l'infinitif se traduit par le gérondif : *Pierre est à travailler,* **Pedro está trabajando** (*Pierre est travaillant*).

737. — Á, marquant la destination ou l'obligation, entre le verbe *être* et un infinitif, se traduit par **por** : *le livre est à lire,* **el libro está por leer.**

738. — Á, dans le sens de *si,* suivie d'un infinitif, se traduit par **en** : *il y a de la gloire à combattre les ennemis* (*il y a de la gloire si on combat les ennemis*) **hay gloria en combatir á los enemigos.**

Au commencement d'une phrase, *à* signifiant *si,* suivie d'un infinitif, se traduit par **á** ou **para** : *à en croire Cervantès*, **á creer á Cervantes** — *à dire vrai*, **á decir verdad**, ou : **para decir verdad**. On peut traduire aussi par **si** suivi de **haber de** : **si hemos de creer Cervantes** — **si hemos de decir la verdad** (*si nous devons croire Cervantès* — *si nous devons dire la vérité*).

739. — **Á**, entre un adjectif et un infinitif se traduit par **de** : *facile à dire*, **fácil de decir**.

740. — Dans les locutions : *être homme à, être femme à.., à,* se traduit par **para** : *Charles est homme à faire cela*, **Carlos es hombre para hacer eso** — *Jeanne est bien femme à dire cela*, **Juana es muy mujer para decir eso.**

741 — **Á**, marquant la situation, l'exposition d'une maison, se traduit par **á** ou **contra** : *le palais est au sud*, **el palacio está al sur**, ou **contra el sur** — *la fenêtre est à l'est*, ou *donne à l'est*, **la ventana da al este.**

742 — **Á**, marquant une particularité, une dénomination, se traduit par **con**, ou par **el de, la de, los de, las de** : *la belle aux cheveux d'or*, **la bella con los cabellos de oro**, ou : **la bella con cabellos de oro**, ou : **la bella la de los cabellos de oro.**

743 — **Á** marquant le mélange de deux mets, l'addition d'un mets à un autre, se traduit par **con** ou **de** : *chocolat au lait*, **chocolate con leche** — *glace au chocolat*, **helado de chocolate.**

Auprès.

744 — *Auprès*, se traduit par une des prépositions **con, para con, cerca de** : *acquérir une bonne réputation auprès de quelqu'un*, **acreditarse con, para con, cerca de alguno.**

Chez.

745 — *Chez*, désignant la maison d'une personne, se traduit par : **en casa**, sans mouvement, ; **á casa**, ou **de casa**, avec mouvement. *Je suis chez moi*, **estoy en casa** — *ton ami est chez lui*, **tu amigo está en casa** — *je vais chez Charles*, **voy á casa de Carlos** — *il sort de chez Louis*, **sale de casa de Luis** — *venez chez moi*, **venga V. en mi casa** ou **á mi casa.** — *Avoir un chez soi*, se dit : **tener casa propia.**

746 — *Chez*, signifiant *parmi*, se traduit par **entre** : *chez les Juifs, chez les marchands* ; **entre los Judíos, entre los mercaderes.**

747 — *Chez*, signifiant *dans le pays de*, se traduit par : **al país de, en país de, en el país de, por el país de, en tierra de,** ou expressions analogues ; *il a vécu chez les Français*, **ha vivido en el país de los Franceses.**

748 — *Chez*, désignant des personnes, se rend par **en** : *chez les historiens*, **en los historiadores.**

Comme.

749. — *Comme*, dans les expressions *regarder, considérer comme,* se traduit par **de** ou **por** : *considérer quelqu'un comme savant,* **conceptuar á alguno de, por sabio.** *Comme,* se traduit par **de**, quand il signifie *en tant que* : *s'embarquer comme passager,* **embarcarse de pasajero** — *envoyer quelqu'un comme ambassadeur,* **enviar á alguno de embajador.**

De.

750. — *De*, ne se traduit pas dans les phrases analogues aux suivantes : *il y en eut quarante de blessés,* **hubo cuarenta heridos** — *il n'y a personne de beau dans cette ville,* **no hay nadie bello en esta ciudad.**

751. — *De*, dans les expressions : *plus de, moins de,* devant un nom de nombre, se traduit par **de** : *la bataille fut perdue en moins de dix heures,* **la batalla fué perdida en menos de diez horas.** — *De plus de six jours il ne pourra se promener,* **en más de seis dias, no podrá pasearse.**

752. — *De*, signifiant : *de ce que, parce que,* se traduit par : **en,** quand le sujet des deux verbes est le même : *Louis a très bien fait de parler,* **Luis ha hecho muy bien en hablar.** — Si la phrase le permet, on peut employer le pronom relatif **que** : *Louis est heureux d'avoir parlé,* **dichoso Luis que habló** (*heureux Louis qui a parlé*).

Si le sujet des deux verbes n'est pas le même, *de* se traduit généralement soit par **de** ou : **por,** soit par le subjonctif précédé de **que** : *Henri reprocha à Charles d'avoir parlé,* **Enrique reconvino á Carlos por haber hablado,** ou : **Enrique reconvino á Carlos que hubiese hablado.**

753. — *De*, dans le sens de *si*, devant un infinitif, se traduit par **en,** suivi d'un infinitif, quand le sujet des deux verbes est le même : *il ferait mieux de travailler,* **haria mejor en trabajar.**

Si le sujet des deux verbes n'est pas le même, on emploie **que**, avec le subjonctif : *je te remercierai de parler pour moi,* **te agradeceré que hables por mí.**

754. — *De*, suivie d'un infinitif, et employée explétivement, ne se traduit pas : *mieux vaut être libre que d'être esclave,* **más vale ser libre que ser esclavo.**

755. — *De*, suivie d'un infinitif remplaçant un des temps de l'indicatif, ne se traduit pas ; l'infinitif est traduit par un temps de l'indicatif, et la phrase est précédée de **pero, mais** : *Il parla, et ses amis de murmurer ;* **habló, pero suo amigos murmuraron** (*il parla, mais ses amis murmurèrent*).

756. — *De*, signifiant *avec*, se traduit par **de** ou **con** (quelquefois par **en**, en poésie). Ex. : *munir une place-forte de vivres*, **abastar** ou **abastecer una plaza con, de viveres**. — *Ceindre de lauriers*, **ceñir con, de laureles**. — *baigner de larmes*, **bañar con, de, en lágrimas**. — *couronner de fleurs*, **coronar de, con, en flores**.

757. — *De*, signifiant *à cause de*, *par suite de*, se traduit par **de** ou **por**, rarement par **con** : *rougir de quelque chose*; **abochornarse de, par algo**. — *absoudre quelqu'un de ses péchés*; **absolver á alguno de, por sus pecados**. — *s'étonner d'un événement*; **admirarse de, por un suceso**. — *se féliciter de quelque chose*; **congratularse de, por alguna cosa**.

En.

758. — *En*, signifiant *à*, *vers*, devant un nom de lieu et précédée d'un verbe de mouvement, se traduit par **á** ou **para** : *aller en France*, **caminar á Francia** ou : **caminar para Francia**.

759. — *En*, marquant la transition ou la succession, se traduit par **á** ou **en** : *aller de rue en rue*, **ir de calle á calle**, ou : **ir de calle en calle**. — *De jour en jour*; **de día á día**, ou : **de día en día**.

760. — *En*, devant un nom de vêtement ou un nom y ayant rapport, se traduit par **de** : *en deuil*, **de luto** — *se déguiser en matelot*, **disfrazarse de marinero**. On pourrait traduire aussi par **á lo** : **disfrazarse á lo marinero** — *habillée en marquise*, **vestida á lo marquesa**. On pourrait également se servir d'une périphrase et traduire : **disfrazarse con traje de marinero — disfrazarse en traje de marinero — disfrazarse como marinero — vestida como marquesa — vestida con traje de marquesa**, etc... etc...

On traduirait de la même façon les expressions analogues aux suivantes : *vivre en poète, en philosophe* : **vivir á lo poeta, á lo filósofo**, etc.

761. — *En*, se traduit par **de**, dans les locutions analogues aux suivantes : *étudiant en droit*, **estudiante de derecho** — *professeur en droit*, **catedrático de derecho**, etc...

762. — *En*, devant un participe présent, ne se traduit pas en espagnol, et le participe présent se traduit par le gérondif : *il marchait en chantant*, **andaba cantando**.

Envers.

763. — *Envers*, se traduit par : **con, para, para con**; quelquefois aussi par **á** : *affable envers ses amis*; **afable con, para, para con sus amigos** — *fidèle envers les siens* : **fiel á, con los suyos**.

Malgré.

764. — *Malgré*, se traduit en espagnol par une des expressions suivantes : **á pesar de, á despecho de** ; devant un nom de chose, on peut aussi le traduire par : **no obstante** : *le fils s'en alla malgré son père*, **el hijo se fué á pesar de su padre** ; ou : **á despecho de su padre**, — *Malgré sa fortune*, **á pesar de su fortuna**, ou : **no obstante su fortuna**.

765. — *Malgré lui*, peut se traduire par : **mal de su grado**.

766. — *Malgré qu'il en ait*, se traduit par : **mal que le pese**.

767. — *Bon gré mal gré*, se traduit par : **quiera ó no quiera** (*qu'il veuille ou qu'il ne veuille pas*).

RAPPORTS EXPRIMÉS PAR LES PRÉPOSITIONS

I. RAPPORTS DE LIEU

768. — La préposition **en**, indique le lieu où l'on est, le lieu ou une chose se fait, l'état, telle ou telle partie du corps.

Ex. : *il demeure à Paris*, **vive en Paris** — *Ces nations sont en paix*, **estas naciones estan en paz** — *Il est blessé à la tête*, **es herido en la cabeza**.

769. — La préposition **á**, indique le lieu où l'on va : *je vais à Séville*, **voy á Sevilla** — *mener en prison*, **llevar á la cárcel**.

Mais l'on emploiera de préférence **en** devant le nom du lieu où l'on entre : *il entra dans l'église*, **entró á, en la iglesia**. — *Importer de France en Espagne*, **Importar de Francia á, en España** — *Lancer à la mer*, **lanzar al, en el mar**.

770. — La préposition **para**, indique fréquemment le nom du lieu vers lequel on se dirige : *je me dirige vers Londres*, **voy para Londres**.

771. — La préposition **de**, indique le lieu d'où l'on vient : *tu viens de Grenade*, **vienes de Granada**.

Dans le même sens, la préposition **de**, est quelquefois remplacée par une des locutions : **de hacia, por la parte, de en**.

772. — La préposition **por**, indique le lieu par où l'on passe : *je me promène par la rue*, **paseo por la calle** — *je passai par la France*, **pasé por Francia**.

773. — REMARQUES. Les mots : **casa**, *maison* — **caza**, *chasse* — **misa**, *messe* — **palacio**, *palais* — **paseo**, *promenade* — **pesca**, *pêche*, employés dans les rapports de lieu dans un sens indéterminé, ne prennent pas l'article. Ex. : **estar de pesca**, *être à la pêche* ; **ir à misa**, *aller à la messe*, etc....

Ces mêmes mots seraient précédés de l'article, s'ils étaient pris dans un sens déterminé : **ir al palacio de Carlos Quinto**, *aller au palais de Charles-Quint* ; etc....

II. RAPPORTS DE TEMPS.

774. — La préposition **á**, indique l'époque à laquelle une chose ou une action se fait, s'est faite ou se fera : **á mi muerte**, *à ma mort* — **al cerrar la noche**, *à l'entrée de la nuit* — **al caer el dia**, *à la chute du jour* — **al salir el sol**, *au lever du soleil*. Mais dans certaines locutions, la préposition **á**, est remplacée par la préposition **de**. (Voir les locutions adverbiales § 615).

775. — L'expression française *au temps de, du temps de*, se traduit par : **en tiempo de**. — On emploie la locution **dentro de**, devant les noms des jours, des semaines, etc.., au bout desquels une chose ou une action se fera : *je sortirai dans trois heures*, **saldré dentro de tres horas.**

776. — La préposition **de**, précède dans les dates le nom du mois et le nom de l'année : *Séville 10 janvier 1889*, **Sevilla 10 de Enero de 1889.**

777. — Le mot ou l'expression indiquant la durée d'une chose ne prend pas de préposition : *il régna trois mois*, **reinó tres meses.** Cependant si la phrase est négative, on peut faire précéder ce mot ou cette expression de la préposition **en** : *il n'a pas neigé de tout l'hiver*, **no ha nevado en todo el invierno.**

778. — L'expression : *d'aujourd'hui en huit*, se rend par : **de hoy en ocho dias** — *d'ici à huit jours*, se traduit : **de aqui á ocho dias.**

III. RAPPORTS DE CIRCONSTANCES.

779. — La préposition **de**, marque, en espagnol : 1º le nom de matière : **arcón de madera**, *coffre en bois* — **papel de escribir**, *papier à écrire* — **vestido de lana**, *vêtement de laine*.

2º la destination d'un objet : *pot-à-eau*, **jarro de agua.**

3º le nom de mesure, de distance : *haut de trois varas*, **alto de tres varas** — *éloigné de dix lieues*, **distante de diez leguas.** On pourrait aussi ne pas employer la préposition et dire : **tres varas alto, distante diez leguas.**

780. — Le nom de valeur ou de prix n'est pas précédé d'une préposition : *cette maison vaut 20,000 francs,* **esta casa vale veinte mil pesetas.** Mais, après les verbes *vendre* ou *acheter,* le nom de valeur ou de prix est précédé d'une des prépositions **á, en, por** : *j'ai vendu mon cheval 500 francs,* **he vendido mi caballo á, en, por quinientas pesetas.** Il en est de même si le nom de valeur ou de prix est précédé du verbe **estar** indiquant la valeur d'une chose : **las aceitunas estan á una peseta,** *les olives sont à un franc.*

781. — Le nom d'instrument est précédé, en espagnol, de la préposition **con,** *avec ;* **dar con un palo,** *frapper d'un bâton* — **agarrar con el brazo,** *saisir avec le bras.* Mais, dans plusieurs expressions, **con** est remplacé par **de,** ou par **á** : **moler á palos,** *rouer de coups de bâton* — **dibujo de pluma,** *dessin à la plume.*

782. — Le nom de la partie saisie d'une personne ou d'une chose est précédé, en espagnol, de **de** ou de **por** : **asir de la mano** ou **asir por la mano,** *saisir la main* ou *saisir par la main.*

PRÉFIXES

783. — Les préfixes sont, soit des prépositions, soit des particules, qui ne sont employées que dans la composition de certains mots. Ils modifient l'idée exprimée par le mot simple pour lui donner une partie du sens qu'ils ont dans la langue à laquelle ils sont empruntés.

Les prépositions espagnoles : **desde, hasta, hacia, por, según,** n'entrent dans la composition d'aucun mot.

a entre dans la composition d'un grand nombre de mots,
1º indiquant la dérivation : **naranja,** *orange* — **anaranjado,** *orangé ;* **linea,** *ligne,* — **alinear,** *aligner ;* **palabra,** *parole* — **apalabrar,** *traiter de vive voix ;* **hijo,** *fils* — **ahijar,** *adopter pour fils ;* **docena,** *douzaine* — **adocenado,** *commun ;* **francés,** *français* — **afrancesarse,** *affecter les manières françaises ;* **poco,** *peu* — **apocado,** *faible ;* **bulto,** *masse* — **abultado,** *gros ;* **raíz,** *racine* — **arraigarse,** *prendre racine ;* **prisión,** *prison ;* — **aprisionado,** *emprisonné ;* **brazo,** *bras* — **abrazar,** *embrasser ;* **feo,** *laid* — **afear,** *enlaidir ;* **consejo,** *conseil* — **aconsejar,** *conseiller ;* **garra,** *griffe* — **agarrar,** *saisir.*
2º lettre prosthétique : **atal, amatar, asentar, atambor**
3º placé euphoniquement devant **y** : **ayantar** *(ajentare)* — **ayer** *(heri)*
4º faisant le rôle de préposition : **acoger, avenir, abogar, averiguar**

ab séparation : **abjurar, abnegar** — plénitude d'action : **absorber, absolver** — excès : **abusar.** Remplit donc le même rôle qu'en français.

abs	déduction, séparation : **abstraer, abstenerse**
ad	remplace **a** : **adjunto** — proximité : **adyacente** — exagération de l'idée première : **admirar.**
ante	priorité, antériorité : **anteayer, antenoche, antecámara, anteponer, anteiglesia, antecoro**
anti	opposition, contrariété : **antifaz, antisocial, anticristo**
circum	idée d'entourer : **circumpolar, circunvalación, circunvecino.**
cis	idée de en-deçà : **cismontano**
citra	comme **cis** : **citramontano**
con	union, ressemblance, coopération, affinité : **contratar, concurrir, contraer, comprobar, componer, convencer, convenir, coopositor, cooperar, colateral.**
contra	opposition, contrariété : **contrahacer, contramina, contraponer** répétition, renforcement : **contrabarrera, contraventana** situation inférieure d'une chose ou d'une personne par rapport à une autre chose ou à une autre personne : **contracanal, contraalmirante.**
de	sens divers : **denostar, derruir, denodado, defraudar,** etc...
des	négation ou contraire du simple : **desconfiar, deshacer, desandar, destemplar, deshonrar, desgraciar** ; — privation : **desheredar** — excès : **deslenguado** — idée d'être hors de quelque chose : **descamino, deshora** — **des** correspond aux préfixes français *dis, des, dé, mé.*
di	comme **des,** marquant négation ou contraire du simple : **disentir** origine, provenance : **dimanar** extension : **difundir, director.**
dis	comme **des,** marquant négation ou contraire du simple : **disgusto, disfavor** séparation : **distraer.**
e	expansion : **emisión.**
en	sens divers : **entibiar, enmarañar, enroscar, enlutar, embolar** sens de **a** marquant dérivation : **emparisarse, enjuanarse,** *affecter le genre parisien, les manières de Jean.*
entre	situation ou état entre deux personnes ou deux choses : **entretalladura, entremezclar, entresacar.**
epi	idée de au-dessus : **epidermis.**
equi	idée d'égalité : **equidistante.**
es	comme **ex** marquant expansion : **estraer, escoger.** comme **ex** ou **des** marquant privation : **esperezarse.**
ex	expansion : **excarcelar, exponer, excéntrico** privation : **exheredar.**
extra	hors de : **extraordinario, extrajudicial.**
in	(**im** devant **b, p** ; **i** devant **l** ; **ir** devant **r**) comme **en** : **imponer, inculpar**

	négation ou contraire du simple : **incapaz, ilícito, irregular, imposible.**
infra	infériorité : **infraescrito**
inter	entre, au milieu : **interponer, intercesión**
intro	dedans : **introducir**
o	répugnance, contrariété : **oponer**
ob	sens divers : **obtener**
per	exagération : **perdurable ; perturbar**—fausseté, infraction : **perjurar**
peri	autour, **pericráneo**
pos	derrière, après : **posponer, posdata, pospierna**
pre	priorité, antériorité : **prefijar, predecir** — exagération : **preclaro**
preter	hors de : **preternatural**
pro	pour, à la place de : **pronombre** — devant, (au figuré) : **proponer** — divers autres sens : **procrear, promover,** etc..
re	répétition : **reelegir, recocer,** — mouvement en arrière : **refluir** — négation ou contraire du simple, **reprobar** — augmentation : **repudrirse, realegrarse.** Dans **redargüir,** une **d** est intercalée, euphoniquement, dit l'Académie.
res	atténuation du sens du simple : **resquebrar, resquemar** — augmentation : **resguardar**
retro	en arrière : **retrotraer**
semi	demi : **semidios**
sin	idée privative : **sinsabor, sinrazón, sinnúmero** — même sens que **con** : **sintaxis, síntesis** (franç. *syn.* du grec συν)
so	sens divers : **socavar, sofreir, soasar**
sobre	sur : **sobrenatural**
sub	infériorité, action secondaire, de même que **son, sor, sos, su, sus.**
super	au-dessus, supériorité : **superintendente, supernatural,**
tras	derrière, arrière, au-delà : **trasponer, trastienda**
trans	sens divers présentant généralement une idée de passer au-delà : **transmarino, translúcido, transformar.** Devant un mot commençant par **s, trans** perd sa dernière lettre : **transubstancial.**
ultra	outre : **ultramar, ultramontano.**

CHAPITRE XV.

LES CONJONCTIONS

784. —

y	*et*	**como**	*comme*
ó	*ou*	**conque**	*ainsi donc*
ni	*ni*	**cuando**	*quand*
que	*que*	**empero**	*cependant*
mas	*mais*	**luego**	*donc*
si	*si*	**mientras**	*durant, pendant que*
aun	*même*	**pero**	*mais*
ya	*soit que*	**porque**	*car, parce que*
antes	*plutôt*	**pues**	*or, puisque*
asi	*ainsi, de même*	**sino**	*si ce n'est, sinon*
aunque	*quoique*	**siquiera**	*au moins*

785. — Au lieu de **y**, on emploie **é** devant un mot commençant par **i** ou **hi** : **Pablo é Inés** — **padre é hijo**. Mais si **h** précède la diphtongue **ie**, on emploie **y** : **álamo y hiedra** — **agua y hierba** — **tigre y hiena**. On emploie aussi **y** devant **i** ou **hi**, lorsque **y** est le premier mot d'une phrase interrogative : **¿ y Inés ? y Higinio ?** La conjonction **é** se distingue par l'accent de **e**, la lettre *e*. Les Hispano-Américains écrivent **i** au lieu de **y**

786. — Au lieu de **ó**, on emploie **ú** devant un mot commençant par **o** ou **ho** : **seis ú ocho** — **mujer ú hombre**. La conjonction **ó** se distingue par l'accent de **o**, la lettre *o* ; **ú** se distingue par l'accent de **u**, la lettre *u*.

787. — **Ni,** remplace souvent la conjonction **ó**, dans des phrases telles que les suivantes : **¿ te hablé yo, ni te vi ?** — **malo es que murmuren de la autoridad grandes ni pequeños.**

788. — Quand une phrase commence par l'adverbe **no**, on peut supprimer le premier **ni**. Ex. : *Ni Pierre ni Antoine n'y assistèrent ;* **no**

asistieron Pedro ni Antonio.. — *Il ne dort ni jour ni nuit ;* **no duerme de día ni de noche.** Mais si le verbe est à la fin de la phrase, l'adverbe **no**, n'est pas employé et l'on se sert des deux **ni** : **ni de día ni de noche duerme.**

789. — **Ni,** remplace quelquefois **y no,** *et ne pas* (lat. : *nec* pour *et non*).

790. — **Que,** s'emploie très fréquemment à la place de **porque,** *parce que.* — Il s'emploie aussi, répété, à la place de **ya** répété, dans le sens de : *soit que..... soit que...* — Il s'emploie enfin à la place de la conjonction **y** : **justicia pido, que no gracia ;** *je demande justice et non une grâce.* — Il peut aussi signifier *car.*

791. — **Que,** se supprime quelquefois : **le digo á V. me escriba,** *je vous dis de m'écrire (je vous dis que vous m'écriviez)* : il se supprime aussi (quoique quelques auteurs anciens l'aient employé) s'il lie un membre de phrase à un autre précédé de *si, lorsque, comme, parce que : quand il viendra et que tu l'auras reçu,* **cuando venga y le hubieres recibido.** — **Que,** s'employait jadis explétivement : **me dió que qué deseaba,** *il me donna ce que je désirais.*

792. — *Mais,* se traduit par **pero** ou **mas,** si le premier. membre de phrase est affirmatif et le second négatif ; dans le cas contraire, *mais,* se traduit par **pero** ou **sino,** selon le sens.

793. — **Si,** indique quelquefois le doute, l'interrogation : **¿si lloverá esta tarde?** *pleuvra-t-il cette après-midi ?* Il est quelquefois usité emphatiquement : **¡ si parece mentira lo que está pasando!** *On croirait que tout ce qui se passe est un mensonge.*

794. — **Como** remplace souvent **que : te decía como no venía,** *je te disais qu'il ne venait pas.* Dans le style familier, **como,** est quelquefois suivi de **que : como que no hablé,** *comme je ne parlai pas.*

795. — **Como** remplace quelquefois **si** : *si tu t'en vas, dis ce que tu voudras,* **como te vas, di lo que quieras.**

796. — **Pues** signifie quelquefois *oui.*

797. — **Siquiera** perd quelquefois, en poésie, sa dernière lettre.

798. — Dans la locution **antes que,** *plutôt que,* **antes,** est quelquefois séparé de **que : antes daría su fortuna, que morir** — *il donnerait plutôt sa fortune que de mourir.*

799. — Après la locution **despues de,** on peut employer soit l'infinitif, soit le participe passé : **despues de matar el toro,** ou : **despues de matado el toro,** *après qu'on eut tué le taureau.*

800. — Les locutions : **de suerte que,** et : **de modo que,** sont quelquefois remplacées par **que,** seul.

LOCUTIONS CONJONCTIVES

801. —

á condición de que	*à condition que*
además que	*outre que*
á fin de que	*afin que*
ahora á mi intento	*or donc*
ahora si que	*c'est à présent que*
al contrario	*au contraire*
al momento que	*aussitôt que*
á lo que	*à ce que*
á más de (et l'infinitif)	*outre que*
á medida que	*à mesure que, au fur et à mesure que*
á menos que	*à moins que*
á no ser que	*à moins que*
antes bien	*plutôt*
antes de (et l'infinitif)	*avant de, plutôt que*
antes que (et le subjonctif)	*avant que, plutôt que*
á proporción que	*à proportion que*
á puro	*à force*
así como	*de même que, ainsi que, aussitôt que*
así es que	*ainsi donc*
así pues	*donc*
así que	*ainsi que, aussitôt que*
aun así y todo	*malgré cela*
aun cuando	*quand même*
bien entendido que	*bien entendu que*
bien que	*bien que*
caso que	*en cas que, encore que*
como	*en tant que*
como quiera	*quoi qu'il en soit*
como quiera que	*encore que*
con condición que	*à condition que*
con mas razón	*à plus forte raison*
con pretexto	*sous prétexte de*
considerando que	*attendu que*
con tal de que (et le subjonctif)	*pourvu que*
con tal que (et le subjonctif)	*pourvu que*
cuando no fuera sino por	*ne fût-ce que pour*
cuanto más	*à plus forte raison*
dado que	*supposé que, en cas que*
de lo que	*de ce que*
de manera que	*de manière que*
de modo que	*de façon que, de manière que, de sorte que, en sorte que*
desde entonces	*dès lors*
desde que	*dès que, depuis que*

después de (et l'infinitif)	*après que*
después que	*après que, depuis que*
de suerte que	*de sorte que, en sorte que*
durante que	*pendant que*
en caso que	*encore que, en cas que*
en cuanto	*aussitôt que*
en tanto grado que	*à tel point que*
entre tanto que	*pendant que*
en vez de	*au lieu de*
en vez que	*au lieu que*
en vista de	*attendu que*
en vista de que	*vu que*
en vista que	*attendu que*
es así que	*or*
es por eso	*voilà pourquoi*
esto es	*c'est-à-dire*
excepto que	*excepté que, hors que, hormis que*
	sauf que
fuera de que	*outre que*
hasta que	*jusqu'à ce que*
lejos de	*loin de*
lo mejor que	*le mieux que*
lo mismo que	*de même que*
lo mismo que si	*de même que si*
lo que	*pendant que*
luego como	*aussitôt que, sitôt que*
luego cuando	*aussitôt que, sitôt que*
luego que	*aussitôt que, sitôt que*
mas que	*bien que, à moins que*
mayormente cuando	*d'autant plus que*
mediante que	*moyennant que*
mientras que	*tandis que, pendant que*
no solamente ... sino que	*non seulement..... mais encore*
para que	*pour que*
por consiguiente	*par conséquent*
por eso es	*voilà pourquoi*
por lo demas	*au reste, du reste*
por miedo que	*de peur que*
por no (et l'infinitif)	*de peur de*
por poco que	*si peu que*
por temor de (et l'infinitif)	*de peur de*
pues que	*puisque*
puesto que	*puisque, bien que*
respecto	*vu, attendu*
salvo	*sauf que*
sea..... sea	*soit..... soit*
según que	*selon que, suivant que*
siempre que	*pourvu que, toutes les fois que*
si es que	*si tant est que*
si no fuera por	*si ce n'était pour*
sin que	*sans que*

siquiera	*au moins, du moins, soit que*
supuesto que	*supposé que*
tanto como	*tant que, autant que, aussi long-* *temps que*
tanto más que	*d'autant plus que*
tanto menos que	*d'autant moins que*
tanto tiempo como	*tant que, aussi longtemps que*
visto que	*vu que*
ya que	*puisque*

TRADUCTION DE QUELQUES CONJONCTIONS FRANÇAISES

802. — **Si**, conditionnel, demande le verbe à l'imparfait du subjonctif espagnol quand il est à l'imparfait ou au plus-que-parfait de l'indicatif français : *si tu étudiais je t'aimerais davantage* : **si estudiases (ou si estudiaras) te quisiera más.** — *Si je l'avais su ;* **si lo hubiese sabido.** On peut aussi mettre le verbe à l'infinitif et le faire précéder de **á** : *si cela était ainsi, je parlerais :* **á ser esto así, hablaría.**

803. — **Aunque**, *quoique*, régit l'indicatif quand la phrase n'exprime aucun doute, le subjonctif si le sens est incertain.

804. — **Que,** dans le second membre d'une phrase française ne se traduit pas en espagnol, si le premier membre a une autre conjonction : *comme il était riche et qu'il avait du crédit...,* **como era rico y tenía crédito.**

805. — *Ne... que (seulement)* se traduit par **no... sino** : *il ne vient que rarement,* **no viene sino raramente.**

806. — *Ne... que (rien que, rien autre chose que)*, se traduit par **sino** ou **no más que** : *il ne fait que chanter,* **no hace más que cantar.** On peut aussi traduire par : **no otra cosa que,** ou : **no otra cosa más que,** ou : **no otra cosa sino.**

807. — *Que,* signifiant *lorsque,* et suivant une locution qui sert à marquer une époque, se traduit par : **en que.** Ex. : *du temps que vivait Cervantes,* **en tiempo en que vivia Cervantes.**

808. — *Que,* dans la locution : *à peine... que,* se traduit par **cuando,** Ex. : *il était à peine sorti, qu'il mourut,* **apenas salió cuando murió.**

809. — *Que ne, (pourquoi) ?* se traduit par **porqué.** Ex. : *que ne le disiez-vous plus tôt ?* **¿ porqué no lo decia V. más pronto ?**

810. — *Que ne,* après un verbe marquant le doute, la crainte, la négation, l'empêchement, se traduit par **que,** sans négation : *je crains qu'il ne vienne,* **temo que venga.**

811. — *Que.... ne,* précédé de *plus, moins* ou *autre,* se traduit par

de lo que, del que, etc... *je suis plus vieux que tu ne crois,* **soy mas viejo de lo que crees** — *tu es autre qu'on ne dit,* **eres distinto del que dicen.**

812. — *Que,* dans les expressions : *voici que, voilà que,* se traduit par : **que.** Ex. : *voici qu'il marche,* **he aquí que anda** — *voilà qu'elle chante,* **he ahí que canta.**

813. — *Que,* dans l'idiotisme français : *que si,* commençant une phrase, se traduit par **y.** Ex. : *que si vous le désirez, je le veux bien ;* **y si lo desea V., lo quiero bien.**

814. — *Comme,* indiquant la comparaison au commencement d'une phrase, se traduit par **así como,** que l'on répète au commencement du second membre de phrase ; on peut aussi, au commencement du second membre de phrase, remplacer **así como** par **así** ou par **así mismo.** Ex. : *comme le maître commande à l'élève, Pierre commande à Paul,* **así como el maestro manda al discípulo, así** ou : **así mismo manda Pedro á Pablo.** En poésie on met le plus souvent **cual** devant le premier membre de phrase et **tal,** ou **así,** ou **no menos** devant le second.

815. — *Comme,* signifiant *puisque, attendu que,* se traduit par **como,** et le verbe se met à l'indicatif ou au subjonctif : *comme la vertu est admirable (attendu que la vertu est admirable),* **como es la virtud admirable,** ou : **como sea admirable la virtud.**

816. — *Comme,* signifiant *lorsque, au moment, où,* se traduit par **como,** et le verbe se met à l'indicatif : *comme nous sortions de la ville,* **como salíamos de la ciudad.**

817. — *Comme,* signifiant *en qualité de, à titre de,* se traduit par **de,** ou par **como.** Ex. : *je l'accompagnais comme interprète,* **le acompañaba de intérprete,** ou : **como intérprete.** Mais si *comme,* au lieu de se trouver devant un substantif, se trouve devant un adjectif, on peut le traduire, soit par **de,** ou **como,** soit par **por lo** : *on l'a loué comme honnête,* **fué alabado por lo honrado.**

818 — *Ni ne,* devant un verbe, se traduit par **ni** : *il ne marche ni ne court,* **no anda ni corre.**

819 — Un certain nombre d'adverbes et de locutions adverbiales sont employés conjonctivement. Tels sont : **ya..... ya, ahora..... ahora, ora..... ora, bien..... bien,** qui signifient : *tantôt..... tantôt, soit..... soit.* Tels sont encore : **ademas, á pesar de, con todo eso, no obstante, sin embargo, si bien, como quiera que,** etc....etc....

820 — *Après que,* peut se traduire par **en** suivie du gérondif : **en andando dos horas, llegaremos á Jérez** — *après avoir marché pendant deux heures, nous arriverons à Xérès.*

821 — *A plus forte raison,* se traduit comme *d'autant plus.*

822 — *Soit que..... soit que,* se traduit par **sea..... sea,** ou par : **ya.. ya,** ou par : **ora..... ora,** ou par : **ahora..... ahora,** ou par : **ahora...ó,** ou par : **ya sea que..... ya sea que.**

823 — *Soit..... soit,* ou : *tantôt.... tantôt,* se traduisent par une des locutions indiquées au paragraphe précédent, auxquelles on peut ajouter : **ya sea.....ya sea,** et : **bien..... bien.**

CHAPITRE XVI.

LES INTERJECTIONS

824. —

¡ Ah !	*Ah ! — Aïe ! — Hélas !*
¡ Arre !	Pour animer les chevaux et les mules (d'où est venu **arriero**, *muletier, celui qui crie* **arre !**).
¡ Aupa !	*Houp !*
¡ Ay !	*Aïe ! — Hélas !* — (peine, joie, moquerie, surprise, mépris, colère, étonnement).
¡ Bah !	*Bah !* — (ennui ou répugnance de ce que l'on entend).
¡ Ca !	*Bah !* — (négation, incrédulité).
¡ Caramba !	*Diable ! — Sapristi !* —
¡ Cáspita !	Admiration, étonnement.
¡ Cé !	*Hé !*
¡ Chas !	*Pouf !*
¡ Chito !	*Silence ! — Chut !*
¡ Chitón !	*Silence ! — Chut !*
¡ Ea !	*Allons ! — Çà !* — (pour donner courage, animer, imposer silence — ennui, contradiction).
¡ Eh !	*Ah ! — Eh !* — (appeler qn., le réprimander).
¡ Guay !	Ordre, menace.
¡ Ha !	*Ah ! — Ha !*
¡ He !	*Hé !* — (pour attirer l'attention).
¡ Hola !	*Holà !* — (pour appeler les inférieurs, pour marquer la joie, l'étonnement).
¡ Huf !	*Ouf ! — Pouah ! — Fi !*
¡ Huy !	*Aïe !* — (douleur soudaine, épouvante mêlée de dégoût).
¡ O !	Tristesse, joie, indignation, étonnement.
¡ Oh !	comme **Ay !**
¡ Ojalá !	*Plaise à Dieu*
¡ Ola !	*Holà !*
¡ Ox !	Pour faire fuir les volailles.
¡ Oxte !	Pour faire fuir les volailles — *Gare ! Ote-toi de là !*
¡ Paf !	*Pouf !*

¡ **Psché** !   *Bah* !
¡ **Psit** !   *Chut* !
¡ **Pu** !   *Pouah* ! — *Caca* !
¡ **Puf** !   *Pouah* !
¡ **Quia** !   comme *Ca* !
¡ **So** !   pour faire arrêter les chevaux.
¡ **Sus** !   pour exciter.
¡ **Ta** !   *Allons* ! — *Courage* !
¡ **Tararira** !   *comme je chante* !
¡ **Tate** !   *Oh* ! *Oh* ! — *Arrêtez.*
¡ **To** !   pour appeler les chiens, pour faire faire attention.
¡ **Uf** !   *Ouf* ! — *Pouah* ! — *Fi* !
¡ **Upa** !   *Allons* ! — *Courage* !
¡ **Za** !   pour faire fuir les chiens.
¡ **Zape** !   pour faire fuir les chats.
¡ **Zas** !   *Pouf* !

825. — Souvent des noms, des verbes, des adverbes sont employés comme interjections. Tels sont les suivants :

¡ **Acabóse** !   *C'est fait — Voilà qui est fait.*
¡ **Alerta** !   *Alerte* !
¡ **Ánimo** !   *Courage* ! — *Ferme* !
¡ **Anda** !   *Va* ! — *Va donc* ! — *Allez donc* !
¡ **Andar** !   *Bien* ! — *C'est bien* !
¡ **Aprieta** !   *Serre* !
¡ **Aquí** !   *Attention* !
¡ **Ascuas** !   *Ouf* ! — *Peste* !
¡ **Atención** !   *Attention* !
¡ **Bien** !   *Bien* !
¡ **Bravo** !   *Bravo* !
¡ **Bueno** !   *Bon* ! — *Brave* ! — *Bravo* ! — *A merveille* !
¡ **Callarse** !   *Silence* !
¡ **Calle** !   *Tais-toi* !
¡ **Caracoles** !   *Ouf* ! — *Peste* !
¡ **Cómo** !   *Quoi* ! — *Comment* !
¡ **Cuidado** !   *Prends-garde* ! — *Gare* !
¡ **Chispas** !   *Peste* !
¡ **Dale** !   *Allez encore* !
¡ **Diablo** !   *Diable* !
¡ **Diantre** !   *Diantre* ! — *Diable* !
¡ **Fuego** !   *Feu* ! — *Au feu* !
¡ **Fuera** !   *Hors d'ici* ! — *A la porte* !
¡ **Guarda** !   *Gare* !
¡ **Hombre** !   *Ah Dieu* ! — *Oui-dà* ! — *Tiens* ! — *Mais* ! — *Donc* !
¡ **Ladrones** !   *Au voleur* !
¡ **Misericordia** !   *Miséricorde* !
¡ **Oiga** !   *Ouais* ! — *Hé* ! — *Ho* ! *Ho* ! — *Ecoutez* !
¡ **Palabras** !   *Un mot* !
¡ **Paz** !   *Paix* ! — *Silence* !
¡ **Perdón** !   *Grâce* ! — *Pardon* !
¡ **Pues** !   *Eh bien* !

¡ Qué !	Quoi !
¡ Quita !	Fi !
¡ Silencio !	Silence !
¡ Sopla !	Ha !
¡ Toma !	Tiens ! — Va !
¡ Vamos !	Allons !
¡ Vaya !	Soit ! — Allons ! — Allez ! — Or çà ! — Or, sus ! —
¡ Viva !	Vivat !
¡ Ya !	Déjà ! — Ah, j'y suis !

826. On se sert quelquefois d'interjections répétées pour donner plus de force. Telles sont les suivantes :

¡ Albricias, albricias !	Cri de joie qui annonce une bonne nouvelle.
¡ Basta, basta !	C'est assez.
¡ Bueno, bueno !	Bon, bon !
¡ Calla, calla !	Tais-toi !
¡ Cógele, Cógele !	Arrête, arrête !
¡ Cuidado, cuidado !	Prenez garde !
¡ Cuz, cuz !	Pour appeler les chiens !
¡ Dale, dale !	Encore, encore !
¡ Ea, ea !	Allons, allons !
¡ Fuego, fuego !	Au feu, au feu !
¡ Fuera, fuera !	Dehors, dehors ! — A la porte ! — A bas !
¡ Guarda, guarda !	Gare, gare !
¡ Ha, ha !	Ha, ha !
¡ Hola, hola !	Holà, holà !
¡ Ladrones, ladrones !	Au voleur, au voleur !
¡ Quedo, quedo !	Doucement, doucement ! — Tout beau
¡ Ta, ta !	Oh, oh !
¡ Tate, tate !	Arrêtez ! — Paix !
¡ Toma. toma !	Tiens, tiens !
¡ Vaya, vaya !	Allons, allons !
¡ Ya, ya !	Ah, je comprends ! — Encore, encore !
¡ Zas, zas !	Pan, pan !

827. — Les interjections ne reçoivent que rarement, et seulement dans le style plaisant, les suffixes diminutifs : **caramba, carambita ; chito, chitito.**

LOCUTIONS INTERJECTIVES.

828. —

¡ Ahora bien !	Hé bien !
¡ Ay de mi !	Hélas ! — Pauvre de moi !
¡ Ay de mi ! que me muero !	Hélas ! je me meurs !
¡ Ah, Dios mío !	Ah ! mon Dieu !

¡ Ay qué gozo !	*Ah ! quel plaisir !*
¡ Ay qué pena !	*Ah ! quel chagrin !*
¡ Ay qué alegria !	*Ah ! quelle joie !*
¡ Ay que le matan ! ou : ! ¡Ay que me matan !	*Au meurtre ! — A l'assassin !*
¡ Agua va !	*Gare l'eau !*
¡ Alto ahí !	*Halte-là !*
¡ Alto de aqui !	*Hors d'ici !*
¡ Á un lado ! — Á un ladito !	*Place, place !*
¡ Bueno está ! — ¡ Bueno está lo bueno !	*Voilà qui va bien !*
¡ Bendito sea Dios !	*Dieu soit béni !*
¡ Calla, que es bueno !	*Voilà qui est plaisant ! — Cela est prodigieux !*
¡ Como diablos !	*Comment diable !*
¡ Desdichada de ella !	*Infortunée qu'elle est !*
¡ Dale bola !	*Oh ! l'ennuyeux.*
¡ Ea vaya !	*Çà !*
¡ Ea, vamos !	*Çà, allons !*
¡ Ea, venga alguién !	*Holà, quelqu'un !*
¡ Gracias á Dios !	*Grâce à Dieu ! — Dieu merci !*
¡ Jesús mio !	*Mon Dieu !*
¡ Juro á brios !	*Morbleu !*
¡ Ni siquiera una palabra !	*Pas un mot !*
¡ O cielos !	*Ciel ! — O ciel !*
¡ O felices de nosotros !	*Que nous sommes heureux !*
¡ Otra vez !	*Bis !*
¡ Plegue á Dios !	*Plaise à Dieu !*
¡ Pluguiera á Dios !	*Plût à Dieu !*
¡ Pobre de mí !	*Malheureux que je suis ! — Pauvre de moi !*
¡ Por diez !	*Pardieu ! — Par ma foi ! En vérité !*
¡ Punto en boca !	*Silence !*
¡ Qué vergüenza !	*Quelle honte !*
¡ Qué porqueria ! — ¡Qué asco !	*Quelle vilenie !*
¡ Quítese allá, puerco !	*Fi ! le vilain !*
¡ Que diantre !	*Que diantre !*
¡ Que diablos !	*Que diable !*
¡ Que callen !	*Qu'on se taise ! — Paix-là !*
¡ Válgame Dios !	*Mon Dieu !*
¡ Voto á Dios !	*Morbleu !*
¡ Virgen santísima !	*Sainte Vierge !*

829. — On peut considérer aussi comme interjectives, beaucoup de locutions exclamatives, telles que : **Dios mio !** *Mon Dieu !* — etc., etc...

CHAPITRE XVII.

SYNTAXE

I. SYNTAXE D'ACCORD

830. — L'article, le substantif, l'adjectif, le participe, le pronom s'accordent entre eux en genre et en nombre.

831. — Un substantif défectif pluriel peut se rapporter à un substantif singulier. Ex. : **el célebre cantor, delicias de París** — *le célèbre chanteur, délices de Paris.*

832. — L'adjectif qui se rapporte à deux substantifs au singulier, ou à un substantif singulier et à un substantif pluriel, se met au pluriel ; si les deux substantifs sont de genres différents, l'adjectif pluriel est au masculin. Ex. : **el perro y el gato son bellos,** *le chien et le chat sont beaux.* — **el jefe y los soldados son valerosos,** *le chef et les soldats sont courageux.* — **el sillón y las sillas son pequeños,** *le fauteuil et les chaises sont petits.*

833. — On doit éviter d'unir deux substantifs, masculin et féminin, l'un au singulier et l'autre au pluriel, avec un adjectif qui a deux terminaisons : au lieu de dire : **los jardines y la casa son bellos,** il vaudra mieux employer un adjectif n'ayant qu'une terminaison : **los jardines y la casa son agradables,** ou varier la phrase : **los jardines son agradables, la casa es bella.**

834. — Le verbe s'accorde avec son sujet en nombre et en personne : **yo canto,** *je chante ;* **Pedro baila,** *Pierre danse ;* **las ovejas balan,** *les brebis bêlent.*

835. — Un verbe ayant pour sujet deux pronoms se rapportant à une même personne s'accorde avec l'un ou l'autre. Ex : **yo soy aquel que tengo** ou **tiene,** *je suis celui qui ai* ou *a.*

836. — Les noms collectifs désignant une multitude de personnes ou

de choses déterminées, comme **ejército, arboleda,** veulent le verbe au singulier ; mais ceux qui désignent une multitude de choses ou de personnes indéterminées peuvent avoir le verbe au singulier ou au pluriel : **entró** ou **entraron una multitud, una tropa, una infinidad,** etc. — **una multitud de gente murió** ou **murieron,** *une multitude de gens moururent* — **parte huyeron á los montes, parte se acogieron á la ciudad, el resto fueron pasados á cuchillo** ; *une partie se réfugia dans les montagnes, une autre partie dans la ville, le reste fut passé au fil de l'épée.*

837. — En espagnol, le sujet peut toujours se placer avant ou après le verbe.

II. SYNTAXE DE RÉGIME.

838. — Le régime de l'adjectif est indiqué au moyen d'une préposition ; les plus fréquentes sont :

— **á,** pour les adjectifs indiquant la tendresse, l'adhésion, la dépendance : **afecto á tal persona.**

— **de,** pour les adjectifs indiquant certaines qualités physiques, morales ou abstraites, de personnes ou de choses : **alto de talle, flaco de memoria.** — La préposition **de,** sert toujours à traduire les expressions françaises analogues aux suivantes : *qui a le visage pâle, qui a les membres agiles, qui a le corps haut* ; ou : *pâle de visage, agile de membres, haut de corps,* etc... — **pálido de semblante, ágil de miembros, alto de cuerpo.** De même : **bueno de comer,** *bon à manger* ; **generoso de ánimo,** *qui a le cœur généreux* ; **temeroso de la muerte,** *qui craint la mort* ; **torcido de piernas,** *qui a les jambes torses,* etc..., etc...

— **en,** pour les adjectifs commençant par **en** ou **in,** et pour ceux indiquant science, habileté : **envuelto en papel, inserto en la circular, docto en jurisprudencia.**

— **para,** pour les adjectifs indiquant une aptitude ou une inaptitude pour quelque chose : **útil, inútil para la labranza, apto para el empleo, ágil para andar.**

839. — La plupart des adjectifs suivants ne sont pas suivis, en espagnol, des mêmes prépositions qu'en français :

A

Aborrecible á todos	*Odieux à tous*
Aborrecido de los suyos	*Abhorré des siens*
Abrigado de los vientos	*Abrité des vents*
Accesible á todos	*Accessible à tous*

Acepto á los buenos	*Agréable aux gens de bien*
Acometido por la espalda	*Assailli par derrière*
de cuartanas	*Attaqué par les fièvres quartes*
Acompañado de, por un	*Accompagné par un domestique*
criado	
Acosado de, por los perros	*Poursuivi par les chiens*
Acreditado en, para su oficio	*Accrédité dans son emploi*
Acreedor á, de la confianza	*Digne de confiance*
de alguno	*Créancier de qn.*
Afligido de, con, por lo que	
veia	*Affligé par ce qu'il voyait*
Agobiado de desgracias	*Courbé par les malheurs*
Agradable al, del, para el	
gusto	*Agréable au goût*
Agradecido á los beneficios	*Reconnaissant des bienfaits*
á alguno por algo	*Reconnaissant de qc. envers qn.*
Agrio al gusto	*Aigre au goût*
Aguerrido en combates	*Aguerri aux combats*
Ajeno á, de la verdad	*Eloigné de la vérité*
Alegre con, de la noticia	*Joyeux de la nouvelle*
Amante de algo	*Passionné pour qn.*
de Dios	*Aimant Dieu*
Amenazado de, por un ca-	
tastrofe	*Menacé par une catastrophe.*
Amigo de bromas	*Ami des plaisanteries.*
Ansioso del, por el triunfo	*Anxieux du triomphe.*
Apasionado á, de, por la pin-	
tura	*Passionné pour la peinture.*
Apetecido de, por todos	*Désiré par tous.*
Aprobado de cirujano	*Gradué en chirurgie, reçu chi-*
	rurgien.
Apto para un empleo	*Propre à un emploi.*
Áspero al, para el gusto	*Apre au goût.*
Asqueroso á, de, para comer	*Dégoûtant à manger.*
Atónito en, del, con, por el	*Etonné par l'événement.*
lance	
Atravesado de dolor	*Percé de douleur.*
por una bala	*Traversé par une balle.*
Autorizado en el pueblo	*Respecté parmi le peuple.*
de, por escribano	*Autorisé comme écrivain.*
Avanzado de, en edad	*Avancé en âge.*

B.

Benéfico á, para la salud	*Bon pour la santé*
Benemérito de la patria	*Qui a bien mérité de la patrie*
Blando al tacto	*Doux au toucher*
Borracho del, con, por el	*Ivre de vin*
vino	

Breve de contar	*Court à raconter*
Bronco de, por su natural	*Qui a le naturel dur*
Bueno de su natural	*D'un bon naturel*
de, para comer	*Bon à manger*

C.

Capaz del, para el empleo	*Apte à un emploi*
de cien arrobas	*Qui a une capacité de cent arróbas*
Castigado de, por su temeridad	*Châtié de sa témérité*
Cercano á la capital	*Voisin de la capitale*
á morir	*Près de mourir*
Ciego con los celos	*Aveuglé par la jalousie*
de ira	*Aveuglé par la colère*
Clavado (el reloj) á, en las tres	*Arrêtée (l'horloge) à trois heures*
Codicioso de, por adquirir	*Désireux d'acquérir*
Coetáneo á, de fulano	*Contemporain d'un tel*
Comerciante de, en papel	*Commerçant en papier*
Cómplice del, con el reo	*Complice de l'accusé*
de, en un delito	*Complice d'un délit*
Compañero de, en los viajes	*Compagnon de voyage*
Comprehensible á, para todos	*Compréhensible à tous*
Común á todos	*Commun à tous*
de dos	*Commun à deux genres (certains substantifs).*
Conceptuado de inteligente	*Jugé intelligent*
Conducente para algún fin	*Convenable à qq. fin*
Conforme á, con su opinion (con otro) en un	*Conforme à son opinion*
parecer	*Du même avis qu'une autre personne dans une appréciation*
Contendo, con de, alguno	*Content de qn.*
de, por ver á alguno	*Content de voir qn.*
Contiguo al jardin	*Contigu au jardin*
Contrario á, de muchos	*Adversaire de beaucoup de gens*
Cuidadoso del, por el resultado	*Soigneux du résultat*
Curioso de, por saber	*Curieux de savoir*
Curtido del sol	*Tanné par le soleil; qui a la peau endurcie*
de trabajos	*Accoutumé aux souffrances*

Ch.

Chico en su ideas	*Qui a des idées mesquines*

D.

Desconocido á sus bienhechores	*Ingrat envers ses bienfaiteurs*
de sus bienhechores	*Méconnu par ses bienfaiteurs*
Descontento con, de alguno	*Mécontent de qn.*
Descuidado de su casa	*Qui néglige sa maison*
en su empleo	*Négligent dans ses fonctions*
Desdichado por su mala conducta	*Malheureux par suite de son inconduite*
Deseoso del bien público	*Qui désire le bien public*
Desgraciado en el juego	*Malheureux au jeu*
Desleal á, con su rey	*Déloyal envers son roi*
Deslustroso á alguno	*Déshonorant pour qn.*
Desprevenido de lo necesario	*Dépourvu du nécessaire*
Deudor á, de alguno	*Débiteur de qn.*
en, por muchas pesetas	*Débiteur de beaucoup de francs*
Devoto de su santo	*Dévot envers son saint*
Dichoso con su suerte	*Heureux de son sort*
en su estado	*Heureux de sa situation*
Diestro en, para una cosa	*Habile à une chose*
Difícil de, para digerir	*Difficile à digérer*
Diligente en, para un negocio	*Diligent dans une affaire*
Ducho en negocios	*Accoutumé aux affaires*
Dudoso del acierto	*Doutant de la réussite*
en sus determinaciones	*Hésitant dans ses déterminations*
Dulce al gusto	*Doux au goût*
de, en el trato	*Agréable en relations*
para oir	*Doux à entendre*

E.

Enfermo con, de calentura	*Malade de la fièvre*
Enojoso á su familia	*Désagréable à sa famille*
en el hablar	*Désagréable dans la conversation*
por lo terco	*Ennuyeux à force d'être têtu*
Erudito en la historia	*Erudit comme historien*
Esencial á, en, para un negocio	*Essentiel pour une affaire*
Espeso de hojas	*Feuillu*
Estéril de, en frutos	*Qui ne porte pas de fruits*
Estraño á, de la materia	*Étranger à l'affaire*
Estropeado de, en la mano izquierda	*Estropié à la main gauche*

Exacto en sus promesas	*Exact à tenir ses promesses*
Extraño al asunto	*Etranger à l'affaire*
de ver	*Etrange à voir*

F.

Fácil á todos	*Facile pour tout le monde*
de digerir	*Facile à digérer*
en creer	*Qui croit facilement*
Favorable á, para alguno	*Favorable à qn*
Favorecido de, por la suerte	*Favorisé par le hasard*
Fecundo de, en palabras	*Fécond en paroles*
Fértil de, en granos	*Fertile en grains*
Fiel en la amistad	*Fidèle dans l'amitié*
Firme en la palabra	*Qui tient sa parole*
Flaco en sus resoluciones	*Mou dans ses résolutions*
Flexible á la razón	*Qui se rend à la raison*
Flajo en, para la fatiga	*Qui ne supporte pas la fatigue*
Franco en las palabras	*Franc en paroles*
Furioso al oir algo	*Furieux en entendant qc*
por, con una noticia	*Furieux d'une nouvelle*
contra Juan	*Furieux contre Jean*
de ira	*Fou de colère*

G.

Guiado de, por alguno	*Guidé par qn*
Gozoso de, con la noticia	*Joyeux de la nouvelle*
Grato al, para el oido	*Agréable à l'oreille, à entendre*
de recordar	*Dont il est agréable de se souvenir*
Gravoso á los suyos	*A charge aux siens*

H.

Hábil en, para el empleo	*Propre à un emploi*

I.

Idóneo para alguna cosa	*Propre à qc.*
Igual á, con otro	*Egal à un autre*
en fuerzas	*Egal en forces*
Impaciente con, de, por la tardanza	*Impatienté par le retard*
Impedido de un brazo	*Gêné d'un bras*
para trabajar	*Empêché de travailler*

Impelido de, por la necesidad	*Poussé par le besoin, la nécessité*
Impenetrable á todos	*Impénétrable à tous*
Importunado de, por alguno	*Importuné par qn.*
Impropio á, de, en, para su edad	*Qui ne convient pas à son âge*
Inapeable de su opinión	*Inébranlable dans son opinion*
Incansable en el trabajo	*Infatigable au travail*
Incesante en sus tareas	*Assidu à sa tâche*
Incomprensible á, para los ignorantes	*Incompréhensible pour les ignorants*
Increible á, para muchos	*Incroyable pour bien des gens*
Indeciso en, para obrar	*Indécis s'il agira*
Inductivo de error	*Qui induit en erreur*
Indulgente en sus hijos	*Indulgent pour ses enfants*
Infatigable para, en el trabajo	*Infatigable au travail.*
Infecto de fiebre	*Atteint par la fièvre*
Inhábil para un empleo	*Inhabile à un emploi*
Inmediato á salir	*Près de sortir*
Inocente del, en el robo	*Innocent du vol*
Instruido á costa (de otro)	*Instruit aux dépens d'autrui*
con el ejemplo	*Instruit par l'exemple*
en la lengua griega	*Qui a appris la langue grecque*
Intolerante en pundonor	*Intolérant en fait de point d'honneur*
Interpuesto á, entre dos sustantivos	*Placé entre deux substantifs*
Invadido de, por los enemigos	*Envahi par les ennemis*

L.

Largo de manos	*Qui a la main leste*
Lento en sus acciones	*Lent dans ses actions*
para comprender	*Lent à comprendre*
Limitado de talento	*Qui a l'esprit borné*
en saber	*Dont le savoir est borné*
Loco con su nieto	*Qui aime beaucoup son petit-fils*
de amor	*Fou d'amour*
de atar	*Fou à lier*
de, por estudiar	*Passionné pour l'étude*

M.

Malo para correr	*Impropre à courir*
Manco de la derecha	*Manchot de la main droite*
en, para algun ejercicio	*Maladroit à certain exercice*

Mayor de edad	*Majeur légalement*
en edad	*Plus âgé qu'un autre*
Medianero en las paces	*Médiateur*
Mediano de cuerpo	*De moyenne taille*
Medroso de una cosa	*Qui craint qc.*
Menor de edad	*Inférieur en âge*

N.

Necesario á, para la vida	*Nécessaire à la vie*
Negligente en, para sus ne-gocios	*Négligent pour ses affaires*
Negociante en vinos	*Négociant en vins*
por mayor	*Négociant en gros*
Noble por, de nacimiento	*Noble de naissance*
de, en linaje	*De noble lignage*

O.

Ocupado de, por un pensa-miento	*Occupé par une pensée*
en un proyecto	*Occupé à un projet*
Oportuno al, para el caso	*Opportun dans la circonstance*
Orgulloso de, con, por su saber	*Orgueilleux de sa science*

P.

Pálido de, en el semblante	*Qui a le visage pâle*
Parco en la comida, en co-mer	*Econome sur la nourriture*
Particionero de, en la he-rencia	*Cohéritier*
Pendiente de un clavo	*Pendant à un clou*
Perjudicial á, para la salud	*Néfaste pour la santé*
Perseguido de, por enemigos	*Poursuivi par les ennemis*
por prófugo	*Poursuivi comme fugitif*
Postrado con, de, por la en-fermedad	*Abattu par la maladie*
Precedido de, por otro	*Précédé par un autre*
Presidido de, por otro	*Présidé par un autre*
Presto á, para salir	*Prêt à sortir*
en obrar	*Prêt à agir*
Primero de, entre todos	*Premier de tous*
á, en proponer	*Premier à proposer*
Príncipe de, entre los poetas	*Prince des poètes*
Pródigo de, en palabras	*Prodigue de paroles*

Pronto á enfadarse   *Prompt à se fâcher*
  en las respuestas   *Prompt à répondre*
  á, para todo   *Prompt à tout*
Propio al, del, para algo   *Propre à qc.*
Provechoso al, para el cuerpo   *Profitable au corps*
Próximo á morir, á la muerte   *Près de mourir; sur le point de mourir*

R.

Reconocido á los beneficos   *Reconnaissant des bienfaits*
Resuelto en, á, para obrar   *Résolu à agir*
Receloso de algun mal   *Qui cache qq. mal*

S.

Sano de, en su persona   *Sain de corps*
Satisfecho con, de, por su saber *Satisfait de sa science*
  de, en sus deseos   *Satisfait dans ses désirs*
Seguro de, en su valor   *Sûr de sa valeur*
Sojuzgado de, por enemigos   *Subjugué par les ennemis*
Sorprendido con, de, por la bulla *Surpris par la foule*
Sospechoso en, por su conducta *Soupçonné à cause de sa conduite*
Sucesor de alguno   *Qui succède à qn.*
  de, en un mayorazgo   *Qui acquiert un majorat*

T.

Temeroso del castigo   *Craignant le châtiment*
Tocado de locura   *Atteint de folie*
Triste de, con, por un suceso   *Attristé par un événement*
  á, para los espectadores   *Triste pour les spectateurs*

U.

Ufano con, de, por su saber   *Fier de sa science*
  de, por haber vencido   *Fier d'avoir vaincu*
Último á, en salir   *Dernier à sortir*
  entre, de todos   *Dernier de tous*
  en la clase   *Dernier de la classe*
Útil á, para tal cosa   *Utile à, pour telle chose*

V

Vecino á, de la iglesia *Voisin de l'église*
Vencido de, por los contra- *Vaincu par les ennemis*
rios
Visible á, para todos *Visible pour tout le monde*

RÉGIME DES VERBES

840. — Si le régime direct d'un verbe actif est un nom de personne, on le fait précéder, en espagnol, de la préposition **á** : *je secours un de mes amis,* **socorro á un amigo mío** ; de même si le régime est un nom de ville ne commençant pas par l'article : **visitar á Roma, á Barcelona,** *visiter Rome, Barcelone* — Mais on dira : **dejar el Ferrol, la Coruña** ; *quitter le Ferrol, la Corogne.*

841. — Si le régime direct est un nom de chose, il n'est précédé d'aucune préposition : certains verbes font cependant exception à cette règle et prennent **á** ; tels sont **regir, seguir,** et plusieurs autres.

842. — La préposition **á** se supprime devant des noms de personnes pris dans un sens indéterminé : **desear amigos, criados** ; *désirer des amis, des domestiques.* — Elle se supprime aussi devant un nom de personne régime direct, si le verbe est suivi d'un régime indirect marqué par cette même préposition : **comparar alguno á otro,** *comparer quelqu'un à une autre personne.*

On la supprime également si le nom de personne régime direct est suivi d'un pronom relatif régime direct d'un autre verbe, mais elle existe devant ce pronom : *j'aime les hommes que n'émeuvent pas les revers :* **amo los hombres á quienes no conmueven los reveses.** On la supprime enfin après le verbe **tener** : **tengo dos amigos,** *j'ai deux amis* ; mais si le verbe **tener** signifie *considérer, regarder comme,* on emploiera la préposition ; **tener á alguno por hombre de genio,** *considérer quelqu'un comme homme de génie.*

843. — Le régime indirect des verbes est généralement indiqué par les mêmes prépositions qu'en français ; le plus souvent par **de** ou **á.**

844. — Quand un infinitif indiquant action, mouvement, tendance, nécessité, suit un verbe dont il est le régime direct, il doit être précédé de la préposition **á** : **salir á pasear,** *sortir pour se promener* ; **empieza á amanecer,** *il commence à faire jour* ; **voy á morir,** *je vais mourir* ; mais les autres infinitifs ne sont précédés d'aucune préposition.

845. — La liste suivante contient des verbes qui ne sont pas suivis en espagnol des mêmes prépositions qu'en français et des verbes dont le sens varie selon la préposition qui les suit.

A.

Abalanzarse
    á los peligros — *Se précipiter dans les dangers*
Abandonarse á la suerte — *S'abandonner au hasard*
    en manos de la suerte — *S'abandonner aux mains du hasard*
    á estafar — *Se laisser aller à l'escroquerie*
Abatirse al suelo — *S'abattre sur le sol*
    de ánimo — *Perdre courage*
    con, en, por los reveses — *Etre abattu par les revers*
Abominar de una doctrina, ou — *Détester une doctrine*
Abominar una doctrina
Abordar (una nave) á, con otra — *Aborder (un vaisseau) un autre vaisseau*
    á una isla — *Aborder dans une île*
    en España — *Aborder en Espagne*
Aborrecer de muerte — *Haïr à mort*
Abrasarse de, en deseos — *Brûler de désirs*
Abrazarse con la cruz — *Embrasser la croix*
Abreviar con la partida, ou — *Accélérer le départ*
Abreviar la partida
Abrir
    (brecha) en muralla — *Ouvrir une brèche dans une muraille*
Abrirse á, con sus amigos — *S'ouvrir à, avec ses amis*

Abroquelarse con, de su autoridad — *Se prévaloir de son autorité*
Abundar de, en riquezas — *Abonder en richesses*
Aburrirse con, de, por todo — *Se chagriner de tout*
Acabar de llegar — *Ne faire que d'arriver, venir d'arriver.*
    con alguno — *Tuer qn.*
    con alguna cosa — *Mettre fin à qc. Achever qc. Détruire qc.*
    (sus dias) con una sangria — *Mourir des suites d'une saignée*
    con, por, en las mismas letras — *Se terminer (un nom) par les mêmes lettres*
    por decir — *Finir par dire*
Acalorarse con, en, por la disputa — *S'échauffer dans la dispute*
Acercarse á, de alguno — *S'approcher de qn.*
    á la iglesia — *S'approcher de l'église*
    á escuchar — *S'approcher pour écouter*

Acertar á, con la casa, ou	
Acertar la casa	Trouver la maison
Acogerse á, bajo sagrado —	Se réfugier dans un lieu sacré (au figuré : se tirer d'embarras)
á las aras	
á mendigar	Être réduit à mendier
Acomodar (á alguno) de ropa limpia	Tâcher l'habit — Communiquer une maladie honteuse
(á alguno) en un empleo	Pourvoir qn. d'un emploi
Acomodarse á, con algo	Se conformer à qc.
con alguno	Entrer au service de qn. Se réconcilier avec qn.
Acompañarse	
con el piano	S'accompagner au piano
Acontecer (una desgracia á alguno) con un caballo	Arriver (un malheur à qn.) à cause d'un cheval
á, con todos (lo mismo)	Arriver à tous (la même chose)
Acordar (la voz) á, con un instrumento	Accorder (la voix) à un instrument
Acordarse con alguno	Se mettre d'accord avec qn.
de alguno, de algo	Se souvenir de qn. de qc.
Acreditarse de necio	Se faire passer pour stupide, acquérir la réputation de stupide
Actuarse de, en, con los negocios	Se mettre au fait des affaires, s'exercer dans les affaires
Acudir á, con un remedio	Recourir à un remède
Acusar á muerte	Accuser d'un crime capital
Adelantar	
á, en correr	Dépasser en courant
Adelantarse á alguno en algo	Surpasser qn. en qc.
Adestrar, ou Adiestrar (á alguno) á, en escribir	Apprendre à écrire à qn.
Adolecer de una enfermedad	Être atteint d'une maladie
Adquirir por herencia	Acquérir par héritage
Advertir (á alguno) de, en alguna cosa	Avertir qn. de qc.
Afanarse en, por conseguir (un empleo)	Se fatiguer pour obtenir (un emploi)
Aferrarse á, con, en su opinión	S'obstiner dans son opinion, s'y attacher
(una nave) con otra	(Un vaisseau) arramber un autre vaisseau
Afianzar	
de calumnia	Calomnier
de un clavo	Assujettir avec un clou
Afianzarse	
en, sobre los estribos	S'affermir sur les étriers

Aficionarse á alguna cosa — *Prendre de l'affection pour qc.*
Afilar (un cuchillo) en una piedra — *Affiler (un couteau) sur une pierre*
Afirmarse en su dicho — *Confirmer ce qu'on a dit*
Aflojar
    en sus pretensiones — *S'adoucir dans ses prétentions*
Aforrar de, en piel — *Doubler d'une peau*
Agarrar de, por las orejas — *Saisir par les oreilles*
Agarrarse á, de un hierro — *Se cramponner à une barre de fer*
Agobiarse con, de, por los años — *Être courbé par les années*
Agraciar (á uno) con una judicatura — *Gratifier qn. d'une judicature*
Agradarse de una joya — *Être charmé d'un bijou*
Agraviar (á uno) con, en un discurso — *Offenser qn. dans un discours*
    de palabra — *Offenser en paroles*
Agraviarse de alguno — *Se croire offensé par qn. Se fâcher avec qn.*
    de, por una palabra — *S'offenser d'un mot*
    de la sentencia — *Appeler d'un jugement*
Agregarse á, con otros — *Se joindre à d'autres*
Aguardar á otro dia — *Attendre un autre jour*
    por un remedio — *Attendre un remède*
Ahitarse con, de manjares — *Se gorger d'aliments*
    de comer — *Se donner une indigestion à force de manger*
Ahogarse de calor — *Étouffer de chaleur*
    de trabajar — *Étouffer à force de travail*
    de gente — *Étouffer à cause de la foule*
Ahorcajarse en los hombros de alguno — *Monter à califourchon sur les épaules de qn.*
Ahorcarse de un árbol — *Se pendre à un arbre*
Ahorrar de razones — *Couper court en parlant*
Ahorrarse, ou Ahorrárselas con ninguno — *Ne marchander personne*
Airarse con, contra alguno — *Se mettre en colère contre qn.*
    de, por lo que se oye — *S'emporter contre ce que l'on entend*
    con, de una pregunta — *Se fâcher d'une demande*
Ajar á uno la vanidad — *Humilier l'orgueil de qn.*
Ajustarse á la razón — *Se rendre à la raison, la suivre*
    al tiempo — *S'accommoder au temps*
Alabar de discreto — *Vanter comme homme discret*
    (una prenda) de, en alguno — *Louer une qualité chez qn.*
Alabarse de valiente — *Faire le vaillant*
    de haber vencido — *Se vanter d'avoir vaincu*
Alamparse por alguna cosa — *Avoir grande envie d'une chose*
Alcanzar de razones á alguno — *Convaincre qn. par de bonnes raisons*

(algo) á, con, por ruegos — *Obtenir qc. par des pières*

(á alguno) de, en cuentas — *Demeurer créancier de qn.*

Alegrarse con, de, por algo — *Se réjouir de qc.*

Alentar (á uno) en, con la esperanza — *Soutenir qn. avec l'espérance*

Alimentarse de, en hierbas — *Se nourrir d'herbes*

Alistarse en una religion — *Prendre l'habit dans un ordre religieux*

de, como, por soldado — *S'engager comme soldat*

Aliviar (á uno) del, en el trabajo — *Soulager qn. dans son travail*

Almorzar de, con las sobras, ou

Almorzar las sobras — *Déjeuner avec les restes d'un repas*

Alterarse (el color) á, de una cosa — *S'altérer (la couleur) d'une chose*

Alucinarse en, con, de una opinión — *S'offusquer d'une opinion*

Alzar (á uno) por jefe — *Proclamer (qn.) chef*

de obra — *Interrompre le travail*

Alzarse

á mayores — *Prendre des airs de supériorité*

con algo — *S'approprier qc. S'en emparer*

Amancebarse con los libros — *Aimer extrêmement la lecture*

Amañarse á escribir — *S'accoutumer à écrire facilement*

á, con una vida bulliciosa — *S'habituer à une vie remuante*

Amarrar (un bote) á, de un árbol — *Amarrer (un esquif) à un arbre*

Amasar (la vida) en trabajos — *Occuper sa vie à des travaux*

Amenazar (á alguién) á, en la cabeza — *Menacer qn. à la tête*

de muerte — *Menacer de mort*

Amparar (á uno) de la persecución — *Protéger qn. contre la persécution*

en la posesión — *Maintenir en possession*

Ampararse

con, en, de un castillo — *S'abriter dans un château*

Andar á pasear — *Aller se promener*

con, en zancos — *Marcher sur des échasses*

en la maroma — *Danser sur la corde*

(á, en vueltas) con, para, sobre alguna cosa — *Quereller, lutter, user de détours au sujet d'une chose*

de capa — *Marcher couvert d'un manteau*

en, por una senda — *Marcher dans un sentier*

al uso — *Se mettre à la mode*

con el tiempo — *Se conformer aux circonstances*

por las nubes — *Etre dans les nuages (fig.)*

por una selva — *Marcher à travers une forêt*

en pleitos	*Aller de procès en procès*
á mia sobre tuya	*Echanger des coups*
tras un negocio	*Poursuivre une affaire*
Anhelar á, por mayor fortuna	*Soupirer après une plus grande fortune*
Ansiar por las riquezas, ou	
Ansiar las riquezas	*Désirer ardemment les richesses*
Anticiparse á alguno	*Devancer qn.*
Aparar en, con la mano	*Tendre la main pour recevoir*
Aparecerse á alguno en el camino	*Apparaître à qn. sur le chemin*
entre sueños	*Apparaître en songe*
Aparejarse al, para el trabajo	*Se préparer au travail*
Apartarse á un lado	*Se mettre de côté*
á, en un rincón	*Se mettre dans un coin*
de la ocasión	*Manquer, éviter l'occasion*
Apasionarse á, de, por alguno	*Se passionner pour qn.*
Apear un caballo	*Entraver un cheval*
á uno de su empleo	*Enlever un emploi à qn.*
el río	*Passer la rivière à gué*
Apearse	
de su opinión	*Se désister de son opinion*
de la mula	*Descendre de la mule*
al suelo	*Mettre pied à terre*
Apechugar con alguna cosa	*Prendre à cœur qc.*
por los peligros	*Braver les dangers*
Apelar á, con otro medio	*Prendre d'autres moyens*
al juez	*En appeler au juge*
de una sentencia	*Appeler d'un jugement*
de un tribunal á, para, para con otro	*En appeler d'un tribunal à un autre*
para ante el tribunal superior	*En appeler devant le tribunal supérieur*
Apercibirse á, para la batalla	*Se préparer à la bataille*
contra el enemigo	*Se préparer contre l'ennemi*
de armas	*Se munir d'armes*
Aplicarse á un libro	*Etudier un livre*
un libro	*S'approprier un livre*
á estudiar	*S'appliquer à étudier*
Aportar á Barcelona	*Arriver à Barcelone par hasard*
en Barcelona	*Arriver à Barcelone comme escale ou comme terme d'une navigation*
Apostar á correr	*Parier à qui courra le plus vite*
Apostárselas á, con alguno	*Se déclarer le compétiteur de qn.*
Apostatar de la fe	*Apostasier*
Apoyar con, en fuertas razones	*Appuyer par de fortes raisons*
Apoyarse de, en buenos argumentos	*Se fonder sur de bons arguments*

en, sobre, con el báculo	*S'appuyer sur le bâton*
Apreciar (una cosa) en, por su valor	*Evaluer une chose à sa valeur*
Aprender de memoria, de cabeza	*Apprendre par cœur*
de la experiencia	*Apprendre par expérience*
de impresor	*Apprendre le métier d'imprimeur*
á bailar	*Apprendre à danser*
con, en la leche	*Apprendre en tétant*
Apresurarse á responder	*S'empresser de répondre*
en responder	*Répondre précipitamment*
por algo	*Se dépêcher de faire qc.*
Apretar	
á alguno	*Contraindre qn.*
en, entre, con los brazos	*Serrer dans ses bras*
con alguno	*Attaquer qn.*
por la cintura	*Serrer à la ceinture*
Apropincuarse á alguno	*S'approcher de qn.*
Aprovechar en el estudio	*Profiter de l'étude*
Aproximarse á la pared	*S'approcher de la muraille*
Arder ou **Arderse** en, de deseos	*Brûler de désirs*
Arderse en quimeras	*Se repaître de chimères*
Argüir de falso en una persona	*Taxer une personne d'ignorance*
(tal intención) en una persona	*Soupçonner (telle intention) chez une personne*
de un olvido (á alguno)	*Accuser qn. d'un oubli*
Armar	
en guerra	*Armer en guerre*
de caballero, ou **Armar** caballero	*Armer qn. chevalier*
Arrancar (una provincia) á, de la dominación extrangera	*Arracher une province à la domination étrangère*
Arrasarse (los ojos) de, en lágrimas	*Se remplir (les yeux) de larmes*
Arrebatar de, de entre las manos	*Arracher des mains*
Arrebatarse de ira	*Se laisser emporter par la colère*
Arrecirse de frío	*Etre engourdi par le froid*
Arregostarse á alguna cosa	*Manger souvent de qc. qui fait plaisir ; y prendre goût*
á merendar	*Prendre goût à dîner*
Arremeter á, con, contra, para el enemigo	*Fondre sur l'ennemi*
á derribar	*Attaquer pour mettre en déroute*
Arrestarse á un peligro	*Etre hardi en face d'un péril*
Arribar al puerto	*Aborder au port*

Arrojar
    de, por la ventana — *Jeter par la fenêtre*
Arrojarse á pelear — *Se jeter dans les combats*
    al peligro — *Se jeter dans le danger*
    al mar (jadis en el mar) — *Se jeter dans la mer*
Arrostrar á, con, por la muerte, ou **Arrostrar la muerte** — *Affronter la mort*
Arruinar desde, por los cimientos — *Ruiner dans les fondements*
Asar en las parrillas — *Rôtir sur le gril*
    al, en el horno — *Rôtir au four*
Ascender
    á, de capitán — *Etre nommé capitaine*
    por los aires — *Monter dans les airs*
Asegurar de incendios, contra el incendio (á uno) de alguna cosa — *Assurer contre l'incendie*
    ou **Asegurar á alguno alguna cosa** — *Assurer qc. à qn.*
    (una cosa) á, de, en otra — *Assujettir (une chose) au moyen d'une autre*
Asesorarse con, de letrados — *Prendre conseil de gens instruits*
Asimilar una cosa á, con otra — *Assimiler une chose à une autre*
Asir á uno de la mano — *Saisir qn. avec la main*
    á uno la mano — *Serrer la main de qn.*
Asirse con una persona — *Se prendre de paroles avec une personne*
    á, de una maroma — *Se cramponner à une grosse corde*
Asistir á, en una función — *Assister à une solennité*
Asociarse á, con otro — *S'associer avec un autre*
Asomar ou **Asomarse la risa á la cara** — *Se montrer (le rire) sur le visage*
    por la ventana — *Mettre la tête à la fenêtre*
    á escuchar — *S'apprêter à écouter*
Asparse á gritos — *Crier à tue-tête*
Atar
    á, en una estaca — *Attacher à un pieu*
    (á alguno) de pies y manos — *Lier à qn. pieds et mains*
Atarearse con, en los negocios — *S'occuper fortement des affaires*
    á escribir — *S'occuper à écrire*
Atarse á una cosa — *S'attacher à une chose*
    en, por las dificultades — *Etre embarrassé par les difficultés*
Atascarse en el barro — *S'embourber dans la terre glaise*
    de comida — *S'étrangler en mangeant*

Atentar á la vida, ou **Atentar la vida**	*Attenter à la vie*
contra la propriedad	*Attenter à la propriété*
Atestiguar con alguno	*Citer qn. comme témoin*
Atinar al blanco	*Toucher au but*
á, con la casa	*Trouver la maison*
Atravesarse en el camino	*Se mettre en travers du chemin*
Atraverse á cosas grandes	*Oser de grandes choses ; les entreprendre*
con todos	*S'attaquer à tous*
á hablar	*Oser parler*
Atribularse con, en, por la adversidad	*S'affliger de l'adversité*
Atrincherarse con una pared	*Se retrancher derrière un mur*
en una plaza	*Se retrancher dans une place-forte*
Atropellarse en las acciones	*Agir précipitamment*
en las palabras	*Parler précipitamment*
Atufarse con, de, por poco	*Se dépiter pour peu de chose*
Aumentar la tropa con 500 hombres	*Augmenter la troupe de 500 hommmes*
Aumentarseá, en sumo grado	*Augmenter à un très haut point*
Aunarse con otro	*S'associer à qn.*
Avanzar	
de, en edad	*Avancer en âge*
Aventajar (á un criado) en diez pesetas	*Augmenter un domestique de 10 francs*
en algo	*L'emporter sur qc.*
Aventajarse á otros	*L'emporter sur d'autres*
á, en correr	*Dépasser à la course*
Avergonzarse á, de pedir	*Rougir de demander, s'enhardir, se hasarder à demander*
de, por algo	*Rougir de qc.*
Aviar ou **Aviarse de ropa**	*Se nipper*
para salir	*Se préparer à sortir*
Ayudar á misa	*Servir la messe*
á vencer	*Aider à vaincre*
á un apuro	*Consoler dans une affliction*

B.

Bailar á la guitarra, al son de una guitarra	*Danser au son de la guitare*
al compas	*Danser en mesure*
Balancear á una parte	*Pencher d'un côté*
en la duda	*Flotter dans l'incertitude*
Baldarse de una pierna	*Etre perclus d'une jambe*
Barar en tierra	*Tirer (un bâtiment) à terre*
Barbear con la pared	*Atteindre le mur avec le menton*
Bastar á, para enriquecerse	*Suffire (qc.) pour s'enrichir*

Batir en ruina (una fortaleza) *Ruiner (une forteresse)*
Beber á, por la salud de al-
   guno *Boire à la santé de qn.*
      con, de un vaso *Boire une partie du contenu d'un*
         verre
      de un licor, ou Beber
        un licor *Boire d'une liqueur*
      á pote *Boire à même*
      de, en una fuente *Boire à une fontaine*
      de, por la bota *Boire à l'outre*
      sobre tarja, ou al fiado *Vivre d'emprunts*
Besar en la frente *Embrasser au front*
Blandear con alguno *Céder à qn.*
Blasfemar contra, de la vir-
   tud *Blasphémer contre la vertu*
Blasonar de valiente, ou : de
   ser valiente *Faire le vaillant*
Bogar al remo ou : Bogar el
   remo *Conduire à la rame*
Brear á golpes *Donner des coups*
      á chascos *Faire des niches*
Brindar con regalos *Offrir des présents*
Bullir en, por todas partes *S'agiter de tous côtés*
Burilar en cobre *Graver sur cuivre*
Buscar el vivo á un cañón *Prendre le calibre d'un canon*

C.

Cabalgar
      en mula *Aller à mule*
Caber de pies *Pouvoir tenir debout*
Caer
      á, hacia tal parte *Avoir vue ou sortie, donner sur*
         tel endroit
      á, ante los pies de al-
        guno *Tomber aux pieds de qn.*
      (bien) á caballo *Se tenir bien à cheval*
      á alguno (un vestido) *Seoir à qn. (un vêtement)*
      á, en, por tierra *Tomber à terre*
      (una cosa) á, con otra *Convenir, aller bien (une chose)*
         à une autre
      enfermo con, de ter-
        cianas *Tomber malade de fièvres tierces*
      debajo de algún gé-
        nero *Être compris dans une classe*
      debajo de la jurisdic-
        ción de alguno *Être soumis à la juridiction de*
         quelqu'un
      de ánimo *Perdre courage*

Caer
de su asno, de su burra — *Revenir de son erreur*
de pies — *Tomber sur ses pieds*
en la plaza — *Faire une chute sur la place*
en gracia á alguno — *Plaire à qn.*
de la gracia de alguno — *Perdre les bonnes grâces de qn.*
en algo — *Comprendre qc.*
en, por tal tiempo — *Tomber un événement) à telle époque*
en lo que se dice — *Comprendre ce qu'on dit*
en cuenta, en la cuenta — *S'apercevoir de qc., comprendre qc.*
(el desmayo) en el enemigo — *S'emparer (le découragement) de l'ennemi*
en el chiste — *Trouver, saisir le fin mot*
en el garlito — *Donner dans le panneau*
en nota — *Faire parler de soi*
en poder de — *Tomber au pouvoir de*

Caerse de ánimo — *S'affliger, perdre courage*
en flor — *Mourir à la fleur de l'âge*
á pedazos — *Se dandiner, être stupide*

Calarse de agua — *Etre percé par l'eau*

Calumniar á alguno de injusto — *Taxer à tort qn. d'injustice*
(á alguno) con, en epigramas — *Calomnier qn. par des épigrammes*

Calzarse à alguno — *Gouverner qn.*

Capitular al gobernador — *Mettre le gouverneur en jugement*
con el gobernador — *Capituler avec le gouverneur*
(á alguno) de malversación — *Accuser qn. de malversation*

Cargar
con alguno — *Porter qn.*
sobre alguno — *Importuner qn.*
contribuciones en, sobre un pueblo — *Charger un peuple de contributions*

Cargase de razón — *Attendre patiemment*

Casarse
de, en segundas nupcias — *Se remarier*

Causar daño á, en los enemigos — *Causer du dommage aux ennemis*

Cavar (con la imaginación) en alguna cosa — *Penser profondément à qc.*

Cebar con, en bellotas — *Nourrir de glands*

Ceder
en la elocuencia — *Céder à l'éloquence*
á la adversidad — *Céder au malheur*
de, en un empeño — *se désister d'une entreprise*

Censurar (algo) á, en alguno — *Blâmer qc. chez qn.*

Cercenar de gastos ou **Cercenar los gastos** — *Réduire les dépenses*
Cerciorar á alguno de algo — *Assurer, certifier qc. à qn.*
Cerrar
    con, contra alguno — *Fondre sur qn.*
Cerrarse en callar — *S'obstiner à se taire*
Certificar de un hecho ou **Certificar un hecho** — *Certifier un fait*
Cesar de correr — *Cesser de courir*
    del trabajo — *Cesser le travail*
Clamorear por los muertos — *Sonner pour les morts*
    á muerto las campanas — *Sonner les cloches pour les morts*
Clavar los ojos del, al, en el suelo — *Fixer les yeux à terre*
Cobrar (dinero) á, de los deudores — *Recouvrer (de l'argent) des débiteurs*
Cocer á, con la lumbre — *Cuire à la flamme*
Cocerse en dolores — *Se consumer de douleur*
Coexistir con Homero — *Etre contemporain d'Homère*
Coger
    (al ladrón) con el hurto en las manos, ou **Coger al ladrón en el hurto** — *Prendre le voleur sur le fait (avec le vol dans les mains) ou au moment du vol*
    (á uno) de buen humor — *Trouver qn. de bonne humeur*
    la palabra á alguno — *Prendre qn. au mot*
    de, por la mano — *Prendre par la main*
Colegir de, por los antecedentes — *Induire des antécédents*
Colgar de un clavo — *Pendre à un clou*
Colocar con, en, por orden — *Placer par ordre*
Combatir á, con, contra alguno — *Combattre contre qn.*
Combinar una cosa con otra — *Combiner une chose avec une autre*
Comenzar á, por decir — *Commencer à dire*
Comer de carne — *Faire gras*
    de vigilia, de viernes — *Faire maigre*
    por cuatro — *Manger comme quatre*
Comerse de envidia — *Sécher d'envie*
Comerciar con su crédito — *Trafiquer de son crédit*
    con, en naranjas — *Faire le commerce des oranges*
    por mayor — *Faire le commerce de gros*
    por menor — *Faire le commerce de détail*
Compadecerse de la pobreza — *Avoir compassion de la pauvreté*
    con la pobreza — *S'arranger d'une situation pauvre*
Compensar una cosa con otra — *Compenser une chose par une autre*
Complacerse con, de, en alguna cosa — *Se complaire à qc.*

Comprar algo al, del vendedor	*Acheter qc. au vendeur*
Comprometerse	
con uno	*S'exposer à rompre avec qn.*
en uno	*S'en rapporter à qn.*
á, en hacer algo	*Se compromettre en faisant qc.*
Comunicar á uno la resolución	*Communiquer à qn. la résolution*
con uno la resolución	*Se consulter avec qn. pour la résolution*
Concentrar (la imaginación) á, en un solo objeto	*Concentrer l'imagination sur un seul objet*
Concertar	
en, por tal precio	*S'accorder pour tel prix*
Concordar á, con su hermano	*Ressembler à son frère*
Concurrir en un dictamen	*Se trouver d'un même avis*
á, para este fin	*Tendre à ce but*
á, en un lugar	*Se réunir en un lieu*
Condenar (á uno) á galeras	*Condamner qn. aux galères*
con, en las costas	*Condamner aux dépens*
á morir	*Condamner à mort*
Condescender con, á los ruegos	*Se rendre aux prières*
á, en ir	*Vouloir bien aller*
con alguno en su demanda	*Accéder à la demande de qn.*
Condolerse de, por los trabajos	*Compatir aux peines*
Conferir	
(un negocio) con, entre los amigos	*Conférer d'une affaire avec des amis*
Confesar	
á cuestión (de tormento)	*Confesser à la torture*
Confesarse á, con alguno	*Se confesser à qn.*
Confiar en, de alguno	*Avoir de la confiance en qn.*
Confinar	
(España) con Francia	*Toucher (l'Espagne) à la France*
Confinarse	
á, en un rincón	*Se confiner dans un coin*
Conformar (su opinión) á, con, por la ajena	*Conformer son opinion à une autre*
Conformarse con su suerte	*Se résigner à son sort*
al, con el tiempo	*S'accommoder au temps*
(los autores) en tal hecho	*S'accorder (les auteurs) au sujet de tel évènement*
Congeniar con alguno	*Être de la même humeur que qn.*
Congraciarse con otro	*Chercher à gagner la bienveillance de qn.*

Conjeturar de, por las señales	*Conjecturer d'après, sur des indices*
Conmutar (algo) con, en, por otra cosa	*Changer une chose en une autre*
Conocer (á otro) de nombre	*Connaître qn. de nom*
de, en tal asunto	*Connaître d'une affaire*
(á otro) por su fama	*Connaître qn. par sa renommée*
lo futuro en, por las estrellas	*Connaître l'avenir par les étoiles*
(á uno) en, por la voz	*Reconnaître qn. à la voix*
Consentir con, en algo	*Consentir à qc.*
Conservarse con, en salud	*Se conserver en bonne santé*
Considerar (una cuestión) bajo, por, en todos sus aspectos	*Considérer une question à tous les points de vue*
Consolar (á uno) de, en una perdida	*Consoler qn. d'une perte*
Consolarse con, en los estudios	*Se consoler en étudiant*
Conspirar á, en un mismo intento	*Concourir à un même but*
Constar (el todo) de, en partes	*Se composer (le tout) de parties*
de, por los documentos	*Etre prouvé par les documents*
Constituirse en campeón ou Constituirse campeón	*Se déclarer champion*
Consultar	
á, con los sabios	*Consulter les savants*
Consumirse	
con, de la fiebre	*Se consumer dans la fièvre*
de, en meditaciones	*Se perdre en méditations*
Contagiarse con, del, por el roce	*S'infecter au contact*
Contaminarse	
en, de herejías	*S'infecter d'hérésies*
Contar con, entre los mejores	*Compter parmi les meilleurs*
por hecho	*Regarder comme fait*
con alguno, con algo	*Compter sur qn. sur qc.*
por verdadero	*Considérer comme certain*
á alguno con los muertos	*Compter qn. parmi les morts*
Contemporizar con alguno	*Complaire à qn.*
Continuar	
en lo empezado	*Continuer ce qu'on a commencé*
en el mismo tono	*Continuer sur le même ton*

Contraer

    dos silabas á, en una — *Contracter deux syllabes en une*

Contrapesar (una cosa) á, con, por otra — *Contrebalancer une chose par une autre*

Contrapuntearse con alguno — *Contrecarrer qn.*

    de palabras — *Se prendre de paroles*

Contribuir

    á, para tal cosa — *Contribuer à qc.*

Convalecer de la enfermad — *Être en convalescence d'une maladie*

Convenir en una cosa — *Convenir d'une chose*

    á uno — *Convenir à qn. ; lui être utile*

    con uno — *Être de l'avis de qn.*

Conversar en, sobre materias de estado — *Causer d'affaires d'état*

Convidar á alguno con dinero — *Offrir à qn. de l'argent*

    á alguno á comer — *Offrir à qn. à dîner*

    al, para el baile — *Inviter à un bal*

    por esquelas — *Envoyer un billet d'invitation*

Convocar á junta — *Convoquer pour l'assemblée*

Cooperar (con otro) á, para alguna cosa — *Coopérer avec qn. à qc.*

Copiar

    del, por el natural — *Copier d'après nature*

Coronar

    por monarca — *Couronner monarque*

Correr

    á alguno — *Poursuivre qn.*

    con alguno — *Être en relation ou intime avec qn.*

    con los gastos — *Se charger des dépenses*

    tras del ciervo — *Courir le cerf*

    (el agua) en, por una canal — *Courir (l'eau) dans un canal*

    con una dependencia — *Être chargé d'une affaire*

Correrse

    de, por haber hecho — *Rougir d'avoir fait*

Corresponder á los beneficios — *Être reconnaissant des bienfaits*

    con el bienhechor — *Être reconnaissant envers le bienfaiteur*

    (los hechos) á, con las palabras — *S'accorder (les actes) avec les paroles*

    (la gravedad) á, en un magistrado — *Seoir bien (la gravité) à un magistrat*

Cortar de vestir — *Faire des vêtements*

    de raíz — *Couper à la racine*

    de, en un paño — *Tailler dans un drap*

Creer á alguno bajo, por, sobre su palabra — *Croire qn. sur sa parole*

    en la felicidad — *Croire au bonheur*

(algo) de su deber	*Considérer qc. comme son devoir*
Creerse de alguna cosa	*Être persuadé de qc.*
Crujir de los dientes ou **Crujir los dientes**	*Grincer des dents*
Cuadrar con el encargo	*Convenir à la charge*
(algo) á una persona	*Convenir (qc.) à qn.*
Cuidar	
á, de un enfermo	*Prendre soin d'un malade*
de, en buscar	*Avoir soin de chercher*
Culpar	
en uno lo que se disculpa en otro	*Blâmer chez qn. ce que l'on ne blâme pas chez autrui*
á otro de, por lo que hace	*Blâmer qn. de ce qu'il fait*
Cumplir la palabra	*Tenir sa parole*
por otro	*Faire des compliments de la part de qn.*
con alguno	*S'acquitter envers qn.*
con su obligacion	*S'acquitter de son devoir*
Curar (á uno) sus manias	*Guérir qn. de ses manies*
Curarse de alguna enfermad	*Se précautionner contre la maladie*
Curtirse al, con el, del sol	*Se tanner au soleil*
con, en el trabajo	*S'endurcir au travail*

Ch.

Chocar	
con los vecinos	*Heurter les voisins*
Chochear con, en, por la vejez	*Radoter par suite de la vieillesse*
de viejo	*Radoter comme un vieillard*

D.

Dar	
(una ventana) á la calle	*Donner sur la rue (une fenêtre*
á comprender	*Faire comprendre*
fin, cabo á una cosa	*Achever, perfectionner qc.*
fin, cabo de una cosa	*Détruire qc.*
á, de comer	*Donner à manger*
(á alguno) de palos	*Donner à qn. des coups de bâton*
de blanco	*Blanchir*
de espaldas	*Tomber sur le dos*
con la carga en tierra	*Succomber sous le poids*

á, en cambio	Donner en échange
(un buque) á, en la costa	S'échouer (un bateau) à la côte
(el sol) en la cara	Donner (le soleil) dans le visage
(algo ou con algo) en cara	Reprocher (jeter au nez)
en, sobre los enemigos	Attaquer les ennemis
en manos (de la justicia)	Tomber aux mains de la justice
en que entender	Donner à penser
á toda fuerza	Frapper à tour de bras
en algo	Deviner qc.
consigo en el suelo	Se laisser tomber
en delirar	Commencer à délirer
en manias	Devenir maniaque, avoir des manies
en, por un negocio	S'engager, s'opiniâtrer dans une affaire
en un bajio	S'échouer sur un banc de sable
en una cosa	Comprendre une chose
con la cabeza en las paredes	Donner de la tête contre les murailles
con, de las espuelas al caballo	Donner de l'éperon au cheval
con alguno en la carcel	Mettre qn. en prison
á uno con la puerta	Fermer la porte à qn.
con alguno	Rencontrer qn.
con un palo	Frapper d'un bâton
un aviso á tiempo	Donner un avis à temps
un aviso con tiempo	Donner un avis avec l'avance convenable
con el pie	Traiter avec mépris
por el pie	Démolir, détruire
en la dificultad	Deviner la difficulté
por hecho	Regarder comme fait
por libre (á uno)	Déclarer qn. libre
que decir	Donner lieu de dire
de palos	Donner des coups de baton
la mano	Donner la main pour secourir
de mano á un negocio	Laisser, abandonner une affaire
un bajio	Perdre une partie de sa fortune
Darse á estudiar	S'adonner à l'étude
á conocer	Se faire connaître
al diantre	Se donner au diable
por vencido	Se déclarer vaincu
Deber	
ir á Madrid	Etre dans la nécessité d'aller à Madrid
de ir á Madrid	Devoir aller probablement à Madrid
Decidir de, en sobre todo	Trancher en tout
Decidirse á, por un partido	Se déclarer pour un parti
Decir	
á, para su suyo	Dire de soi-même

(la verdad) en la cara (á alguno)	*Dire la vérité en face à qn.*
Declarar (á uno) por traidor ou **Declarar** traidor	*Déclarer qn. traître*
Declararse á favor de alguno	*Se déclarer en faveur de qn.*
Declinar á, en, hacia una parte	*Pencher vers un côté*
Deducir de, por los antecedentes	*Déduire des antécédents*
Defender á uno de otro	*Défendre qn. contre qn.*
Defraudar de la autoridad de otro	*Empiéter sur l'autorité d'un autre*
(algo) á, de los caudales públicos	*Voler qc. des deniers publics*
(á uno) de, en alguna cosa	*Frauder qn. en qc.*
Dejar hacer algo	*Laisser faire qc.*
de hacer algo	*Ne pas faire qc., s'empêcher de le faire*
deudas á, en su muerte	*Laisser des dettes à sa mort*
(á alguno) con la palabra	*Couper la parole à qn.*
á uno con la vida	*Tuer qn.*
(una cosa) en, por prenda	*Laisser qc. en gage*
Deleitarse de, en, con la vista	*Prendre plaisir à regarder*
Delirar en, por una cosa	*Délirer en, pour qc.*
Departir de, sobre la guerra	*Discourir sur la guerre*
Deponer á alguno de su empleo	*Retirer à qn. son emploi*
Derramar al, en, por el suelo	*Répandre à terre*
Derramarse en, por los vicios	*Se laisser aller au vice*
Derrengar de alguna cosa	*Abhorrer qc.*
Desabrirse con alguno	*S'aigrir contre qn.*
Desabrocharse con su amigo	*Ouvrir son cœur à son ami*
Desacordarse de alguno	*Oublier qn.*
Desahogar (una pena) en su amigo	*Alléger une peine de son ami*
Desahogarse de, en su aflicción con alguno	*Découvrir son affliction à qn.*
Desamparar la apelación	*Se désister de son appel*
Desatar la duda, el argumento	*Résoudre une difficulté*
Desavenirse (los unos) con, de otros	*Se brouiller les uns avec les autres*
Desazonarse con alguno	*S'offenser contre qn.*
Descabezarse en, con alguna cosa	*S'opiniâtrer à qc.*
Descalabazarse con, en, por algo	*S'opiniâtrer à qc.*

Descantillar del pan (un pedazo) — *Ecorner un pain*
Descararse á pedir — *Demander effrontément*
con alguno — *Parler effrontément à qn.*
Descargar la colera en, contra, sobre alguno — *Décharger sa colère contre qn.*
Descender al patio — *Descendre dans la cour*
de una colina — *Descendre d'une colline*
Descolgarse al suelo — *Descendre à terre*
al jardín — *Descendre au jardin*
de, por la ventana — *Se laisser glisser par la fenêtre*
Descollar en saber entre, sobre sus iguales — *Surpasser en savoir ses rivaux*
por los tejados — *Dépasser par la hauteur des toits*
Descomponerse con alguno — *S'aigrir contre qn.*
Descontar (algo) con, de una suma — *Rabattre qc. sur une somme*
Descreer de Dios — *Ne pas croire en Dieu*
Descubrirse á, con alguno — *Révéler son secret à qn.; se faire connaître à qn.*
Descuidar de su obligación ou Descuidar su obligación — *Négliger ses obligations*
en alguno — *Se reposer sur qn.*
Descuidarse de, en su obligación — *Négliger son devoir*
con otra persona — *Etre trop confiant envers un autre*
Desdecir de su carácter — *Démentir son caractère*
Desdeñarse de alguna cosa — *Dédaigner qc.*
Desenfrenarse en los vicios — *S'abandonner au vice*
Desenredar de una dificultad — *Surmonter une difficulté*
Desenterrar del, de entre el polvo — *Tirer de la poussière*
de sus banderas — *Déserter ses drapeaux*
Desesperar á alguno — *Impatienter qn.*
de alguno — *Désespérer de qn.*
Deshacerse de alguna cosa — *Se défaire de qc.*
alguna cosa — *Arriver à sa destruction*
por alguna cosa — *Désirer violemment qc.*
en lágrimas, á llorar — *Fondre en larmes*
Desnudarse de la ropa — *Vendre ses habits*
la ropa — *Se dévêtir*
Desojarse en censurar — *Se tuer à censurer*
Despachar con uno — *Dépêcher qn.; le tuer*
Despeñar al, en el abismo — *Précipiter dans l'abime*
Despicar en su contrario — *Se venger sur son ennemi*
Desposarse con alguno — *Epouser qn.*
Desquiciar á alguno de su poder — *Faire perdre à qn. son pouvoir*

Desquitarse de la pérdida	*Regagner ce qu'on a perdu*
en el juego	*Se rattrapper au jeu*
en murmurar	*Se venger en murmurant*
Désvergonzarse con alguno	*Manquer de respect à qn.*
de palabras	*Manquer de respect en paroles*
Desvivirse	
por algo	*Mourir d'envie de qc.*
por alguno	*Etre très amoureux de qn.*
Detenerse á, con, en las menudencias	*S'arrêter à des minuties*
Detestar á, de alguno	*Détester qn.*
Diferir algo á, para otro tiempo	*Renvoyer une chose à un autre temps*
Dignarse de aceptar, ou	
Dignarse aceptar	*Daigner accepter*
Diputar (á alguno) á, para tal encargo	*Désigner qn. pour telle mission*
Dirigir á, para un fin	*Diriger vers un but*
Discurrir	
en, de, sobre la religión	*Discuter sur la religion*
Disentir	
de otro dictamen	*S'opposer au sentiment d'un autre*
Disgustarse con, de alguno	*Se brouiller avec qn.*
por, de, con alguna cosa	*Se dégoûter d'une chose*
Disponer	
de sus alhajas	*Disposer de ses bijoux, les vendre, les donner*
sus alhajas	*Mettre en ordre ses bijoux*
Disponerse al, para el asalto	*Se préparer à l'assaut*
Disputar de, por, sobre un asunto	*Disputer sur un sujet*
Distraerse de, en la conversación	*Etre distrait dans la conversation*
en cazar	*Se distraire en chassant*
Divertirse á, en algo	*S'amuser à qc.*
con la credulidad (de alguno)	*S'amuser de la crédulité de qn.*
con, en el juego	*S'amuser au jeu*
Dividir	
por, en partes	*Diviser en parties*
con, entre muchos	*Séparer entre plusieurs*
Divorciarse de su mujer	*Divorcer avec sa femme*
Doblar á alguno	*Engager qn. à une chose*
por alguno	*Sonner le trépas de qn.*
Dolerse	
(con alguno) en, de, por su infortunio	*Compatir à l'infortune de qn.*
Dormir en una empresa	*S'occuper mollement d'une affaire*
sobre una empresa	*Réfléchir longuement au sujet d'une affaire*

Dotar
    (á su hija) con, de, en
    mil duros   *Donner en dot à sa fille mille dou-*
               ros

Dudar
    en salir   *Hésiter à sortir*
Durar en, por mucho tiempo   *Durer pendant longtemps*

E.

Echar á correr   *Commencer à courir*
    á rodar   *Faire dégringoler*
    (algo) á, en, por tierra   *Jeter à ou par terre ; ruiner,*
      (una cosa)   *détruire*
    tierra á una cosa   *Cacher une chose*
    un género en tierra   *Démarquer une marchandise*
    un libro por tierra   *Mépriser un livre*
    á juego ou : á chanza   *Tourner en plaisanterie*
    olör de sí   *Exhaler une odeur*
    sobre sí la carga   *Se charger de*
    de menos ou **Echar**
      menos   *Regretter* ou *Remarquer l'absence*
    (algo) á buena parte,   *Prendre qc. en bonne part, ou en*
      ou á mala parte   *mauvaise part*
    de ver un defecto   *Remarquer un défaut*
    á pares y nones   *Jouer à pair ou impair*
    por los campos   *Courir à travers champs*
    por la Iglesia   *Embrasser la profession ecclésias-*
               tique

    á, en la cara ; en cara   *Jeter au visage*
    á lo largo   *Etendre de son long*
    al, en olvido   *Oublier*
    (agua) de, por la boca   *Jeter de l'eau par la bouche*
    el compas   *Battre la mesure*
Echarse   *Se coucher*
    á estudiar   *S'appliquer à étudier*
    á jugar   *Se mettre à jouer*
    á corredor   *Se faire courtier*
    á dormir   *S'étendre pour dormir*

Ejercer (su autoridad) con,
    en, sobre alguno   *Exercer (son autorité) sur qn.*
Ejercitar
    (á uno) en la pacien-
      cia   *Habituer qn. à la patience*
Ejercitarse á, en obras (de
    caridad)   *S'occuper d'œuvres de charité*
Elevar á uno sobre las nubes   *Porter qn. aux nues*

Embebecerse con, en la plática . *Rester court*

Embeberse de, en doctrina sana *Se pénétrer, être imbu d'une saine doctrine*

Embelesarse con, en una pintura *Etre ravi d'une peinture*

Embestir con, contra alguno *Attaquer qn.*

Embobarse con, de, en algo *S'ébahir de qc.*

Embozarse con, en el capote *S'emmailloter dans la capote*

Embravecerse con, contra otro *S'irriter contre qn.*

Embutir algo con, de, en ébano *Plaquer qc. d'ébène*

Emendarse con, por la corrección *Se corriger par suite du châtiment*

de, en sus defectos *Se corriger de ses défauts*

Empacharse

en, por un negocio *Se troubler pour une affaire*

Empalmar (un madero) en, con otro *Fixer l'extrémité d'une pièce de bois sur l'extrémité d'une autre*

Empaparse de, en agua *S'imbiber d'eau*

Emparejar con alguno *Joindre qn.*

Emparentar con alguno *S'allier à qn.*

Empeñar su palabra á, con otro *Engager sa parole à qn.*

Empeñarse en una cosa *S'obstiner à qc.; s'engager à une chose*

con, por alguno *S'engager vis-à-vis de qn.*

Empezar el interrogatorio con, en, por tal pregunta *Commencer l'interrogatoire par telle demande*

Emplear el tiempo en el estudio *Employer le temps à l'étude.*

Emplearse

en una cosa *S'employer à, pour qc.*

Emular con alguno *Etre l'émule de qn.*

Encajarse en, por alguna parte *Se fourrer qq. part.*

Encalabrinarse con algo *S'entêter à qc.*

Encallar (una nave) en arena *Echouer (un navire) sur le sable*

Encapricharse con, en su opinión *S'entêter dans son opinion*

Encaramarse á, en, por, sobre la pared *Grimper à la muraille*

Encararse á, con alguno *Regarder fixement qn.*

Encarnizarse con, en los enemigos	*S'acharner contre les ennemis*
Encasquetarse (el sombrero) en la cabeza	*S'enfoncer (le chapeau) sur la tête*
en hacer una cosa	*S'entêter à faire qc.*
en su opinión	*Ne pas démordre de son opinion*
Encénder (algo) en la lumbre	*Enflammer qc. à la lumière*
Encenderse con, contra alguno	*S'emporter contre qn.*
en ira	*S'enflammer de colère*
Enconarse con alguno	*Avoir de l'animosité contre qn.*
Encontrar á, con alguno	*Rencontrer qn.*
Encontrarse con alguno	*Rencontrer qn.*
Encumbrarse á, sobre las nubes	*S'élever aux nues*
Encharcarse de, en agua	*Se remplir d'eau*
Endurecerse al, con, en, por el trabajo	*S'endurcir au travail*
Enemistar á uno con otro	*Rendre une personne ennemie d'une autre*
Enfadarse con, contra alguno	*Se fâcher avec qn.*
Enfurecerse con, contra alguno	*Se mettre en fureur contre qn.*
de, por tódo	*Se mettre en fureur à propos de tout*
Engañarse en, por, sobre las palabras de alguno	*Se tromper aux paroles de qn.*
Engastar (una joya) en, con diamantes	*Enchâsser (un bijou) dans des diamants*
Enmendarse con, por el aviso	*Se corriger grâce à un avis*
en, de una falta	*Se corriger d'une faute*
Enojarse de, con, contra el malo	*Se fâcher contre le mal*
Enredarse (una cosa) á, con, en otra	*S'embrouiller (une chose) avec une autre*
de palabras	*S'embrouiller en parlant*
Enroscarse (la culebra) á, con un árbol	*S'enlacer (la couleuvre) à un arbre*
Ensangrentarse contra, con uno	*S'échauffer contre qn.*
Ensayarse á, para en alguna cosa	*S'essayer à qc.*
Enseñarse á buenos ejemplos	*Suivre de bons exemples*
en una persona	*Imiter qn.*
Enseñorearse de un reino	*Maîtriser un royaume*

Entender de un negocio	*Se connaître à, consentir à une affaire*
en un negocio	*Faire une affaire, s'en occuper*
una cosa	*Comprendre une chose*
Entenderse con alguno	*S'entendre avec qn.*
con alguna cosa	*S'entendre à qc.*
Enterarse de, en algún negocio	*Etre bien instruit d'une affaire*
Entrar á la parte	*Entrer en participation*
con alguno	*Être en relations avec qn.*
á fuego y sangre	*Mettre à feu et à sang*
á saco (una ciudad)	*Mettre à sac (une ville)*
á reinar	*Commencer à régner*
de mayordomo	*Devenir majordome*
Entrarse á mercader	*Se faire marchand*
á alguno	*Essayer de persuader qn.*
Entregarse al dinero	*S'attacher à l'argent*
del dinero	*Recevoir de l'argent*
Entremeterse en cosas de otro	*Se mêler des affaires d'autrui*
Entretejerse un árbol á, con, en otro	*S'entrelacer (deux arbres)*
Entretenerse á, en boberias	*S'amuser à des sottises*
Entristecerse con, de, por la mala suerte	*S'affliger de la mauvaise fortune*
Envanecerse con, de, en, por la victoria	*S'enorgueillir de la victoire*
Envejecer con, de, por los disgustos	*Vieillir par suite de déboires*
Enviciarse con, en el juego	*Se livrer avec excès au jeu*
Envidar de, en falso	*Faire une invite (aux cartes) avec mauvais jeu*
Envolver entre, con, en papel	*Envelopper dans du papier*
su suerte con la de otro	*Lier sa destinée à celle d'un autre*
Equiparar (una cosa) á, con otra	*Comparer une chose à une autre*
Equivocar una persona con, por otra	*Prendre une personne pour une autre*
Equivocarse en algo	*Se tromper en qc.*
(una cosa) con otra	*Se ressembler extrêmement*
Escabullirse entre, por, de entre la multitud	*Se glisser dans la multitude*
Escapar á buenas	*S'échapper sans répliquer*
de buenas	*L'échapper belle*
la vida	*Sauver sa vie*

Escarmentar de, por, con
    alguna cosa — *Apprendre qc. à ses dépens*
    en cabeza ajena — *Prendre exemple sur qn.*
Escoger
    del, en el montón — *Choisir dans le tas*
Esconderse al, del peligro — *Éviter le danger*
Escribir
    con, en buen estilo — *Ecrire en bon style*
Escrupulizar en algo — *Avoir des scrupules au sujet de qc.*
Escuchar con, en silencio — *Ecouter en silence*
Escupir (á uno) á, en la cara — *Cracher au visage de qn.*
Escurrirse de un peligro — *Esquiver un danger*
Escusarse con alguno — *S'excuser auprès de qn.*
    del convite — *Décliner une invitation*
Esforzarse á, en hacer (algo) — *S'efforcer de faire qc.*
Esmerarse en alguna cosa — *Mettre tous ses soins à qc.*
Espantarse à, de, por algo — *S'épouvanter de qc.*
Espeçular en granos — *Spéculer sur les grains*
    con algo — *Spéculer avec qc.*
Estampar en, sobre el papel — *Estamper sur le papier*
Estar á alguna cosa — *Répondre de qc.*
    (un vestido) á alguno — *Seoir (un vêtement) à qn.*
    (bien ó mal) con alguno — *Etre de l'opinion de qn. ; être en compagnie de qn.*
    al caer — *Etre sur le point de tomber*
    con, en ánimo de hacer algo — *Avoir l'intention de faire qc.*
    con, en perfecta salud — *Etre en parfaite santé*
    de caza — *Etre à la chasse*
    de viaje — *Etre prêt à faire un voyage*
    de paz — *Vivre en paix*
    de, por presidente — *Etre président ; présider accidentellement*
    en — *Avoir dessein de*
    en alguna cosa — *Etre instruit d'une chose*
    à, en todo — *S'attendre à tout ; être attentif à tout*
    en sí — *Jouir de toutes ses facultés*
    en lo que se hace — *Etre à ce qui se fait*
    sobre alguna cosa — *Activer l'exécution d'une chose*
    sobre sí — *Etre orgueilleux*
    sobre las armas — *Etre sous les armes*
    satisfecho con, por el dinero — *Etre fier de posséder de grandes richesses.*
Estarse en el campo — *Demeurer à la campagne*
Estimar en más (una cosa que otra) — *Priser davantage (une chose qu'une autre)*
    (una cosa) en tanto — *Estimer une chose tant*
Estimular á uno á la empresa — *Faire entreprendre à qn. une entreprise*

Estimular á uno en la empresa	*Encourager qn. à poursuivre une entreprise commencée*
con premios	*Stimuler par des récompenses*
Estragar (á otro) con, por su ejemplo	*Corrompre qn. par son exemple*
Estrecharse con alguno	*Encourager qn.*
en los gastos	*Modérer ses dépenses*
Estrellarse con alguno	*S'emporter contre qn.*
contra, en una roca	*Se briser contre un rocher*
Estrenarse con un negocio	*Commencer une affaire*
en su oficio	*Entrer en fonctions*
Estribar en, sobre alguna cosa	*Se fonder sur qc.*
Estropear (á uno) de, en la mano	*Estropier qn. à la main*
Estudiar en entender (una ciencia)	*S'efforcer d'acquérir une science*
por, en buen autor	*Etudier dans un bon auteur*
para médico	*Etudier pour devenir médecin*
Examinar (á uno) de, en filosofía	*Faire subir à qn. un examen de philosophie*
Exceder (una cosa) á otra	*Excéder (une chose) une autre*
de, en diez gramos	*Excéder de dix grammes*
de la talla	*Surpasser en hauteur*
Excitar (á alguno) á, para hablar	*Pousser qn. à parler*
Excusarse con alguno	*S'excuser auprès de qn.*
Experimentar (gusto) con, en la lectura	*Prendre plaisir à la lecture*

F.

Faltar (algo) á, de la suma	*Manquer (qc.) à la somme*
(un real) para veinte	*Manquer (un réal) pour arriver à vingt*
Fastidiarse con, de los libros	*Se fatiguer des livres*
Fatigarse con, en, de, alguna cosa	*Se fatiguer à qc.*
por alguna cosa	*Se donner du mouvement pour quelque chose*
Favorecerse de alguno	*Se servir de la faveur de qn.*
Fechar una carta en Paris	*Dater une lettre de Paris*
Fiar (algo) á, de, en alguno	*Confier qc. à qn.*
Fiarse á, de, en alguno	*Se fier à qn.*
Fijar (algo) en, por la pared	*Fixer qc. à la muraille*
(el número de los diputados) en doce	*Fixer le nombre des députés à douze.*

**Fijar (los ojos) en , sobre
una persona** — *Fixer les yeux sur une personne*
Flaquear en la fe prometida — *Manquer à la foi jurée*
Fluctuar en, entre dudas — *Flotter dans des doutes*
Formar en, con el estudio — *Former par l'étude*
    quejas con, de alguno — *Formuler des plaintes au sujet de qn.*
Forrar de, con, en pieles — *Doubler de peaux*
Franquearse á, con alguno — *S'ouvrir à qn.*
Freir huevos con, en aceite — *Faire frire des œufs dans l'huile*
**Frisar (una persona) con, en
otra** — *Se ressembler (deux personnes)*
    con los cincuenta — *Friser la cinquantaine*

G.

Ganar á uno por la mano — *Prendre les devants sur qn.*
    á correr — *Dépasser à la course*
    **de los enemigos (un
país)** — *Gagner un pays sur les ennemis*
**Geringar la paciencia á al-
guno** — *Epuiser la patience de qn.*
Girar
    por tal parte — *Tourner de tel côté*
    **sobre una casa de
comercio** — *Tirer des lettres de change sur une maison de commerce*
Gloriarse
    de, en ser valiente — *Se vanter d'être courageux*
**Gozar con, de alguna cosa
    ou Gozar alguna cosa** — *Jouir de qc.*
    **(de favor) con, en, en-
tre el pueblo** — *Etre en faveur auprès du peuple*
    de, en oir — *Se réjouir d'entendre*
**Gozarse de, en, por el bien
del prójimo** — *Se réjouir du bien du prochain*
**Graduar una cosa de, por
buena** — *Regarder une chose comme bonne*
**Granjear (la voluntad) á, de
alguno** — *Se concilier les bonnes grâces de quelqu'un*
Guarecerse
    del, con el mar — *Se préserver de la mer*
    de, en un portal — *Se réfugier sous un portique*
Guiarse por alguno — *Prendre qn. pour modèle*
Gustar
    un plato — *Déguster un plat*
    de un plato — *Aimer à manger un plat*
    de beber — *Aimer à boire*

H.

Haber (á uno) á las manos	*Avoir entre les mains*
Habilitar (á uno) á, de, con, en, para alguna cosa	*Habiliter qn. pour qc.*
Habituarse á, en alguna cosa	*S'habituer à qc.*
Hablar de, en, sobre alguna cosa	*Parler de qc.*
de cabeza	*Parler d'abondance*
en pro	*Parler pour*
en contra	*Parler contre*
en guirigay, en gringo	*Parler hébreu (galimatias)*
en, por voz de otro	*Parler à la place de qn.*
Hacer	
á uno á hablar verdad	*Accoutumer qn. à dire la vérité*
una cosa con, en tiempo	*S'y prendre à temps pour faire qc.*
(divorcio), con, de una mujer	*Divorcer avec une femme*
(son) con, en un instrumento	*Produire du son avec un instrument*
de caballero	*Trancher du grand seigneur*
de gobernador	*Remplir les fonctions de gouverneur*
por, para ganar	*Essayer de gagner*
(confianza) á, de una persona	*Se fier à qn.*
Hacerse á una cosa	*Se faire à une chose; s'y habituer*
á la vela	*Mettre à la voile*
igual á, con otro	*Se faire l'égal de qn.*
con una cosa	*Acquérir, obtenir une chose*
para una cosa	*Se préparer à une chose*
cargo de la razón	*Connaître la raison, être raisonnable*
Hallar	
(á alguno) con muy buena salud	*Trouver qn. en très bonne santé*
por bueno	*Trouver bon*
de comer	*Trouver à manger*
Hallarse á, en la fiesta	*Se trouver à la fête*
algo	*Trouver qc.*
con algo	*Posséder qc.*
de venta	*Etre en vente*
Heredar de su tío	*Hériter de son oncle*
por, en línea recta	*Hériter en droite ligne*
una casa	*Hériter d'une maison*
Herir á alguno en la estimación	*Blesser la réputation de qn.*

de muerte	*Blesser à mort*
de, en la cabeza	*Blesser à la tête*
Herrar á fuego	*Ferrer à chaud*
en frio	*Ferrer à froid*
Hervir (un lugar) de, con, en gente	*Fourmiller de monde (un lieu)*
Hincarse de rodillas	*Se mettre à genoux*
Hocicar con, contra, en alguna cosa	*Heurter qc.*
Hombrearse	
de, con la amistad	*S'honorer de l'amitié de qn.*
Huir ou **Huirse**	
de alguno	*Fuir qn.*
Humanarse á, con los pobres	*S'humaniser avec les pauvres*
Humedecer con, en agua	*Humecter avec de l'eau*
Humillarse á, ante, con los poderosos	*S'humilier devant les puissants*
Hurtar en el precio	*Voler sur le prix*

I.

Idolatrar en una mujer	*Idolâtrer une femme*
Igualar una cosa á, con otra	*Egaler une chose à une autre*
Imbuir á alguno de, con alguna cosa	*Instruire qn. de qc.*
Implicarse con, en alguna cosa	*S'engager dans qc.*
Imponerse en alguna cosa	*Se mettre au fait de qc.*
Importunar á, con pretensiones	*Importuner de demandes*
Imposibilitar á uno de obrar	*Rendre impossible le travail à qn.*
Impresionar (á alguno) de, en algo	*Prévenir l'esprit de qn. sur qc.*
Imprimir	
del, por el original	*Imprimer d'après l'original*
Incitar (á alguno) á, en, para la contienda	*Pousser qn. à la dispute*
Inclinarse á tal opinión	*Pencher pour telle opinion*
por alguno	*Avoir de l'inclination pour qn.*
Incorporar (una cosa) á, con, en otra	*Incorporer une chose dans une autre*
Incurrir en delitos	*Commettre des crimes*
en la indignación	*Encourir l'indignation*
Indignarse con, contra, contra de alguno	*S'indigner contre qn.*
al, de, por ver algo	*S'indigner de voir qc.*
Inducir á, en error	*Induire en erreur*

Indultar (á alguno) de la pena	*Remettre à qn. la peine*
Infamar (á alguno) de cobarde	*Traiter qn. de lâche*
Infatuarse con, en los aplau- sos	*Être infatué par les applaudisse- ments*
Inferir (una cosa) de, por otra	*Inférer une chose d'une autre*
Inflamarse de, en ira	*S'enflammer de colère*
Influir en, para alguna cosa	*Influer sur qc.*
á, con alguno	*Influer sur qn.*
Informar (á alguno) de, en, sobre alguna cosa	*Informer qn. de qc.*
Infudir ánimo á, en alguno	*Donner du courage à qn.*
Ingeniarse á, para, en algu- na cosa	*S'ingénier à qc.*
Ingerir (un árbol) en otro	*Enter (un arbre) sur un autre*
(un árbol) de otro	*Prendre sur un arbre la greffe des- tinée à un autre*
(un árbol) de escudete	*Enter un arbre en écusson*
Inhabilitar (á alguno) de, pa- ra alguna cosa	*Rendre qn. inhabile à qc.*
Inhibir ou **Inhibirse al juez** de, en el conocimiento de la causa	*Interdire au juge la connaissance de la cause*
Iniciarse en los misterios	*S'initier aux mystères*
Insertar (una cosa) con, en otra	*Insérer une chose dans une autre*
Insinuarse á, con los pode- rosos ou : en el ánimo de los poderosos	*S'insinuer dans l'esprit des grands*
Insistir en, sobre alguna cosa	*Insister sur qc.*
Inspirar (alguna cosa) á, en alguno	*Inspirer qc. à qn.*
Instar por, para, sobre al- guna cosa	*Insister pour qc.*
Instituir (á uno) por here- dero ou : heredero	*Instituer qn. héritier*
Instruir (á alguno) de, en, s o b r e alguna cosa	*Instruire qn. de qc.*
Intentar	
una acusación á, en, contra alguno	*Accuser qn.*
Interesarse	
en alguna cosa	*S'intéresser à qc.*
en, por tal suma	*S'intéresser pour telle somme*
Internarse con alguno	*S'insinuer auprès de qn.*
en alguna cosa	*Approfondir qc.*
Interpolar	
(unas cosas) con, entre otras	*Intercaler (des choses) dans d'autres choses*

Interpretar (de una lengua) á, en otra	*Traduire d'une langue dans une autre*
Introducirse á, con alguno	*S'insinuer dans l'amitié de qn.*
en, por alguna parte	*S'insinuer qq. part*
Inundar de, en sangre	*Inonder de sang*
Invertir el caudal en algún uso	*Employer ses fonds à qq. usage*
Ir á alguno	*Aller au-devant de qn.*
á cazar	*Etre sur le point de chasser; aller chasser*
de caza, de paseo	*Etre à la chasse, à la promenade*
á, en corso	*Aller en course sur mer*
(de mal) á, en peor	*Aller de mal en pis*
al, en socorro (de alguno)	*Aller au secours de qn.*
con alguno	*Aller en compagnie de qn.; être de son opinion; l'écouter*
bien de salud	*Etre en bonne santé*
de máscara	*Etre travesti*
de luto	*Etre en deuil*
de, en traje militar	*Etre en habit militaire*
en, sobre un jumento	*Aller sur une bête de somme*
sobre alguno	*Assaillir qn.*
sobre algo	*Suivre avec ardeur une affaire*
por la Iglesia	*Suivre la carrière de l'Eglise*
por la milicia	*Suivre l'état militaire*
Irse	
de oros	*Tourner carreau (aux cartes)*
de vareta	*Avoir la diarrhée*

J.

Jugar alguna cosa con, por otra	*Jouer une chose contre une autre*
del vocablo	*Jouer sur le mot*
Juntarse con su regimiento	*Rejoindre son régiment*
Justificarse con, para con el jefe	*Se justifier devant le chef*
Juzgar á, por la vista	*Juger d'après l'apparence*
de, en los delitos	*Juger les délits*

L.

Labrar de correal	*Coudre avec de petites courroies*
en facetas (un diamante)	*Tailler un diamant à facettes*

Ladear (una cosa) á, hacia
    tal parte   *Faire pencher qc. vers un endroit*
Ladearse á alguno   *Pencher pour qn.*
    con alguno   *Commencer à se brouiller avec qn.*
Lamentarse de, por una des-
    gracia   *Se lamenter d'un malheur*
Lanzar (algo) á, contra algu-
    no   *Lancer qc. à qn.*
Lastimarse con, contra, en   *Se blesser contre, être blessé par*
    una piedra   *une pierre*
    en el pie   *Se blesser au pied*
    de alguno   *Plaindre qn.*
Lavar
    de yeso   *Crépir en plâtre*
Leer los pensamientos á al-
    guno   *Lire dans la pensée de qn.*
Levantar á, sobre, por las
    nubes   *Elever aux nues*
    la caza   *Faire lever le gibier*
Levantarse con lo ajeno   *S'en aller avec le bien d'autrui*
    en las puntas de
    los pies   *Se lever sur la pointe des pieds*
Librar
    á alguno de riesgos   *Tirer quelqu'un de péril*
Ligarse
    por, con, en indiso-
    luble nudo   *Se lier par un nœud indissoluble*
Litigar con, contra un pa-
    riente   *Plaider contre un parent*
    por pobre   *Se faire passer pour pauvre*
    sobre un mayo-
    razgo   *Plaider au sujet d'un majorat*
Ludir una cosa con otra   *Frotter une chose contre une autre*

Ll.

Llamar
    á la puerta   *Frapper à la porte*
    (la atención) á, hacia
    su persona   *Attirer l'attention sur sa personne*
    con, de Don (á al-
    guno)   *Appeler qn. don.....*
    á juicio   *Citer en jugement*
    de tú á otro   *Tutoyer qn.*
Llamarse con tal nombre   *S'appeler de tel nom*
Llegar (al cabo) con una
    empresa   *Achever une entreprise*
    de embajador   *Arriver comme ambassadeur*

Llevar

    por adelante una cosa — *Avoir une chose présente à l'esprit*

    adelante una cosa — *Poursuivre une affaire avec chaleur jusqu'au bout*

    en, con paciencia — *Endurer patiemment*

    sobre al corazón — *Avoir sur le cœur*

    (una cosa) á ejecución — *Mettre (une chose) à exécution*

    (á uno) de, por la mano — *Conduire qn. par la main*

Llevarse de alguna pasión — *Se laisser entraîner par qq. passion*

Llorar en, de, por sus pecados — *Pleurer ses péchés*

Llover

    (males) en, sobre un pueblo — *Pleuvoir (des malheurs) sur un peuple*

M

Maldecir á, de los suyos — *Maudire les siens*

Maliciar al, de ver... — *Avoir une idée malicieuse à la vue de...*

    de, en una cosa — *Interpréter malignement une chose*

Malquistarse con alguno — *Se rendre odieux à qn.*

Mamar (un vicio) con, en la leche — *Acquérir (un vice) en tétant*

Manar (sangre) de la herida — *Couler (du sang) de la blessure*

    (la herida) en sangre — *Être toute en sang (la blessure)*

Manchar (un vestido) con, de, en lodo — *Tacher (un vêtement) de boue*

Manifestarse á, con alguno — *S'ouvrir à qn.*

Mantener conversación á alguno — *Tenir conversation avec qn.*

Maquinar en, sobre alguna cosa — *Machiner qc.*

Maravillarse al, de oir algo — *S'émerveiller d'entendre qc.*

    con, de una noticia — *S'émerveiller d'une nouvelle*

Marcar á, con hierro ou á fuego — *Marquer au fer rouge*

Mear á, en la pared — *Uriner contre la muraille*

Medir á, por palmos — *Mesurer en palmes*

    (todo) con, por un rasero — *Mesurer tout également*

Medirse con sus fuerzas — *Se régler sur ses moyens*

Medrar en la hacienda — *Augmenter son bien*

Mejorar de empleo — *Obtenir un meilleur emploi*

Mejorar (á alguno) en el quinto — *Avantager qn. d'un cinquième*
de, en las costumbres — *Avoir de meilleures mœurs*
Merecer á, con, de, para con alguno — *Mériter de qn.*
Merecerse con, de alguno — *Se faire estimer de qn.*
Meterse á gobernar — *S'ingérer de gouverner*
á caballero — *Faire l'homme d'importance*
á preceptor — *Devenir précepteur*
con alguno — *Chercher noise à qn.*
en un pleito — *Se mêler d'un procès*
Mezclarse en los negocios — *Se mêler des affaires*
Mirar por alguno — *Avoir soin de qn. Songer aux intérêts de qn.*
á, hacia tal parte — *Regarder de tel côté, vers tel endroit*
Mirarse en el, al espejo — *Se regarder dans le miroir*
Modelar (su conducta) por la ajena — *Modeler sa conduite sur celle d'autrui*
Moler á, de, con azotes — *Assommer à coups de fouet*
Molerse á, de trabajar — *Se fatiguer de travailler*
Montar á caballo — *Monter à cheval*
en mula, sobre una mula — *Monter sur une mule*
Morir de poca edad — *Mourir à un âge peu avancé*
al, para el mundo — *Mourir pour le monde*
Motivar en, con buenas razones — *Motiver par de bonnes raisons*
Moverse con lo que se oye — *S'émouvoir de ce que l'on entend*
á compasión — *S'émouvoir de compassion*
Mudar aires — *Changer d'air*
de tono — *Changer de ton*
Multiplicar (los favores) en alguno — *Multiplier les faveurs envers qn.*
Murmurar de alguno — *Murmurer contre qn.*

N.

Nacer con fortuna — *Naître dans la fortune*
con, en buena estrella — *Naître sous une heureuse étoile*
Navegar para, á España — *Faire voile vers l'Espagne*
con, en papahigos — *Naviguer avec les voiles de perroquet*
de bolina — *Naviguer en sondant*
de, en conserva — *Naviguer de conserve*
Nivelarse á, con los humildes — *Se mettre au niveau des humbles*

Nutrir con, de, en buena
    doctrina   *Nourrir d'une saine doctrine*

O

Obstar (una cosa) á, para
    otra   *S'opposer (une chose) à une autre*
Obstinarse en alguna cosa   *S'obstiner à qc.*
Obviar á una dificultad, ou :
    una dificultad   *Obvier à une difficulté*
Ocultar su aflicción á, de
    alguno   *Cacher sa douleur à qn.*
Ocupar el pensamiento con,
    en trabajos   *Occuper la pensée à des travaux*
Ofender (á alguno) de, con
    palabra   *Offenser qn. en paroles*
Ofrecerse de acompañante   *S'offrir comme accompagnateur*
Oir de, en confesión   *Entendre en confession*
    con, por sus oidos pro-
      pios   *Entendre de ses propres oreilles*
Oler á rosa   *Avoir l'odeur de rose*
Olvidarse de lo pasado   *Oublier le passé*
Opinar
    en, sobre alguna cosa   *Donner son opinion sur qc.*
Optar á, por un empleo   *Opter pour un emploi*
    á los empleos   *Entrer dans les emplois*
Ordenar á, para tal fin   *Ordonner à tel effet*
    de sacerdote   *Ordonner prêtre*

P

Padecer la gota   *Souffrir accidentellement de la
      goutte*
    de la gota   *Souffrir habituellement de la
      goutte*
    con las impertinen-
      cias de otro   *Souffrir des impertinences de qn.*
Pagar á, con, en palabras   *Payer de belles paroles*
Paladearse con alguna cosa   *Savourer qc.*
Palpar con, por sus manos   *Palper avec ses mains*
Pararse á descansar   *S'arrêter pour se reposer*
    en alguna cosa   *Etre irrésolu sur qc.*
Parecerse de, en el rostro   *Ressembler de figure*
Participar de, en alguna cosa *Participer à qc.*
    una cosa   *Annoncer qc.*

Particularizarse con alguno	*Témoigner à qn. une affection particulière*
Partir á, para Italia	*Partir pour l'Italie*
á partes iguales	*Partager en parties égales*
Pasar á espada ou : por la espada	*Passer au fil de l'épée*
(de unos) á, en otros	*Passer des uns aux autres*
(un dicho) á, en, por proverbio	*Passer (une parole) en proverbe*
con la cabeza	*Dépasser de la tête*
adelante con, en el escrutinio	*Passer au scrutin*
de cruel	*Etre cruel avec excès*
(los años) por alguno	*Passer (les années) sur qn.*
Pasarse (alguna cosa) de la memoria	*Oublier qc.*
Pasmarse al, de, por, con ver	*Se pâmer à la vue de…*
Pecar de ignorante, de igno- rancia	*Pécher par ignorance*
de, por demasiado bueno	*Pécher par trop de bonté*
en largo	*Etre trop généreux*
Pedir con, de justicia	*Demander avec justice, à juste titre*
en justicia	*Recourir à la justice*
por Dios	*Demander au nom de Dieu*
por alguno	*Demander grâce en faveur de qn.*
Pegar una cosa á, con otra	*Coller une chose à une autre*
á, contra, en la pared	*Attacher contre le mur*
Pelarse por alguna cosa	*Rechercher avec ardeur qc.*
Pelear en defensa de la libertad	*Combattre pour la défense de la liberté*
por la patria	*Combattre pour la patrie*
Peligrar á, en alguna cosa	*Courir risque de qc.*
Penetrar por lo más espeso	*Pénétrer au plus épais*
Pensar en traducir ou traducir	*Penser à traduire*
Perder de vista	*Perdre de vue*
al, en el juego	*Perdre au jeu*
Perecer de, por hambre	*Mourir de faim*
Perecerse por alguna cosa	*Mourir d'envie de qc.*
Peregrinar por el mundo	*Courir le monde*
Permutar una cosa con, por otra	*Echanger une chose contre une autre*
Persuadirse con, á, de alguna cosa	*Se persuader de qc.*
Pertrecharse	
con, por un aprecio	*Estimer d'après une appréciation*
(á alguno) de sus faltas	*Se repentir (qn.) de ses fautes*
Piar por alguna cosa	*Soupirer (piailler) après qc.*

Picar de, en todo — S'entendre un peu à tout
de martinete — Donner de l'éperon
(la abeja) en una flor
ou una flor — Piquer une fleur (l'abeille)
Pintar al pastel — Peindre au pastel
de azul — Peindre en bleu
del, por el natural — Peindre d'après nature
Pleitear con, contra alguno — Plaider contre qn.
por pobre — Se donner comme pauvre
Poder (la pasión) con, en uno — Etre puissante (la passion) chez qn.
(mucho) con, para con alguno — Pouvoir beaucoup sur qn.
Ponderar alguna cosa de grande — Vanter qc. comme chose grande
Poner (una cosa) en tierra — Placer une chose à terre
(una cosa) por tierra — Mépriser une chose
(á alguno) á confesión de tormento — Mettre qn. à la torture
(á su hijo) á sastre — Etablir son fils tailleur
á uno á oficio — Mettre qn. en métier
con prisiones á alguno — Emprisonner qn.
á alguno de, por corregidor — Nommer qn. corrégidor
á alguno en cuidado — Alarmer, effrayer qn.
(cuidado) en sus dichos — Surveiller ses paroles
en limpio — Mettre au net
en olvido — Oublier
en orden — Arranger
(la lanza) en ristre — Mettre la lance en arrêt
en un tercero (la decisión — Remettre à tiers (la décision) ; avoir recours à un arbitrage
(á uno) por intendente — Nommer qn. intendant
Ponerse á punto de morir — Etre sur le point de mourir
triste con, por noticia — Devenir triste en apprenant une nouvelle
de puntillas — S'opiniâtrer
de lodo — Se couvrir de boue
al, en acecho — Se mettre à l'affût, au guet
de, en espia — Etre espion
de, en jarras — Avoir les poings sur les hanches
malo de, por comer demasiado — Avoir une indigestion
Porfiar á, en abrir la puerta — S'obstiner à ouvrir la porte
contra, con alguno — Se disputer avec qn.
en, sobre tal punto — S'opiniâtrer sur tel point
Posponer una persona á otra — Estimer moins une personne qu'une autre
Postrarse en, por tierra — Se prosterner jusqu'à terre
Precaverse del, contra el mal — Se prémunir contre le mal

Preguntar al reo, de, sobre el delito — *Interroger le coupable au sujet du délit*

por uno — *Demander des nouvelles de qn.; chercher qn.*

Preocuparse con, de una opinión — *Se préoccuper d'une opinion*

Prepararse á, para alguna cosa — *Se préparer à qc.*

Preponderar á, sobre — *Prévaloir sur*

Presentarse de, por candidato — *Se porter candidat*

Presidir á, en una junta — *Présider une assemblée*

Presumir de docto — *Se croire savant*

de, en una persona una perfidia — *Soupçonner une perfidie chez qn.*

Pretender un empleo — *Prétendre à une place*

Prevenirse à, en, para un lance — *Se préparer à un événement*

al, contra el peligro — *Se préparer au danger*

Principiar con, en, por tales palabras — *Commencer par telles paroles*

Privar con, para con el rey — *Être en faveur auprès du roi*

Probar de todo — *Goûter à tout*

Proceder á la votación — *Commencer le vote*

en la votación — *Continuer le vote*

Proclamar á uno por rey, ou rey — *Proclamer qn. roi*

Producir efecto en una persona — *Produire de l'effet sur qn.*

Profundizar en una ciencia — *Approfondir une science*

Propasarse en alguna cosa — *S'oublier en qc.*

á alguna cosa — *En arriver à qc.*

Proponer á alguno por arbitro — *Proposer qn. pour arbitre*

para la elección — *Proposer qn. pour l'élection*

Proporcionar el gasto á, con las rentas — *Proportionner la dépense aux revenus*

Proporcionarse á, con, para alguna cosa — *Se rendre propre à qc.*

Proseguir en, con su camino — *Continuer son chemin*

Prosternarse en tierra — *Se prosterner à terre*

á, para suplicar — *Se prosterner pour supplier*

Protestar de su inocencia ou : **Protestar** su inocencia — *Protester de son innocence*

Proveer (un empleo) en alguno — *Conférer un emploi à qn.*

Provocar á ira — *Mettre en colère*

Pudrirse de, por todo — *Se consumer de chagrin à tout propos*

Q

Quedar en hacer (una cosa)	*Promettre de faire une chose*
(con alguno) en mala opinión	*Conserver une mauvaise opinion de qn.*
de asiento	*Résider*
un lote por alguno	*Cautionner qn.*
(una cosa) por hacer	*N'être pas encore faite (une chose); rester à faire*
(camino) por andar	*Rester, avoir (du chemin) à faire*
Quedarse de asiento en alguna parte	*Se fixer qq. part*
Quemarse de, con, por alguna palabra	*S'offenser de quelque parole*
por alguna cosa	*Brûler d'envie d'avoir qc.*
Quitarse de pleitos	*Laisser là, éviter les procès*

R

Rabiar de hambre	*Avoir grand'faim*
por alguna cosa	*Désirer ardemment qc.*
Rayar con la virtud	*Briller par la vertu*
Rebosar (el vaso) con, de, en agua	*Déborder (le verre) d'eau*
Recabar una cosa con, de alguno	*Obtenir une chose de qn.*
Recalcarse en lo dicho	*Redire plusieurs fois*
Recatarse de alguno	*Etre réservé vis-à-vis de qn.*
Recetar medicinas á, para alguno	*Ordonner des remèdes à qn.*
Recibir en su homenaje (á otro)	*Admettre qn. à rendre hommage*
Recibirse de abogado	*Se faire recevoir avocat*
Reclamar (tal cosa) á, de fulano	*Réclamer qc. à un tel*
Reclinarse en sobre una almohada	*Se reposer sur un coussin*
Reconvenir á alguno con, de, por, sobre alguna cosa	*Convaincre qn. de qc.*
Recostarse en, sobre una silla	*Se reposer sur une chaise*
Recrearse con, en la pena de otro	*Prendre plaisir au chagrin d'autrui*
Rechinar de dientes ou : **Rechinar los dientes**	*Grincer des dents*

Reducir (algo) á, en una mitad — *Réduire qc. à la moitié*

Redundar en beneficio — *Tourner au profit*

Reflejar (la luz) en, sobre un plano — *Se refléter (la lumière) sur une surface*

Reflexionar en, sobre tal materia — *Faire des réflexions sur tel sujet*

Refocilarse con alguna cosa — *Se complaire à qc.*

Regalar (á alguno) con un caballo ou : **Regalar** á alguno en caballo — *Faire présent d'un cheval à qn.*

Regir de vientre — *Avoir le ventre libre*

Reglarse á lo justo — *Se régler sur la justice*

Regodearse en, con alguna cosa — *Se plaire, se délecter à qc.*

Reinar en, sobre los corazones — *Régner sur les cœurs*

Reintegrar de, en su hacienda — *Réintégrer dans sa fortune*

Rematar en, por el mejor postor — *Adjuger au plus offrant*

Remontarse hasta, á las nubes — *S'élever jusqu'aux nues*

Remorder de, por alguna falta — *Causer des remords par une faute*

Rendirse por, á, con, de la fatiga — *Etre rendu de fatigue*

Renegar de alguna cosa — *Renier qc.*

en alguna cosa — *Renoncer à qc.*

Renunciar á, de un proyecto ou : **Renunciar** un proyecto — *Renoncer à un projet*

algo en otro — *Renoncer à qc. en faveur de qn.*

Reparar en dificultades — *S'arrêter à des difficultés*

Repararse en la artillería — *Se défendre avec l'artillerie*

de la artillería — *Se mettre à couvert des coups de l'artillerie*

Repartir á, entre muchos — *Partager entre plusieurs*

á, en, por iguales partes — *Partager en parties égales*

Reprender de, por sus faltas (á alguno) ou : **Reprender** sus faltas á alguno — *Blâmer qn. de ses fautes*

Resarcir (á alguno) de un perjuicio ou : **Resarcir** un perjuicio — *Dédommager qn. d'un préjudice*

Resbalar en, con, sobre el hielo — *Glisser sur la glace*

Resbalarse de, de entre, entre las manos — *Glisser des mains*

Resentirse con, contra alguno — *Garder rancune à qn.*

del, en el costado — *Avoir mal au côté*

Resfriarse con alguno en la amistad	*Être en froid avec qn.*
Resguardarse de alguno	*Se précautionner contre qn.*
Resignarse á, con, en su suerte	*Se résigner à son sort*
Resolverse á, por lo peor	*Se résoudre au pire*
Resonar (la ciudad) con, de, en cánticos de gozo	*Résonner (la ville) de chants de joie*
Respaldarse con, contra la pared	*S'appuyer contre la muraille*
Responder con su cabeza	*Répondre sur sa tête*
de, por una persona	*Répondre d'une personne*
en, por boca de otra	*Répondre par la bouche d'une autre personne*
Retar á muerte	*Provoquer à mort*
(á uno) de traidor	*Accuser qn. de trahison*
Retirarse á, en su celda	*Se retirer dans sa cellule*
con, en buen orden	*Se retirer en bon ordre*
Retractarse de lo dicho	*Rétracter ce que l'on a dit*
Retraerse á, en su casa	*Se réfugier chez soi*
Reventar por hablar	*Mourir d'envie de parler*
de comer	*Avoir une indigestion*
(alguno) de risa ou : **Reventar la risa á alguno**, ou : **Reventar en una carcajada**	*Crever de rire*
Revestir (á alguno) con, de poderes	*Revêtir qn. de pouvoirs*
Rodear (á alguno) por todas partes	*Entourer qn. de tous côtés*
Rogar con la paz	*Demander la paix*
Romper á, en llorar	*Se mettre à pleurer*
Rozarse con su hermano	*Ressembler à son frère*

S.

Saber una cosa al dedillo	*Savoir une chose sur le bout du doigt*
á vino	*Avoir le goût ou l'odeur du vin*
de trabajos	*Connaître la peine*
de cocina	*Se connaître en cuisine*
de memoria, de coro	*Savoir par cœur*
(poco) de, en astronomia	*Savoir peu de chose en astronomie*
Saborearse en, con los manjares	*Savourer les mets*

Sacar (una cosa) á la plaza	*Rendre une chose publique*
un libro á luz	*Mettre un livre au jour, le publier*
á uno de cuidado	*Tirer qn. de souci*
de pila	*Tenir un enfant sur les fonts baptismaux*
(en retrato) de perfil	*Faire un portrait de profil*
(á alguno) de pobre	*Tirer qn. de la pauvreté*
de mendigar	*Tirer de la mendicité*
en limpio	*Mettre au net*
Saciarse con, de, en dulces	*Se rassasier de confitures*
Sacrificar la vida á, por Dios	*Consacrer sa vie à Dieu*
Sacrificarse á, por sus hijos	*Se sacrifier pour ses enfants*
Salir (una senda) á tal camino	*Aboutir (un sentier) à tel chemin*
á campaña	*Se mettre en campagne*
los colores á la cara	*Venir (les couleurs) au visage*
al encuentro (á alguno)	*Aller au-devant de qn.*
á recibir á alguno	*Aller au-devant de qn.*
á su padre	*Ressembler à son père*
con su padre	*Sortir avec son père*
de su padre	*Etre affranchi de la puissance paternelle*
por su padre	*Se porter garant de son père*
con algo	*Réussir en qc.*
(algo á alguno)	*Revenir comme dépense (cela me revient à...)*
á, en, por veinte reales la vara	*Revenir à vingt réaux par vara*
á la prueba	*S'offrir à donner une preuve*
con la prueba	*Donner une preuve d'une manière satisfaisante*
de la prueba	*Achever de donner une preuve, bien ou mal*
con una mercancia	*Se présenter avec une marchandise*
de una mercancia	*Se défaire d'une marchandise, la vendre*
á la palestra	*Se mettre sur les rangs*
á pasear	*Aller se promener*
á alguna cosa	*Se présenter pour qc.*
con la suya	*En venir à ses fins*
con una tonteria	*Rabâcher une niaiserie*
de regidor	*Achever son temps d'échevin*
regidor	*Etre nommé échevin*
con una empresa	*Mener une entreprise à bonne fin*
de una empresa	*N'être plus intéressé dans une affaire*
á, en la colada	*Passer à la lessive*
por fiador ou salir fiador	*Se porter caution, répondre pour qn.*
de la regla	*S'écarter de la règle*
Salirse con su pretensión	*Obtenir ce à quoi l'on prétendait*

Saltar á, en tierra	*Sauter à terre, débarquer*
Satisfacer á la pregunta ou : Satisfacer la pregunta	*Satisfaire à la demande*
á alguno de la duda	*Tirer qn. du doute*
por la deuda	*Payer la dette*
por las culpas	*Expier ses fautes*
Satisfacerse por sus ojos	*Se convaincre par ses yeux*
del, con el dinero	*Etre satisfait de l'argent*
Segregar (á alguno) á, de alguna parte	*Mettre qn. à part*
Seguirse (una cosa) á, de otra	*Se suivre (deux choses)*
Sentar en la silla	*S'asseoir sur la chaise*
Sentenciar al reo á presidio	*Envoyer l'accusé aux galères*
Sentir con otro	*Avoir la même opinion qu'une autre personne. Ressentir le chagrin d'une autre personne*
dolor de, en los riñones	*Avoir mal aux reins*
Sentirse con ánimo para	*Se sentir le courage de*
Señalar un papel por la pauta	*Régler un papier*
Ser (una cosa) á, del gusto de todos	*Etre du goût de tout le monde (une chose)*
con alguno	*Traiter, parler avec qn.*
de alguno	*Suivre le parti de qn.*
parte para alguna cosa	*Servir à qc.*
parte en alguna cosa	*Avoir de l'influence pour qu'une chose ait lieu*
de día, de noche	*Faire jour, nuit*
Servir para algo	*Servir (par destination) à qc.*
de algo	*Servir accidentellement à qc.*
á alguno	*Servir qn.*
de mayordomo	*Servir de majordome*
á, de, para distraer	*Servir à distraire*
de madre á alguno	*Servir de mère à qn.*
en la marina	*Avoir du service dans la marine*
Servirse de aceptar ou : Servirse aceptar	*Daigner accepter*
Silbar á, en los oidos	*Siffler aux oreilles*
Sisar de, en la compra	*Tromper sur les achats ; faire danser l'anse du panier*
Sobrellevar (los trabajos) con, en paciencia	*Endurer les peines avec patience*
(á alguno) en sus trabajos	*Soulager qn. dans ses peines*
Sobresaltarse con, de, por la noticia	*S'alarmer de la nouvelle*
Sobreseer en la causa	*Surseoir à la cause*
Solazarse con, en fiestas	*Se récréer par des fêtes*
Solicitar con el, del príncipe (una gracia)	*Solliciter une grâce du prince*
Soltarse á, en andar	*S'habituer à marcher*

Sonar á hueco	*Sonner le creux*
(alguna noticia) en, hacia tal parte	*Etre répandue (une nouvelle) dans tel endroit*
Sonsacar alguna cosa á alguno	*Arracher adroitement un secret à qn.; lui tirer les vers du nez*
Soñar á ojos abiertos	*Rêver les yeux ouverts*
á, con su amigo	*Rêver à son ami*
en una cosa	*Songer à une chose*
una cosa	*Rêver une chose*
Soplar (el viento) de, por tal parte	*Souffler (le vent) de tel côté*
Soportar con, en paciencia	*Supporter avec patience*
Sorprender en	*Surprendre à*
con alguna cosa	*Surprendre par qc.*
Sospechar (la traición) de, en alguno	*Soupçonner la trahison chez qn.*
Sostener con, en las brazos	*Soutenir avec les bras*
Subir á alguna parte	*Monter dans qq. endroit*
al, en el púlpito	*Monter en chaire*
en, sobre una silla	*Monter sur une chaise*
Subrogar una persona con, por, en lugar de otra	*Subroger une personne*
Subsistir con el, del auxilio ageno	*Subsister avec le secours d'autrui*
Substituir á, por alguno	*Substituer à qn.*
Substraerse de la obediencia	*Se soustraire à l'obéissance*
Sudar por la cabeza	*Suer de la tête*
en el trabajo ou : en trabajar	*Suer à force de travail*
Sufrir con, en paciencia	*Souffrir avec patience*
algo con, á, de uno	*Endurer qc. de qn.*
Suplicar de la sentencia	*Appeler de la sentence*
Suplir por algúno	*Suppléer qn.*
Surgir (la nave) en el puerto	*Toucher (le navire) au port*
Suspirar por el mando	*Soupirer après le commandement*
Sustentarse de, con yerbas	*Se nourrir d'herbes*
Sustituir á, por alguno	*Remplacer qn.*
(un poder) en alguno	*Substituer un pouvoir à qn.*
Sustraerse, á de la obediencia	*Se soustraire à l'obéissance*

T.

Tachar á uno de ligero	*Blâmer qn. d'être léger*
Tachonar de, con florones de oro	*Orner de fleurons d'or*
Tañer en la vihuela ou : Tañer la vihuela	*Jouer de la guitare*

Tardar en venir	*Tarder à venir*
Tasar (las peras) á, en dos cuartos	*Taxer (les poires) à deux cuartos*
Tejer una tela con, de seda	*Tisser une toile avec de la soie*
Temer de, por su salud	*Craindre pour sa santé*
Temerse de alguno	*Craindre qn.*
Tener (devoción) á, con una imagen	*Révée une image*
de repuesto	*Avoir de réserve*
cuenta de, con una persona	*Avoir de la considération ou du soin pour une personne*
obligación á, de hacer algo	*Etre obligé à faire qc.*
de hacer algo	*Manifester l'intention de faire qc.*
fe á, con, en los milagros	*Ajouter foi aux miracles*
en cuidado una cosa	*Etre en alerte à cause d'une chose*
el alma en, entre los dientes	*Avoir la mort entre les dents*
ánimo de, para hacer una cosa	*Former le projet de faire une chose ; avoir le courage de la faire*
á, por honra (algo)	*Avoir qc. à honneur*
á, por milagro (una cosa)	*Tenir une chose pour miraculeuse*
por loco á alguno	*Regarder qn. comme fou*
para sí	*Etre persuadé*
(cuidado) con, de su casa	*Prendre soin de sa maison*
influjo con, sobre una persona	*Avoir de l'influence sur qn.*
(una cosa) de, en, por costumbre	*Avoir qc. pour coutume*
anhelo de, en, por, sobre salir	*Désirer vivement sortir*
en poco	*Estimer peu*
derecho en, sobre una finca	*Avoir droit sur une hypothèque*
(á uno) por otro	*Prendre une personne pour une autre*
que responder	*Avoir à répondre*
Tenerse por sabio	*Se croire savant*
en más que otro	*S'estimer plus qu'un autre*
Teñir con, de azul	*Teindre en bleu*
Terminar con, en, por las mismas letras	*Finir par les mêmes lettres*
Testar de sus bienes	*Disposer de ses biens par testament*
Tirar al florete	*Tirer du fleuret*
á verde	*Tirer sur le vert*
de la espada	*Dégaîner l'épée*
la espada	*Lever l'épée, la jeter*
(á uno) de, por los ça-	

bellos	*Tirer qn. par les cheveux*
á, hacia, por tal parte	*Tirer vers tel endroit*
Tocar á recoger	*Battre la retraite : battre en retraite*
una cosa	*Toucher, palper une chose*
á degüello	*Sonner le massacre*
á, en, una cosa	*En arriver à une chose*
á muerto	*Sonner le trépas*
á rebato	*Sonner le tocsin*
en	*Toucher à. ; être contigu à*
en el punto de la dificultad	*Toucher au point de la difficulté*
(un son) á, en la guitarra	*Jouer un air sur la guitare*
con, por sus manos	*Toucher avec ses mains*
(con la cabeza) en el techo ou Tocar el techo	*Toucher le toit avec la tête*
Tolerar con, en paciencia	*Tolérer patiemment*
Tomar á, por su cuento (una cosa)	*Prendre qc. à son compte*
armas con alguno	*Prendre les armes contre qn.*
(algo) con paciencia	*Supporter qc. patiemment*
(el libro) con, en, entre las manos	*Prendre le livre en mains*
(las armas) de, en los arsenales	*Prendre les armes dans les arsenaux*
venganza de, en alguno	*Se venger de qn.*
un soneto de, en la memoria	*Retenir un sonnet*
á una señora de, por la mano	*Prendre une dame par la main*
pesar de, por un suceso	*Se chagriner d'un événement*
(una plaza) por asalto	*Prendre une place d'assaut*
Tomarse con, por la humedad	*Se rouiller par suite de l'humidité*
de orín	*Se couvrir de rouille*
Topar con, contra, en algo	*Heurter qc.*
Tornar á alguna parte	*Retourner dans qq. endroit*
de alguna parte	*Revenir de qq. endroit*
Trabajar al remo	*Travailler à ramer*
en alguna cosa	*Travailler à qc.*
Trabar en algo	*Disputer sur qc.*
de alguno	*Saisir qn.*
una cosa con, de otra	*Lier une chose à une autre*
Trabarse de palabras	*Se disputer*
en las palabras	*Bégayer*
Traducir (del francés) al, en español	*Traduire du français en espagnol*

Traer una cosa á alguna parte — *Apporter qc. dans qq. endroit*
(á alguno) á la melena — *Contraindre qn.*
(á uno) al estricote — *Amuser qn. par de vaines promesses*
Traficar en drogas — *Trafiquer sur les drogues*
Trasferir (alguna cosa) á, en otra persona — *Transférer qc. à qn.*
Trasladar al papel — *Coucher par écrit*
del griego al, en castellano — *Traduire du grec en espagnol*
Traspasar á, en uno (su derecho) — *Transférer un droit à qn.*
(á alguno) con una espada — *Transpercer qn. d'une épée*
Trasplantar á, en otra región — *Transplanter dans une autre région*
Trasportarse al, en contemplar — *Être transporté en contemplant*
Tratar á baqueta, á la baqueta (á otro) — *Mener qn. à la baguette*
con alguno — *Fréquenter qn.*
de agradar — *Chercher à plaire*
de, sobre alguna cosa — *Discourir sur qc.*
en lanas — *Faire le commerce de laines*
de lanas — *Parler de laines*
Tratarse de tú — *Se tutoyer*
Trepar por la pared — *Grimper sur la muraille*
Trocar (una cosa) con, en, por otra — *Échanger une chose contre une autre*
de papeles — *Changer de rôles*
Tropezar con, en, contra alguna cosa — *Se heurter, broncher contre qc.*
con alguno — *Rencontrer qn.*

U.

Ufanarse con, de, por sus hechos — *Se vanter de ses hauts faits*
Usar crueldad con, contra alguno — *Être cruel envers qn.*
de buenas palabras ou :
Usar buenas palabras — *User de bonnes paroles*
Usurpar alguna cosa á, de alguno — *Usurper qc. sur qn.*
Utilizarse con, de, en alguna cosa — *Tirer parti, profiter de qc.*

V.

Vacar á, en los estudios — *Vaquer aux études*

Valuar (una cosa) á, en, por tal precio — *Évaluer à tant*

Vanagloriarse de, por su estirpe — *Tirer vanité de son extraction*

Varar en la playa — *Échouer sur la plage*

Velar á, en, sobre alguna cosa ou : Velar alguna cosa — *Veiller à qc.*

Vencer á, con, por traición — *Vaincre par trahison*

Vender al contado — *Vendre argent comptant*

á, en, por tal precio — *Vendre à tel prix*

de contado — *Vendre à l'instant*

por destayo, à la menuda — *Vendre en détail*

Vengar (una ofensa) en una persona — *Venger une offense sur une personne*

en algo — *Consentir à qc.*

Venir por algo — *Venir chercher qn.*

en lo que dice alguno — *Comprendre ou approuver ce que dit qn.*

sobre la ciudad — *Attaquer la ville*

Venirse á buenas — *S'accommoder à l'amiable*

Ver (el fin) á, de una guerra — *Voir la fin d'une guerre*

Vestirse de paño — *S'habiller en drap*

de gala — *Prendre ses meilleurs habits*

Violentarse á, en alguna cosa — *Se violenter en qc.*

Vivir con, en la ignorancia — *Vivre dans l'ignorance*

con, por sus manos — *Vivre du travail de ses mains*

Volar por el aire — *Voler en l'air*

Volver á la razón — *Recouvrer la raison*

en razón de tal cosa — *Retourner pour tel motif*

por la verdad — *Défendre la vérité*

por alguno — *Prendre le parti de qn.*

por la razón — *Défendre ce qui est juste*

á ver, á decir — *Revoir, redire*

Z.

Zafarse de alguno — *Éviter qn.*

Zapatearse con alguno — *Tenir tête à qn.*

Zelar sobre la conducta ou : Zelar la conducta — *Épier la conduite*

Zozobrar contra, en un escollo — *Faire naufrage sur un écueil*

III. SYNTAXE DE SUBORDINATION.

846 — Après un verbe ayant le sens de *promettre, espérer, croire, dire, savoir*, le verbe subordonné se met à l'indicatif.

Ex.: *Je promets que je partirai*, **prometo que partiré.**
J'espère que tu sortiras, **espero que saldrás.**
Je dis que j'irai à Séville, **digo que iré à Sevilla.**
Je dis qu'il y a du monde, **digo que hay gente.**

Mais souvent on emploie elliptiquement certaines de ces phrases : **que hay gente**, voudra dire : *je dis qu'il y a du monde*, ou : *attention, car il y a du monde.*

847 — Lorsque la phrase exprime un doute, après les verbes ayant le sens de *promettre, espérer*, le verbe subordonné peut se mettre au subjonctif : dans ce cas, le présent du subjonctif espagnol traduit le futur de l'indicatif français, et l'imparfait du subjonctif espagnol traduit le conditionnel français.

Ex.: *J'espère que tu sortiras*, **espero que salgas.**
Je croyais qu'il tomberait, **creía que cayese.**

848 — Quand deux verbes ont le même sujet, le verbe subordonné peut se mettre à l'infinitif sans préposition.

Ex.: *Je promets de t'écrire*, **prometo escribirte.**

849 — Après les verbes indiquant un doute, une supposition, une négation ou une interrogation, le verbe subordonné se met au subjonctif.

Ex.: *Je ne pense pas qu'il soit soldat*, **no pienso que sea soldado.**
Ne croyez-vous pas que cela soit faux?¿ **No cree V. que esto sea falso?**

Si la forme seule de la phrase est interrogative, et que la réponse doive être affirmative dans la pensée de la personne qui parle, le verbe subordonné se met à l'indicatif.

Ex.: *Ne savez-vous pas que je suis soldat?¿* **No sabe V. que soy soldado ?**

850 — Après les verbes marquant le désir, la prière, la tendance, la volonté, l'empêchement, la défense, la demande, la recommandation, le verbe subordonné se met au subjonctif précédé de **que**, sans qu'on puisse y substituer l'infinitif, même si le verbe français est suivi de la préposition *de* et d'un infinitif.

Ex.: *Il me recommanda de garder son palais*, **me encomendó que custodiase su palacio.**

Je lui demandai de retourner à Rome, **le rogué que volviese á Roma**

Je désire que tu sois content, **deseo qun seas contento.**
Je lui dirai de paraître content, **le diré que parezca contento.**
Je te prie de m'enseigner cela, **te ruego que me enseñes eso.**
Mais quelquefois on supprime le **que :**
· Ex.: **me encomendó custodiase su palacio.**
le rogué volviese á Roma, etc…, etc.…

851 — La négation qui, en français, suit les verbes *empêcher* et *défendre*, ne se traduit pas :

Ex.: *J'empêcherai qu'on ne le tue,* **impediré que le maten.**

852 — Lorsque le verbe français est suivi de la préposition *de* et d'un infinitif, et que le sujet des deux verbes est le même, le verbe subordonné se met à l'infinitif sans préposition.

Ex. : *Je tâcherai de lui écrire,* **procuraré escribirle.**

853 — Après les verbes exprimant la crainte, le verbe subordonné se met au subjonctif et la négation française *ne* ne se traduit pas.

Ex.: *Je crains qu'il ne parle,* **temo que hable.**

Mais on traduira avec négation : *Je crains qu'il ne parle pas,* **temo que no hable.**

Quand les verbes exprimant la crainte sont suivis, en français, de la préposition *de* et d'un infinitif, le verbe subordonné se met, en espagnol, à l'infinitif sans préposition : *il craint de parler à haute voix,* **teme hablar en alta voz.**

854 — Le verbe subordonné se met, en espagnol, au subjonctif :

1° Après les verbes impersonnels : *il serait nécessaire que je sorte de la ville,* **sería necesario que salga de la ciudad.** On pourrait également, après les verbes unipersonnels, mettre le verbe subordonné à l'infinitif sans préposition : *il serait nécessaire de sortir,* **sería necesario salir.**

2° Après les locutions conjonctives et conjonctions terminées par **que** (**aunque, para que** etc…) : *je lui parle pour qu'il se taise,* **le hablo para que se calle.** Cependant, après **aunque** et **así que,** si la phrase exprime un fait affirmatif, le verbe subordonné peut se mettre à l'indicatif : *quoique ce chien ait quinze ans, il mord,* **aunque este perro tiene quince años de edad, muerde.**

3° Après la conjection **como,** dans le sens de : *pourvu que, en cas que : pourvu qu'il me paie demain, je ne le tuerai pas* — **como me pague mañana, no le mataré.** Mais quand **como** a le sens de *comme, attendu que,* le verbe subordonné se met à l'indicatif : *comme il dort beaucoup, il ne peut sortir avant midi* — **como duerme mucho, no puede salir antes de mediodia.** On met quelquefois aussi le verbe subordonné à l'indicatif, lorsque **como** a le sens de *comme, dès que : comme nous sortions de chez nous, nous rencontrâmes Monsieur un tel* — **como salíamo de casa, encontramos al señor Fulano.**

855. — Dans les phrases négatives, interrogatives, ou exprimant le doute, le verbe subordonné qui suit un relatif, se met au subjonctif :

Connais-tu un homme qui soit riche ? — ¿ **conoces á un hombre que sea rico ?**

856. — Quand un verbe, au futur de l'indicatif français, suit un relatif indéfini, il se met, en espagnol, au présent ou au futur du subjonctif : *celui qui criera sera écouté* — **el que grite,** ou : **el que gritare, será escuchado.**

857. — Le futur de l'indicatif français précédé de *autant de..... que,* se traduit par le présent ou le futur du subjonctif espagnol, et *autant de..... que* se traduit par **cuanto** qui s'accorde avec le régime du premier verbe : *ce général aura autant de soldats qu'il voudra,* **este general tendrá cuantos soldados quiera.** ou : **cuantos soldados quisiere.**

858. — Le verbe subordonné se met, en espagnol, à l'indicatif, après un relatif précédé soit d'un superlatif, soit d'un des mots : **único ;** *unique, seul* — **primero ;** *premier—* **último :** *dernier,* lorsqu'il est, en français, au subjonctif : *c'est le premier cheval qui me plaise,* **es el primero caballo que me gusta** — *ce chien est le plus beau que j'aie vu,* **este perro es el más bello que he visto.**

Mais, si le verbe subordonné est, en français, au futur de l'indicatif, il se met, en espagnol, au présent du subjonctif: *le premier qui mourra,* **el primero que muera** — *le dernier qui parlera,* **el último que hable.**

859. — Après les verbes : **dudar,** *douter* — **ignorar,** *ignorer,* et autres ayant la même signification, suivis de **si,** le verbe subordonné qui est, en français, au présent ou au futur de l'indicatif précédés de la conjonction *si,* ou au présent du subjonctif précédé *que,* se met, en espagnol, au présent du subjonctif : *je ne sais s'il viendra,* **no sé si vendrá.**

Il en est de même avec les verbes *imaginer, penser, croire,* et autres semblables.

860. — Quand le premier verbe d'une phrase est à l'imparfait, au prétérit ou au plus-que-parfait de l'indicatif, le verbe subordonné se met, en espagnol, à l'imparfait du subjonctif.

Ex. : *il lui demandait de lui envoyer des livres,* **le pedia que le enviara,** ou **enviase libros.**

il supplia son père d'entendre ses paroles, **suplicó á su padre que oyera,** ou : **que oyese sus palabras**

il lui avait dit de travailler, **le habia dicho que trabajara,** ou : **que trabajase.**

Comme on le voit par ces exemples, l'imparfait du subjonctif espagnol, subordonné, traduit l'infinitif français, et le *de* qui précède cet infinitif est rendu par le **que** espagnol.

861. — Quand le premier verbe d'une phrase est au parfait ou au futur antérieur de l'indicatif, le verbe subordonné se met, en espagnol, au présent ou à l'imparfait du subjonctif.

Ex. : *il a demandé qu'on le laisse en liberté,* **ha pedido que le dejen,** ou **que le dejaran,** ou **que le dejasen en libertad.**

Il aura demandé qu'on le laisse en liberté, **habrá pedido que le dejen**, ou **que le dejaran**, ou : **que le dejasen en libertad**.

862. — La préposition française *de,* entre un infinitif et les verbes *craindre, résoudre, tâcher, il importe,* ne se traduit pas en espagnol.

863. — La préposition française *de* entre un infinitif et les verbes *dire, ordonner, prier, persuader,* etc... se rend par **que** et le présent du subjonctif, quand il s'agit d'une action présente ; par **que** et l'imparfait du subjonctif, quand il s'agit d'une action passée.

864. — La préposition française *à*, entre un infinitif et le verbe *engager* se traduit par **que** et le subjonctif.

865. — Les verbes *craindre, avoir peur, appréhender*, et les locutions *de crainte que, de peur que,* demandent le verbe subordonné au subjonctif, quand on ne souhaite pas la chose ou l'action dont il s'agit ; ils demandent le verbe subordonné au subjonctif avec négation quand on souhaite la chose ou l'action dont il s'agit.

866. — Dans les cas où les verbes français *douter, nier, empêcher* demandent la négation devant le verbe subordonné au subjonctif, les verbes espagnols qui les traduisent ne la demandent pas.

867. — Quand une proposition subordonnée commence par une conjonction conditionnelle, comme : **si, bien que, aunque,** etc..., le verbe subordonné se met à l'imparfait du subjonctif.

Ex.: *même s'il y avait la guerre, le commerce ne cesserait pas —* **aunque hubiera,** ou **hubiese guerra, no cesaría el comercio.**

869. — Les verbes passifs français ayant pour sujet un nom de chose inanimée, sont généralement traduits par des verbes pronominaux : *la maison fut ruinée*, **la casa se arruinó.**

CHAPITRE XVIII.

LES IDIOTISMES

870. ÊTRE.

C'est moi	Soy yo
C'est toi	Eres tú
C'est nous	Somos nosotros
Ce sont eux	Son ellos
C'est le chien de Pierre	Este es el perro de Pedro
Ce sont les chats de la maison	Estos son los gatos de la casa
C'est triste	Es triste
Ce sont des hommes	Son hombres
Le voici, la voici	Este es, esta es
Ce qui m'attriste, c'est sa mort	Lo que me entristece, es su muerte
C'est lui qui l'a fait	El es quien lo hizo
Ce sont eux que j'ai vus	Ellos son que he visto
Ce n'est pas la gloire qui me tente	No es la gloria la que me tienta
C'est toi qui as parlé ?	¿ Eres tú, el que, ou quien ha hablado ?
Ce furent les Arabes qui conquirent l'Espagne	Lo Árabes fueron los que ou fueron quienes conquista on à España
C'est à toi que je parle	A ti es à quien hablo.
C'est de toi que je parle	De ti es de quien hablo
C'est dans la ville que (où) je suis heureux	En la ciudad es donde soy feliz.
C'est par Madrid que je passerai	Por Madrid pasaré — Por Madrid he de pasar.
Est-ce que vous parlez ?	¿ Hablar V. ?
Qu'est-ce ? Qu'est ceci ? Qu'est-ce que ceci ?	¿ Qué es eso ?

Qu'est-ce que ces hommes ?	¿ Qué hombres son esos ?
N'est-ce pas ? N'est-il pas vrai ?	¿ No es verdad ?
C'est une barbarie que de frapper un enfant	Es una barbaridad herir ou el herir á un niño.
Ce n'est pas qu'il n'eût pas de la force	No es decir que no tuviese fuerza.
C'est-à-dire	Es decir, esto es, es á saber.
C'est à moi de payer	A mí me toca pagar.
C'est à lui de partir	A él le toca irse.
Il en est ainsi	Es así.
En est-il ainsi ?	¿ Es así ?
Il en est autrement	Es de otro modo
En est-il autrement ?	¿ Es de otro modo ?
Il en est de Pierre comme de Paul	Sucede con Pedro lo que con Pablo, ou : sucede con Pedro lo mismo que Pablo, ou : puede decirse de Pedro lo mismo que de Pablo ou : es de Pedro lo que es de Pablo.
Que deviens-je ?	¿ Qué es de mí ?
Que deviens-tu ?	¿ Qué es de ti ?
Que devenons-nous ?	¿ Qué es de nosotros ?
Cet homme en est là	Este hombre llega á este punto.

871 —   AVOIR

J'ai à parler demain	Mañana he de hablar ou mañana tengo que hablar.
Tu peux parler	Tienes de hablar.
J'ai beau dire	Por más que diga ou por mucho que diga.
(si *avoir* est au présent ou au futur de l'indicatif, le verbe espagnol se met au présent du subjonctif).	
J'eus beau faire	Por más que hice ou por mucho que hice
J'aurais beau crier, tu ne m'entendrais pas	No me oirías si gritase.
Il a de la peine à marcher	Le cuesta trabajo andar ou tiene trabajo en andar
J'ai à cœur cette affaire	Tomo á mi cargo este asunto, ou tomo á mi cuidado este asunto, ou tomo á pechos este asunto ou tengo empeño en este asunto.

872. — DIVERS

Je vais sortir	**Voy á salir** ou **estoy para salir.**
Cinq heures vont sonner	**Estan para dar** ou **van á dar las cinco**
Allons, parle	**Anda, habla**
Allons, parlez	**Andad, hablad**
N'allez pas croire que je vous trompe	**No vaya V. á creer que le engaño** ou **cuidado con creer que le engaño**
Je viens de chanter	**Acabo de cantar**
Je ne fais que d'arriver	**Acabo de llegar**
Je ne fais que chanter	**No hago sino cantar** ou **no hago otra cosa que cantar,** ou **no hago más que cantar**
Il doit être parti	**Se habrá ido ya**
Elle ne doit pas être arrivée	**No habrá llegado**
Je dois écrire ce matin.	**Debo escribir esta mañana,** ou **debo de escribir,** ou **he de escribir,** ou **tengo que escribir**
Il faut dire que...	**Es de decir que...** ou **hay que decir que...**
Il serait à désirer	**Sería de desear**
Il faudra de la force	**Se necesitará fuerza**
Il faudrait des hommes	**Se necesitarían hombres**
Il faut que cela soit	**Es menester que esto sea** ou **se ha de ser esto**
Il fallait qu'il fût bien malade	**Muy enfermo había de estar**
Faut-il que je meure?	**¿He de morir?** ou **¿qué haya de morir?**
Faut-il qu'ils soient riches!	**¡qué ricos han de ser!** ou **¡qué hayan de ser tan ricos!** ou **¡es posible que sean tan ricos!**
Il s'en faut de peu	**Poco falta** ou **por poco falta,** ou **está en poco**
Il ne s'en faut que de trois	**Solo faltan tres,** ou **por tres falta,** ou **solo está en tres**
Il s'en faut de beaucoup que tu sois grand	**Falta mucho para que seas grande** ou **está en mucho que seas grande**
Il s'en fallut de peu qu'il ne tombât, ou peu s'en fallut qu'il ne tombât	**Ha faltado poco para que cayese,** ou **estuvo en poco que cayese**
Il ne tint à rien qu'il ne tombât, ou il fut sur le point de tomber, ou il fut au moment de tomber	**No estuvo en nada que cayese,** ou **estuvo á punto de caer,** ou **estuvo á pique de caer,** ou **no estuvo en nada en caer**

Il est à la veille de mourir — Está á punto de morir ou está á pique de morir

Tu n'es pas grand, il s'en faut de beaucoup — No eres grande, mucho falta, ou no eres grande con mucho

Tu n'es pas grand, tant s'en faut, ou tant s'en faut que tu sois grand — No eres grande ni en mucho, ou no eres grande ni con mucho

Tant s'en faut que je déteste Pierre, qu'au contraire je lui viens en aide, ou je suis si loin de détester Pierre qu'au contraire je lui viens en aide — Aborrezco tanto menos à Pedro, cuanto que, por el contrario le socorro, ou tan lejos estoy de aborrecer á Pedro, que por el contrario le socorro

Nous avons manqué de broncher — Por poco hemos tropezado

Tu n'aurais pas manqué de parler — No habrias dejado de hablar ou no habrias podido menos de hablar

Il pouvait être trois heures quand il mourut — Serian las tres cuando murió

Cette maison pouvait contenir trois familles — Cabrian en esta casa tres familias.

Puissé-je te voir demain! — ¡Ojalá te vea mañana! ou ¡Ojalá pueda verte mañana!

Que ne puis-je te voir! — ¡Que no pueda verte!

Je ne saurais parler — No puedo hablar.

Je ne saurais m'empêcher de chanter — No puedo impedirme, ou abstenerme de cantar, ou no puedo menos de cantar.

Vous ne sauriez croire, ou on ne saurait croire combien il est fort — Apenas ou con dificultad creeria V. lo que es fuerte.

Il s'agit de savoir si c'est blanc ou noir — Se trata á si es blanco ó negro

La question est de savoir s'il est blond ou brun — La duda está en si es rubio ó moreno.

Il ne s'agit pas de savoir cela — No se trata de saber eso

Il me tarde de sortir — Estoy impaciente por salir

Il tient à moi que cela se fasse — De mí depende que se haga esto ou en mi mano está que se haga esto.

Il ne tient pas à moi que cela ne se fasse — No depende de mi que esto se haga, ou no está en mi mano que se haga esto.

Il ne tient qu'à vous de me parler — En su mano de V. está el hablarme, ou de V. depende hablarme.

Si je viens à en douter — Si llego á dudar de eso

Il en vint à le promettre — En fin ou por fin ou al cabo lo prometió.

Agé de quinze ans   **De edad de quince años**
Être âgé de quinze ans   **Tener quince años de edad**
Il pensa mourir (il fut sur le   **Estuvo á pique de morir —**
   point de mourir)   **estuvo en punto de morir —**
                                     estuvo para morir — poco
                                   faltó para que muriese.

CHAPITRE. XIX.

LES HOMOPHONES

873. — La liste suivante renferme la plupart des mots qu'une mauvaise prononciation pourrait faire confondre avec d'autres ; telle est la confusion des lettres **s**, **c** et **z** ; des lettres **y** et **ll** ; des mots ayant ou n'ayant pas **h** ; telle est encore la longue catégorie des mots renfermant une **b** ou une **v**

¡ **ah** !, interjection, *ah !*
aboyar, *aliéger*
abrasar, *embraser*
acervo, *monceau*
ación, *étrivière*
ahijada, *fille adoptive*
alhamar, *couverture de grosse laine rouge*
alhoja, *petite alouette*

alisar, *lieu planté d'aunes — polir*
alvarda, *graminée*
alvino, *relatif au bas-ventre*
angelote, *gros ange*
arroyar, *inonder*
asar, *rôtir*
asada, participe de **asar**, *rôtie*
asechar, *dresser des embûches*
asedar, *rendre soyeux*
asenso, *consentement*
asesar, *devenir sage*
asesinar, *assassiner*
asolar, *ravager*
asuela, *il ravage*
atesar, *endurcir*
aviar, *préparer*

a, la lettre *A* — **á**, préposition *à*
abollar, *bosseler*
abrazar, *embrasser*
acerbo, *acerbe*
ación, *action*
aijada, *aiguillon*
alamar, *brandebourg*

aloja, *boisson d'eau, de miel et d'épices*
alizar, *lambris de faïence*

albarda, *bât*
albino, *albinos*
enjelote, *poisson*
arrollar, *mettre en déroute*
azar, *hasard*
azada, *houe*
acechar, *épier*
acedar, *aigrir*
ascenso, *élévation*
acezar, *haleter*
acecinar, *saler de la viande*
azolar, *planer avec l'herminette*
azuela, *herminette*
atezar, *noircir*
abiar, *fleur*

avocar, *évoquer*	**abocar,** *prendre avec la bouche*
bala, *balle*	**bala (balar),** *il bêle*
basa, *base*	**baza,** *levée de cartes*
begin, *personne en colère*	**bejín,** *sorte de champignon*
besar, *baiser*	**bezar,** *bézoard*
beso (besar), *j'embrasse — baiser,* subst.	**bezo,** *grosse lèvre*
bovino, *qui concerne les bœufs*	**bobino,** *qui a l'air sot*
brasa, *braise*	**braza,** *brasse*
brasero, *brasier*	**bracero,** *personne qui donne le bras*
calesa, *calèche*	**caleza** (anc.), *sagacité*
cárava, *réunion de laboureurs*	**cáraba,** *navire des mers du Levant*
careta, *masque*	**carreta,** *charrette*
casa, *maison*	**caza,** *chasse*
casar, *marier*	**cazar,** *chasser*
caso, *cas*	**cazo,** *casserole*
casadero, *nubile*	**cazadero,** *qui aime la chasse*
casería, *métairie*	**cacería,** *partie de chasse*
cause (causar), *que je cause*	**cauce,** *rigole*
cavalillo, *rigole entre deux planches*	**cabalillo,** *faîtage d'un toit*
cavo, *cave,* adj. — **(cavar),** *je creuse*	**cabo,** *bout* — **(caber),** *je suis contenu dans.....*
cava, fém. de **cavo (cavar),** *il creuse*	**caba (caber),** *que je sois contenu dans.....*
cave (cavar) — *que je creuse*	**cabe (caber),** *il est contenu dans...*
cayo, *geai*	**callo,** *durillon* — **(callar),** *je me tais*
cayado, *houlette*	**callado,** *silencieux*
cayada, *houlette*	**callada,** *silencieuse*
cayó (caer), *il tomba*	**calló (callar),** *il se tut*
cíbica, *civique,* adj.	**cíbica,** *essieu de fer*
cohol, *alcool*	**cool,** *chou* (col)
consejo, *conseil*	**concejo,** *conseil municipal*
contorsión, *contorsion*	**contorción,** *action de tordre*
corso, *course sur mer*	**corzo,** *chevreuil*
corveta, *courbette*	**corbeta,** *corvette*
coser, *coudre*	**cocer,** *cuire*
cosido, *linge accouplé*	**cocido,** *bouilli*
dehesa, *pâturage*	**deesa,** *déesse*
descinchar, *dessangler*	**deshinchar,** *décharger son cœur*
deshecho (deshacer), *défait*	**desecho (desechar),** *je dédaigne — rebut*
deshecha (deshacer), *défaite — excuse*	**desecha (desechar),** *il dédaigne*
deshechas, *plur. de* **deshecha**	**desechas (desechar),** *tu dédaignes*

deshojar, *effeuiller*

desojar, *casser la tête d'une aiguille*

desmayar, *manquer de force*

desmallar, *rompre les mailles*

dije, *bijou*

dije (decir), *je dis*

¡ eh ! interjection !

e, *la lettre E* — **é**, conjonction *et*

encovar, *encaver*

encobar, *couver*

envasar, *entonner du vin*

embazar, *brunir*

envestir, *investir*

embestir, *attaquer*

estais, plur. de **estay**, *étai*

estáis (estar), *vous êtes*

esteva, *manche de charrue*

esteba, *plante aquatique épineuse*

fas, *ce qui est permis*

faz, *face*

fases, plur. de **fase**, *phases*

faces, *faisceaux*

fresa, *fraise*

freza, *fiente* — *trace*

fresar, (anc.) *gronder*

frezar, *fienter*

gana, *désir*

gana, **(ganar)**, *il gagne*

gasa, *gaze*

gaza, *étrope*

gayo, *gai*

gallo, *coq*

gineta, *genette*

jineta, fém. de **jinete**, *cavalier*

gira (girar), *il tourne*

jira, *morceau d'étoffe*

grava, *gravier* — **(gravar)**, *il opprime*

graba (grabar), *il grave*

gravar, *opprimer*

grabar, *graver*

grave, *grave* — **(gravar)** *que j'opprime*

grabe (grabar), *que je grave*

HABER

he, *j'ai*

e, *la lettre E* — **é**, conj. *et* — **¡ eh !** interj. *eh !*

has, *tu as*

as, *as d'un jeu de cartes* — **haz**, *endroit d'une étoffe*

ha, *il a*

a, *la lettre A* — **á**, prép. *à* — **¡ ah !** interj. *ah !*

había, *j'avais, il avait*

avia (aviar), *il prépare*

habías, *tu avais*

avias (aviar), *tu prépares*

habré, *j'aurai*

abre (abrir), *il ouvre*

habrá, *il aura*

abra (abrir), *qu'il ouvre*

habría, *j'aurais* (et les autres personnes)

abría (abrir), *j'ouvrais* (et les autres personnes)

haya, *que j'aie, qu'il ait*

haya, *hêtre* — **aya**, *gouvernante* — **halla (hallar)**, *il trouve*

hayas, *que tu aies*

hallas (hallar), *tu trouves* — plur. de **haya** et de **aya**

hay, *il y a*

¡ ay ! *hélas !*

habido, partic. *eu* — **habida**

avido, a, *avide*

HACER

haces, *tu fais*

ases (asar), *que tu rôtisses* — **ases (asir)**, *tu saisis* hace, *il fait*

hacemos, hacéis, hacen

hacia, *je faisais* (et les autres personnes)

hice, *je fis*

hizo, *il fit*

haré, *je ferai*

haremos, *nous ferons*

haréis, *vous ferez*

haz, *fais*

haciendo, *en faisant*

hecho, a, *fait, faite*

hechas, plur. de hecha, *faites*

hablando (hablar), *en parlant*

haca, *bidet*

hacimiento, *action de grâce*

halaga (halagar), *il caresse*

halar, *haler une manœuvre*

hala (halar), *il hale*

halón, *halo*

halla (hallar), *il trouve*

hallo (hallar), *je trouve*

hampo, *fier-à-bras*

hanega, *fanègue*

hanegada, *contenu d'une fanègue*

harija, *folle-farine*

harma, *rue (plante)*

harón, *lâche*

harta (hartar), *il rassasie*

harte (hartar), *que je rassasie*

hasta, *jusqu'à*

hataca, *cuiller à pot*

hatajar, *diviser un troupeau*

hatajo, *petit troupeau* — (hatajar) *je divise*

hatijo, *couvercle d'une ruche*

hatear, *préparer du linge*

hato, *troupeau*

havo, *rayon de miel*

ases, plur. de as, *as d'un jeu de
cartes* — haces, plur. de haz

ase (asar), *que je rôtisse* — ase
(asir), *il saisit*

asemos, aséis, asen (asar)

asia (asir), *je saisissais* (et les autres personnes)

ice (izar), *que je hisse*

izo (izar), *je hisse*

aré (arar), *je labourai*

aremos (arar), *que nous labou-
rions*

aréis (arar), *que vous labouriez*

haz, *endroit d'une étoffe* — has
(haben), *tu as* — as, *as d'un
jeu de cartes*

asiendo (asir), *en saisissant*

echo, echa (echar), *je jette, il
jette*

echas (echar), *tu jettes*

ablando (ablandar), *je calme*

acá, *ici*

asimiento, *action de saisir*

álaga, *épeautre*

alar, *auvent*

¡ hala ! *holà !* — ala, *aile*

alón, *grosse aile*

haya, *hêtre* — haya (haber) *que
j'aie, qu'il ait* — aya, *gouvernante*

hayo, *arbre* — ayo, *précepteur*

ampo, *blancheur de la neige*

anega (anegar), *il noie*

anegada (anegar), *noyée*

arija, *terre meuble*

arma, *arme*

arón, *barbe d'Aaron (plante)*

arta, *plante*

arte, *art*

asta, *bois de lance*

ataca (atacar), *il attache*

atajar, *prendre le chemin le
plus court*

atajo, *sentier qui abrège* — (atajar)

atijo, *petit ballot*

atear, *aviver*

ato (atar), *je lie*

avo, *fraction*

haza, *champ couvert de gerbes* — asa, *anse* — (asar) *il rôtit*
heces, plur. de hez, *lie* — eses, plur. de ese, *ces*
hembrear, *chercher le mâle* — embrear, *brayer*
heria, *gueuserie* — eria, *stérile*
herrada, *seau* — errada, *erreur*
herrar, *ferrer* — errar, *se tromper*
hética, *étique*, adj. fém. — ética, *morale*
heme, *me voici* — eme, la lettre *M*
hez, *lie* — es (ser), *tu es*
hi, *là* — i la lettre *I*
hiendo (hender), *fendant* — yendo (ir), *allant*
hiero (herir), *je blesse* — yero, *ers*
hierro, *fer* — (herrar), *je ferre* — yerro, *erreur* — (errar) *je me trompe*

hierva (hervir), *que je bouille* — hierba, *herbe*
hiervas (hervir), *que tu bouilles* — hierbas, *herbes*
hilación, *action de filer* — ilación, *induction*
hiniesta, *genêt* — inhiesta (enhestar), *dressée*
hoces (hozar), *que tu fouilles la terre* — hoces, *faucilles* — oses (osar), *que tu oses*
hojear, *feuilleter un livre* — ojear, *regarder*
hojeo (hojear), *je feuillette un livre* — ojeo, *battue à la chasse*

hojoso, *feuillu* — ojoso, *plein d'yeux*
¡ hola! *holà !* — ola, *vague*
honda, *fronde* — *profonde* — onda, *onde*
hondear, *sonder* — ondear, *ondoyer*
hora, *heure* — ora (orar), *il prie* — *soit*
horario, *horaire* — orario, *ancien habillement des prêtres*

horca, *potence* — orca, *orque*
horno, *four* — orno (ornar), *j'orne*
hostiario, *boîte aux hosties* — ostiario, *portier*
hoto, *confiance* — oto, *outarde*
hoy, *aujourd'hui* — oi (oir), *j'entendis*
hoyo, *fosse* — oyó (oir), *il entendit*
hoya, *fosse* — olla, *marmite*
hoz, *faucille* — os, *vous*
hozar, *fouiller la terre* — osar, *oser*
hueste, *armée* — ueste, *ouest*
husada, *fusée de fil* — usada (usar), *usée*
huso, *fuseau* — uso, *usage* — (usar), *j'use*
húsar, *hussard* — usar, *user*
huya (huir), *que je fuie* — hulla, ulla, *houille*
insipiente, *ignorant* — incipiente, *commençant*
intensión, *intensité* — intención, *intention*
iva, *ivette* — iba (ir), *j'allais*
laso, *las* — lazo, *nœud coulant*
ley, *loi* — lei (leer), *je lus*
liso, *lisse, uni* — lizo, *lisse*, subst. fém.
lisa, *lisse, unie* — liza, *lice*

losa, *cadette (pierre)* — loza, *faïence*

luces, plur. de **luz**, *lumière* — luces (luzco), *tu luis*

masa, *pâte* — maza, *masse d'armes*

masonería, *franc-maçonnerie* — mazonería, *ouvrage de maçonnerie*

maya, (mayar), *il miaule — reine de mai* — malla, *maille*

mesa, *table* — (mesar) *il arrache les cheveux* — meza (mecer), *qu'il mêle*

meses, (mesar), *que tu arraches les cheveux* — plur. de **mes**, *mois* — meçes (mecer), *tu mêles*

montarás (montar), *tu monteras* — montaraz, *de montagne*

nava, *rase campagne* — naba, *rave*

naval, *naval* — nabal, *champ de navets*

navazo, *mare d'eau* — nabazo, *gros navet*

¡ ho !, *oh!* — o, la lettre o — ó, *ou*

óvolo, *ove* — óbolo, *obole*

pase (pasar) *qu'il passe* — pace (pacer) *il pait*

pases (pasar), *que tu passes* — paces (pacer), *tu pais*

poso (posar), *je loge* — pozo, *puits*

poyo, *banc de pierre* — pollo, *poussin*

próvido, *prévoyant* — próbido, *probe*

puya (anc.) *pointe* — pulla, *pouilles*

rasa (rasar), *il râcle* — raza, *race*

rayar, *rayer* — rallar, *râper*

rayo, *rayon* — (rayar), *je raie* — rallo (rallar), *je râpe*

rebosar, *regorger* — rebozar, *glacer des viandes*

recavar, *recreuser* — recabar, *obtenir à force d'instances*

recoser, *recoudre* — recocer, *recuire*

rehoyar, *recreuser* — rehollar, *fouler aux pieds*

rehusar, *refuser* — reusar, *user de nouveau*

remesa (remesar), *il s'arrache les cheveux* — remeza (remecer), *qu'il remue*

remese (remesar), *qu'il s'arrache l. ch.* — remece (remecer), *il remue*

remeses (remesar), *que tu t'arraches l. ch.* — remeces (remecer), *tu remues*

remesemos (remesar), *que nous nous arrachions l. ch.* — remecemos (remecer), *nous remuons*

remeséis (remesar), *que vous vous arrachiez l. ch.* — remecéis (remecer), *vous remuez*

remesen (remesar), *qu'ils s'arrachent l. ch.* — remecen (remecer), *ils remuent*

resiente (resentir), *il ressent* — reciente, *récent*

resientes (resentir), *tu ressens* — recientes, plur. de **reciente**, *récent*

resumen, *résumé* — rezumen (rezumarse), *qu'ils suintent*

resumir, *résumer*	**rezumarse**, *suinter*
resumo (resumir), *je résume*	**rezumo**, *suintement*. — (**rezumarse**)
retasar, *apprécier de nouveau*	**retazar**, *faire des retailles*
revelar, *révéler*	**rebelar**, *être en rébellion*
revesar, *vomir*	**revezar**, *se relever tour à tour*
rey, *roi*	**rei (reir)**, *je ris*
risa, *rire*	**riza (rizar)**, *il frise* — *carnage*
rivera, *rivière*	**ribera**, *rive*
rosa, *rose*	**roza (rozar)**, *il sarcle* — *action de sarcler*
rosado, *rosé*	**rozado (rozar)**, *sarclé*
saga, *sorcière*	**zaga**, *charge sur le derrière d'une voiture*
saque (sacar), *qu'il tire*	**zaque**, *petite outre*
saques (sacar), *que tu tires*	**zaques**, plur. de (**zaque**), *petite outre*
sávana, *savane*	**sábana**, *drap de lit*
savia, *sève*	**sabia**, *savante*
se, *soi* — **sé (saber)**, *je sais*	¡ce! *holà!*
sebo, *suif*	**cebo**, *nourriture* — (**cebar**)
seda, *soie*	**ceda**, (**seder**), *que je cède*
sedas, *soies*	**cedas**, (**ceder**), *que tu cèdes*
sede, *siège*	**cede**, (**ceder**), *il cède*
segar, *faucher*	**cegar**, *aveugler*
senado, *sénat*	**cenado**, *qui a soupé*
senador, *sénateur*	**cenador**, *soupeur*
sena, *séné*	**cena**, *souper* — (**cenar**), *il soupe*
senas, *le six d'un dé*	**cenas (cenar)**, *tu soupes*
sene, *vieillard*	**cene (cenar)**, *que je soupe*
seno, *sein*	**ceno (cenar)**, *je soupe*
sensual, *sensuel*	**censual**, *censuel*
sepa, *sepas*	**cepa**, *souche*
sera, *grand cabas*	**cera**, *cire*
seres, plur. de **ser**, *les êtres*	**Ceres**, *Cérès*
serón, *très grand cabas*	**cerón**, *cire grossière*
servís (servir), *vous servez*	**cerviz**, *chignon*
serrar, *scier*	**cerrar**, *fermer*
serrado, *qui a des dents en forme de scie*	**cerrado**, *fermé*
sesear, *prononcer les c comme les s*	**cecear**, *prononcer les s comme les c*
seseo, *action de prononcer les c comme les s* — (**sesear**)	**ceceo**, *action de prononcer les s comme les c* — (**cecear**)
sesión, *session*	**cesión**, *cession*
seso, *cervelle*	**ceso (cesar)**, *je cesse*
seta, *champignon*	**zeta**, *la lettre z*
severo, *sévère*	**sebero**, *marchand de suif*
sibil, *petit caveau dans le roc*	**civil**, *civil*
siclo, *sicle*	**ciclo**, *cycle*
sidra, *cidre*	**cidra**, *citron*

siega, *moisson* — (segar)

ciega, fém. de ciego, *aveugle*

sien, *tempe*

cien (pour ciento), *cent*

siento (sentar) *je m'assieds* —
  (sentir) *je sens*

ciento, *cent*

sierra, *scie* — (serrar), *il scie*

cierra (cerrar), *il ferme*

siervo, *esclave, serf*

ciervo, *cerf*

silva, *silve*

silba (silbar), *il siffle*

silvoso (anc. aujourd'hui : sel-
  voso), *de forêt*

silboso, *sifflant*

silla, *chaise*

cilla, *grenier pour les grains*

sillero, *celui qui fait des chaises*

cillero, *gardien des grains*

sima, *creux*

cima, *cime*

simiente, *semence*

cimiente (cimentar) , *qu'il
  cimente*

Sirio, *Sirius (étoile)*

cirio, *cierge*

sita (situarse), *située*

cita, *rendez-vous* — (citar)

sito (situarse), *situé*

cito, *mot pour appeler les chiens*

á solas, *tout seul*

á solaz, *avec joie*

sopas, plur. de sopa, *soupe*

zopas, *non de celui qui prononce
  les s comme les c.*

sopitas, diminutif pluriel de sopa, *soupe*

zopitas, *nom de celui qui prononce les s comme les c.*

sujeto (sujetar), *j'assujettis*

sugeto, *sujet*

sumo, *le plus élevé* — (sumar),
  j'additionne — sumir , *je
  prends*

zumo, *suc*

suma, *la plus élevée*

suma (sumar), *il additionne*
  — (sumir), *qu'il prenne*

sumas, *les plus élevées*

sumas (sumar), *tu additionnes*

suso, *en haut*

zuzo, interj. pour appeler les
  chiens

tasa, *taxe* — (tasar), *il taxe*

taza, *tasse*

taya, *couleuvre*

talla, *sculpture en relief* — *impôt*

te, *toi, te*

té, *thé*

toca, *toque*

toca (tocar), *il touche*

trashojado, *feuilleté*

trasojado. *qui a les yeux caves*

tuya, *tienne*

tulla (tullir) (anc.), *qu'il maltraite*

tuyo, *tien*

tullo (tullir) (anc.), *je maltraite*

u, la lettre *U*

ú, *ou*

va (ir), *il va*

¡ ba ! *bah !*

vaca, *vache* — (vacar), *il vaque*

baca, *rupture d'une rigole*

vacante, *vacance d'un bénéfice*

Bacante, *Bacchante*

vacia, *inoccupée*

bacia, *plat à barbe*

vaco (vacar), *je vaque*

Baco, *Bacchus*

vadea (vadear), *il guée*

badea, *melon d'eau insipide*

vaga (vagar), *il vague*

baga, *corde*

vagar, *vaguer*

bagar, *monter en graine (en parlant du lin)*

valar, *de rempart*

balar, *bêler*

vale, *adieu* — (valer), *il vaut*

bale (balar), *que je bêle*

valido, *qui est en faveur* — **balido,** *bêlement*

valsa (valsar), *il valse* — **balsa,** *mare*

valsar, *valser* — **balsar,** *bruyère*

vaqueta, *cuir de bœuf* — **baqueta,** *baguette*

vara, *verge* — **vara (varar),** *il échoue*

varas, *brancards* — **varas (varar),** *tu échoues*

varita, *petite gaule* — **barita,** *baryte*

varón, *homme illustre* — **barón,** *baron*

varonía, *lignée illustre* — **baronía,** *baronnie*

vario, *divers* — **bario,** *barium* — **barrio,** *quartier*

vasar, *buffet pour la vaisselle* — **basar,** *fonder*

vase (irse), *on s'en va* — **base,** *base*

vaso, *verre* — **bazo,** *rate* — *brun*

vaste (ir-te), *tu t'en vas* — **baste,** *bât* — **(bastar),** *que je suffise*

vasta, *vaste* — **basta (bastar),** *il suffit*

vasto, *vaste* — **basto,** *bât* — *grossier*

vastas, plur. de **vasta,** *vastes* — **bastas (bastar),** *tu suffis*

vate, *poète* — **bate (batir),** *il bat*

vates, *poètes* — **bates (batir),** *tu bats*

vaya (ir), *que j'aille* — *moquerie* — **baya,** *baie de laurier* — fém. de **bayo,** *bai* — **valla (vallar),** *il entoure de retranchements*

vayas (ir), *que tu ailles* — *moqueries* — **bayas,** plur. de **baya.** — **vallas (vallar)**

ve (ver), *il voit* — **vé (ir),** *va* — **be,** la lettre *B*

vela, *veille* — *(velar), il veille* — **bela,** *fruit d'un certain palmier*

velico, *petit voile* — **bélico,** *guerrier*

vello, *poil follet* — **bello,** *beau*

vellón, *toison* — **bellón,** *maladie causée par les exhalaisons du plomb*

vendición, *vente* — **bendición,** *bénédiction*

veneficio, *maléfice* — **(veneficiar),** *j'ensorcelle* — **beneficio,** *bienfait* — **(beneficiar),** *je fais du bien*

veneficiar, *ensorceler* — **beneficiar,** *faire du bien*

venéfico, *sorcier* — **benéfico,** *bienfaisant*

ves (ver) *tu vois* — **vez,** *fois*

verás, (ver), *tu verras* — **veraz,** *véridique*

vestia (vestir), *je vêtais* — **bestia,** *brute*

vestias (vestir), *tu vêtais* — **bestias,** *brutes*

veta, *veine de métal* — **beta,** *manœuvre*

vidente, *prophète* — **bidente,** *houe à deux branches*

vienes (venir), *tu viens* — **bienes,** plur. de **bien,** *les biens*

villa, *ville* — **billa,** *bille de billard*

villar, *village* — **billar,** *billard*

¡ vitor ! interj. de joie — **bitor,** *roi des cailles*

vivero, *marécage* — **bibero,** *sorte de toile*

vocal, *vocal* — *voyelle* — **bocal,** *bocal*

vocear, *crier* — **vosear,** *dire vous* — **bocear,** *remuer les lèvres en mangeant*

volado, *sucre rosat* — (**volar**), *volé*

bolado, *gâteau de sucre*

volear, *jeter en l'air*

bolear, *jouer au billard*

vos, *vous*

voz, *voix*

votar, *vouer*

botar, *chasser*

voto, *vœu*

boto, *émoussé*

vulto, *visage*

bulto, *colis*

zahinas, *bouillie claire*

zainas, plur. fém. de **zaino,** *traître*

CHAPITRE XX.

LES ABRÉVIATIONS

874 A.

A.	aprobado	approuvé, reçu (dans un examen)
a.	área	surface
(a)	alias	alias, autrement dit
(a)	arroba, arrobas	arrobe, arrobes
a·	arroba	arrobe
a.	arroba	arrobe
AA.	Autores-Altezas	Auteurs — Altesses
ab.	abad	abbé
Abs. gen.	Absolución general	Absolution générale
A. C.	Año de Cristo, Año Christiano, Año común	Année Chrétienne ou année commune
adm^n.	administración	administration
admor.	administrador	administrateur
adm^{or}.	administrador	administrateur
Aff^{mo}.	afectísimo	très-affectueux
Afmo.	afectísimo	très-affectueux
afmo.	afectísimo	très-affectueux
af^{mo}.	afectísimo	très-affectueux
af^{mo}. a.	afectísimo amigo	très-affectueux ami
aftmo.	afectísimo	très-affectueux
af^{to}.	afecto	affectueux
ag^{to}.	agosto	août
Agt^o.	Agosto	Août
A^l.	Alteza	Altesse
alc^{de}.	alcalde	alcalde
Alej^o.	Alejandro	Alexandre
alg^a.	alguna	quelqu'une

algº	alguno	*quelqu'un*
Allᵉ	alcalde	*alcalde*
A.L.P. de V.A.	Á los pies de Vuestra Alteza	*Aux pieds de Votre Altesse*
A.L.R.P.	Á los reales pies	*Aux pieds royaux*
A.L.R.P. de V.M.	á los reales pies de Vuestra Majestad	*Aux pieds royaux de Votre Majesté*
Als.	Altezas	*Altesses*
Alvº.	Álvaro	*nom propre*
amª.	amiga	*amie*
amº.	amigo	*ami*
Anac.	anacoreta	*anachorète*
añs.	años	*années*
Ant.	Anticuado	*Vieux ; mot vieilli et tombé en désuétude*
Antª.	Antonia	*nom propre de femme*
Antic.	Anticuado	*Vieux, mot vieilli*
Antº.	Antonio	*Antoine*
aña.	antifona	*antienne*
ap.	aparte	*aparte*
ap.	apóstol	*apôtre*
apᶜª.	apostólica	*apostolique*
apᶜº	apostólico	*apostolique*
apóst.	apóstol	*apôtre*
App.	apostólica, apostólico	*apostolique*
Appᶜª.	apostólica	*apostolique*
Appᶜº.	apostólico	*apostolique*
Appco.	apostólico	*apostolique*
armaᵗº	armamento	*armement*
Arqº.	arquitecto	*architecte*
Arrbˢ.	arrobas	*arrobes*
art.	artículo	*article*
artº.	artículo	*article*
arz.	arzobispo	*archevêque*
árzbpdo.	arzobispado	*archevêché*
arzbpo.	arzobispo	*archevêque*
as'.	arrobas	*arrobes*
attº.	atento	*attentionné, dévoué*
Ayudᵗᵉ.	Ayudante	*Adjudant, aide-de-camp*
Ayuntamᵗº.	Ayuntamiento	*Conseil municipal*
Ayunᵗº.	Ayuntamiento	*Conseil municipal*
Azbpo.	Arzopispo	*Archevêque*

B.

B.	Beato — Bueno	*Bienheureux—Bon* (dans un examen)
b.	vuelta	*voyez* (dans un renvoi)

Bar^{mé}.	Bartolomé	*nom propre d'homme*
Barña.	Barcelona	*Barcelone*
Bern°.	Bernardo	*Bernard*
B.L.M.	beso la mano, ou beso las manos	*Je vous baise la main ou les mains*
Bl. m.	beso la mano, ou las manos	*Je vous baise la main ou les mains*
b.l.m.	beso la mano, ou las manos	*Je vous baise la main ou les mains*
B.L.P.	beso los pies	*Je vous baise les pieds*
bl. p.	beso los pies	*Je vous baise les pieds*
Bl. p^s.	beso los pies	*Je vous baise les pieds*
B.L.P. de V.M.	beso los pies de Vuestra Majestad	*Je baise les pieds de Votre Majesté*
b· ls· ms·	beso las manos	*Je vous baise les mains*
b. ls. ps.	beso los pies	*Je vous baise les pieds*
Bmo.	Beatísimo	*Bienheureux*
B^{mo}. P.	Beatísimo Padre	*Bienheureux Père*
Bmo. P^e.	Beatísimo Padre	*Bienheureux Père*
B^{mo}. P^o.	Beatísimo Padre	*Bienheureux Père*
B°. P^e.	Beatísimo Padre	*Bienheureux Père*
B. P.	Bendición papal	*Bénédiction papale*
B^r.	Bachiller	*Bachelier*
Br.	Bachiller	*Bachelier*
br.	Bachiller	*Bachelier*
bach^r.	Bachiller	*Bachelier*
B.S.M.	beso sus manos	*Je baise vos mains*
B.S.P.	beso sus pies	*Je baise vos pieds*

C.

C.	Capítulo	*Chapitre*
ɔ.	con	*avec*
C^a.	Compañia	*Compagnie*
Cám^{ra}.	Cámara	*Chambre*
cap.	capítulo	*chapitre*
capit.	capítulo	*chapitre*
capⁿ.	capitán	*capitaine*
cap°.	capítulo	*chapitre*
cappⁿ.	capellán	*chapelain*
catedrá^{co}.	catedrático	*professeur*
c/c	cuenta corriente	*compte-courant*
c^{do}.	cuando	*quand*
cf.	confesor	*confesseur*
cf.	confirma	*confirme (dans les anciens documents)*
cg.	centigramo	*centigramme*
cl.	centilitro, centilitros	*centilitre, centilitres*

Clem^{te}.	Clemente	*Clément*
cm.	centimetro, centimetros	*centimètre, centimètres*
C.M.B.	cuyas manos beso	*dont je baise les mains*
c.m.b.	cuyas manos beso	*dont je baise les mains*
c.m.c.	centimetro cúbico	*centimètre cube*
col.	columna — colonia	*colonne — colonie*
col^a.	coluna — colonia	*colonne — colonie*
Comand^{te}.	Comandante	*Commandant*
comis^{o.}	comisario	*commissaire*
com^o.	comercio	*commerce*
comp^a.	compañia	*compagnie*
comp^o.	compañero	*compagnon*
comps.	compañeros	*compagnons*
conf.	confesor - confirma	*confesseur — confirme* (dans les anciens documents)
confecc^{on}.	confección	*confection*
confes^{on}.	· confesión	*confession*
confr.	confesor--confirma	*confesseur — confirme* (dans les anciens documents)
confus^{on}.	confusión	*confusion*
conoci^{to}.	conocimiento	*connaissance*
cons^o.	consejo	*conseil*
conv^{te}.	conveniente	*convenant, convenable*
conven^{te}.	conveniente	*convenant, convenable*
Cor^l.	Coronel	*Colonel*
corr^{te}.	corriente	*courant*
cor^{te}.	corriente	*courant*
C.P.B.	cuyos pies· beso	*dont je baise les pieds*
c.p.b.	cuyos pies beso	*dont je baise les pieds*
cps.	compañeros	*compagnons*
crect^{te}.	creciente	*croissant*
cs. ms. b.	cuyas manos beso	*dont je baise les mains*
cs. ps. b.	cuyas pies beso	*dont je baise les pieds*
c^{ta}.	cuenta	*compte*
c^{ta}. corr^{te}.	cuenta corriente	*compte courant*
c^{to}.	cuento	*compte*
C^{to}.	cuanto	*combien*
C^{to}.	cuarto	*quart*
C^{to}s.	cuartos	*quarts*

D.

D.	Don	*Don*
D^a.	Doña	*Doña*
DD.	Doctores	*Docteurs*
Desc^{to}.	descuanto	*Escompte*
Dg.	decagramo, decagramos	*décagramme, décagrammes*

D.G.A.V.M.A.	**Dios guarde á V. muchos años**	*que Dieu vous garde beaucoup d'années*
dic^e.	**diciembre**	*décembre*
dicre.	**diciembre**	*décembre*
dic^{ro}.	**diciembre**	*décembre*
Diputⁿ.	**Diputación**	*Députation*
Direcⁿ.	**Dirección**	*Direction*
Dist^o.	**Distrito**	*District*
Diz^{re}.	**Diciembre**	*décembre*
Dl.	**decalitro, decalitros**	*décalitre, décalitres*
Dm.	**decámetro**	*décamètre*
dm.	**decigramo, decigramos**	*décigramme, décigrammes*
dm.	**decimetro, decimetros**	*décimètre, décimètres*
Dⁿ.	**Don**	*Don*
doct.	**doctor**	*docteur*
docum^{to}.	**documento**	*document*
Dom^o.	**Domingo**	*Dominique*
dom^o.	**domingo**	*dimanche*
Dr.	**Doctor**	*Docteur*
D^r.	**Doctor**	*Docteur*
Dres.	**Doctores**	*Docteurs*
dro.	**derecho**	*droit*
Drs.	**Doctores**	*Docteurs*
D^s. gue. á V. m^s. a^s.	**Dios guarde á V. muchos años**	*Que Dieu vous garde beaucoup d'années*
D^s. gue. m^s. a^s.	**Dios guarde muchos años**	*Que Dieu garde beaucoup d'années*
d/f.	**dias fecha**	*jours après la date*
d/v.	**dias vista**	*jours de vue (après présentation)*
d/vf.	**dias vista fijos**	*jours fixes de vue*
10^e	**diciembre**	*décembre*
10re.	**diciembre**	*décembre*

E.

E.	**Est, oriente, levante**	*Est, orient, levant*
&.	**etcétera**	*etcœtera*
&c.	**etcétera**	*etcœtera*
ec^{ca}.	**eclesiástica**	*ecclésiastique*
ecc^a.	**eclesiástica**	*ecclésiastique*
ec^{co}.	**eclesiástico**	*ecclésiastique*
ecc^o.	**eclesiástico**	*ecclésiastique*
ecco.	**eclesiástico**	*ecclésiastique*
E^{dos}.	**escudos**	*écus*

E. M.	Estado Mayor	*Etat-Major*
Em^a.	Eminencia	*Eminence*
E. M. G.	Estado Mayor General	*Etat-Major Général*
Emm^o.	Eminentisimo	*Très-Eminent*
Em^{mo}.	Eminentísimo	*Très-Eminent*
Emmo.	Eminentísimo	*Très-Eminent*
E.N.E.	Estenordeste	*Est Nord-Est*
ENE.	Estenordeste	*Est Nord-Est*
en^o.	enero	*Janvier*
ermit.	ermitaño	*ermite*
Esc^{no}.	escribano	*notaire*
escno.	escribano	*notaire, greffier*
esc^o.	escudo	*écu*
Esc^{os}.	escudos	*écus*
escra.	escritura	*écriture, écrit*
esc^{ra}.	escritura	*écriture*
escs.	escudos	*écus*
Escuadⁿ.	Escuadrón	*Escadron*
E.S.E.	Estesudeste	*est sud-est*
ESE.	Estesudeste	*est sud-est*
etc.	etcétera	*etcætera*
Eug^o.	Eugenio	*Eugène*
Exc^a.	Excelencia	*Excellence*
Exc^{ma}.	Excelentisima	*Excellentissime*
Exc^{mo}.	Excelentisimo	*Excellentissime*
Exma.	Excelentisima	*Excellentissime*
Exma.	Excelentisima	*Excellentissime*
Exmo.	Excelentisimo	*Excellentissime*
Exmo.	Excelentisimo	*Excellentissime*
E xmo. Sor.	Excelentisimo Señor	*Excellentissime Seigneur*

F.

F.	Fulano	*Un tel*
f^a.	fanega	*nom d'une mesure*
fan^a.	fanega	*nom d'une mesure*
Fbro.	Febrero	*Février*
F^{co}.	Francisco	*François*
F. de T.	Fulano de Tal	*l'Illustre un Tel*
feb^o.	febrero	*février*
Febro.	febrero	*février*
ff.	Digestis	*Digeste*
fha.	fecha	*date*
fho.	fechado	*daté*
fol.	folio	*in-folio*
Fr.	Fray — Frey	*Frère dans un ordre militaire. — Frère dans un ordre religieux*

Franco.	Francisco	*François*
Franc°.	Francisco	*François*
Frco.	Francisco	*François*
Fz.	Fernández	*nom propre*
fund.	fundador	*fondateur*

G.

G.	guarde	*garde*
g.	gramo, gramos	*gramme, grammes*
gde.	grande	*grand*
gde.	guarde	*garde*
Genl.	General	*Général*
gobno.	gobierno	*gouvernement*
Gob°.	gobierno	*gouvernement*
Gobr.	Gobernador	*Gouverneur*
Gra.	Gracia	*Grâce*
gra.	gracia	*grâce*
Greg°.	Gregorio	*Grégoire*
gue.	guarde	*garde*

H.

hect.	hectárea, hectáreas	*hectare, hectares*
Hg.	hectogramo, hecto-gramos	*hectogramme, hecto-grammes*
Hha.	hecha	*faite*
H.H.H.	Hermano — Her-manos	*Frère—Frères* (religieux)
Hho.	hecho	*fait*
Hl.	hectolitro, hectoli-tros	*hectolitre, hectolitres*
Hm.	hectometro, hecto-metros	*hectomètre, hectomètres*
hta.	hasta	*jusqu'à*

I.

ib.	ibidem	*ibidem*
id.	idem	*idem*
Iga.	Iglesia	*Eglise*
I.H.S.	Jesus-Cristo	*Jésus-Christ*
Ign°.	Ignacio	*Ignace*
Ile.	Ilustre	*Illustre*
Ilma.	Ilustrísima	*Illustrissime*
Ilmo.	Ilustrísimo	*Illustrissime*

Iltre.	Ilustre	*Illustre*
Iltrma.	Ilustrísima	*Illustrissime*
Iltrmo.	Ilustrísimo	*Illustrissime*
Ille.	Ilustre	*Illustre*
Illma.	Ilustrísima	*Illustrissime*
Illmo.	Ilustrísimo	*Illustrissime*
Illmo señor.	Ilustrísimo señor	*Illustrissime seigneur*
Imp.	Imprenta	*Imprimerie*
Impte.	importe	*montant*
Indulg. plen.	Indulgencia plenaria	*Indulgence plénière*
inqor.	Inquisidor	*Inquisiteur*
intendte.	intendente	*Intendant*
insta.	instancia	*Instance*
I. P.	Indulgencia plenaria	*Indulgence plénière*
it.	item	*idem*
izqa.	izquierda	*gauche*
izqda.	izquierda	*gauche*
izqdo.	izquierdo	*gauche*
izqo.	izquierdo	*gauche*

J.

Jacto.	Jacinto	*nom propre*
J. C.	Jesucristo	*Jésus-Christ*
Jeróno.	Jerónimo	*nom propre d'homme*
J. H. S.	Jesus Cristo	*Jésus-Christ*
Jn.	Juan	*Jean*
Jo. (anc.)	Juan	*Jean*
Joaqn.	Joaquín	*Joachim*
Ju.	Juan	*Jean*
juev.	jueves	*jeudi*
Juln.	Julián	*Julien*
Jun.	Juan	*Jean*

K.

Kg.	kilogramo, kilogramos	*kilogramme, kilogrammes*
Kl.	kilolitro, kilolitros	*kilolitre, kilolitres*
Km.	kilometro, kilometros	*kilomètre, kilomètres*

L.

l.	**ley — libro — litro, litros**	*loi — livres — litre, litres*

L^a.	**letra**	*traite, lettre de change*
lat.	**latitud**	*latitude*
lb.	**libro**	*livre*
Ldo.	**Licenciado**	*licencié*
Ldos.	**Licenciados**	*licenciés*
lib.	**libra — libro**	*livre* (poids) — *livre*
Libs.	**libras**	*livres*
Lib^s.	**libras**	*livres*
lib^s.	**libras**	*livres*
lic.	**licenciado**	*licencié*
Lic^{do}.	**licenciado**	*licencié*
Licend^o.	**licenciado**	*licencié*
lín	**línea**	*ligne*
líns.	**líneas**	*lignes*
long.	**longitud**	*longitude*
L. S.	**locus sigilli**	*place du sceau*
lun.	**lunes**	*lundi*

M.

M.	**Madre**	*mère*
M.	**Mediano**	*médiocre* (dans un examen)
m.	**minuto, minutos — metro, metros**	*minute, minutes — mètre, mètres*
M^a.	**María**	*Marie*
Mag^d.	**Majestad**	*Majesté*
Maj^d.	**Majestad**	*Majesté*
Man^l.	**Manuel**	*Manuel*
mañ.	**mañana**	*demain*
Marg^{ta}.	**Margarita**	*Marguerite*
mar^s.	**maravedís**	*maravédis*
mart.	**martes**	*mardi*
márts.	**mártires**	*martyrs*
may^{mo}.	**mayordomo**	*majordome*
may^o.	**mayordomo**	*majordome*
m/b.	**mi billete**	*mon billet*
M/G.	**mi cuenta**	*mon compte*
m/c.	**mi cuenta cargo**	*mon compte de doit et avoir*
m/cc.	**mi cuenta corriente**	*mon compte-courant*
Md.	**Majestad**	*Majesté*
Mds.	**Majestades**	*Majestés*
M^e.	**Madre**	*Mère*
meng.	**menguante**	*déclin*
mg.	**miligramo, miligramos**	*milligramme, milligrammes*
mhos.	**muchos**	*beaucoup*
miérc.	**miércoles**	*mercredi*
Mig^l.	**Miguel**	*Michel*
milé^s.	**milésimas**	*millièmes*

mil^s.	milésimas	*millièmes*
Min^o.	**Ministro**	*Ministre*
M. I. S.	**Muy Ilustre Señor**	*Très-Illustre Seigneur*
M^l.	**Manuel**	*nom propre d'homme*
M/L^a.	**Mi letra**	*ma traite, ma lettre de change*
M/L^{as}.	mis letras	*mes traites, mes billets*
Mm.	**miriametro, miria-metros**	*myriamètre, myriamètres*
mm.	milimetro, milime-tros	*millimètre, millimètres*
M. M. M.	**Madre — Madres**	*Mère—Mères*(Religieuses)
m/o.	**mi orden**	*mon ordre*
M/O.	**mi orden**	*mon ordre*
monast^o.	**monasterio**	*monastère*
Mons.	**Monseñor**	*Monseigneur*
m^{or}.	**mayor**	*plus grand*
M/P^c.	**mi pagaré**	*mon billet*
M/P^{es}.	mis pagarés	*mes billets, mes traites*
M. P. S.	**Muy Poderoso Se-ñor**	*Très-Puissant Seigneur*
M. P. Sr.	**Muy Poderoso Se-ñor**	*Très-Puissant Seigneur*
M^r.	**Monsieur — Mister**	*Monsieur* (lettre adressée à un Français) — *Mister* (lettre adressée à un Anglais)
Mr.	**Monsieur — Mister**	*Monsieur — Mister*
mr.	**mártir**	*martyr*
mrd.	**merced**	*grâce*
mri.	**maravedí**	*maravédi*
mrs.	**maravedís — már-tires**	*maravédis — martyrs*
M. S.	**Manuscrito**	*manuscrit*
ms. as.	**muchos años**	*beaucoup d'années*
m^s. a^s.	**muchos años**	*beaucoup d'années*
M. S. M.	**Muy Señor mío**	*Très-cher Monsieur*
M. SS.	**manuscritos**	*manuscrits*
MSS.	**manuscritos**	*manuscrits*
Mtra	**maestra**	*maîtresse*
Mtro	**maestro**	*maître*
M/V^e.	**mi vale**	*mon billet*
M/V^{es}	**mis vales**	*mes traites, mes billets*

N.

N.	**N...**	*Un tel*
N.	**Notablemente apro-vechado**	*mention* (dans un examen)
N.	**norte**	*nord*

N^a. S^a.	**Nuestra Señora**	*Notre-Dame*
N^a. S^{ra}·	**Nuestra Señora**	*Notre-Dame*
N. B.	**Nota bene**	*Remarque*
n^{bre}.	**noviembre**	*novembre*
n/c.	**nuestra cuenta**	*notre compte*
n/cc	**nuestra cuenta cor-riente**	*notre compte-courant*
N. E.	**Nordeste**	*Nord-Est*
N. N. E.	**Nor nordeste**	*Nord Nord-Est*
N-N. N.	**Fulano, y Fulano de Tal.**	*Un tel, et l'illustre un tel*
N. N. O.	**Nor noroeste**	*Nord Nord-Ouest*
n^o.	**número**	*numéro*
n/o	**nuestra orden**	*notre ordre*
N. O.	**Noroeste**	*Nord-Ouest*
nov.	**noviembre**	*novembre*
nov^e.	**noviembre**	*novembre*
Nov^{re}.	**noviembre**	*novembre*
Novre.	**noviembre**	*novembre*
N. S.	**Nuestro Señor**	*Notre Seigneur*
N. S. J.	**Nuestro Señor Je-sucristo**	*Notre Seigneur Jésus-Christ*
N. S. J. C.	**Nuestro Señor Je-sucristo**	*Notre Seigneur Jésus-Christ*
N. S^{ra}.	**Nuestra Señora**	*Notre-Dame*
ntra.	**nuestra**	*notre*
Ntra. S^a.	**Nuestra Señora**	*Notre-Dame*
Ntra. Sra.	**Nuestra Señora**	*Notre-Dame*
ntro	**nuestro**	*notre*
Ntro. sor.	**Nuestro Señor**	*Notre Seigneur*
Ntro. S^r.	**Nuestro Señor**	*Notre Seigneur*
núm.	**número**	*numéro*
núm^o.	**número**	*numéro*
9e.	**noviembre**	*novembre*
9re.	**noviembre**	*novembre*

O

O.	**Oeste, occidente**	*Ouest, occident*
O/.	**Orden**	*ordre*
ob.	**obispo**	*évêque*
Obpdo.	**obispado**	*évêché*
obpo.	**obispo**	*évêque*
obps.	**obispos**	*évêques*
obre	**octubre**	*octobre*
obs.	**obispos**	*évêques*
oct.	**octubre**	*octobre*
oct^e.	**octubre**	*octobre*
octe.	**octubre**	*octobre*
oct^{re}.	**octubre**	*octobre*

octre	octubre	*octobre*
Ofic^l.	Oficial	*officier*
on.	onza, onzas	*once, onces*
on^a.	onza	*once*
O N O	oesnoroèste	*Ouest Nord-ouest*
O. N. O.	oesnoroeste	*ouest nord-ouest*
ons.	onzas	*onces*
on^s.	onzas	*onces*
onz.	onza	*once*
onz^s.	onzas	*onces*
Orn.	orden	*ordre*
orn.	orden	*ordre*
orns.	ordenes	*ordres*
O S O.	oessudueste	*Ouest sud-ouest*
O. S. O.	oessudueste	*Ouest sud-ouest*
8e.	octubre	*octobre*
8re.	octubre	*octobre*

P

P.	Papa — Padre	*Pape. — Père*
p.	para	*pour*
p.	página	*page*
p.	por	*par*
P. A.	por ausencia	*par suite d'absence*
p. a.	por ausencia	*par suite d'absence*
p.^a	para	*pour*
pág.	página	*page*
pág^a.	página	*page*
págs.	páginas	*pages*
pár.	párrafo	*paragraphe*
Pat^{ca}.	Patriarca	*Patriarche*
Patr.	Patriarca	*Patriarche*
pb^{co}.	público	*public*
Pbro.	Presbítero	*prêtre*
P. D.	posdata	*post-scriptum*
p^e.	padre	*père*
p^e.	parte	*partie, part*
P^e.	pagaré	*billet*
p. ej.	por ejemplo	*par exemple*
penit.	penitente	*pénitent*
penit^a.	penitenta	*pénitente*
pf.	pesos fuertes	*(monnaie, poids)*
pl.	plana	*page d'écriture*
p^l.	plana	*page d'écriture*
Plaz^a.	plazuela	*petite place*
P. M.	Plana mayor	*grande page d'écriture*
P. M.	Padre maestro	*Père supérieur*
P. O.	por orden	*par ordre*

p. o.	por orden	par ordre
P⁰.	Pedro	Pierre
p⁰.	pero	mais
p °/₀.	por ciento	p. o/o
p °/₀.	por ciento	p. o/o
P. P.	porte pagado — por poder	port payé — par procuration
p. p.	porte pagado — por poder	port payé — par procuration
pp^ca.	pública	publique
pp^co.	público	public
P-P. P.	Padre — Padres	Père — Pères (Religieux)
p^r.	por	par
presb.	presbítero	prêtre
presb⁰.	presbítero	prêtre
Presid^te.	Presidente	Président
priv.	privilegio	privilège
p^r. m^s. a^s.	por muchos años	pour beaucoup d'années
proc.	procesión	procession
prof.	profeta	prophète
pról.	prólogo	prologue
prov^a.	provincia	province
prov^or	provisor	proviseur
P. S.	post-scriptum	post-scriptum
P. S.	Padre Santo	Saint-Père
p^s.	pues	donc
P^ta.	plata	argent
p^ta	plata	argent
p^te.	parte	partie
p^to.	puerto	port
Pub⁰.	Público	Public
§.	párrafo	paragraphe

Q.

Q.	que	que
Q. B. S. M.	que besa la mano, que besa sus manos	qui baise votre main, qui baise vos mains
q. b. s. m.	que besa su mano	qui baise votre main
Q. B. S. P.	que besa sus pies	qui baise vos pieds
q. b. s. p.	que besa sus pies	qui baise vos pieds
Q. D. G.	que Dios guarde	que Dieu garde
q. D. g.	que Dios guarde	que Dieu garde
Q. D. G. M. A.	que Dios guarde muchos anos	que Dieu garde beaucoup d'années
Q. D. H.	que Dios haya	que Dieu ait
q^do.	cuando	quand
q^e.	que	que
q. e. g. e.	que en gloria esté	qu'il soit dans la gloire

q^{en}.	quien	*qui*
q. e. p. d.	que en paz descanse	*qu'il repose en paix*
Q. E. P. D.	que en paz descanse	*qu'il repose en paix*
qf.	que	*que*
q. g. h.	que gloria haya	*qu'il ait de la gloire*
qⁿ.	quien	*qui*
Q. Q°.	Consejo	*Conseil*
qqs.	Quintales	*quintaux*
q. s. g. h.	que santa gloria haya	*qu'ils aient la sainte gloire*
q. s. m. b.	que su mano besa	*qui baise votre main*
Q. S. M. B.	que su mano besa	*qui baise votre main*
q. ss. ps. b.	que sus pies besa	*qui baise vos pieds*
q^{to}	cuento	*compte*

R.

R.	Reprobado	*Refusé* (à un examen)
R.	Reverendo	*Révérend*
R^{bi}	recibí	*j'ai reçu*
r^{bi}.	recibí	*j'ai reçu*
R^{da}.	reverenda	*révérende*
Rda	reverenda	*révérende*
Rdma	reverendísima	*Très-Révérende*
Rdmo	reverendísimo	*Très-Révérend*
R^{do}.	Reverendo	*Révérend*
Rdo.	Reverendo	*Révérend*
Rdo. Pe. Mtro.	Reverendo Padre Maestro	*Révérend Père supérieur*
R^c.	récipe	*récipé*
Regim^{to}.	Regimiento	*régiment*
Rⁱ.	recibí	*j'ai reçu*
R. I. P.	requiescat in pace	*requiescat in pace*
R^l.	Real	*Royal*
r^l.	real	*réal*
Rl.	Real	*Royal*
R^{les}.	Reales	*Royaux*
r^{les}.	reales	*réaux*
r^{ma}.	reverendísima	*révérendissime*
R^{ma}.	reverendíssima	*révérendissime*
Rmo	reverendísimo	*révérendissime*
R^{mo}.	reverendísimo	*révérendissime*
r^{mo}.	reverendísimo	*révérendissime*
R. O.	Real orden	*Ordre Royal*
R. P. M.	Reverendo Padre Maestro	*Révérend Père supérieur*
r^s.	reales	*réaux*
Rs.	Reales	*Royaux*

Rs.	Reales	*Royaux*
R. S.	Real servicio	*Service Royal*
Rs. Os.	Reales Órdenes	*Ordres Royaux*
rs. vn.	reales vellon	*réaux*

S

S.	Señor	*Monsieur*
S.	San ó santo — sur.	*Saint — sud*
Sa.	Señora	*Madame*
S. A.	su Alteza	*Son Altesse*
sáb.	sábado	*samedi*
S. A. I.	su Alteza Imperial	*Son Altesse Impériale*
santate.	santamente	*Saintement*
S. A. R.	su Alteza Real	*Son Altesse Royale*
S. A. S.	su Alteza serení-sima	*Son Altesse Sérénissime*
S. B.	su Beatitud	*Sa Béatitude*
s/b.	su billete	*votre billet*
Sbn.	Sebastián	*Sébastien*
sbre.	setiembre	*septembre*
s. c.	su casa	*sa maison*
s/c.	su cuenta	*votre compte*
s/c.	su cuenta cargo	*votre relevé*
s/cc.	su cuenta corriente	*votre compte-courant*
S. C. C. R. M.	Sacra Católica Ce-sárea Real Majes-tad	*Sa Majesté Sacrée, Ca-tholique, Césarienne, Royale*
Schez.	Sánchez	*nom de famille*
S. C. M.	Sacra Católica Ma-jestad	*Majesté Sacrée Catholi-que*
S. D. M.	Su Divinidad Ma-jestad	*Sa divine Majesté*
S. E.	Su Excelencia	*Son Excellence*
S. E.	sureste	*sud-est*
Sebn.	Sebastián	*Sébastien*
secreo.	secretario	*secrétaire*
secreta.	secrétaría	*secrétariat*
secreto.	secretario	*secrétaire*
S. Ema.	Su Eminencia	*Son Eminence*
septe.	setiembre	*septembre*
Ser.	Señor	*Monsieur*
Seria.	Secretaria	*secrétariat*
serma.	serenísima	*sérénissime*
serma.	serenísima	*sérénissime*
sermo	serenísima	*sérénissime*
sermo.	serenísimo	*sérénissime*
servo.	servicio	*service*
servor.	servidor	*serviteur*
servr.	servidor	*serviteur*

set^e.	setiembre	*septembre*
setre.	setiembre	*septembre*
set^{re}.	setiembre	*septembre*
S. E. ú O.	salvo error ú omisión	*sauf erreur ou omission*
s. e. ú o.	salvo error ú omisión	*sauf erreur ou omission*
sig^{te}.	siguiente	*suivant*
simp^{te}.	simplemente	*simplement*
S/L^a.	su letra	*votre traite*
S. M.	Su Majestad	*Sa Majesté*
Sma.	serenísima	*Sérénissime*
S^{ma}.	Serenísima	*Sérénissime*
S. M. B.	Su Majestad Británica	*Sa Majesté Britannique*
S. M. C.	Su Majestad Católica	*Sa Majesté Catholique*
S. M. C.	Su Majestad Cristianísima	*Sa Majesté Très-Chrétienne*
S. M^d.	Su Majestad	*Sa Majesté*
S. M. F.	Su Majestad Fidelísima	*Sa Majesté Très-Fidèle*
S. M. I.	Su Majestad Imperial	*Sa Majesté Impériale*
S^{mo}.	Serenísimo	*Sérénissime*
Smo.	Serenísimo	*Sérénissime*
Sⁿ.	San	*Saint*
Sn.	San	*Saint*
S. N.	Servicio Nacional	*Service National*
s/o.	su orden	*votre ordre*
S^o.	Santo	*Saint*
S. O.	suroeste	*Sud-ouest*
S^o.	Secretario	*secrétaire*
S^o. M^r.	Servicio Militar	*Service Militaire*
S^{or}.	Señor	*Monsieur*
S. P.	Su Paternidad	*Sa Paternité*
S/P^e.	su pagaré	*votre billet*
S^r.	Señor	*Monsieur*
Sr.	Señor	*Monsieur*
S. R.	Su Reverencia	*Sa Révérence*
Sra.	Señora	*Madame*
S^{ra}.	Señora	*Madame*
sras.	señoras	*Mesdames*
S^{res}	señores	*Messieurs*
sres.	señores	*messieurs*
S. R. I.	Santa Romana Iglesia	*Sainte Eglise Romaine*
S^{ria}	secretaria	*secrétariat*
s^{ria}.	secretaria	*secrétariat*
srio	secretario	*secrétaire*
s^{rio}.	secretario	*secrétaire*

S. R. M.	Su Real Majestad	*Sa Majesté Royale*
srmo.	serenísimo	*sérénissime*
SS.	Escribano	*notaire*
S. S.	Su Señoría	*Sa Seigneurie*
SS.	señores	*Messieurs*
S. S.	Su Santidad, Sus Santidades	*Sa Sainteté, Leurs Saintetés*
SS. AA.	Sus Altezas	*Leurs Altesses*
S. S. A. A.	Sus Altezas	*Leurs Altesses*
SS. AA. RR.	Sus Altezas Reales	*Leurs Altesses Royales*
S. S^d.	Su Santidad	*Sa Sainteté*
S. S. I.	Su Señoría Ilustrísima	*Sa Seigneurie Très-illustre*
SS. MM.	Sus Majestades	*Leurs Majestés*
S. S. M. M.	Sus Majestades	*Leurs Majestés*
SS^{mo}.	Santísimo	*Très-Saint*
ssmo.	santísimo	*Très-Saint*
SS^{mo}. P.	Santísimo Padre	*Très-Saint Père*
S.S^{mo}. P.	Santísimo Padre	*Très-Saint Père*
SS^{mo}. P^e.	Santísimo Padre	*Très-Saint Père*
SS^{mo}. Sac^{to}.	Santísimo Sacramento	*Très-Saint-Sacrement*
S^n.	San	*Saint*
S. S^{no}.	Escribano	*Notaire*
SS^{no}.	Escribano	*Notaire*
S. S. O.	sur suroeste	*sud sud-ouest*
SS. P.	Santísimo Padre	*Très-Saint Père*
SS. PP.	Santos Padres	*Saints Pères*
S. S. S.	su seguro servidor	*Votre dévoué serviteur*
s. s. s.	su seguro servidor	*Votre dévoué serviteur*
Sta.	Santa	*Sainte*
Sta.	Santa	*Sainte*
Stmo.	Santísimo	*Très-Saint*
Stmo P^e.	Santísimo Padre	*Très-Saint Père*
S^{to}.	Santo	*Saint*
Sto.	Santo	*Saint*
Su afect^o. am^o. y ss.	Su afectísimo amigo y seguro servidor	*Votre très-affectueux ami et dévoué serviteur*
Sub^{te}.	subteniente	*sous-lieutenant*
súp.	súplica	*supplique*
súp^{ca}.	súplica	*supplique*
super^{te}.	superintendente	*surintendant*
supert^{te}.	superintendente	*surintendant*
supl^{to}.	suplemento	*supplément*
supp^{ca}.	súplica	*supplique*
sup^{te}.	suplicante	*suppliant*
S/V^e.	su vale	*votre billet*
7e.	setiembre	*septembre*
7re.	setiembre	*septembre*

T

T.	toneles	*tonneaux*
t.	tomo	*tome*
Ten^e.	**Teniente**	*Lieutenant*
Ten^{te}.	**Teniente**	*Lieutenant*
ten^{te}.	teniente	*lieutenant*
tes^{mto}	testamento	*testament*
test^o	testigo	*témoin*
tit.	título	*titre*
tit^o.	título	*titre*
t^o.	tomo	*tome*
tom.	tomo	*tome*
T^s .	toneles	*tonneaux*

U

U.	**Usted — Usia**	*vous. — Votre Grâce*
U^d.	**Usted**	*vous*
U^d.	**Usted**	*vous*
Uds.	**Ustedes**	*vous*
ult^o.	último	*dernier*
Um.	**Usted**	*vous*
Umd.	**Usted**	*vous*

V

V.	**Usted — Venerable**	*vous. — Vénérable. —*
	— Véase	*Voyez*
v.	vuelta, vuelto	*voyez* (renvoi)
V^a.	vigilia	*veille, vigile*
V. A.	**Vuestra Alteza**	*Votre Altesse*
V. Al.	**Vuestra Alteza**	*Votre Altesse*
V. A. R.	**Vuestra Alteza Real**	*Votre Altesse Royale*
V. B.	**Vuestra Beatitud**	*Votre Béatitude*
V. B^d.	**Vuestra Beatitud**	*Votre Béatitude*
Vble. Sr.	**Venerable Señor**	*Vénérable Monsieur*
V^d.	**Usted**	*Vous*
V^{da}.	viuda	*veuve*
V^{do}.	viudo	*veuf*
Vds.	**Ustedes**	*Vous*
V^e.	vale	*billet*
V. E.	**Vuestra Excelencia**	*Votre Excellence*
Ve.	**Venerable**	*Vénérable*
V. E. I.	**Vuestra Excelencia Ilustrísima**	*Votre Excellence Très-Illustre*

Ven.	Venerable	*Vénérable*
Von^e.	Venerable	*Vénérable*
V. Em^a.	Vuestra Eminencia	*Votre Éminence*
vers.	versículo	*verset*
Vers^o.	versículo	*verset*
V. Ex.	Vuestra Excelencia	*Votre Excellence*
V. Exc^a.	Vuestra Excelencia	*Votre Excellence*
V. G.	Verbigracia	*par exemple*
v. g	verbigracia	*par exemple*
vg.	verbigracia	*par exemple*
vg.	virgen	*vierge*
v. gr.	verbigracia	*par exemple*
vgs.	vírgenes	*vierges*
V. I.	Usía Ilustrísima	*Votre Grâce Très-Illustre*
Vic^{te}.	Vicente	*Vincent*
Vict^a.	Victoria	*Victoire*
vier.	viernes	*vendredi*
virg.	virgen	*vierge*
virgs.	vírgenes	*vierges*
V. M.	Vuestra Majestad	*Votre Majesté*
Vm.	Vuestra Merced — Usted	*Votre Grâce — Vous*
Vm^d	Vuestra merced — Usted	*Votre Grâce — Vous*
V. M^d.	Vuestra Majestad	*Votre Majesté*
Vmd	vestra merced — usted	*vous*
Vⁿ.	vellón	*veillon*
vn	vellón	*veillon*
V^o. B^o.	Visto Bueno	*Vu. Bon.*
vol.	volumen — voluntad	*volume — volonté*
von.	vellón	*veillon*
V. O. T.	Venerable Orden Tercera	*Vénérable Tiers-Ordre*
V. P.	Vuestra Paternidad	*Votre Paternité*
V. P^d.	Vuestra Paternidad	*Votre Paternité*
V. R.	Vuestra Reverencia	*Votre Révérence*
V. R^a.	Vuestra Reverencia	*Votre Révérence*
V. R^{cia}.	Vuestra Reverencia	*Votre Révérence*
V. S.	Vueseñoría ó Usía	*Votre Seigneurie*
Vs.	Ustedes	*Vous*
vs.	Véase	*voyez*
V. S^d.	Vuestra Santidad	*Votre Sainteté*
VS. I.	Usía Ilustrísima	*Votre Grâce Très-Illustre*
V. S. Ilma	Vuestra Señoría Ilustrísima	*Votre Seigneurie Très-Illustre*
v^{ta}.	vuelta	*voyez*
v^{to}.	vuelto	*voyez*
vtra.	vuestra	*votre*

vtro.	vuestro	*votre*
V. V.	Venerable	*Vénérable*
V V. MM.	Vuestras Majestades	*Vos Majestés*

X

X^a.	Justicia	*Justice*
X^{bre}.	diciembre	*décembre*
X^{mo}.	diezmo	*dîme*
Xptus.	Cristo	*Christ*
Xto.	Cristo	*Christ*

Y

| Ygla | Iglesia | *Eglise* |
| Ynq^{or}. | Inquisidor | *Inquisiteur* |

CHAPITRE XXI.

LES VARIATIONS DE LA LANGUE

875. —. La langue et l'orthographe se sont légèrement modifiées ; nous allons brièvement en indiquer les principaux changements.

876. — L'article défini masculin ne se contractait pas, jadis, avec les prépositions **de** et **à** ; on écrivait donc : **de el** au lieu de **del**, et fréquemment **á el** au lieu de **al**.

877. — Un fait inverse avait lieu dans les pronoms, qui, à la troisième personne, se contractaient avec la préposition **de** ; on écrivait **del, della, dellos, dellas, dello**, au lieu de : **de él, de ella, de ellos, de ellas, de ello.**

878. — Le pronom démonstratif **este**, était sujet à la même contraction ; **deste, desta, destos, destas**, pour : **de este, de esta, de estos, de estas.**

879. — En 1763, l'Académie décida qu'on ne doublerait plus la **s**, et que l'on écrirait **isimo** au lieu de **issimo**, dans les superlatifs. Dès le XVe siècle, du reste, l'usage s'était établi d'écrire **s** simple.

880. — En 1803, l'Académie décida de considérer comme lettres simples **ch** et **ll** ; en même temps elle recommandait la suppression de la **h** dans les mots où elle ne se prononçait pas : c'est ainsi que **christo, christiano** durent s'écrire : **Cristo, cristiano**. Les mots commençant par **ch** devant une voyelle, dans lesquels **ch** avait le son dur de **k**, durent commencer par **qu** devant **e** ou **i**, par **c** devant **a**, **o**, **u**. Tels sont : **quimica, quimera, caridad**, que l'on écrivait : **chimica, chimera, charidad.**

881. — De la même époque date la substitution de **f**, **t**, **r**, aux groupes **ph**, **th**, **rh** : **rhetórica, rhythmo, philosophía, pharmacía**, au lieu de l'orthographe moderne **retórica, ritmo, filosofía, farmacía.**

882. — Dans l'intérieur des mots, la **b** devant une **s**, a disparu : on écrivait **substencia, obscuro** au lieu de **sustancia, oscuro.**

883. — En 1806, l'Académie décida que le son dur **k** s'obtiendrait en écrivant **c** devant **a**, **o**, **u** et **qu** devant **e**, **i**. On cessa donc d'écrire **qüestor, qüociente, quadro, quatro, qual, quaresma, quatorce, quotidiano, quando, quasi,** pour écrire : **casi, cuando, cotidiano, catorce, cuaresma, cual, çuatro, cuadro,** etc...

884. — La **x** avait autrefois, dans certains mots, le son guttural de la **j** ; ou écrivait **xefe, xergon, baxeza, baxar, baxo, xilguero, trabaxo** ; tous ces mots s'écrivent aujourd'hui avec **j** : **jefe, jergón, bajeza, bajar, bajo, jilguero, trabajo.** Autrefois, lorsque **x** avait le son qu'elle a partout aujourd'hui, on l'indiquait en mettant un accent circonflexe sur la voyelle dont elle était suivie : **exâminar, exêquias.**

885. — On écrivait, jadis, au milieu d'un mot, devant une consonne, **y** au lieu de **i** : **peyne, deleyte, pays, afeytar** au lieu de **peine, deleite, país, afeitar.** Aujourd'hui la **y** n'a été conservée qu'initiale, finale ou entre deux voyelles : **yegua, rey, sayal.** Aujourd'hui une **i** finale suivant une voyelle est toujours accentuée : **leí, reí, fuí.**

886. — Il existait jadis une lettre **ç** que l'on a supprimée pour la remplacer par **z** devant **a**, **o**, **u**, par **c** devant **e**, **i** : **Çaragoça, çumo, çera, çipres, çapato** que l'on écrit aujourd'hui : **Zaragoza, zumo, cera, cipres, zapato.**

887. — Enfin, d'après un traité publié par l'Académie en 1845, on doit n'écrire **ge, gi,** (au lieu de **je, ji**) que dans les mots qui possèdent la **g** d'une manière notoire dans leur origine, et cette règle s'observe dans tous leurs composés et dérivés : **ingenio, tragedia, digerir.**

888. — Il en est de même de la **p** devant une **t** : on écrivait **séptimo, septuagésimo, septingentésimo** au lieu de : **sétimo, setuagésimo, setingentésimo.**

889. — On ne commence plus aujourd'hui les mots par une **s** suivie d'une consonne : ces mots sont généralement précédés d'une **e** : **escritura** a remplacé **scriptura.** Dans d'autres mots analogues, **sc** initial a été remplacé par **c** : **ciencia** au lieu de **sciencia.**

890. — On disait autrefois **nusco** et **connusco** au lieu de **connosotros,** *avec nous;* **vusco** et **convusco** au lieu de **con vosostros,** *avec vous.*

891. — On employait jadis **vos** comme pronom régime au lieu de la forme moderne **os** : **vos castigaré,** *je vous châtierai,* au lieu de **os castigaré. Vos** s'est longtemps employé pour parler à une seule personne ; le verbe suivant se mettait alors à la deuxième personne du pluriel : **vos, don Pedro, sois docto** ; *vous don Pédro, vous êtes savant.*

892. — On s'est autrefois servi des formes apocopées **quienquier, quienesquier** devant un substantif, au lieu des formes entières : **quienquiera, quienesquiera.**

893 — Au lieu des expressions modernes, vraisemblablement passées des langues étrangères en espagnol : **Su Majestad el Rey Enrique III, Su Santitad Paulo V, Su Excelencia el Ministro de Estado,**

les anciens auteurs, **Cervantes** entre autres disaient : **la Majestad del Rey Enrique III, la Santitad de Paulo V, el Excelentísimo Señor Ministro** et **Su Merced de la Señora X**..... etc.....

REMARQUES SUR L'ANCIENNE CONJUGAISON

894. — L'imparfait de l'indicatif de la 1re conjugaison se terminait par **ava** : **amava, amavas,** etc...

895. — La deuxième personne du pluriel du prétérit de l'indicatif des trois conjugaison se terminait par **es** au lieu de **eis** : **amastes** pour **amasteis, leistes** pour **leisteis, oistes** pour **oisteis**. Mais elle pouvait aussi être terminée par **edes** : **amástedes, temistedes, partistedes.**

896. — La deuxième personne du pluriel de tous les temps qui se termine aujourd'hui par **ais** ou **eis,** se terminait jadis par **des** (le prétérit de l'indicatif avait 2 formes, comme il vient d'être dit au paragraphe précédent). On disait donc :

amades	au lieu de	**amáis**
amábades		**amabais**
amaredes		**amaréis**
amaríades		**amaríais**
amedes		**améis**
amárades		**amarais**
amásedes		**amaseis**
amáredes		**amareis**
temedes		**teméis**
temíades		**temíais**
temeredes		**temeréis**
temeríades		**temeríais**
temades		**temáis**
temiérades		**temierais**
temiésedes		**temieseis**
temiéredes		**temiereis**
partides		**partís**
portiades		**partíais**
partiredes		**partiréis**
partiríades		**partiríais**
partades		**partáis**
partiérades		**partierais**
partiésedes		**partieseis**
partiéredes		**partiereis**

A la même personne, les verbes irréguliers avaient les mêmes terminaisons :

sodes	au lieu de	**soy**
habedes		**habéis**
acertades		**acertáis**
ascendedes		**ascendéis**
sentides		**sentís**

897. — Les verbes dont la première personne du singulier du présent de l'indicatif est terminée par une **y** n'avaient pas cette **y** ; on disait : **so, do, vo,** au lieu de **soy, doy, voy.**

898. — Certains verbes qui, à certaines personnes, ont leur voyelle finale précédée de **g,** n'avaient pas cette **g** ; on disait : **cayo, caya** pour **caigo, caiga** — **oyo, oya** pour **oigo, oiga** – **trayo, traya** pour **traigo, traiga** — **valo, vala** pour **valgo, valga**

899. — Certains verbes qui, à la troisième personne du singulier du prétérit de l'indicatif ont une **u** au radical, avaient une **o** ; tels étaient : **(copo** pour **cupo)** — **ovo** (**hubo**) — **morió** (**murió**) — **dormió** (**durmió**) — **poso** (**puso**) — **sopo** (**supo**) des verbes **caber, haber, morir, dormir, poner, saber.**

900. — Il en était naturellement de même aux temps dérivés du prétérit de l'indicatif (imparfaits et futur du subjonctif) ; c'est ainsi que l'on trouve **toviere** (**tuviere**) futur du subjonctif dérivé de **tove** (**tuve**) de **tener.**

901. — Les verbes terminés par **ducir** qui aujourd'hui intercalent une **z** avant la **c** radicale quand les terminaisons commencent par **a** ou **o,** changeaient jadis la **c** radicale en **g** : on disait **conduzgo, conduzga,** au lieu de **conduzco, conduzca.**

902. — Le verbe **traer,** au lieu de l'indicatif et du subjonctif **traigo, traiga,** faisait jadis **trayo, traya** ; le prétérit de l'indicatif et les temps du subjonctif qui en dérivent, au lieu d'être comme aujourd'hui **traje, trajera, trajese, trajere** étaient **truje, trujera, trujese, trujere,** formes que le bas peuple emploie parfois.

903. — Le verbe **placer** suivait l'irrégularité des verbes terminés par **acer,** et faisait **plazgo, plazga** au lieu de **plazco, plazca.**

904. — Le verbe **yacer** avait jadis le prétérit de l'indicatif suivant : **yogue, yoguiste, yogo, yoguimos, yoguisteis, yoguieron.** Les imparfaits et le futur du subjonctif en dérivaient régulièrement : **yoguiera, yoguiese, yoguiere.**

905. — Le verbe **decir** faisait autrefois à la troisième personne du singulier du présent de l'indicatif **diz** au lieu de **dice** ; cette ancienne forme n'est plus usitée aujourd'hui qu'unipersonnellement et dans le style familier : **diz que hay sol,** *on dit qu'il y a du soleil.*

906. — L'ancien verbe **toller** faisait au présent de l'indicatif : **tuelgo, tuelles, tuelle, tuellen** ; au futur de l'indicatif : **toldré,** etc.. ; au conditionnel : **toldria,** etc... ; au présent du subjonctif : **tuelga, tuelgas,** etc....

907. — On employait jadis élégamment, à la place du plus-que-parfait de l'indicatif, l'imparfait du subjonctif terminé par **ra** :

Ex. : **el caballero fuése para el rey y contóle todo el fecho asi como su señor se lo mandara** (pour : **se lo había mandado**).

Nunca fuera (pour : **había sido**) **caballero de damas tan bien servido como fuera** (pour : **había sido**) **Lanzarote.**

908. — Les anciens auteurs se servaient d'un futur de l'indicatif formé de l'infinitif et du présent de l'indicatif du verbe **haber**. C'est cet ancien futur qui a donné naissance au futur actuel ; on s'en servait surtout quand un pronom était joint au verbe. Ex. : **tenderme han (me tenderán) en el suelo y cubrirme han (me cubrirán) con un paño negro. — Ponerme han (me pondrán) en las andas y llèvarme han (me llevarán) á la sepultura. — Lo que oistes en poridad, predicarlo hedes sobre los tejados.**

909. — Le présent du conditionnel était autrefois formé d'une façon analogue, lorsque le verbe était accompagné d'un pronom : **cualquier que lo ficiese, pecharnosia ou pecharnos hia (pour : nos pecharía) en pena mil maravedis.**

910. — Le verbe **haber** différait autrefois de sa forme actuelle ; il était souvent employé comme verbe actif : la 1re personne du pluriel du présent de l'indicatif était **habemos**.

FORME ACTUELLE	FORMES ANCIENNES
habéis	**heis — hedes — habedes — avedes**
habiais	**habiades — avíades**
hube	**hobe — ove**
hubiste	**hobiste — oviste**
hubo	**hobo — ovo**
hubimos	**hobimos — ovimos**
hubisteis	**hobistes — ovistes**
hubieron	**hobieron — ovieron**
habréis	**habredes — avredes**
he (2e p. s. imp.)	**habe**
hayáis	**hayades — ayades**
hubiera	**hobiera — oviera**
habría	**avría**
habríais	**habriades — avríades**
hubiese	**hobiese — oviese**
hubieseis	**hobiésedes — oviésedes**
hubiesen	**hobiesen — oviesen**
hubiere	**hobiere — oviere**
hubieres	**hobieres — ovieres**
hubiéremos	**hobiéremos — oviéremos**
hubiereis	**hobiereis — oviereis**
hubieren	**hobieren — ovieren**
haber	**aver**
habiendo	**aviendo**
habido	**avido**

911. — Le verbe **ser** différait également de sa forme actuelle :

FORME ACTUELLE	FORMES ANCIENNES
soy	**so**
sois	**sodes**
erais	**érades**
fuiste	**fueste**

FORME ACTUELLE	FORMES ANCIENNES
fué	foé
fuimos	fuemos
fuisteis	fuestes — fuistes
seréis	seredes
sé	sey
séais	seades
fuerais	fuérades
seríais	seriades
fueseis	fuésedes
fuereis	fuéredes
ser	seer
siendo	seyendo
sido	seido

912. — Anciennement, le participe passé conjugué avec **haber**, et qui est aujourd'hui invariable, s'accordait autrefois d'après les mêmes règles qu'en français : **aquellas leyes que habemos fechas,** *ces lois que nous avons faites.*

913. — Le verbe **mecer**, qui est aujourd'hui régulier, est conjugué par **Lope de Vega** et quelques autres auteurs, comme les verbes terminés par **ecer** : **mezco, mezca.**

914. — Lorsqu'un pronom régime commençant par l était joint à un infinitif, la **r** finale de l'infinitif se changeait en **l**, mais les deux l n'avaient pas le son mouillé : **solicitalla,** pour **solicitarla** — **amallos** pour **amarlos,** etc... Il en était quelquefois de même à la 2ᵉ personne du pluriel de l'impératif : **amalle** pour **amadle,** etc...

TABLE DES MATIÈRES

LISTE DES ABRÉVIATIONS

DU PRÉSENT OUVRAGE

A. — augmentatif
adj. — adjectif
anc. — ancien (mot vieilli et inusité)
cf. — confer
conj. — conjugaison
conjug. — conjugaison
D. — diminutif
ex. — exemple
fém. — féminin
imp. — impératif
ind. — indirect
interj. — interjection
lat. — latin

p. — personne
P. — péjoratif
partic. — participe
pl. — pluriel
plur. — pluriel
prov. — provinces (mot usité dans les)
qc. — quelque chose
qn. — quelqu'un
rég. — régime
s. — singulier
subst. — substantif.

ERRATA

au lieu de :	*lisez :*
page 10 ligne 5 : **sino**	sinó
p. 12 l. 29 : **llamanne, admiraste**	**llamanme, admíraste**
p. 12 l. 39 : **sermon**	**sermón**
p. 54 l. 7 : **vaívén**	**vaivén**
p. 54 l. 32 : **y dile)**	**y dile)**
p. 55 l. 40 : On écrit	On a écrit
p. 68 l. 8 : **diminutívos**	**diminutivos**
p. 76 l. 4 : **Arbol**	**Árbol**
p. 83 l. 11, 12 : **Franciscco**	**Francisco**
p. 91 l. 9 : **dieciseimo**	**dieciseiseno**
p. 106 l. 45 : **despues**	**después**
p. 107 l. 38 : **tu eres**	**tú eres**
p. 109 l. 25 : **comparecimos**	**comparecemos**
p. 110 l. 1 : **cual o cual**	**cual ó cual**
p. 112 l. 3. : **ningun niño**	**ningún niño**
p. 112 l. 16 : **Nadic,** *personne,* inclut	**Nadie,** *personne,* exclut
p. 112 l. 18 : *ne veut-il le*	*ne veut le*
p. 113 l. 22 : **murieron**	**murieron**
p. 114 l. 29 : **una ú ótro**	**una ú otra**
p. 121 l. 23 : **habra**	**habrá**
p. 121 l. 24 : **habra**	**habrá**
p. 121 l. 33 : **vinió**	**vino**
p. 135 l. 20 : **no ameis**	**no améis**
p. 135 l. 29 : **amemonos**	**amémonos**
p. 135 l. 30 : **amemosnos**	**amémosnos**
p. 135 l. 34 : **vamonos**	**vámonos**
p. 135 l. 35 : **vamosnos**	**vámosnos**
p. 136 l. 18 : **habra**	**habrá**
p. 151 l. 17 : **conozcais**	**conozcáis**
p. 160 l. 13 : **sintais**	**sintáis**
p. 160 l. 33 : **durmais**	**durmáis**
p. 161 l. 15 : **pidais**	**pidáis**
p. 162 l. 11 : **yergais**	**yergáis**
p. 162 l. 18 : **yergais**	**yergáis**
p. 162 l. 19 : **ergais......irgais**	**ergáis......irgáis**
p. 164 l. 16 : **digais... ..vengais**	**digáis......vèngáis**
p. 166 l. 6 : **caigais, taigais, oigais**	**caigáis, traigáis, oigáis**
p. 166 l. 21 : **trajéréis**	**trajereis**
p. 166 l. 22 : **trajéren**	**trajeren**
p. 167 l. 12 : **valgais, salgais, asgais**	**valgáis, sàlgáis, asgáis**
p. 168 l. 12 : **quepais, sepais, pon-gáis, hagais**	**quepáis, sepáis, pongáis, hagáis**
p. 170 l. 25 : **veais, vayais**	**veáis, vayáis**

Grande Imprimerie du Centre, HERBIN, à Montluçon.

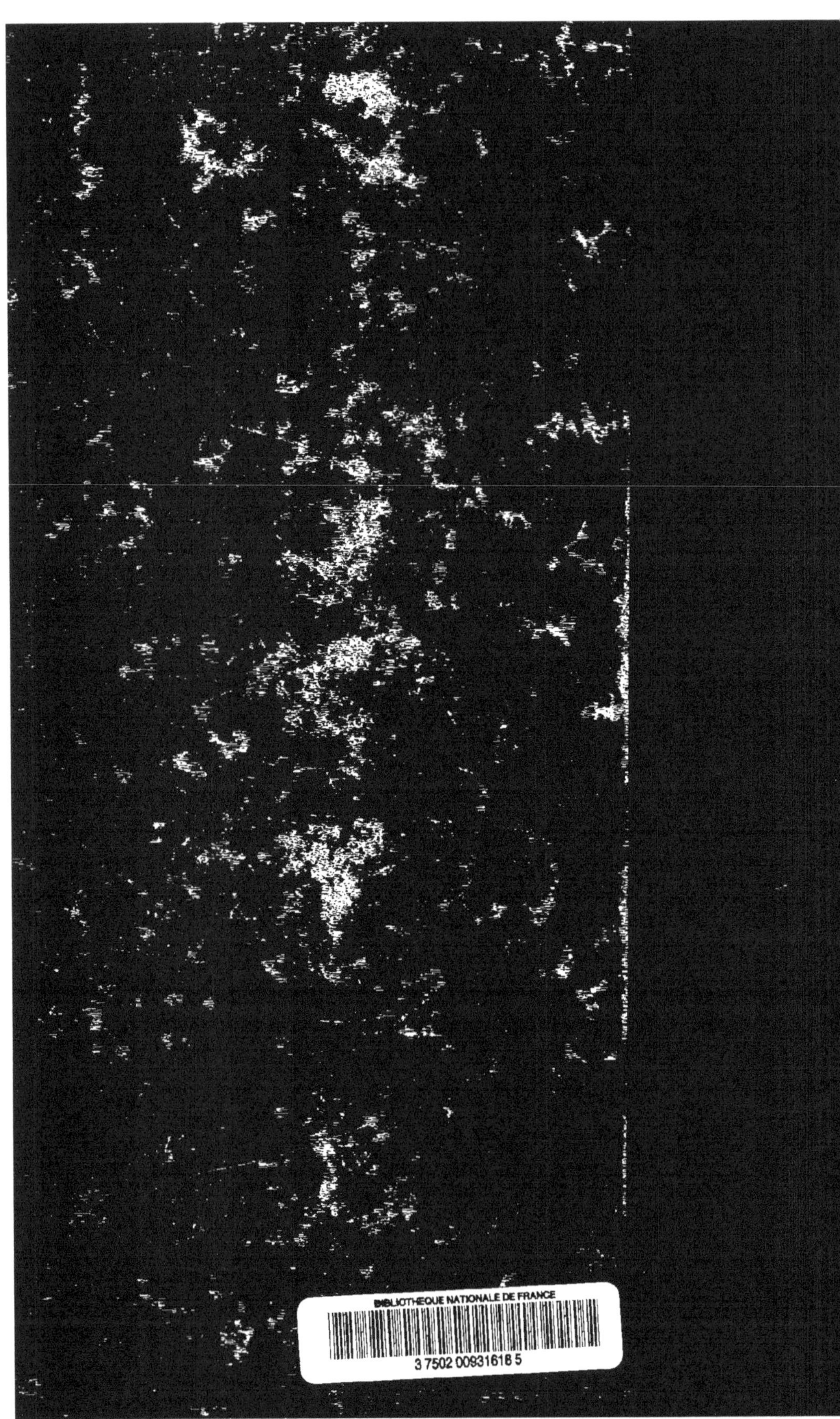